高等职业教育财经类规划教材·精品与示范系列（财务会计专业）

企业内部审计实务
（第2版）

主　编　刘文梅　张宝娟

副主编　宋　微　钟秀国

主　审　王书果

电子工业出版社

Publishing House of Electronics Industry

北京·BEIJING

内 容 简 介

本教材打破了传统教材的编写模式，侧重审计实务，帮助读者更好地掌握审计方法与技巧。

全书共分审计基础知识认知、财务会计岗位审计、综合能力拓展审计3个模块共15个项目，主要讲述审计程序与审计方法，内部控制的自我评价，以及出纳核算岗位、存货核算岗位、固定资产及其他资产核算岗位、职工薪酬核算岗位、成本费用核算岗位、资金管理核算岗位、销售核算岗位、财务成果核算岗位、会计主管总账报表核算岗位和纳税申报核算岗位的审计工作，还包括经济效益审计和经济责任审计。

本书可作为高职高专财务管理专业教材，也可供相关岗位从业人员参考使用。

图书在版编目（CIP）数据

企业内部审计实务 / 刘文梅，张宝娟主编. —2 版. —北京：电子工业出版社，2019.8

ISBN 978-7-121-36657-4

Ⅰ. ①企… Ⅱ. ①刘… ②张… Ⅲ. ①企业管理－内部审计－高等学校－教材 Ⅳ. ①F239.45

中国版本图书馆 CIP 数据核字（2019）第 100357 号

责任编辑：张云怡　　　　特约编辑：田学清
印　　刷：北京虎彩文化传播有限公司
装　　订：北京虎彩文化传播有限公司
出版发行：电子工业出版社
　　　　　北京市海淀区万寿路 173 信箱　　邮编：100036
开　　本：787×1092　1/16　印张：22.25　字数：606 千字
版　　次：2012 年 8 月第 1 版
　　　　　2019 年 8 月第 2 版
印　　次：2025 年 1 月第 9 次印刷
定　　价：65.00 元

凡所购买电子工业出版社图书有缺损问题，请向购买书店调换。若书店售缺，请与本社发行部联系，联系及邮购电话：（010）88254888，88258888。

质量投诉请发邮件至 zlts@phei.com.cn，盗版侵权举报请发邮件至 dbqq@phei.com.cn。

本书咨询联系方式：（010）88254573，zyy@phei.com.cn。

前　言

在企业不断变革、快速转型的经营环境下，内部审计早已成为组织管理和治理的重要推手。只要规划合理、执行有力，内部审计就能在促进公司治理、风险管理和内部控制方面发挥不可替代的作用。2013 年 8 月，中国内部审计协会以公告形式发布了新修订的《中国内部审计准则》（以下简称"新准则"），并于 2014 年 1 月 1 日起施行。在该准则中，内部审计被定义为一种独立客观的确认和咨询活动，通过运用规范的程序和方法，审查和评价组织业务活动及其内部控制，风险管理的适当性、合法性和有效性，促进组织改善、治理和管理，帮助组织增加价值、实现目标。新准则的颁布，标志着我国内部审计准则体系的进一步完善和成熟，并说明其正逐步与国际惯例接轨。在这样的背景下，我们很有必要对之前编写的《企业内部审计实务》一书进行修订。修订后的教材实用性更强、内容更新颖、辅助资料更丰富、可操作性更强。《企业内部审计实务》一书在多年的使用过程中，深受各高职院校师生的喜爱。由于国家财经政策、税收法规不断调整，教材内容本着与时俱进的原则，进行了必要的修订。参与编写的人员也相应地做了调整，我们吸收了大量具有审计实践经验的社会人士加入编写队伍，使得修订后的教材更具实用性，能够更好地服务于学生、服务于社会。

随着课程改革的深入，作为课程内容载体的教材也必然要进行改革。《企业内部审计实务（第 2 版）》按照企业会计制度设计的思路进行重构，按照中小企业的会计工作岗位设置了岗位审计。修订后的教材打破了以往传统的教材编写模式，采用"模块—项目—任务（情境）"编写体例，保证教学环节与会计核算工作流程紧密衔接，更加符合审计专业教学规律，也体现内部审计从传统财务审计向现代管理审计的转变。

目前，大部分高职高专院校还是使用以注册会计师外审或独立审计为主要内容的教材，也就是循环审计。教学过程中重理论知识的掌握，轻学生能力的培养，学生学习有一定难度。特别是教材的内容过于理论化，过于强调报表的合法、公允，却不能揭示存在的问题。另外，以往的教学方法注重教学内容的多少，忽略了学生本身的基本条件，使得学生无法提高学习兴趣，造成了教学效果不佳的局面。学生的就业方向主要是中小企业，课程内容也不能与就业很好地结合。

所以，教材编写组决定改革现有的教材模式，调整教学方法，具体思路如下。

1. 根据国家财会专业学科体系中会计岗位的设置，结合目前具体企业的会计岗位和高职高专学生的特点，以会计教研室编写的模块教学为基础，按不同岗位的审计进行编写，将政府审计、内部审计、社会审计共性的部分总结出来，作为教学内容改革的重点。也就是结合会计方面的重点知识进行财务会计岗位审计的教学。内容编写尽量结合案例，案例以通俗、简明和感性的特点为主，也就是每一个案例显示出仿真的原始单证、账簿、报表，如同真正深入审计现场一般，同时将审计的基本理论融入每一个岗位或模块中。这样，既对会计知识加以巩固，又使得教学内容得以展开，这也是本教材编写的最大亮点。

把每一堂课当作审计的现场，做到理论和实践有机结合。同时，将多媒体课件、经典案例、影视作品融入教学中，模拟专职的审计部门顶岗审计，让学生积累职业经验、体验职场氛围，然后再带着问题回到课堂学习，利用这种"做中学"与"学中做"相互交替的模式，有助于将本课程教学改革落到实处。

2．本教材更加注重企业的管理职能，能够及时把握财经政策变化，把内部各个环节的管理制度渗透到各个岗位之中，能够在掌握审计理论、程序方法的过程中，将管理理念、政策制度潜移默化地加以领会吸收。

3．本教材对于程序化的内容进行了淡化处理，更加注重学生分析能力和综合能力的提高，加强了审计实务案例分析，特别注重以案说法，进行情境教学。

4．本教材贴近实际，参与编写的教师多次深入企业走访，调查了解企业经营管理情况。我们还特别邀请了具有丰富实践经验的社会审计和企业内部审计人员加入编写队伍，如邀请了中国化工集团青岛安邦炼化有限公司高级审计师、注册咨询工程师、国际财务管理师（IFM）、高级税务策划师任志钧，山东烟台北海会计师事务所所长钟秀国，山东烟台银桥融资担保有限公司陆建明等具有丰富实践经验的人员，请他们提出意见和建议，并承担教材的部分编写工作，同时也为我们提供了大量的参考资料，使教材更具真实性。

5．本教材以新的视角审视现代企业内部审计操作的全部流程，打破了传统的教材编写模式，以管理制度为主线，以岗位审计为情境，设立三个模块，分别是审计基础知识认知、财务会计岗位审计和综合能力拓展审计，通过对大量审计项目的真实工作记录进行提炼，点明内部审计的实质、方法和技巧。

为了更好地体现教材的时效性，文中实例的时间在合理范围内进行了调整。

此次修订由烟台职业学院副教授刘文梅组织实施，期间查阅了大量相关的法律法规、内部审计准则及相关书籍。本书由烟台职业学院刘文梅、张宝娟担任主编，烟台职业学院宋微、山东烟台北海会计师事务所钟秀国担任副主编，烟台职业学院张双、山东烟台银桥融资担保有限公司陆建明参与了部分编写工作。具体分工如下：项目一、项目二、项目三由刘文梅编写；项目五、项目六、项目八、项目九、项目十由张宝娟编写；项目四、项目七、项目十一、项目十二、项目十三由宋微编写；项目十四由张双编写；项目十五由陆建明编写。刘文梅对全书进行了定稿，烟台职业学院王书果审阅了全书。在此对所有参与者的关心、支持和帮助表示诚挚感谢！

由于作者水平有限，书中难免存在不足之处，敬请广大读者批评、指正。

刘文梅

2019 年 4 月于烟台

目　录

模块一　审计基础知识认知

模块二　财务会计岗位审计

模块三　综合能力拓展审计

模块一

审计基础知识认知

　　企业内部审计是整个审计学的一个分支，它是一门基于理论和实践相结合的应用型学科。本模块以企业内部审计为主线，主要从传授各种审计活动所涉及的有关基本知识入手，按照任务导向对学生学习内容分别加以安排分配，进行阐述说明。第一，明确了解审计的概念、作用、种类，审计组织的设置，审计人员的基本要求，审计人员的职业道德。第二，要明确了解审计证据的含义与种类，审计证据的特性，掌握对审计证据整理和分析时应注意的问题。第三，明确了解审计工作底稿的基本概念、种类，在掌握前面所提到的审计证据的前提下，要特别重点掌握审计工作底稿的编写，因为它是贯穿审计实际工作的重要线索和有力证据，也是审计人员工作的集中体现。第四，掌握审计程序和审计证据获取的方法，可以使审计人员有的放矢地认真开展工作，从而提高效率、降低成本，起到事半功倍的作用。第五，掌握和学会内部控制概述及内部控制要素、描述内部控制的方法、内部控制的评价、审计报告的撰写，为企业加强管理起到出谋划策的作用，从而为企业的长远发展打下坚实的基础。

项目一　审计启航

任务目标

了解内部审计的含义、目标、对象、职能与作用，内部审计的机构与人员，内部审计证据；掌握内部工作底稿的构成要素、编写方法和内部审计工作底稿的复核。

能力目标

能够运用所学的审计方法进行审计证据的搜集，能够运用工作底稿的基本内容将所搜集的审计证据编写在工作底稿内。

任务内容

内部审计的基本知识，审计证据的种类，内部审计工作底稿的格式及编写要求。

关键词

内部审计的现状与发展趋势。

任务一　内部审计的内涵

【背景知识】

企业内部审计的起源与发展

19 世纪末 20 世纪初，随着资本主义经济的发展，生产和资本高度集中，企业的规模也越来越大，企业内部开始采取分级、分散的管理体制，即内部分权制。

内部分权制就是在一个大规模的组织内部，在集中领导下实行多层次的分权管理或分权经营的管理体制。例如，政府内部实行中央、地方各级政府的分层次管理；企业内部实行总公司、分公司的分层次经营管理。

内部分权制的普遍推行，促使企业最高管理者设立专门机构，对所属各级经营管理者应承担的经济责任进行审查，以履行他对财产所有者的受托经济责任。这就为内部审计的产生与发展提供了重要的条件。

我国内部审计处于一个过渡阶段，由消极防弊向积极兴利发展。随着时代的变迁和政治、经济环境的改变，内部审计已由财务审计逐步扩展为包括财务事项和非财务事项在内的业务审计，内部审计除了具有传统的防弊功能外，还具有积极的兴利功能。在此阶段，我国的内部审计虽然还是国家审计的从属，但这种从属关系正在发生改变。从 1995 年的相关规定中可以看出，我国法定设立内部审计机构的仍是各级政府部门、事业单位及大中型国有企业等单位。

（一）我国国家审计的产生与发展

1. 我国国家审计的产生

我国的国家审计起源甚早。早在西周时期，周王朝（政府）审计就有了一定的发展。据《周礼》记载，西周就出现了带有审计性质的财政经济监察工作。当时，在中央政权设置的官职中，就设有"宰夫"一职，负责审查"财用之出入"，并拥有"考其出入，而定刑赏"的职权。这个职位虽不高，但其所从事的工作却具有审计的性质，这时正是我国国家审计的萌芽时期。其后，秦汉两代都采用"上计制度"，以审查监督财务收支有无错弊，并借以评价有关官吏的政绩。但秦汉官制中，既无专司审计职责的官员，也无专职的审计机构。到了唐代，由于经济发达、政治稳定，所以审计地位得以提高，这时期主要是对中央和地方的财务收支状况进行定期的审计监督，国家审计有了明显的发展。隋唐时期我国封建王朝审计发展处于日臻完善的阶段。宋代设立了"审计司"和"审计院"，标志着我国用"审计"一词命名的审计机构的产生。元、明、清三代均未设专门的审计机构，国家审计陷于衰落时期。

2. 近现代国家审计的发展

辛亥革命后，北洋政府在 1914 年设立了审计院，颁布了《审计法》。1928 年，南京国民政府设立审计院，后改为审计部。国民党政府的审计法虽几经补充修改，但是由于政府贪污腐败，使审计制度徒具形式，并没有发挥应有的作用。当时在中国共产党领导下的革命根据地成立了中央苏维埃政府审计委员会，颁布了《审计条例》，实行审计监督制度，对战争年代节约财政支出、保障战争供给、树立廉洁作风，都起到了积极的作用。

中华人民共和国成立后很长的一段时间内，我国一直没有独立的政府审计机关，因此国家财政收支的监督工作，主要由财政部门内部的监察机构负责。在这样的背景下，内部审计职能是通过国家的监察机制来实施的，因此，当时的国有企业也几乎没有内部审计部门的设置。

（二）我国内部审计的产生与发展

1982 年 12 月 5 日，第五届全国人民代表大会第五次会议通过了修改的《中华人民共和国宪法》，规定我国建立审计机关，实行审计监督制度。据此，1983 年 9 月 15 日，我国国务院设立了审计署。1985 年 8 月审计署颁布了《内部审计暂行规定》，为内部审计提供了法律依据。《内部审计暂行规定》要求政府部门和大中型企事业单位实行内部审计监督制度。1985 年 12 月审计署颁布了《审计署关于内部审计的若干规定》，这是自审计署成立以来第一个关于内部审计的法规文件，对我国内部审计的发展起到了一定的推进作用。1989 年 12 月 5 日审计署重新颁布《审计署关于内部审计工作的规定》，废止了 1985 年的规定，此规定是对 1985 年规定的完善与补充；1995 年 7 月 14 日，审计长郭振乾颁布了中华人民共和国审计署令第 1 号《审计署关于内部审计工作的规定》，取代了 1989 年的规定，此规定较之以前有了较大的改变，目前我国的内部审计工作大多是照此进行的。

2003 年 3 月 4 日，审计长李金华签署了中华人民共和国审计署令第 4 号《审计署关于内部审计工作的规定》，要求自 2003 年 5 月 1 日起施行新规定，此次规定是在总结 1995 年规定的经验教训基础上，适应新的形势而制定的，体现了与时俱进的时代要求，是我国内部审计未来发展的蓝图。之后，审计署颁发相关文件，就开展社会审计的重大问题做出了具体规定，从而有力地推动了我国内部审计工作向前发展。四十多年来，我国内部审计工作取得了巨大的发展，总体上可分为三个阶段：初步建立阶段（1983—1994 年）；稳步发展阶段（1995—2003 年）；全面振兴阶段（2004 年至今）。

（三）我国内部审计准则

内部审计准则是内部审计职业发展的必然产物，是内部审计职业化的重要方面，同时也是推动内部审计职业规范化的重要力量。

1. 内部审计准则的含义与作用

内部审计准则是内部审计人员在实施内部审计工作时应当遵循的行为规范，也是评价内部审计工作质量的权威性原则或标准。

作为内部审计的行为规范，内部审计准则是内部审计职业界对内部审计行为提出的技术性要求，是内部审计人员在审计工作中必须遵守的操作标准，也是各利益相关者评价内部审计人员工作质量的重要依据。内部审计准则的作用表现在以下五个方面：一是规范和指导内部审计工作的依据；二是衡量内部审计工作质量的尺度；三是确定内部审计人员责任的标准；四是有助于内部审计人员与各利益相关者的良好沟通；五是完善内部审计机构内部管理的基础。

2. 我国内部审计准则

我国自 2000 年开始着手制订中国内部审计准则。首批准则已于 2003 年 6 月正式施行，更名后的中国内部审计协会正式颁布了《内部审计基本准则》《内部审计人员职业道德规范》和十项基本准则，随后又相继发布了十九项具体准则和五个实务指南。2013 年中国内部审计协会对内部审计准则进行了全面修订。并于 2013 年 8 月颁布了中国内部审计准则，自 2014 年 1 月 1 日起施行。

（1）中国内部审计基本准则。新修订的内部审计准则，由原来的 27 条调整为 33 条，内容包括一般准则、作业准则、报告准则和内部管理准则。

（2）中国内部审计具体准则。此次修订的内部审计具体准则分为作业类、业务类和管理类三大类。作业类准则是涵盖了内部审计程序和技术方法的准则，包括审计计划、审计通知书、审计证据、审计工作底稿、结果沟通、审计报告、后续审计、审计抽样、分析程序九个具体准则；业务类准则包括内部控制审计、绩效审计、信息系统审计、对舞弊行为进行检查与报告四个具体准则；管理类准则包括内部审计机构的管理、与董事会或者最高管理层的关系、内部审计与外部审计的协调、利用外部专家服务、人际关系、内部审计质量控制、评价外部审计工作质量七个具体准则。

3. 国际内部审计准则

国际内部审计师协会对《国际内部审计专业实务框架》的最近一次修订是在 2012 年 10 月，修订后的准则自 2013 年 1 月 1 日起开始实施。它是国际内部审计师协会发布的权威的具有指导性的概念框架，由"强制性指南"和"强力推荐指南"两部分构成。

强制性指南包括三个部分：（1）内部审计的概念界定；（2）职业道德规范；（3）国际内部审计专业实务标准。

强力推荐指南是通过正式的批准程序取得国际内部审计师协会认可的，它具体说明了在实务中对内部审计的概念界定、职业道德规范和国际内部审计专业实务标准的具体执行。强力推荐指南包括三个部分：（1）立场公告；（2）实务公告；（3）实务指南。

【查一查】目前的审计组织体系包括哪些部分？它们之间有何异同？

任务二　企业内部审计的对象、特征、作用与职能

（一）企业内部审计的对象

内部审计的对象是指内部审计在部门、单位等组织中所要进行检查和评价的内容，其具体对象是指被审计单位（或公司）的经济业务活动。

社会经济的发展、部门单位管理要求的变化，都会对内部审计的对象产生影响，因而其审计的对象也会随着社会经济环境的变化而变化。

企业内部审计通过对经济活动的检查和评价，来判断这些活动的合法性和效益性，以及反映经济活动各种资料的真实性和可靠性。具体而言，内部审计的对象主要包括以下几个方面的内容。

（1）内部审计要检查和评价财务收支活动的合法性和合规性。内部审计主要检查这些活动是否符合国家的有关政策和法规，是否有违反法纪的虚假行为，是否符合有关内部制度的要求，检查和评价各种报表、信息（会计记录、会计报表等）的真实性和可靠性，鉴证账务与事实是否相符，一般也称为"内部财务审计"。

（2）内部审计人员把企业供、产、销等业务经营活动的过程和结果作为具体审计对象。内部审计主要检查和评价经济业务活动的效率、效果和资源消耗是否符合要求，例如，检查和评价是否采取了提高劳动效率的措施，公司的经济决策和计划是否合理并得以贯彻执行，是否执行了经济合同，是否实现了预期的经营目标等，一般又称为"内部经营审计"。

（3）内部审计还必须检查和评价单位的内部控制制度和管理活动，即内部审计主要检查和评价各部门管理制度设计的合理性、组织目标和方针的恰当性及其履行的有效性，鉴定组织内部各职能部门存在的或潜在的薄弱环节，检查和评价单位的人事政策、人员素质及培训情况等，进而提出改进管理的措施和建议，以促进管理水平的提高。因此，内部审计工作要从管理素质的改善和管理水平的提高这两个角度入手，一般又称为"内部管理审计"。

（二）内部审计的特征

内部审计是在部门、单位内设置审计机构，从内部对其财务收支的真实性、合法性和效益性进行审计监督。内部审计具有不同于外部审计的特征，并在经济发展中发挥着独特的作用。与外部审计相比，内部审计具有以下几个特征。

1. 服务的内向性

内部审计的目的在于促进本部门、本单位经营管理水平和经济效益的提高，因而内部审计既是本单位的审计监督者，也是根据单位管理要求提供专门咨询的服务者。服务的内向性是内部审计的基本特征。内部审计一般在本单位主要负责人的领导下进行工作，只向本单位领导负责。

2. 工作的相对独立性

内部审计工作的相对独立性，一方面，内部审计同外部审计一样，都必须具有独立性，在审计过程中必须根据国家的法律法规及有关财务会计制度，独立地检查、评价本部门、本单位及所属各部门、各单位的财务收支及与此相关的经营管理活动，以维护国家和单位的利益。另一方面，由于内部审计机构是部门、单位内设的机构，内部审计人员是本单位的职工，这就使内部审计的独立性受到很大的制约，特别是遇到国家利益与部门、单位利益发生冲突的情况下，内部审计机构的独立决策可能会受到本单位利益的限制。

3. 审计程序的相对简化性

内部审计的程序主要包括规划、实施、终结和后续审计四个阶段。由于内部审计机构对本部门、本单位的情况比较熟悉，在具体实施审计过程中，各个阶段的工作都大为简化。一是规划阶段中的许多工作，往往可以结合日常工作来进行，从而使规划工作量得以减少，时间也大为缩短。审计项目计划通常由内部审计机构根据上级部门和本部门、单位的具体情况拟订，并报本部门、单位领导批准后实施。二是内部审计的实施过程，针对性比较强，许多资料和调查都依赖内部审计人员的平时积累。三是内部审计机构提出审计报告后，通常由所在部门和单位出具审计意见书或做出审计决定。四是被审计单位对审计意见书和审计决定如有异议，可以向内部审计机构所在部门、单位负责人提出。

4. 审查范围的广泛性

内部审计主要是为单位经营管理服务的，这就决定了内部审计的范围必然要涉及单位经济活动的方方面面。内部审计既可进行内部财务审计和内部经济效益审计，又可进行事后审计和事前审计；既可进行防护性审计，又可进行建设性审计。

5. 对内部控制进行审计

内部审计是内部控制的重要组成部分，内部控制又是内部审计的主要内容。内部审计通过对本部门、本单位的内部控制制度及经营管理情况进行检查，总结经验，找出差距，为本部门、本单位改进经营管理方法、完善内部控制制度服务，是内部审计的基本职能，体现了内部审计"对内部控制进行审计"的特征。

6. 审计实施的及时性

内部审计机构是本部门、本单位的一个部门，内部审计人员是本部门、本单位的职工，因而可根据需要随时对本部门、本单位的问题进行审查。一是可以根据需要，简化审计程序，在本部门、本单位负责人的领导下，及时开展审计；二是可以通过日常了解，及时发现管理中存在的问题，并且可以及时与有关职能部门沟通或向本部门、本单位最高管理者反映，以便采取措施，纠正已经出现和预防可能出现的问题。

（三）内部审计的作用

内部审计的作用是随着内部审计的内容、范围、职能的发展而逐渐扩大的。在社会主义市场经济条件下，内部审计具有双重任务：一方面要对部门、单位的经营活动进行监督，促使其合法合规；另一方面要对部门、单位的领导负责，促进经营管理状况的改善、经济效益的提高。具体地说，内部审计的作用主要包括以下几个方面。

（1）监督各项制度、计划的贯彻情况，为本部门、本单位领导做出经营决策提供依据

现代内部审计已经从一般的查错防弊发展到对内部控制和经营管理情况的审计，涉及生产、经营和管理的各个环节。内部审计不仅可以确定本部门、本单位的活动是否符合国家的经济方针、政策和有关法令，还可以确定部门内部的各项制度、计划是否得到落实，是否已达到预期的目标和要求。通过内部审计所搜集到的信息，如生产规模、产品品种、产品质量、销售市场等，发现某些具有倾向性、潜在性、普遍性的问题，为领导做出经营决策提供重要依据。

（2）揭示经营管理薄弱环节，促进部门、单位健全自我约束机制

在社会主义市场经济条件下，各部门、单位的活动不但要受到国家财经政策、财政制度和法令的制约，而且要遵守本部门、本单位内部控制制度的规定。内部审计机构可以相对独立地对本部门、单位内部控制情况进行监督、检查，客观地反映实际情况，并通过这种自我约束性的检查，促进本部门、本单位建立健全内部控制制度。

（3）促进本部门、本单位改进工作或生产状况，提高经济效益

内部审计通过对经济活动全过程的审查，以及对有关经济指标的对比分析，发现差异，并分析差异形成的因素，评价经营业绩，总结经济活动的规律，从中发现未被充分利用的人、财、物的内部潜力，并提出改进措施，从而促进经济效益的提高。

（4）监督受托经济责任的履行情况，以维护本部门、本单位的合法经济权益

内部审计同外部审计一样，所有权与经营权的分离是内部审计产生的前提，确定各个受托责任者经济责任履行情况也是内部审计的主要任务之一。内部审计通过查明各责任者是否完成了应负经济责任的各项指标（利润、产值、品种、质量等），以及这些指标是否真实可靠，是否有不利于国家经济建设和企业发展的长远利益的行为等，既可以对责任者的工作进行正确评价，也能够揭示责任人与整个部门、单位的正当权益，从而有利于维护有关各方的合法经济权益。

（5）监控财产的安全，促进部门、单位财产物资的保值增值

财产物资是部门、单位进行各项活动的基础。内部审计通过对部门、单位财产物资的经常性监督、检查，可以及时发现问题，指出财产物资管理中的漏洞，并提出意见和建议，以促进有关部门加强财产物资管理，努力保证财产物资的安全并实现其保值、增值。

（四）内部审计的职能

内部审计职能是指内部审计本身所固有的内在功能，并反映内部审计的本质。内部审计的职能随着审计目标的变化而变化，并为实现审计目标服务。一般情况下，企业内部审计主要具有监督、评价、控制和咨询四项职能。

1. 监督职能

内部审计部门是企业内部一种独立的经济监督主体，其基本职能就是进行经济监督。监督职能是指以财经法规和制度规定为评价依据，对被审计对象的财务收支和其他经济活动进行检查和评价，衡量和确定其会计资料是否正确、真实，反映的财务收支和经济活动状况是否合法、合规、合理和有效，有无违法违纪和浪费行为，从而督促被审计对象遵守财经纪律，改进经营管理水平，提高经济效益，同时促使企业自身的经营活动与国民经济和社会发展协调一致，从而实现自我完善和自我约束。

2. 评价职能

所谓评价职能，就是通过履行审核检查程序，评价被审计对象的计划、预算、决策、实施方案是否先进可行，经济活动是否按照既定的决策程序和目标进行以及内部控制制度是否健全有效等，从而有针对性地提出建议，促进企业改善经营管理，提高经济效益。

3. 控制职能

内部审计人员作为企业内部控制系统中的重要组成部分，是企业内部控制的再控制，因其受企业主要负责人的直接领导，能够站在企业发展的全局来分析和考虑问题，对企业的生产经营活动实行有效控制且提供直接的技术支持，并检查控制程度和效果，发现控制中存在的不足和问题，确保实现控制系统的最终目标。

4. 咨询职能

内部审计机构有义务和责任对企业的各项经营活动提供政策咨询服务，将自身特有的专业优势融入企业经营管理的各个方面，在工作中发现问题，对制度、管理和经营控制等方面有针对性地提供咨询服务，从而预防出现大的经营波动和管理漏洞。同时，还可以开展一些包括顾问、建议、协调、流程设计和培训等工作，为企业各管理层提供有效的服务。

企业内部审计以企业增值为目标。国际内部审计师协会制定的《内部审计实务标准》（2001年修订本）对内部审计做了新的定义："内部审计是一种独立、客观的保证工作与咨询活动，它的目的是为机构增加价值并提高机构的运作效率。它采取系统化、规范化的方法来对风险管理、控制及治理程序进行评价，提高它们的效率，从而帮助实现机构目标。"

【查一查】不同的审计组织的职能、特征、作用存在哪些不同之处？

任务三　内部审计的机构与人员

（一）内部审计机构简介

内部审计机构是根据审计法有关规定设立的。国务院各部门和地方人民政府各部门、国有金融机构和企事业组织，应当按照国家有关规定建立健全内部审计制度。内部审计机构在本部门、本单位主要负责人的直接领导下，对本部门、本单位及其所属单位进行内部审计监督工作。

内部审计机构是指在部门、单位内部从事组织和办理审计业务的专门部门，是我国审计主体的重要组成部分。早在审计署正式成立时，我国就提出了施行内部审计制度的问题，并根据国务院的要求，许多部门和单位相继建立了内部审计机构，并且在《国务院关于审计工作的暂行规定》中，进一步明确了内部审计机构的设置、领导关系、审计任务等问题。后来在《审计条例》中，对内部审计机构又做了进一步的规范。1994 年颁布的《中华人民共和国审计法》中确立了内部审计制度的法律地位和明确了审计机关与内部审计的法律关系。1995 年审计署颁布的《关于内部审计工作的规定》更加全面地明确了内部审计机构的设置、领导关系、审计范围、主要权限、工作程序、内部管理及与审计机关的关系等问题。

（二）内部审计机构设立的法律依据

《中华人民共和国审计法》第二十九条规定："国务院各部门和地方人民政府各部门、国有金融机构和企事业组织，应当按照国家有关规定建立健全内部审计制度。"内部审计制度是部门、单位健全内部控制，审查财政、财务收支情况，改善经营管理，提高资金使用效率，提高经济效益或者工作绩效的一项重要的管理控制制度。

实行内部审计制度，有利于企业通过内部审计来检查和评价内部各单位履行经济责任的状况，加强内部管理和控制，挖掘内部潜力，提高经济效益，增强竞争实力，维护自身的合法权益；有利于其他占有和使用国有资产的部门和单位，通过内部审计来保障国有资产的安全完整，提高国有资产的利用效率；有利于国家通过内部审计促使各部门、各单位加强对国有资产的经营与管理，以巩固和发展国有经济。

（三）内部审计机构的设置

根据审计法和审计署《关于内部审计工作》的规定，国务院各部门和地方人民政府各部门、国有金融机构和企事业组织，以及法律、法规、规章规定的其他单位，依法实行内部审计制度，并在下列单位设立独立的内部审计机构：（1）审计机关未设派出机构，财政、财务收支金额较大或者所属单位较多的政府部门；（2）县级以上国有金融机构；（3）国有大中型企业；（4）国有资产占主导地位的大中型企业；（5）国家大型建设项目的建设单位；（6）财政、财务收支金额较大或者所属单位较多的国家事业单位；（7）其他需要设立内部审计机构的单位。

上述单位可以根据需要，设立总审计师。

其他审计业务较少的单位，可以设置专职内部审计人员。根据内部审计机构设置的范围，我国内部审计机构包括部门内部审计机构和单位内部审计机构。部门内部审计机构，指国务院和县级以上地方政府按行业划分的业务主管部门设置的专门审计机构；单位内部的审计机构，指国有金融机构、国家企事业等单位设置的专门机构。

我国内部审计机构在本单位主要负责人的直接领导下，依照国家法律、法规和政策，以及本部门、本单位的规章制度，对本单位及所属单位的财政、财务收支及其经济效益进行内部审计监督，独立行使内部审计监督权，对本单位领导负责并向其报告工作。关于企业内部审计机构的领导体制，国内外基本有三种类型：一是由本单位总会计师或主管财务的副总经理领导；二是由本单位总经理（厂长）或总裁领导；三是由本单位董事会或其下属的审计委员会领导。事业单位及行政机关的内部审计机构则由最高管理者领导或其他副职领导。

（四）内部审计模式及主要类型

随着我国现代企业制度的建立和企业集团的不断形成，内部审计部门应根据组织利益相关者的主导需求不同，设置的模式也有所不同。我国审计法及有关规定，大多强调在组织内部设立独立的内部审计机构的重要性和必要性。现实中我国营利性组织的内部审计模式呈现多样化发展，非营利性组织内部审计机构设置模式则比较简单。因此，本部分以企业为主，阐述内部审计模式的选择问题。

1. 单一法人企业内部审计模式

从单一法人组织（以企业为主）的角度看，我国内部审计机构的设置主要有五种模式：（1）隶属于高管层；（2）隶属于财务部门负责人；（3）隶属于纪委书记或纪检组长；（4）隶属于董事会和高管层；（5）隶属于监事会与高管层。单一法人企业内部审计组织机构设置的主要模式见下表。

单一法人企业内部审计组织机构设置的主要模式

内部审计组织机构设置模式	特　点
隶属于高管层	总裁或总经理主管，副总裁或副总经理协管内部审计
隶属于财务部门负责人	审计机构设在财务部门之下，内部审计工作由财务部门负责人领导
隶属于纪委书记或纪检组长	纪检、监察、审计等职能融为一体，相关机构合署办公
隶属于董事会和高管层	内部审计机构由高管层和董事会双重领导，内部审计机构负责人向高管层和董事会同时报告内部审计工作
隶属于监事会和高管层	内部审计机构由高管层和监事会双重领导，内部审计机构负责人向高管层和监事会同时报告内部审计工作

2. 企业集团中内部审计机构设置与模式选择

企业集团是一种以大企业为核心，以经济技术或经营联系为基础，实行集权与分权相结合的领导体制，规模巨大、多元化经营的企业联合组织或企业群体组织。目前，企业集团中内部审计管理模式，主要有以下几种类型。

（1）垂直管理与分级管理相结合模式

这种模式是各层级根据需要设置的内部审计机构，各层级内部审计机构对本级管理层负责，公司总部根据下级分（子）公司的分布设置区域派驻机构，对公司总部负责。这种体制的主要特征是"上审下"和"同级审"并存。这种体制是现在国资委和审计署在大型中央企业中比较推崇的内部审计管理体制。其代表目前现代内部审计模式的发展趋势。

（2）集中管理与分级管理相结合模式

这种模式在公司总部设立一个功能完善的审计中心。审计中心审计力量强大、人员较多、职能细化、分工明确。下属各级管理层根据需要设置审计机构。审计中心对下级审计机构的审计计划实行统筹管理，统筹配置审计资源。

（3）分级管理与垂直管理相结合模式

这种模式是总部和二级单位都设置审计机构，二级单位内部审计机构执行总部 80% 以上的审计任务。各二级单位的审计机构向本级管理层负责，并且根据需要对三级单位实行派驻制或设置审计联络员，三级及以下单位基本不设置审计机构。

（4）分级管理模式

这种模式是指公司各管理层级根据自己的需要设立内部审计机构，各级内部审计机构向本级管理层负责。各级审计机构所配置的审计人员，其人事、行政、经费都由本级管理层管理，在审计业务上，以本级管理层管理为主，上级审计机构可以有一定的指导作用。

（5）垂直管理模式

内部审计机构设置在集团公司总部，各层级的下属单位都不再设立内部审计机构，总部分区域设置派驻机构，对各自区域范围内的所有单位进行审计。各派出机构在人事、行政、经费及审计业务上由总部审计机构统一管理。这种审计体制的主要特征是"上审下"，适用于上下级单位的业务内容比较统一、管理体系本身实行垂直控制的企业，如银行系统。

（五）内部审计机构的权限与职责

1. 内部审计机构的权限

中华人民共和国审计署令第 4 号《关于内部审计工作的规定》第十一条规定：单位主要负责人或者权力机构应当制定相应规定，确保内部审计机构具有履行职责所需要的权限，其主要包括以下几点。

（1）要求报送资料权。根据内部审计工作的需要，要求有关单位及时报送计划、预算、决策、报表和有关文件、资料等。

（2）审核检查权。即审核凭证、账表、决策资料，检查资金和财产，检测财务会计软件，查阅有关文件和资料。

（3）参加会议权。内部审计机构及其有关人员有权参加本部门、本单位召开的与审计有关的会议及重要的经营决策会议。

（4）调查取证权。对审计涉及的有关事项进行调查，并索取有关文件、资料等证明材料。

（5）临时制止权。对正在进行的严重违反财经法规、严重损失浪费的行为，经部门或者单位负责人同意，有权做出临时制止决定。

（6）临时措施权。对阻挠、妨碍审计以及拒绝提供有关资料的，经单位领导人批准，可以采取必要的临时措施，并提出追究有关人员责任的建议。

（7）建议意见权。内部审计机构有权提出改进管理、提高效益的建议和纠正、处理违反财经法规行为的意见。

（8）建议反映权。对严重违反财经法规和造成严重损失浪费的直接责任人员，内部审计机构有权提出处理的建议，并按有关规定，向上级内部审计机构或者审计机关反映。

部门、单位可以在管理权限范围内，授予内部审计机构处理、处罚的权限。

2. 内部审计机构的职责

按照中华人民共和国审计署令第4号《关于内部审计工作的规定》第九条规定，内部审计机构按照本单位主要负责人或者权力机构的要求，履行下列职责。

（1）对本单位所属单位（含占控股地位或者主导地位的单位，下同）的财政收支、财务收支及其有关的经济活动进行审计。

（2）对本单位及其所属单位预算内、预算外资金的管理和使用情况进行审计。

（3）对本单位内设机构及所属单位领导人的任期经济责任进行审计。

（4）对本单位及其所属单位固定资产投资项目进行审计。

（5）对本单位及其所属单位内部控制制度的健全性和有效性以及风险管理进行审计。

（6）对本单位及其所属单位经济管理和效益情况进行审计。

（7）法律、法规规定和本单位主要负责人或者权力机构要求办理的其他审计事项。

内部审计机构应每年向本单位主要负责人或者权力机构提交内部审计工作报告。

（六）内部审计人员的职业道德规范

为了规范内部审计人员的职业行为，维护内部审计的职业声誉，根据《中华人民共和国审计法》及其实施条例，以及其他有关法律、法规和规章，中国内部审计协会于2013年5月对已有的内部审计人员职业道德规范进行了修订，并于2013年8月颁布了《中国内部审计准则第1201号——内部审计人员职业道德规范》。其体例结构上与其他准则保持一致，采用分章表述的形式，分为总则、一般原则、诚信正直、客观性、专业胜任能力、保密和附则七个部分，对职业道德要求进行了较为详细的规定。

中国内部审计协会颁布的《中国内部审计准则，第1201号——内部审计人员职业道德规范》（以下简称《第1201号》）指出，内部审计人员职业道德规范是内部审计人员在开展内部审计工作中应当具有的职业品德，应当遵守的执业纪律和应当承担的职业责任的总称。

内部审计人员从事内部审计活动时，应当遵守职业道德规范，认真履行职责，不得损害国家利益、组织利益和内部审计职业声誉。内部审计人员违反职业道德规范要求的，组织应当批评教育，也可以视情节给予一定的处分。

2009年1月，国际内部审计师协会在其颁布的《国际内部审计专业实务框架》（IPPF）中将"职业道德规范"确定为"强制推行"部分。2011年修订时，这部分仍旧未变。该部分对内部审计人员明确提出了四个最基本的要求：诚信、客观、保密和胜任。这四项要求通过原则和行为规则两个层次加以明确和规范，见下表。

IPPF 中的"职业道德规范"

四项要求	原 则	行 为 规 则
诚信	内部审计师的诚信确立信用,从而为信任其判断提供了基础	(1)应当诚实勤恳并负责地开展工作; (2)应当遵守法律,按照法律及职业要求进行披露; (3)不得蓄意参与非法活动,或做出有损于内部审计职业或其所在组织的行为; (4)应当遵守并协助实现组织的法律和道德目标
客观	内部审计师在搜集、评价和沟通有关被检查活动或过程的信息时,要显示出最高程度的职业客观性。在做出判断时,内部审计师不受其个人喜好或他人的不适当影响,对所有相关环境做出公正的评价	(1)不应参与可能损害或被认为会损害其做出公正评价的活动或关系,包括不应参与与组织利益相冲突的活动和关系; (2)不能接受可能损害或被认为会损害其职业判断的任何物品; (3)应当披露已知的信息,如果不予披露,可能会歪曲检查工作报告的所有重大事实
保密	内部审计师尊重所获取信息的价值和所有权。没有适当的授权不得披露信息,除非是在有法律或职业业务的情况下	(1)应当谨慎利用和保护履行职责过程中获取的信息; (2)不应当利用信息牟取私利,或者以任何有悖法律规定或有损组织法律和道德目标的方式使用信息
胜任	内部审计师在执行内部审计业务时能够使用所需要的知识、技能和经验	(1)应当只从事与其所具备的知识、技能和经验相适应的服务活动; (2)应当依据国际内部审计专业实务标准提供内部审计服务; (3)应当保持并持续提高专业能力和服务的效果、质量

内部审计人员职业道德规范是内部审计职业规范体系的重要组成内容。审计组织应从职业道德行为的角度,对内部审计人员的职业素质、品质、专业胜任能力等各方面提出严格的要求,来保证内部审计人员能够独立、客观地进行内部审计活动,确保内部审计作用的发挥,促进组织目标的实现。

【想一想】如何理解内部审计人员的职业道德规范?

(七)国际内部审计机构及人员

内部审计的产生和发展是一个漫长的历史过程,至今已经历了古代内部审计、近代内部审计和现代内部审计三个发展阶段。现代内部审计始于美国。1940 年之前,美国的内部审计只是外部会计公司的一个"助手"。1941 年,Victor.Z.Brink 完成了他在纽约大学的博士学位的论文,该论文阐述了包括内部审计性质和范围在内的内部审计突破性的研究成果。Brink 指出内部审计应该作为公司管理层的服务者,而不是作为外部审计(外部会计公司审计)的"助手"。Brink 凭借这篇论文成为美国内部审计这个学科的"开山鼻祖"。同年,北美公司的内部审计部门主任 John Thurston 写了一本名为《内部审计的原理和技术》的内部审计专著。以上事件的产生标志着内部审计的理论系统已开始形成,是内部审计发展的第一个转折点。因此,1941 年被认为是现代内部审计开始的一年。

1978 年,国际内部审计师协会(IIA)正式颁布了《内部审计实务准则》,这是"内部审计准则"的雏形。因此,1978 年是美国内部审计发展的关键时期,同时也是内部审计历史发展过程中的第二个转折点。

1999年6月，国际内部审计师协会及其属下的研究基金正式颁布了《国际内部审计实务框架》。正如财务会计准则框架一样，《内部审计实务框架》是内部审计准则的核心。

【查一查】不同审计组织机构设立的依据有哪些？

任务四　审计证据

（一）内部审计证据的含义

审计证据是指审计机关和审计人员在实施审计过程中根据自己的职业判断所获取的，用以证明审计事实真相，形成审计结论的证明材料，是审计理论的重要内容。

内部审计证据，是指内部审计人员在从事审计活动中，通过实施审计程序所获取的，用以证实审计事项，做出审计结论、提出意见和建议的各种事实依据，主要目的是为了规范内部审计证据的获取及处理，以保证审计证据的充分性、相关性和可靠性。

内部审计证据主要有四个方面的作用：（1）审计证据是审计意见的支柱；（2）审计证据是审计人员形成审计结论的基础；（3）审计证据是解除或追究被审计人经济责任的依据；（4）审计证据是保证审计工作质量的关键。

审计证据的特征：（1）证据范围的广泛性，除了书证、物证、证人证言、勘验笔录等证据外，还可以是其他证据；（2）证据用途的多样性；（3）证据搜集主体的特定性；（4）证据资源的特殊性；（5）审计证据是审计质量的重要保证。

总之，审计证据是做好审计工作、合理提出审计报告、达到审计目的的重要条件。

（二）内部审计证据的种类

内部审计人员应当依据审计目标，获取不同类型的审计证据。审计证据主要包括下列几种。

（1）审计证据按其存在形式（或称按其外形特征）的分类，可分为书面证据、实物证据、视听电子证据、口头证据和环境证据

① 书面证据。书面证据是注册会计师通过实施测试程序和运用不同的方法所获取的，以书面资料为存在形式的审计证据，诸如，有关的原始凭证、记账凭证、会计账簿、各种明细项目表、各种合同、会议记录和文件、函件、通知书、报告书、声明书、程序手册等。书面证据是注册会计师搜集的数量最多、范围最广的一种证据。注册会计师发表审计意见基本上都以书面证据为依据。

书面证据具有如下特点：数量多；覆盖范围广；来源渠道多样化；容易被篡改。根据这些特点，注册会计师在大量搜集有关的书面证据时，还要注意对书面证据进行认真细致的鉴定和分析，通过运用专业知识进行判断，辨别真伪，从而能充分正确地利用书面证据。

② 实物证据。实物证据是指注册会计师通过实地观察和清查盘点所获得的，用以证明有关实物资产是否存在的证据。实物证据对某项实物资产是否存在的证明力最强，效果最为显著，它可以对该实物的状态、数量、特征给予有力的证明。因此，在对现金、存货、

固定资产等项目进行审计时，注册会计师会首先考虑通过清查、监督或参与盘点来取得实物证据以证明它们是否存在。同时实物证据也有助于内部审计人员了解实物资产的状况以判断其计价的合理性，但是实物证据通常不能证明实物资产的所有权状况。

③ 视听电子证据。视听电子证据是内部审计人员获取的，以录音、录像等影音形态存在的，能够证明审计对象真实情况的证据类型。内部审计人员在搜集视听电子证据时，应当关注视听证据的制作方法、制作时间、制作人、制作环境和存放方式与地点等情况。

视听电子证据在证据中的地位较低，它是印证当事人陈述、书证、物证等其他证据的有力工具，这是由电子证据易于被伪造、篡改、拼接，而且难以被觉察和发现的特点所决定的。在实际操作中，电子证据需要与其他证据相互印证。

④ 口头证据。口头证据是被审计单位职员或其他有关人员对内部审计人员的提问做口头答复所形成的一类证据。这类证据可靠性较差，证明力较小，单项证据本身并无足够的证明力，只可用作旁证。其主要作用是发掘一些重要的线索，以便对审核对象做进一步的调查和分析。对同一事项不同人的口头证据如果一致或能够相互印证，则具有较高的可靠性。

⑤ 环境证据。环境证据亦称状况证据，是指影响被审事项的各种环境事实。环境证据一般不属于基本证据，不能直接用于证实有关被审事项，但它可以帮助审计人员了解被审事项所处的环境或发展的状况，为判断被审事项和确证已搜集其他证据的程度提供依据，因而，环境证据仍然是注册会计师进行判断所必须掌握的资料。具体地划分，环境证据包括反映内部控制状况、管理人员素质、管理水平和管理条件的环境证据。

（2）按审计证据的来源渠道，可分为亲历证据、外部证据和内部证据

① 亲历证据。亲历证据是指由审计人员（包括助理人员、外聘专家）通过专业判断和相应的程序与方法，对被审事项的有关资料进行计算和分析而得到的证据，包括审计人员动手编制的各种计算表、分析表等。对于书面证据而言，亲历证据强调的是审计人员对有关基础资料（证据）必须进行重新加工，按照既定的目标所确定的程序进行计算和分析，因此，它具有较其他来源形式证据更为可靠的证明力。

② 外部证据。外部证据是指由被审计单位以外的，与被审事项有一定联系的第三方提供的相关证据。外部证据除有关单位提供的业务询证证据和书面证明外，还包括不在书面证据范围内的有关实物证据和外部人员的陈述等。具体地讲，外部书面证据形式有两类。第一类包括：应收账款的回函、被审计单位的律师或其他独立专家关于被审计单位资产所有权或负债的证明函件、保险公司的证明函件、寄售企业或代售企业的证明函件、证券经纪人的证明书等。这些外部书面证据一般由被审计单位以外的第三方直接提供给审计人，而没有经过被审计单位职员之手，不存在被涂改和被伪造的可能性。因此，书面证据是证明力较强的一种审计证据。第二类外部书面证据包括银行对账单、购货发票、应收票据、顾客订货单、相关的合同和契约等。这些证据都是由被审计单位以外的单位所出具，但是由被审计单位有关业务人员进行保存和处理的，难免存在被涂改甚至被伪造的可能性。因此，审计人评价其可靠性必须考虑这一因素，把这类证据确定为其证明力略低于第一类外部书面证据，并对这类证据中有被涂改或被伪造的痕迹予以高度的关注和警觉。

③ 内部证据。内部证据是指由被审计单位内部机构或职员编制并提供的有关书面证据。内部书面证据的可靠性一般不如外部书面证据强，而且内部书面证据由于形式的不同其可靠性也不尽相同。根据内部书面证据可靠性的强弱，可以划分为以下三类。

第一类是由被审计单位外部组织或部门规定统一格式和填制要求的，而由被审计单位内部职员填制并提供的有关书面证据，如由税务部门监制的销货发票（含普通发票和增值税专用发票）、银行统一印制的各种支票和汇票，由财政部门监制的财政收费收据等，这类证据的可靠性对各种内部证据而言是最强的，因为这类证据资料的填制情况往往要受到相应管理部门突击性或定期检查监督，当被审计单位内部控制较为健全有效时，这类证据仍不失为一种可靠性强的审计证据。

第二类是由被审计单位有关人员编制和填报用于对外公布但无格式和规范要求的内部证据，如经济业务合同、计划、文件和内部定额标准及完成情况等。这类证据虽不一定要接受外界的监督检查，但在一定程度上要受到有关业务单位或主管部门的制约，经过他们的审批，对其公正性、严肃性和科学性有严格的要求。因此，当企业内部控制健全有效时，第二类证据仍具有一定的可靠性，但可靠性始终低于第一类内部书面证据。

第三类内部书面证据是那些既无规范要求或者无任何外部单位制约，且无须公开的由被审计单位有关人员填制并出具的资料，如自制的原始凭证、记账凭证、会计账簿记录等。这类证据的可靠性完全取决于经手人员的素质、内部控制的有效制约程度，因而它的可靠性程度为最低。但是当内部控制健全有效而且相关的内部证据能相互印证时，注册会计师仍然可以信赖其可靠性。

内部书面证据从其反映的内容来看包括反映会计核算处理情况的会计记录，反映被审计单位管理当局责任、态度和意图的管理当局声明书以及其他的书面文件。其中会计记录包括各种原始凭证、记账凭证、账簿记录、试算平衡表、科目汇总表、项目明细表等，它是注册会计师取自被审计单位内部的一种数量最多且最为重要的审计证据，其可靠性关键取决于被审计单位内部控制的完善程度。审计人员在取得这类证据时往往要相互联系、按其勾稽关系相互印证地寻找和评价，必要时应视被审项目的重要程度和审计环境状况，按其会计业务处理过程顺查或逆查所有的详细资料，甚至要进一步审查业务发生时各种获准手续文件作为审计证据。

对于被审计单位管理当局的声明书，由于它涉及被审计单位在会计报表审计过程中所做的重要陈述或保证，是一种态度或意图的反映，主观色彩十分浓厚，因而其可靠性较低，这便要求审计人员不能一味地信赖这份声明书，而应该通过实施其他必要的审计程序来判断会计报表的合法性、公允性和会计处理的一贯性程度。综上所述，审计人员获取内部书面证据环节不但要求审计人员要有较强的专业水平和科学的审计程序，而且它将花费整个审计工作的绝大部分时间，是审计工作的重心和核心。

（3）按审计证据的相互关系，可分为基本证据、辅助证据和矛盾证据

① 基本证据。基本证据是指对被审事项具有直接证明力的证据。例如，审查账户记录正确性时，记账凭证是基本证据；证明财务报表正确性时，总账、明细账是基本证据。

② 辅助证据。辅助证据是指能支持基本证据证明力的证据。例如，原始凭证可以支持、证明记账凭证的正确性；记账凭证可以支持、证明账户记录的正确性。基本证据和辅助证据的区别不在乎形式，而在于在具体场合中所起的作用。

③ 矛盾证据。矛盾证据是指证明的方向与基本证据相反，或证明的内容与基本证据不一致的证据。例如，被审计单位会计报表上的"固定资产"是8亿元，而会计账簿上的"固定资产"是10亿元，那么会计账簿上的"固定资产"就是会计报表的矛盾证据。遇有矛盾

证据时，审计人员必须进一步搜集审计证据，并加以深入分析和鉴定，以肯定或否定证据间的矛盾。

（三）内部审计证据的特性

内部审计人员获取的审计证据应当具备充分性、相关性和可靠性。

（1）审计证据的充分性。审计证据的充分性是指证据数量足以证实审计事项，做出审计结论和建议。审计意见的形成是建立在有足够数量审计证据基础之上的。为了取得过多的审计证据必然要耗费过多的审计成本，影响审计效益和效率。根据审计证据准则，评价和判断审计证据是否充分应当考虑以下因素：① 审计风险；② 具体审计项目的重要程度；③ 审计人员及其助理人员的审计经验；④ 审计过程中是否发现错误或舞弊行为；⑤ 审计证据的类型与获取途径。

（2）审计证据的相关性。审计证据的相关性是指证据和审计目标相关联，所反映的内容能够支持审计结论和建议。审计证据要有证明力，必须与审计人员的审计目标相关。例如，审计人员在审计过程中怀疑被审计单位发出存货却没有给顾客开票，需要确认销售是否完整。审计人员应当从发货单中选取样本，追查与每张发货单相应的销售发票副本，以确定是否每张发货单均已开具发票。如果审计人员从销售发票副本中选取样本，并追查与每张发票相应的发货单，由此所获得的证据与完整性目标就不相关。

审计证据是否相关必须结合具体审计目标来考虑。在确定审计证据的相关性时，审计人员应当考虑以下几点。

① 在审计准备阶段，相关内部控制制度是否存在；相关内部控制制度是否有效；相关内部控制制度在所审计期间是否一贯得到遵循。

② 在审计实施过程中，审计人员应围绕各项目交易和金额记录来考虑获取的审计证据是否与下列事项相关：资产、负债在某一特定时日是否存在；资产、负债在某一特定时日是否归属被审计单位；经济业务的发生是否与被审计单位有关；是否有未入账的资产、负债或其他的交易事项；资产、负债计价是否恰当；收入与费用是否归属当期，并相互配比；会计记录是否正确；会计报表项目的分类反映是否适当，是否前后一致。

（3）审计证据的可靠性。审计证据的可靠性是指证据能够反映审计事项的客观事实，体现了审计证据能够反映和证实客观经济活动特征的程度。审计证据的可靠性受到审计证据的类型、取证的渠道和方式等因素的影响。判断审计证据的可靠程度可以把握以下几个标准。

① 书面证据比口头证据可靠。

② 外部证据比内部证据可靠。

③ 审计人员自行获得的证据比由被审计单位提供的证据可靠。

④ 内部控制较好时的内部证据比内部控制较差时的内部证据可靠。对于这一点我们可设想有以下两种被审计单位：A 公司管理制度健全严密、会计岗位职责明确、科学分工、合理牵制；B 公司由于人手紧张，会计岗位由两人包办，即一个出纳和一个记账。显然缺乏必要的牵制，且不说 B 公司记账员是否有舞弊的意图，就是正常的核算处理都难免存在错误和疏漏。因而，A 公司提供的各种资料要比 B 公司值得信赖得多。

⑤ 不同来源或不同性质的审计证据能相互印证时，审计证据更为可靠。当然，对于那

些不能相互印证的审计证据，注册会计师是无法发表审计意见的，因此，应该增加审计程序，从事进一步的取证工作。

审计项目的各级复核人应在各自责任范围内对审计证据的充分性、相关性和可靠性予以复核。

内部审计人员在获取审计证据时，应当考虑下列基本因素。

① 适当的抽样方法。

② 合理的审计风险水平。证据的充分性与审计风险水平密切相关。可以接受的审计风险水平越低，所需证据的数量就越多。

③ 成本与效率的合理程度。获取审计证据应考虑证据成本与证据效益的对比。但对于重要审计事项，不应将审计成本的高低作为减少必要审计程序的理由。

④ 具体审计事项的重要程度。内部审计人员应当从数量和性质两个方面判断具体审计事项的重要性，以做出获取审计证据的决策。

（四）内部审计证据的获取与处理

根据内部审计基本准则的规定，内部审计人员获取审计证据可以采用下列方法。

（1）审核。审核是指审计人员对被审计单位的书面资料的阅读，对被审计单位的账目是否真实、合法，是否符合国家有关的法规、制度等进行审查。审核主要包括凭证的审核、账簿的审核和报表的审核。一般情况下，审核与复核通常是相互结合的。

（2）观察。观察是指审计人员亲赴现场，对被审对象的环境状况进行实际观察，从而取得审计证据，常用于对生产经营管理、财产物资保管、内部控制系统的遵行、资源的利用、劳动效率和纪律等情况的观察。审计人员通过亲眼看见的事实，可以获得较为准确可信的审计证据。

（3）监盘。监盘是指审计人员通过实地监督盘点取得审计证据。例如，审计人员对库存现金、材料、固定资产等实物的监盘，确定其实有数额，证明账实相符情况。这是取得实物证据最有效的途径。一般而言，对于数量较少或较为贵重的财产物资，应由审计人员亲自参与盘点；对于数量较大的实物则可以监督盘点。

（4）查询及函证。查询及函证是审计人员对有关人员进行书面或口头询问以获取审计证据的方法，又分为面询和函询。面询又称口头询问，即审计人员直接向有关人员询问，以取得所需的审计证据。面询时，审计人员应做书面记录，并要求被面询人签字作证。函询又称函证，是指审计人员为印证被审计单位会计记录所载事项而向第三方发询证证的一种方法。采用函询时，函询内容应该简明扼要、突出重点，以利于对方答复。口头询问的应用方法，如下表所示。

口头询问的应用方法

编号	问　　题	对　　象	答　　案	方　　法	计　　划
1	现金收入是否当天入账	出纳员 会计主管	是 有时是	实地盘点	上班时
2	现金收入是否由会计主管审核	出纳员 会计员 会计主管	自己 无人审核	观察法	先由出纳审核，收款并开具收据

续表

编号	问　题	对　象	答　案	方　法	计　划
3	现金付款凭证由谁审核	出纳员 会计员 会计主管	由我审核 无人审核	观察法	由出纳审核后付款，会计主管不负责审核
4	现金是否每天盘点	出纳员 会计员	是 有时是	观察法	下班前

（5）计算。计算是指审计人员对被审计单位的原始凭证及会计记录的数据进行的验算或另行计算。一般而言，计算不仅包括对被审计单位的凭证、账簿及报表中有关数据的验算，还包括对会计资料中有关项目的加总或其他运算。

（6）分析性复核。分析性复核是指分析被审计单位重要的比率或趋势，包括调查这些比率或趋势的异常变动及其与预期数额和相关信息的差异。

分析性复核具有简便有效的特点。它通过研究财务数据与财务数据、财务数据与非财务数据之间存在的相互依存关系来判断数据本身的正确性和合理性，从总体上把握和降低账户金额存在重大错报或漏报的可能性，分析结果不但可以为进一步确定审计重点服务，而且还可直接作为确认被审事项的审计证据。如果分析结果与期望值相一致，并且相关账户的差异较小，则可以不执行或少执行审计程序。

（五）对审计证据的整理和分析应注意的问题

（1）内部审计人员获取的审计证据的名称、来源、内容、时间等应清晰、完整地记录在工作底稿中。

（2）内部审计人员可聘请其他专业机构或人士对审计项目的某些特殊问题进行鉴定，以鉴定结论作为审计证据。内部审计人员应对引用该证据的可靠性负责。

（3）对于被审计单位存在有异议的审计证据，内部审计人员应做进一步的核实。

（4）内部审计人员获取的审计证据，如有必要，应当由证据提供者签名或盖章。如果证据提供者拒绝，内部审计人员应当注明原因和日期，该证据依然可作为支持审计结论和建议的依据。

（5）内部审计人员应做好审计证据的分类、筛选和汇总，保证已获取审计证据的充分性、相关性和可靠性。

（6）在评价审计证据时，应当考虑证据之间的相互印证及证据来源的可靠程度，具体情况，如下表所示。

审计证据可靠程度的评价

较强证明力证据	较弱证明力证据
客观	主观
书面、实物	口头
公开信息与专家意见	内部信息
直接	间接
内部控制健全	内部控制不健全
独立于被审计单位	来源于被审计单位

续表

较强证明力证据	较弱证明力证据
统计抽样	非统计抽样
有旁证支持	无旁证支持
及时	滞后

【查一查】如何搜集和鉴定审计证据？

任务五　审计工作底稿

（一）审计工作底稿的基本知识

1. 审计工作底稿的含义

审计工作底稿是指内部审计人员在审计过程中按照一定的审计格式填制的，反映审计活动和所获取的相关信息资料所形成的工作记录，是联系审计证据和审计结论的桥梁。

2. 审计工作底稿编的目的和作用

内部审计人员在审计工作中应编制审计工作底稿，以达到以下目的和作用。

（1）审计工作底稿可以说明审计目标的实现程度，是连接整个审计工作的纽带。

（2）审计工作底稿是形成审计结论、发表审计意见的直接证据，为形成审计报告提供了依据。

（3）审计工作底稿是评价和考核审计人员专业胜任能力与工作业绩的重要依据，为评价内容审计工作质量提供依据。

（4）审计工作底稿可以证实内部审计机构及人员是否遵循内部审计准则，是审计质量控制和监督的基础。

（5）审计工作底稿对后续审计和未来审计业务具有参考和备查作用。

3. 审计工作底稿的编写要求

审计工作底稿应内容完整、记录清晰、结论明确，客观反映项目审计计划的制订及实施情况，并包括与形成审计结论和建议有关的所有重要事项。

（1）内容完整。内容完整即审计工作底稿的基本内容需完整无缺，所附审计证据应齐全。

（2）记录清晰。审计工作底稿要求记录清晰、文字工整、语言表达清楚、数字整洁、便于识别。所取得的审计证据、面询过的人员、观察过的场所等，均应明确列示。应注明索引编号和顺序编号。相关工作底稿之间如存在勾稽关系应予以清晰反映，相互引用时应交叉注明索引编号。填制人员和复核人员均应在审计工作底稿上签字，并注明日期。

（3）标识一致。审计人员在审计工作底稿中可使用各种审计标识，但应注明含义并保持前后一致。

（4）格式规范。审计工作底稿在结构设计上应当合理，并有一定的逻辑性，审计人员应严格按照格式编制工作底稿。但需注意要求格式规范并非意味着格式一成不变。

（5）结论明确。审计人员的总体结论是根据各具体事项的具体审计结论综合而成的，对每一事项的审计完成后，应有明确的审计结论，并列示于审计工作底稿上。

（二）审计工作底稿的内容

1. 审计工作底稿应载明的事项

（1）审计事项及其期间或截止日期。

（2）被审计单位的名称。

（3）审计程序的执行过程和执行结果记录。

（4）审计结论。

（5）执行人员姓名和执行日期。

（6）复核人员姓名、复核日期和复核意见。

（7）索引号及页次。

（8）审计标识与其他符号及其说明等。

（9）审计工作底稿的形式可以是纸质、磁带、磁盘、胶片或其他有效的信息载体。无纸化的工作底稿应制作备份。审计工作底稿格式，如下表所示。

＿＿＿＿＿＿＿审计工作底稿

索引号：ZNS-001

被审计单位			
审计事项			
审计期间或截止日期			
审计人员		编制日期	
审计结论或基本事实			
审计依据			
复核意见			
复核人员		复核日期	

2. 审计工作底稿的复核

为了保证审计工作底稿复核工作的质量，内部审计组织应该建立多层次的审计工作底稿复核制度。一般采用审计工作底稿三级复核制度，即内部审计委员会制定的以内部审计主管、内部审计部门负责人和审计项目负责人为复核人，对审计工作底稿进行逐级复核的一种复核制度。所谓的三级复核制度，是指审计工作底稿应由项目经理、部门经理和审计机构的主任会计师或专职的复核机构或复核人员对审计工作底稿进行逐级复核的一种复核制度。项目经理（或者项目负责人）复核是三级复核制度中的第一级复核，称为详细复核。它要求项目经理对下属审计助理人员形成的审计工作底稿逐张复核，发现问题及时指出，并督促审计人员及时修改完善。

部门经理（或者是签字注册会计师）是三级复核制度中的第二级复核，称为一般复核。它是在项目经理完成了详细复核之后，再对审计工作底稿中重要会计账项的审计、重要审计程序的执行、以及审计调整事项等进行复核。部门经理复核是对项目经理复核的一种再监督，也是对重要审计事项的重点把握。

主任会计师（或者合伙人）复核是三级复核中的最后一级复核，又称为重点复核。它是对审计过程中的重大会计审计问题、重大审计调整事项及其重要的审计工作底稿进行的复核。主任会计师复核既是对前面两级复核的再监督，也是对整个审计工作的计划、进度和质量的重点把握。

如果部门经理作为某一审计项目的项目负责人，该项目又没有项目经理参加，则该部门经理的复核应该视为项目经理复核，主任会计师应另行指定人员代为执行部门经理复核工作，以保证三级复核制度的彻底执行。

审计工作底稿的复核过程，如下图所示。

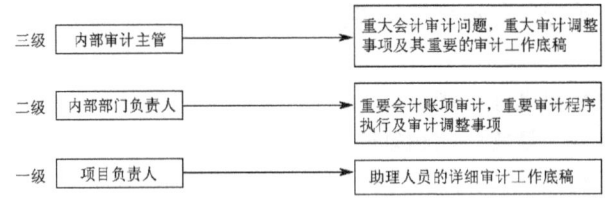

审计工作底稿的复核过程

审计工作底稿的复核应由内部审计机构中比工作底稿编制人员职位更高或具有丰富经验的人员担任。在审计作业中，审计项目负责人应加强对工作底稿的现场复核。如果发现审计工作底稿存在问题，复核人员应在复核意见中加以说明，并要求相关人员补充或重编工作底稿。

3. 审计工作底稿的整理与使用

内部审计人员在审计项目完成后，应及时对审计工作底稿进行分类整理，并且按相关法规的要求归档、管理和使用。审计工作底稿归组织所有，由内部审计机构或组织内部有关部门保管。内部审计机构应建立工作底稿保密制度。如果内部审计机构以外的组织或个人要求查阅工作底稿，必须经内部审计机构负责人或其主管领导批准。但法院、检察院和其他部门依法进行查阅的除外。

任务训练

一、简答题

1. 什么是内部审计？内部审计的作用有哪些？
2. 内部审计机构的设置条件、设置类型有哪些？
3. 内部审计机构的任务有哪些？
4. 内部审计人员的职业道德规范有哪些？
5. 内部审计证据的种类、各类证据的特征有哪些？
6. 什么是内部审计工作底稿？如何进行工作底稿的复核？

二、单项选择题

1. 中国的国家审计起源甚早，早在（ ）时期，周王朝（政府）审计就有了一定的发展。
   A. 春秋战国　　　 B. 西周　　　　　 C. 唐朝　　　　　 D. 北宋

2. 目前我们的内部审计都是事后审计，主要起（ ）作用。
   A. 评价　　　　　 B. 监督　　　　　 C. 鉴定　　　　　 D. 报告

3. 关于内部审计机构的设置原则，下列说法不正确的是（ ）。
   A. 公平原则　　　 B. 专职高效原则　 C. 权威性原则　　 D. 独立性原则

4. 审计工作底稿的复核是实行（ ）复核制度。
   A. 一级　　　　　 B. 二级　　　　　 C. 三级　　　　　 D. 四级

三、多项选择题

1. 企业内部审计通过对经济活动的检查和评价，来判断这些活动的合法性和效益性，以及反映经济活动的各种资料的真实性和可靠性，所以内部审计又可称为（ ）。
   A. 内部财务审计　 B. 内部经营审计　 C. 内部管理审计　 D. 内部效益审计

2. 内部审计的职能主要有（ ）。
   A. 监督职能　　　 B. 评价职能　　　 C. 控制职能　　　 D. 咨询职能

3. 审计证据按其存在形式（或称按其外形特征）的分类，即分为（ ）。
   A. 书面证据　　　 B. 亲历证据　　　 C. 实物证据　　　 D. 视听电子证据
   E. 口头证据　　　 F. 环境证据

4. 内部审计人员获取的审计证据应当具备（ ）。
   A. 充分性　　　　 B. 相关性　　　　 C. 可靠性　　　　 D. 适当性

四、判断题（正确的打"√"，错误的打"×"）

1. 内部审计机构自身也要通过审计成果的科学性来增强其独立性。 （ ）

2. 对阻挠、妨碍审计以及拒绝提供有关资料的，经单位领导人批准，不可以采取必要的临时措施，但可提出追究有关人员责任的建议。 （ ）

3. 内部审计人员在审计报告中可以简单地披露所了解的全部重要事项。 （ ）

4. 对于被审计单位管理当局的声明书，由于它涉及被审计单位在会计报表审计过程中所做的重要陈述或保证，是一种态度或意图的反映，主观色彩十分浓厚，因而其可靠性较低，这便要求注册会计师不能一味地信赖这份声明书，而应该通过实施其他必要的审计程序来判断会计报表的合法性、公允性和会计处理的一贯性程度如何。 （ ）

5. 审计证据要有证明力，可以与审计人员的审计目标无关。 （ ）

6. 内部控制较健全的内部证据比内部控制较差时的内部证据可靠。 （ ）

7. 不同来源或不同性质的审计证据能相互印证时，审计证据更为可靠。 （ ）

8. 一般而言，对于数量数额较大的财产物资，应由审计人员亲自参与盘点；对于较少或较为贵重的实物，则可以监督盘点。 （ ）

9. 内部审计人员可聘请其他专业机构或人士对审计项目的某些特殊问题进行鉴定，以鉴定结论作为审计证据。内部审计人员应对引用该证据的可靠性负责。 （ ）

10. 为了保证审计工作底稿复核工作的质量，内部审计组织应该建立多层次的审计工作底稿复核制度。一般采用审计工作底稿三级复核制度。 （ ）

项目二　审计程序与审计方法

 **任务目标**

了解审计方法、审计程序各个阶段的客观必然性；熟悉重要性水平及其分配、审计风险及其评估；理解重要性水平与审计证据、审计风险之间的关系；理解并掌握各种审计方法及其优缺点。

 **能力目标**

掌握审计程序在不同阶段的核心工作内容；能够运用恰当的审计方法纠弊查错。

任务内容

内部审计程序；审计重要性与审计风险的判断与运用；内部审计报告的编制；内部审计方法的运用。

关键词

内部审计程序；审计风险；审计方法。

任务一　审计计划阶段

（一）任务基础

内部审计程序，是指在开展具体审计活动时，内部审计人员必须遵循的先后工作程序。它是国家规定的内部审计机构处理审计工作必须进行的步骤，具有法律效力。按程序履行审计职责，是规范内部审计工作，保证内部审计质量的重要条件。它代表着一个内部审计项目从开始到结束的完整程序。它是内部审计工作过程的简明指导，能为内审人员明确工作步骤，说明工作过程与重点。为了实现内部审计工作的目标，可将内部审计活动科学地划分为几个阶段，并赋予每个阶段相适宜的工作内容和具体要求，以此作为对内部审计工作的指导和控制，从而保证内部审计工作有计划有步骤地进行，保证内部审计工作质量，提高内部审计效率，促进内部审计流程的规范化，降低内部审计风险，同时也有助于提高内部审计人员执行审计工作的熟练程度。

内部审计的实施程序，应当依照内部审计职业规范和本单位的相关规定执行。内部审计机构或者覆行内部审计职责的内设机构，对本单位内部管理的领导人员实施经济责任审计时，可以参照执行国家有关经济责任审计的规定。

一般而言，一个内部审计项目的执行过程可以分为审计计划阶段、审计实施阶段、审计报告阶段和后续审计阶段等。

内部审计程序的审计计划阶段，即准备阶段，是整个内部审计过程的起点，目的在于摸清情况，确定审计目标，制定出完整的审计实施方案，保证审计工作的顺利进行。

（二）任务实施

1. 成立审计小组，编制项目审计计划

根据审计任务，配备审计人员。要求参加审计工作的成员在思想和业务素质上应该能够胜任该项审计工作。一般来说，审计小组成员应由初级、中级、高级三类人员组成，这种分工便于人才的合理利用，做到各司其职、合理搭配、优化资源，进而收到较好的审计效果。

人员确定之后，下一步工作就要开始编制审计计划了。审计计划是指内部审计机构和审计人员为了完成各项审计业务，达到预期的审计目的，对一段时期的审计工作任务或具体审计项目做出的事先规划。审计计划通常包括年度审计计划、项目审计计划和审计方案。

年度审计计划是对年度的审计任务所做的事先规划，是组织年度工作计划的重要组成部分。年度审计计划应在下年度开始前编制完成，并报组织管理层批准，以指导内部审计机构下年度的工作。

审计方案是对具体审计项目的审计程序及其时间等所做出的详细安排。项目审计计划和审计方案应在审计实施前编制完成，并经内部审计机构负责人批准。

内部审计机构可以根据组织的性质、规模、审计业务的复杂程度等因素决定审计计划层次的繁简程度。内部审计机构应当根据批准后的审计计划组织实施内部审计活动。在计划执行过程中，如果有必要，应按规定的程序对计划进行修改和补充。同时，内部审计机构负责人应定期检查审计计划的执行情况。

2. 选择被审计对象

内部审计机构的工作应与本单位的目标保持一致，因此在选择被审对象时要考虑两个方面的因素：一是确认被审事项的具体内容；二是在确定相关风险因素的同时评估其重要性。

内部审计人员除了考虑上述两个因素外，还应考虑企业董事会和高管人员提出的审计对象；或者是由审计对象主动提出来的，愿意接受内部审计机构的审计，以改善管理、提高效益。因此，内部审计机构应优先进行这方面的审计。

审计人员可以通过重要性原则、有影响力原则、可能出成果原则、胜任原则来初步确定审计对象。

所谓重要性，就是关系公司大局的事项，一旦出现问题将会给公司利益造成重大损失。公司在不同的时间里重要的项目是不一样的，这就需要我们运用职业判断，如果不会判断可以遵循以下建议。一般来说，领导经常提起的事，都是重要的；各中层管理人员经常抱怨的事，都是重要的；以前出过大问题的项目，都是重要的。

所谓有影响力，就是某一事件一旦发生就会对公司的经营产生重大影响，就会对公司的其他事件产生连锁反应的事项。什么样的项目有影响力，这也需要我们运用职业判断。

所谓可能出成果，是指提出的建议有操作性，公司如果想做，就会做到，而且不会引起重大的负面影响。每个公司都有很多问题，这些问题中有很多是大家都知道的，但都没有可行的解决办法，我们选择审计项目时，就应该选择那些有可能提出可行的解决办法的项目。这样我们更容易为公司创造出高的效益，更容易得到领导的重视和同事的尊重。

所谓胜任，是指内部审计资源总是有限的，如何利用审计技术、方法和人才等方面的内部审计资源，是内部审计部门在选择审计对象时需要考虑的一个重要问题。许多重要的审计对象，可能因为缺乏合格的审计人员，或时间不够用而无法开展审计。内部审计部门倘若不量力而为，勉强开展审计，就有可能出现虎头蛇尾的情况，最后不了了之，结果是既浪费了审计资源，又丧失了审计权威。

3. 根据风险因素进行风险评估

企业经营过程中不确定的事件，包括外部环境、商业政策的变化、内部业务流程、操作方式、管理模式等，都有可能对企业目标产生影响，所以说风险无处不在，无时不有。但在所有的风险中无知的风险才是最大的风险，因为只有发现、知晓风险（问题）产生的可能性，才会采取相应的风险管理策略，通过规避转嫁等方式降低或减少风险，并与企业风险承受能力或风格相匹配。

早在19世纪，西方古典经济学派就提出了风险的概念，认为风险是经营活动的副产品。随着社会的发展，人们的风险观念也在不断转变。风险在企业经营活动中有着不同的表现，国资委将企业风险分为战略风险、财务风险、市场风险、运营风险和法律风险五类，如下表所示。

国资委对国有企业风险的分类

类　　型	内　部　风　险	外　部　风　险
战略风险	新技术、新产品、购并、品牌建立、收益变化	市场需求变化，失去主要客户或供应商、竞争对手
财务风险	现金流、资产流动性	经济周期、信用风险
市场风险	定价、促销政策	股票市场、外汇汇率、贷款利息、期货市场
运营风险	安全生产、网络安全、环境保护、人力资源、新项目、价格谈判、火灾、车船事故、人身伤亡	管理责任、供应链、水灾、偷盗、恐怖袭击
法律风险	知识产权、员工纠纷	合规、法律改变、诉讼

风险因素的确定有多种不同的方法，从大多数风险模型来看，风险因素的确定大多从管理层的关注度、财务影响、金额的重要性、资产流动性、管理层的胜任能力、内部控制的质量或者有效性、上次审计业务的时间和结果（审计频率）、业务的复杂性、管理层审计实现目标的压力、分支机构距离总部的距离、内外部经营环境、负责人的道德风险、以往的整改结果、舞弊可能性、对战略的影响等方面进行考虑。

不同的组织，对于具体风险因素的考虑有所不同，不同的行业风险因素的重要程度也有所不同。我们总结出各行业最重要的十种风险因素，如下表所示。

各行业最主要的十种风险因素

次　序	银行业/保险业/证券业	制　造　业	其　　他
1	内部控制的质量	内部控制的质量	内部控制的质量
2	管理人员的能力	管理人员的能力	管理人员的能力
3	管理人员的正直程度	管理人员的正直程度	管理人员的正直程度
4	会计系统的近期变动	单位的规模	会计系统的近期变动
5	单位的规模	经济环境恶化	业务的复杂性
6	资产的流动性	业务的复杂性	资产的流动性
7	重要人员的变动	重要人员的变动	单位的规模
8	业务的复杂性	会计系统的近期变动	经济环境恶化
9	快速的增长	快速的增长	重要人员的变动
10	政府法规	管理人员对完成目标的压力	快速的增长

风险评估的结果确定了内部审计活动的先后顺序。审计计划的确定还要受到审计资源的约束或者限制。内部审计部门为此需要考虑为每个审计项目配置适当的审计资源。审计资源的衡量可以考虑审计人员数量与工时总数，财务预算，开展工作所需要的知识、技术和其他能力等因素。高风险的审计项目应配置有经验的内部审计人员，复杂的审计项目需要考虑利用专家的工作。综合考虑审计资源情况，确定列入审计计划的审计项目或被审计单位，进而有效地分配审计资源，使审计资源集中于企业最主要的风险领域。此外内部审计部门要预留资源应对计划外确定的审计对象与必审项目。例如，下级审计部门确定审计计划项目时应预留 10%～20% 的审计资源，用于安排临时审计项目和上级审计部门安排的审计项目。

4. 制定审计实施方案，制发审计通知书

审计项目负责人应根据项目审计计划编制审计实施方案，以对某一具体的审计项目做出详细周密的部署，并且在实施中随时检查、控制、监督审计项目的进度和质量，以保证审计项目的顺利进行。

（1）制定审计实施方案

审计实施方案应当包括下列基本内容。

① 具体的审计目的。

② 具体的审计内容、方法和程序。

③ 预定的执行人以及执行日期。

④ 其他有关内容。

⑤ 审计工作底稿索引号。

（2）制发审计通知书

审计通知书是内部审计机构在实施前通知被审计单位或个人接受审计的书面文件。审计通知书一般应包括下列内容：

① 审计项目名称。

② 被审计单位或者被审计人员姓名。

③ 审计范围和审计内容。

④ 审计时间。

⑤ 需要被审计单位提供的有关文件，会计凭证、账簿、报表等相关资料及其他必要的协助要求。

⑥ 审计小组负责人和其他成员名单。

⑦ 内部审计机构以及负责人的签章和签发日期。

如果存在证据表明被审计单位要求推迟审计项目实施的目的是逃避审计，或者推迟审计可能会产生某些不利影响，例如，不利于及时解释某些已经存在的错误和舞弊迹象，从而给被审计单位或组织带来较大风险，内部审计机构可以决定不更改审计时间表，继续按照审计通知书规定的审计时间进行审计。但是，在某些特殊情况下，当内部审计人员认为有必要进行突击审计，如出现突发事件或对舞弊进行查证等，事先向被审计单位送交审计通知书会使被审计单位的管理层或职员有时间为隐瞒真相做准备时，内部审计人员可以在到达审计现场时再将审计通知书送交被审计单位。另外，特殊审计业务的审计通知书也可以在实施审计时送达。内部审计通知书是内部审计机构用于通知被审计单位相关事项的载体，应在开始审计之前送达被审计单位。审计通知书主送被审计单位，如果审计项目可能涉及其他相关部门，或者需要其他部门的协助，也可以在必要时抄送组织内部相关部门。经济责任审计项目的审计通知书需要送达被审计人员及其所在单位，并抄送有关部门。审计通知书示例如下所示。

关于对×××公司××同志任期经济责任审计的通知

×××公司（被审计单位名称）：

　　根据×××有关规定，受组织部门、董事会和审计委员会纪检监察部门的委托，我部门决定派出审计组，自××××年××月××日起对××同志自××××年××月至××××年××月在任职期间的经济责任进行审计，请予以积极配合，提供必要的资料与工作条件。

　　请你单位于审计开始日提供与经济责任审计有关资料，并请通知××同志于审计开始日5日内向审计组提交述职报告。

　　审计组长×××　　　　　　联系电话：　　　　　　电子邮箱：

　　成员：×××，×××，×××

　　附件1：领导干部经济责任审计提供资料清单

　　附件2：被审计领导干部述职报告内容要求

　　　　　　　　　　　　　　　　　　　　×××公司审计部（盖章）

　　　　　　　　　　　　　　　　　　　　××××年××月××日

主送部门：×××

抄送部门：×××

附件1：领导干部经济责任审计提供资料清单

（1）公司内部制定的财务规章制度和内部控制制度；

（2）任期内被审计单位在银行和非银行机构设立的全部账户的情况，包括已注销的账户；

（3）企业章程有关内部机构设置、职责分工情况；

（4）任期内历年资产经营计划和经济指标完成情况；

（5）任期内历年财务报表、账簿、凭证等会计资料；

（6）任期内重大投资项目及实施结果、对外投资项目明细表；

（7）任期内全部协议书及经济合同；

（8）任期内各种财产物资盘点表、债权债务清理明细表；

（9）任期内重大经济事项的决策材料及相关会议记录；

（10）任职前后有关经济遗留问题的专门材料；

（11）任期内有关经济监督部门及检测机构做出的重大项目检测检查结果、处理意见及纠正情况资料；

（12）任期内上级内部审计机构或外部审计机构出具的审计报告、验资报告、资产评估报告及办理企业合并、分立等事项出具的有关报告等；

（13）个人述职报告；

（14）审计组认为需要的其他资料。

附件2：被审计领导干部述职报告内容要求

（1）任职期限（包括在何单位任何职务及任职起止时间）；

（2）管理或经营理念及任期经济工作目标；

（3）单位的管理结构及财务收支情况和资产负债、损益情况；

（4）任期履行经济责任情况；

（5）经济方面存在的主要问题，包括遗留问题；

（6）个人廉洁自律情况。

任务二　审计实施阶段

（一）任务基础

审计人员在完成准备阶段的工作后，就可依据审计计划来实施具体的审计工作，审计实施阶段是审计过程的中心阶段。在这阶段当中，审计人员主要是运用相应的审计方法实施审计，围绕审计目的搜集审计证据并进行评价，以形成审计结论。其主要的工作内容包括对被审计单位内部控制制度的建立及执行情况进行控制测试；对会计报表项目的数额进行实质性测试。

（二）任务实施

1. 初步调查和检查内部控制

调查了解内部控制制度的目的是确定被审计单位的内部控制制度是否存在，以便确定控制风险，并决定是否进行控制检查。如果内部控制制度经评价是健全并有效的，应视为"可信赖"，可据此进行控制测试；反之，则不需进行控制检查，直接进行实质性检查。

（1）初步调查和检查内部控制

初步调查和检查内部控制是指内部审计人员在了解内部控制结构的基础上，为确定内部控制结构政策和程序的设计与执行是否有效而实施的审计程序，其目的是检查内部控制在防止、发现并纠正重大错报方面的运行是否有效，并据此确定实质性程序的性质、时间和范围。

作为进一步审计程序的类型之一，并非在任何情况下都需要实施控制测试，当存在下列情形之一时，内部审计人员应当实施控制检查。

① 在评估认定层次重大错报风险时，预期控制的运行是有效的。

② 仅实施实质性程序不足以提供认定层次充分、适当的审计证据。

（2）初步评估内部控制

如果认为被审计单位控制设计合理并得到执行，能够有效防止或发现并纠正重大错报，那么，内部审计人员通常可以信赖这些控制，减少拟实施的实质性程序。如果更多地信赖这些控制，需要确认所信赖的控制在整个拟信赖期间都有效地发挥了作用，内部审计人员应对这些控制在该期间内是否得到一贯运行进行检查，即控制检查。如果控制检查进一步证实内部控制是有效的，内部审计人员可以认为相关账户及认定发生错报的可能性较低，对相关账户及认定实施实质性程序的范围也将减少。

有时，内部审计人员也可能认为控制是无效的，包括控制本身设计不合理，不能实现控制目标，或者尽管控制设计合理，但没有得到执行。内部审计人员不需要检查控制运行的有效性，直接实施实质性程序即可。但在评估重大错报风险时，需要考虑控制失效对财务报表及其审计的影响。

2. 扩大审计检查范围和审计发现

（1）扩大审计检查范围

扩大审计检查范围是为了搜集更多的审计证据而必须进行的一个步骤。一般来讲可对下列几种情况实施扩大审计检查范围。

① 被审计单位财务资料和经营状况信息不真实。

② 被审计单位未能遵循有关法律、法规、政策、准则、制度、计划等。

③ 被审计单位的资产遭受到严重损失。

④ 被审计单位的各项资源未能得到合理、有效的运用。

⑤ 被审计单位的经营目标未能实现。在进行扩大测试时，可以运用审阅法、分析法、复核法、查询法等方法，对被审计单位的凭证、账簿、报表和有关合同、计划、方案等资料进行合法性和专业技术手段方面的检查。

（2）提出审计发现和审计建议

内部审计人员在对被审计单位的经营活动与内部控制的检查和测试过程中会得到积极或消极的事实，针对这些事项，审计人员应提出审计发现，它一般应包括以下内容。

① 所发现事实的现状，即审计发现的具体情况。

② 所发现事实应遵照的标准，如政策、程序和相关法律法规。

③ 所发现事实与预定标准的差异。

④ 所发现事实已经或可能造成的影响。

⑤ 所发现事实在目前现状下产生的原因（包括内在原因与环境原因）。

对于审计发现的问题，审计人员可以提出审计建议。审计建议是内部审计人员针对审计发现提出的方案、措施和办法。审计建议可以是对被审计单位经营活动和内部控制存在的缺陷和问题提出的改善和纠正的建议，也可以是对显著经济效益和有效内部控制提出的表彰和奖励的建议。

内部审计人员应该依据审计发现和审计证据，结合组织的实际情况和审计结论的性质，提出审计建议。审计建议可分为以下几种类型。

① 现有系统运行良好，无须改变。

② 现有系统需要全部或局部改变。

a. 改进方案的设计。

b. 方案实施的要求。

c. 方案实施效果的预计。

d. 未实施此方案的后果分析。

任务三　审计报告阶段

（一）任务基础

审计人员在实施必要的审计程序并取得审计证据后，即进入审计的终结阶段，其主要的工作内容包括汇总审计工作底稿；评价审计结果；编制内部审计报告；与被审计单位领导沟通；报送内部审计报告；归集整理审计档案。

（二）任务实施

1. 汇总审计工作底稿，评价审计结果

审计工作底稿是审计人员在审计工作中综合、分析、整理与审计有关的资料所形成的书面文件。审计工作底稿是由审计人员独立编写的，难免存在主观性和片面性，还必须进行分类、归纳、汇总、排序等。

内部审计人员在审查业务结束以后、出具审计报告之前，应对审计结果进行评价，以确定将要发表的审计意见的类型。为此，审计人员需要完成以下几项工作：一是对重要性和审计风险进行最终的评价；二是对被审计单位已审会计报表进行技术性复核；三是对被审计单位已审会计报表形成审计意见并草拟审计报告；四是对审计工作底稿进行最终复核。

2. 编制内部审计报告

内部审计报告，是指内部审计人员根据审计计划对被审计单位实施必要的审计程序后，就被审计单位经营活动和内部控制的适当性、合法性和有效性出具的书面文件。

审计报告的编写要求：第一，审计报告的编制应实事求是、不偏不倚地反映审计事项；

第二，审计报告应按照规定的格式及内容编制，做到要素齐全、格式规范，不遗漏审计中发现的重大事项；第三，审计报告应突出重点、简明扼要、易于理解；第四，审计报告应及时编制，以便适时采取有效的纠正措施；第五，审计报告应针对被审计单位经营活动和内部控制的缺陷提出可行的改进建议，促进组织目标的实现；第六，审计报告形成的审计结论与建议应当充分考虑审计项目的重要性和风险水平。

（1）审计报告的基本要素

① 标题。

② 收件人。

③ 正文，内部审计报告是审计报告的核心内容，主要包括以下内容。

a. 审计概况：说明审计立项依据、审计目的和范围、审计重点和审计标准等内容。

b. 审计依据：应声明内部审计是按照内部审计准则的规定实施，若存在未遵循该准则的情形，应对其做出解释和说明。

c. 审计发现的问题：审计发现的问题是在对被审计单位的业务活动及其内部控制、风险管理的审计实施过程中所发现的主要问题。内部审计报告应当对所发现的事实的具体情况、应遵照的标准、事实与标准的差异、已经或可能造成的影响以及产生原因做出说明。

d. 审计结论：审计结论是内部审计人员对审计发现所做出的职业判断和评价结果，表明内部审计人员对被审计单位的经营活动和内部控制所持有的态度和看法。

在做出审计结论时，内部审计人员应针对本次审计的目的和要求，根据已掌握的证据和已查明的事实，对被审计单位的经营活动和内部控制做出评价。内部审计人员提出的结论可以是对经营活动或内部控制的全面评价，也可仅限于对部分经营活动和内部控制进行评价。如有必要，审计结论还应包括对出色业绩的肯定。

e. 审计意见：审计意见是针对审计发现的主要问题，根据情况提出的处理及处罚意见。审计意见的权威性取决于组织管理层对内部审计机构的授权。

f. 审计建议：审计建议是针对审计发现的主要问题，根据需要提出的改善业务活动及其内部控制、风险管理的建议。例如，如果发现有系统需要全部或局部改变，审计建议可以包括改进的方案设计、方案实施的要求、方案实施效果的预计以及未实施改进方案的后果分析等。审计建议应尽量避免使用必须、一定、应该等词语。

④ 附件。

⑤ 签章。

⑥ 报告日期。

⑦ 其他事项。

（2）审计报告的基本格式

审计报告包括中期审计报告和终结审计报告。

① 中期审计报告。

正式立项的审计项目应当在终结审计后编制审计报告。如果存在下述情况之一时，应当根据组织管理层的要求和内部审计工作的需要编制并报送中期审计报告。

a. 审计周期过长。

b. 被审计项目内容特别庞杂。

c. 被审计期间比较长。

d. 突发事件引起特殊要求。

e. 组织管理层需要审计项目进展情况的信息。

f. 其他需要提供中期审计报告的情况。

中期审计报告不能取代终结审计报告，但中期审计报告能够作为终结审计报告的编制依据。中期审计报告不具有终结审计报告的效力。

内部审计人员在确认有较大必要性的条件下编制规范的中期审计报告。一般中期审计报告篇幅较短，应当清楚地说明审计发现的事实、不良状况的影响，并提出审计建议。中期审计报告的格式可以根据实际需要选择以下所列格式之一。

第一，中期审计报告的基本格式。包括标题（可由"审计项目"和"中期审计报告"两部分组成）；收件人；审计发现；审计建议；附件；签章；报告日期。

中期审计报告的基本格式参考范例如下：

关于"出纳付款程序"的中期审计报告（标题）

×××公司总经理：（收件人）

　　从正在进行的公司 2019 年度财务收支审计中，我们发现公司财务部付款内部控制程序存在严重缺陷。出纳员保管公司财务专用章及财务经理私章，可随时支取公司款项，在我们的初步审核中，已经发现未经审批的付款 5 笔，共计 8 万元，如果不采取紧急措施，将可能导致更大的舞弊风险。（审计发现）

　　根据上述情况，我们建议财务经理收回相关印鉴，对每一笔公司款项的支付严格审核后才能签发，同时责成出纳员说清 8 万元款项的去向，采取各种手段追回款项，并建议临时停止出纳员的职务工作。（审计建议）

　　附件：

　　（1）资产负债表

　　（2）利润表

　　（3）现金流量表（附件）

审计项目负责人：王大力

审计小组成员：　李中正

刘小川

×××公司内部审计机构（签章）

××××年××月××日

第二，中期审计报告的备忘格式。包括标题（只简单列示审计项目即可）；收件人；审计发现；审计建议；审计人员签章；报告日期。

中期审计报告的备忘格式参考范例如下：

资本性支出授权的中期报告（标题）

×××公司供销部经理：（收件人）

　　在审计贵单位资本性项目的过程中，我们发现目前所发生的资本性支出没有取得相应的批准文件。在购买固定资产活动项目中，我们抽取了 3 个项目进行逐一检查，累计支出 380 万元人民币。在档案资料中，均没有发现取得相应的批准文件。（审计发现的事件）

　　造成这种结果的原因是：最近改组重建的会计部门还没有在项目建设之前授权专门的

人员负责批准；另外，采购订单的复核、批准还没有建立相应的程序。（审计发现的原因）

为了确保按照企业管理层的意图对资本性支出业务进行有效的控制，我们建议贵单位应该授权专门人员负责采购业务的批准；另外，在实施采购之前，采购订单应该与经过批准的文件进行核对验证。（审计建议）

审计项目负责人：王大力

审计小组成员： 李中正

刘小川

×××公司内部审计机构（签章）

××××年××月××日

② 终结审计报告。

一般情况下，终结审计报告是指审计人员对被审计单位实施必要的审计程序后，在内部审计活动的最终阶段出具的审计报告。终结审计报告的形式一般采用非标准格式、非公布目的的详式审计报告。它应当对审计概况、审计依据、审计发现、审计结论、审计意见、审计建议等做出详细说明。

终结审计报告的基本格式包括标题；收件人；审计概况（立项依据及背景介绍，上次审计后的整改情况说明，审计目的和范围，审计重点等）；审计依据；审计发现；审计结论；审计建议；附件；签章；报告日期。

终结审计报告基本格式参考范例如下：

关于×××公司内部会计控制的审计报告（标题）

×××公司总经理：（收件人）

为了配合今年年底公司组织的行业检查活动，我们临时调整了审计计划，组成了以王大力为项目负责人的 3 人审计小组，对公司内部会计控制制度进行了局部审计，旨在自我评价，消除内部控制的弱点，改善公司管理水平，争取在行业评比中获得优异成绩。我们的审计目标是测试内部会计控制方面是否存在漏洞，寻找与同行业其他企业的差距。审计涉及的期间是 2019 年 1 月 1 日至 2019 年 12 月 31 日。审核的范围包括会计制度设计、会计核算程序、会计工作机构和人员职责、财务管理制度等方面。（审计概况）

我们按照内部审计准则的规定和计划实施本项内部审计工作，并采用了我们认为应当采用的必要的审计程序。根据抽查结果，我们认为下列情况应当予以关注：

（1）没有定期进行银行对账单调节。截至我们进行审计时，银行对账单的调节工作已延误了 4 个月，严重削弱了公司对资金安全性的控制。（见附件×第××页）

（2）由于没有防止投资收益账户上舞弊行为的控制程序，导致超过 100 000 元的股利被非法挪用。（见附件×第××页）

（3）……（审计发现）

除上述问题外，我们认为，组织管理层对内部会计控制的设计在整体上是符合公司的实际情况的，其运行取得了预期的效果。（审计结论）

我们认为，上述问题的发生，主要原因是相关职位人员配备不足，不相容职务未予以分离。建议财务部门健全资金控制制度，并招聘一名有经验的会计人员充实相关职位。（审计建议）

附件：

（1）资产负债表

（2）利润表

（3）现金流量表（附件）

审计项目负责人：王大力

审计小组成员： 李中正

刘小川

×××公司内部审计机构（签章）

××××年××月××日

（3）审计报告的编制步骤与方法

① 审计报告的编制步骤。

a. 做好相关准备工作。

b. 编制审计报告初稿。

c. 征求被审计单位的意见。

d. 复核、修订审计报告并定稿。

② 审计报告的编制方法。

a. 考虑审计报告使用者的各种合理需求。有些事项或后续审计结果与本次审计结论没有直接关系或关系不重要，但需审计人员向报告收件人如组织管理层反映提请关注，此类事项和情况应适当写入审计报告。

b. 反映被审计对象的相关成绩。对被审计单位的突出业绩应当在审计报告中予以适当说明。

c. 反映改进的计划和行动。由于受到审计目标和准备工作的制约，或受到审计过程中新发生情况的影响，审计范围可能与年度审计计划或最初拟定的范围不一致，必要时可在审计报告中指出所改进的计划与所采取的行动。

d. 揭示导致问题产生的外部不利因素的影响。

e. 采用正面的、积极的语言。对审计过程中揭示的消极的审计发现，在不损害内部审计独立性和声誉的前提下，应当充分考虑被审计单位的意见及可能对其造成的不利影响，客观准确地以被审计单位可接受的语言写入审计报告。

f. 运用恰当的图表和脚注。审计报告可以运用适当的图表和脚注，以增强灵活性，快速准确、直观地揭示和传递审计信息。

3. 与被审计单位领导沟通

审计报告是审计人员对审计证据和审计工作底稿进行整理、分析，经过必要的取舍、删补和分类归纳之后，向被审计单位领导说明审计情况，形成最终审计意见的书面报告。

4. 报送内部审计报告

内部审计机构应当建立审计报告的三级复核制度。由审计项目负责人主持现场全面复核；由内部审计机构的业务主管主持非现场重点复核；由内部审计机构负责人主持非现场总体复核。三级复核的分工，可由组织的内部审计机构自行决定。各级复核的主持人在必要时可以授权他人行使权力，但责任仍由主持人承担。

审计报告的发送范围一般限于组织内部，通常可根据组织的一般要求和审计活动本身的性质来确定发送对象。内部审计机构应根据具体情况，决定是否将内部审计报告送交组织外部的相关部门和人员，或者是将审计报告的部分内容呈送组织外部的相关部门和人员。在决定对外报送内部审计报告时，应当经过内部审计机构负责人或组织管理层的批准。

5. 归集整理审计档案

在审计项目完成之后，审计人员应将审计报告、审计工作底稿及各种审计证据等其他资料，按照一定的要求进行整理、归类、装订等。所形成的审计档案既是审计业务的真实记录，也是衡量审计工作质量的标准，同时也是考察审计工作、研究审计历史的重要资料。审计资料的归档是审计报告阶段必不可少的程序。

任务四　后续审计

（一）后续审计的含义与作用

后续审计是指内部审计机构为检查被审计单位对审计发现的问题所采取的纠正措施及其效果而实施的审计。其目的主要是检查审计结论和处理审计决定的执行和落实情况，如没有执行应立即采取措施，使审计决定得以实施。后续审计是审计工作程序不可缺少的重要组成部分，是强化审计监督职能，深化审计内容，加快实现审计工作制度化、规范化的有效途径。后续审计有利于维护审计决定的严肃性，保证被审计单位认真执行，充分发挥审计的各项作用。

（二）后续审计的判断标准

后续审计的目的是为了确认被审计单位是否对审计发现的问题采取了有效的纠正措施。因此，判断标准就是已经采取的纠正行动和正在达到的效果以及不采取相应的行动时可能会产生的风险。

（三）后续审计的实施时机

在实施后续审计时应选择好审计时机，充分考虑以下因素。
（1）审计决定和建议的重要性。
（2）纠正措施的复杂性。
（3）落实纠正措施所需要的期限和成本。
（4）纠正措施失败可能产生的影响。
（5）被审计单位的业务安排和时间要求。

（四）后续审计的主要步骤

（1）仔细阅读分析被审计单位的书面回复。
（2）就书面回复与被审计单位进行初步沟通。

（3）确定后续审计的范围和内容。

（4）重视已纠正问题的真实性和有效性。

（5）跟踪个别的审计发现和建议。

（6）重点审查未纠正部分并分析查找原因加以督促纠正。

（7）管理层已决定不采取行动的审计处理。

（8）对控制风险进行重新评估。

（9）记录后续审计工作。

（10）报告后续审计发现。

任务五　内部审计方法

审计方法是指审计人员为完成审计工作而采取的各种手段，是审计人员检查和分析审计对象，搜集审计证据，并依据审计证据形成审计结论和意见的各种专门手段的总称。审计方法是人们在审计工作的长期实践中总结创立的。这些方法并不是固定不变的，随着社会经济的发展和科学技术的进步，审计方法也不断地改进和发展，并逐步完善和提高，形成一个比较完整的科学方法体系。

（一）审查书面资料的方法

1. 基本方法

（1）顺查法与逆查法

① 顺查法。顺查法是指按照会计业务处理程序依次进行检查的方法，也称为正查法，即先审阅核对原始凭证和记账凭证，而后以记账凭证核对明细账、日记账和总账，最后以总账、日记账和明细账核对会计报表和进行会计报表分析，对审阅核对过程中发现的问题，进一步分析原因，查明真相。在顺查法中，认真仔细地审查会计凭证是关键环节，通过审查，弄清被审计单位的经济业务及其会计处理是否正确、合理和合法，否则，在以后的审查中就难以解决了。顺查法的优点是全面系统、简便易行，特别适用于那些会计核算制度不健全、账务较混乱的单位，也适用于对销售业务、费用支出、现金出纳、银行存款的收支等的审查。顺查法的缺点：如果被审计单位的会计凭证多、检查期长，就很费时、费力，工作量大，不利于提高审计工作效率，降低审计成本。顺查法的工作步骤如下：

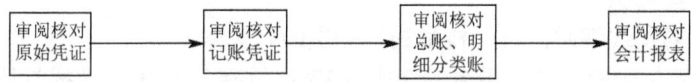

② 逆查法。逆查法是指按照会计业务处理的相反程序进行审查的方法，也称倒查法。即先审阅、分析会计报表，然后根据发现的问题和疑点，确定审计重点，再来审查核对有关的账册和凭证，因而可以不必对会计报表中的所有项目一一进行审查。逆查法的关键环节是对会计报表的审阅和分析比较，找准审查重点，否则就会影响到审计工作的质量。逆查法的优点：在全面了解和分析比较的基础上，能抓住重点，进行深入的检查，可以节省审计的时间和人力，有利于提高审计工作的效率和降低审计成本。逆查法的缺点：如果审

计人员分析判断能力较差，经验不丰富，往往容易出现遗漏或忽略重大问题，以及重点选择不准等问题。因此，除了那些管理特别混乱的单位审计，以及某些特别重要和危险的审计项目不能采用逆查法外，其余场合均可适用逆查法。逆查法的工作步骤如下：

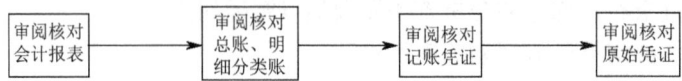

顺查法和逆查法各自都有优缺点，因此，在实际工作中，应将两者结合起来运用。可以取长补短，提高审计工作的效果和效率。

（2）详查法与抽查法

① 详查法。详查法又称精查法，是指对被审计单位一定时期内的全部会计资料，包括凭证、账册、报表等，进行全面、详细的审查，以判断评价被审计单位经济活动的合法性、真实性和效益性的一种审计方法。详查法的优点：掌握情况全面、详细、准确，一般不会发生遗漏，审计质量能够得到较大程度的保证。详查法的缺点：工作量太大，费时费力，审计成本高，一般情况下不宜采用。但是对于问题特别严重的情况，如重大贪污舞弊和严重违反财经法纪的单位（个人），可以采用详查法。另外，一些经济活动不多、会计业务少的小型单位，也可使用详查法。

② 抽查法。抽查法又称抽样审计，是从被审计单位被查期内的全部会计资料中，抽选部分样本进行审查，根据对样本的审计结果来推断总体特征的一种方法。

抽查法的优点：能明确审查重点、省时省力，具有效率高、成本低和事半功倍的效果。抽查法的缺点：审计结果过分依赖抽查样本的合理性，如果抽样不合理，或缺乏代表性，抽样结果往往不能发现问题，甚至以偏概全，得出错误的审计结论。因此，抽查法仅适用于规模较大、业务比较复杂、内部控制制度比较健全、会计基础较好的单位。

抽查法是相对于详查法而言的，在运用抽样审计方法的过程中，审计人员应特别注意所选取的样本是否能够代表总体，在审计的实践工作中，常用的样本选取方法有判断抽样法和统计抽样法两种，下面分别加以介绍。

第一，判断抽样法。判断抽样法又称重点抽样法，是在审核的总体中，有选择地抽取部分样本进行审查，根据对样本的审计结果来推断总体特征的一种方法。一般情况下，可选择下列样本进行审查。

a. 被审计单位内部控制制度和会计核算中的薄弱环节。

b. 单价高、期末余额大的财产物资账户。

c. 根据审计目的，结合被审计单位的实际情况认定的重要账目。

d. 贵重的财产物资。

e. 收到检举揭发线索时，根据检举线索提供的有关账户。

样本选择的数量一般为总体数量的 20%～30%。实际工作中可根据具体情况适当增减。

判断抽样法具有简便、灵活的特点，在财政财务审计、财经法纪审计、经济效益审计中广泛运用，是现代审计中的一种基本方法。其不足之处是单纯依靠审计人员的实际经验和判断能力，不一定能保证审计抽样对象、时期、范围的科学性和可靠性。因此，判断抽样法也有一定的局限性。

第二，统计抽样法。统计抽样法又称随机抽样法。指在审计工作中，运用概率论和数理统计的方法，随机从总体中抽取部分样本，得出样本特征，然后根据样本的特征，来推断总体特征的一种审计抽样的方法。它具有以下两个特征：随机选取样本；运用概率论评价样本结果，包括计量抽样风险。统计抽样法的优点在于能够客观地选取样本，科学地计量抽样风险，并通过调整样本规模有效地控制抽样风险，定量地评价样本结果。20世纪70年代初期，美国一些会计公司开始在实务中使用统计抽样法，以后统计抽样法逐渐被广泛应用。

在运用统计抽样法时，能使审查总体中的每一个个体都有被抽中的机会。因此，可以避免审计人员由于主观判断所带来的各种影响。但是，在实际工作中，往往将判断抽样法和统计抽样法结合使用，因为统计抽样法不能代替审计人员的判断，它只能在判断选取抽查什么样本之后，才能计算抽查样本数量的多少，所以统计抽样法应以判断抽样法为前提，但也不能认为判断抽样法可以取代统计抽样法，只有将两者有机结合起来，才能提高审计结论的正确性。

统计抽样的具体方法可分为以下几种。

a. 简单随机抽样法。简单随机抽样法就是对被审查的全部个体，不做任何有目的的和有重点的选择，任意抽取个体作为样本进行审查的方法。

b. 抽签抽样法。也称抽签法，是先将要审查的全部个体编好号，然后采取抽签的方式，随机抽取，从而确定随机抽查的样本。

例如，审查某企业2018年12月的销售发票2 000张，决定抽取400张，以发票的顺序编号作为标签，然后按编号制成签条混合后，根据预定抽查样本的比例数，随手摸取号码400张，把摸出号码的样本作为抽查对象即可。

c. 随机数表法。也称乱数表法，是利用随机数表进行抽样的一种方法。它是由随机生成的0～9的数字组成的数表。每个数字在表上出现的次数大致是相等的，在表上的顺序是随机的。

使用随机数表抽样，首先要对总体项目进行编号。编号可以利用总体项目原有的某些编号，如发票号、支票号、凭证号、记录号等，然后根据总体容量确定使用几位随机数，并随机地确定使用哪几位随机数，最后从随机数表的任何一行和任何一栏开始，依次往下查（向上下左右均可），凡符合总体项目编号范围的数字，即为抽中数，与此相对应的总体项目，即为样本项目，直至抽到所需的样本规模为止。下表是五位随机数表的一部分。

随机数表（部分列示）

栏 / 行	1	2	3	4	5	6	7
1	32044	69037	29655	92114	81034	40582	01584
2	23821	96070	82592	81642	08971	07411	09037
3	82383	94987	66441	28677	95961	78346	37916
4	68310	21792	71635	86089	38157	95620	96718
5	94856	76940	22165	01414	61413	37231	05509
6	95000	61958	83430	98250	70030	05436	74814
7	20764	64638	11359	32556	89822	02713	81293
8	71401	17964	50940	95753	34905	93566	36318
9	38464	75707	16750	61371	01523	69205	32122
10	59442	59247	74955	82835	98378	83513	47870

续表

栏\行	1	2	3	4	5	6	7
11	11818	40951	99279	32222	75433	27397	46214
12	65785	06837	96483	00230	58220	09756	00533
13	05933	69834	57402	35168	84138	44850	11527
14	31722	97334	77187	70361	15819	35037	46319
15	95118	88373	26934	42991	00142	90852	14199
16	14347	69760	76797	91159	85189	84766	88814
17	64447	95461	85772	84261	82306	90347	97519
18	82291	62993	83884	69165	14135	25283	35685
19	45631	73570	53937	02803	60044	85567	10497
20	59594	78376	47900	30057	94668	04629	10087

上表所列的 5 位随机数字，在使用时不限于 5 位数字，可以用 2 位，也可以用 3 位、4 位数字。它的使用步骤：先确定抽样数量，然后再将总体项目的编号与随机数表的数字一一对照，最后挑选出需要抽样的数量。

【工作实例 2-1】审计人员决定对某机械厂 4 000 张银行存款付款凭证进行审查，凭证编号为 0 001 至 4 000，审计人员决定随机抽出 800 张银行存款付款凭证。因此可将有效数字定为前 4 位或后 4 位数，并且不超过 4 000 的数。假设审计人员将前 4 位数定为有效数字，从第一行开始从左至右，然后自上而下顺序抽取，则抽出的样本为 3 204、2 965、0 158、2 382、0 897、0 741、0 903、2 867、3 791、2 179…直至抽满 800 个数字为止。

d. 系统抽样法。系统抽样法又称等距抽样法，它是将要审查的全部个体按某种标志排列，开头随机抽取样本，然后按相等间隔抽取样本。抽样间隔的计算公式为

$$抽样间隔=\frac{总体容量}{样本规模}$$

【工作实例 2-2】假定甲公司的发票的编号为 1 001～9 000，内部审计人员拟采用系统抽样法选择其中 5%进行函证。

【要求】

（1）确定随机起点为 1 011 号，内部审计人员选取的前 5 张发票的编号分别为多少？

（2）若确定随机起点为 1 018 号，试写出所抽取的第 194、226、387 张发票的号码分别为多少？

（3）若采用 1 011、1 025、1 043 三个随机起点，请写出以 1 025 为起点的所选取的第 51 张发票的号码。

解析：

（1）抽样间隔数=8 000÷（8 000×5%）=1÷5%=20，则以 1 011 为起点的前 5 张发票的号码为 1 011、1 031、1 051、1 071、1 091。

（2）以 1 018 为起点的第 194 张发票的号码：1 018+（194-1）×20=4 878，第 226 张发票的号码：1 018+（226-1）×20=5 518，第 387 张发票的号码：1 018+（387-1）×20=8 738。

（3）如果有多个起点，则：抽样间隔=（总体容量/样本规模）×起点个数；三个随机起点的抽样间隔数=20×3=60；以 1 025 为起点的第 51 张发票的号码：

1 025+(51−1)×60=4 025。

e. 整群抽样法。整群抽样法也称整体随机选样法，是指先将总体项目按某一标志分成若干群，然后使用随机数表或系统抽样的方法，整群地抽取样本项目的一种方法。整群抽样法的特点是每次抽取的样本数量是一群，每群的样本数量虽不相等，但至少不会只有一个样本。

【工作实例2-3】审计人员审查某化工生产企业全年的销售发票，可将全年的销售发票按旬划分为36群，现在要从中抽取出12群进行审查，采取等距抽样法，计算出抽取间隔=36÷12=3，假设第一群抽2，则样本分别由2、5、8、11、14、17、20、23、26、29、32、35群的销售发票所组成。而其中每一旬的销售发票都由若干张组成，所以整群抽样抽取的个体都由数量不等的若干群体组成。

f. 分层抽样法。分层抽样法也称分组抽样法，是指将需要审查的全部个体按某种标志进行分组，每组称为一层，然后在每一层中按不同要求，用简单随机抽样或等距抽样方式抽取样本，最后加以综合分析，从而推断总体特征的一种方法。

【工作实例2-4】审计人员审查某化工企业原材料的采购业务，由于每次采购的金额不同，因此，可按金额的大小进行分层，分层后再用不同的抽样方法，在不同层中抽取样本进行审查。具体如下表所示。

分层抽样法的运用

层　次	分层标准（金额大小）	账　户　数	抽　取　数	抽　样　方　法
1	10 000.00 以下	500 个	10 个	简单随机抽样
2	10 000.00～50 000.00	100 个	20 个	系统抽样
3	50 000.00～100 000.00	90 个	30 个	系统抽样
4	100 000.00 以上	30 个	30 个	全部审查

g. 金额单位抽样法。金额单位抽样也称元单位抽样，它是按照总体的金额（元），而不是实物单位进行抽样的一种方法。在金额单位抽样中，总体某一项目被抽中的概率等于该项目的金额与总体金额的比例。例如，在总账余额为 50 000 元的应付账款中的一个金额为 5 000 元的应付账款明细账户，其被抽中为样本项目的概率为 1/10。这就是说，在金额单位抽样中，总体的每一个金额单位而不是实物单位有同等被抽中的机会。抽样方法需编制累计金额计算表，适用于对实质性程序中余额的细节测试。

【工作实例2-5】审计人员审查某玻璃生产企业的销售发票 10 张，这 10 张销售发票的金额为 9 500 元，现决定从中抽取 4 张发票进行审查。假设从随机数表中按前 4 位竖栏抽取不超过 9 500 的 4 个随机数分别为 2 382、3 204、6 831、8 238，而总体实物单位的累计金额如下表所示。

金额单位抽样法的运用

记　录　号	记　录　金　额	累　计　金　额	随　机　数
1	498.00	498.00	—
2	765.00	1 263.00	—
3	379.00	1 642.00	—
4	520.00	2 162.00	—
5	800.00	2 962.00	2 382

续表

记 录 号	记 录 金 额	累 计 金 额	随 机 数
6	1 100.00	4 062.00	3 204
7	568.00	4 630.00	—
8	798.00	5 428.00	—
9	611.00	6 039.00	—
10	961.00	7 000.00	6 831
11	1 000.00	8 000.00	—
12	1 500.00	9 500.00	8 238

由于 2 382、3 204、6 831、8 238 四个随机数分别包含在第 5、6、10、12 四个记录号中，其对应记录金额为 800.00、1 100.00、961.00、1 500.00 的发票即为被抽中的样本。

2. 技术方法

（1）审阅法

审阅法是指对会计记录和其他书面资料进行审阅与核对。这方面在审计工作的比重比较大，主要的使用范围包括原始凭证要素有无错弊，签字内容是否真实、合法、合规等；记账凭证要素是否规范、完整，复核、签字等附件是否完整和处理得当；账簿各项记录是否规范、完整，反映内容是否真实合法；报表是否符合会计制度和编制要求，内容反应是否全面，对应勾稽关系是否正确；报表披露是否充分反映财务状况。

【工作实例 2-6】某有限公司 2019 年 5 月份销售费用明细账如下表所示。

销售费用明细账

2019 年		摘　要	包装费	运输费	装卸费	保险费	广告费	展览费	其他
月	日								
5	1	支付甲产品包装费	2 500.00						
	2	支付报刊广告费					3 000.00		
	3	支付公司展览费						9 500.00	
	3	支付运输费		650.00					
	5	支付招待客户用餐费							1 050.00
	7	支付装卸费			400.00				
	8	支付赔偿费							6 000.00
	11	支付乙产品包装费	3 000.00						
	13	支付车站装卸费			860.00				
	18	支付合同违约金							4 000.00
	22	支付产品广告费					4 000.00		
	26	支付运输保险费				1 480.00			
	31	支付门市部职工工资							2 650.00
	31	支付门市部差旅费							1 200.00
	31	销售费用结转	5 500.00	650.00	1 260.00	1 480.00	7 000.00	9 500.00	14 900.00

【要求】对产品销售费用明细账进行审阅，判断存在的问题或可能存在的问题。

解析：招待客户用餐费 1 050 元不应计入销售费用，应计入管理费用；支付赔偿费 6 000

元、支付合同违约金 4 000 元不应计入销售费用，应计入营业外支出。该公司的做法混淆了各种费用的界限。

（2）核对法

核对法就是把两个或两个以上相互连接的不同会计记录之间的有关数据相互验证、对比，用以确定会计记录是否正确的一种技术核查方法。采用核对法可以证实各种会计资料之间的衔接是否正确，有无差错和弊端。

在审查会计资料时，一般可以进行以下核对：① 证证核对；② 账证核对；③ 账账核对；④ 账表核对；⑤ 表表核对；⑥ 账实核对。

通过上述详细核对之后，可以发现会计资料中存在的差错和问题，然后再进一步分析其性质。有的可能是一般工作的差错，有的则可能是违法乱纪行为，应依据问题的性质及其严重程度进行处理，并确定对审计意见的影响。

（3）复算法

复算法又称验算法或重算法，是指审核人员对会计资料中的某些数字重新计算，以验证其是否正确无误的方法。在实际工作中，有的单位或个人为了达到非法目的，故意在有关计算过程中制造差错，查账人员需要根据有关会计数据或信息，按照原计算所需要的科学方法与要求重新进行计算，并将计算结果与被审计单位的原计算结果进行对照，看其是否相符，以判断被审计单位经济业务处理的真实性和正确性。

（4）分析法

分析法是指在审计时通过对被审项目有关内容的对比与分解，从中找出项目之间的差异以及各项目的构成因素，以揭示其中有无问题，从而为进一步审计提供线索或主攻方向的一种审计技术。

分析法在审计工作中运用较为广泛。通过分析发现存在的差距和问题以后，需进一步分析原因，提出改进的方法。审计分析法按其分析的技术分类，可以分为比较分析法、比率分析法、趋势分析法、账户分析法、账龄分析法、平衡分析法和因素分析法等方法。

① 比较分析法。比较分析法是指将某项财务指标与性质相同的指标、标准进行对比，揭示单位财务状况和经营成果的一种分析方法。比较分析法又可分为相对数比较分析法和绝对数比较分析法两种。

a. 相对数比较分析法。通过被审计项目的百分比、比率或比重结构等相对数指标的对比来揭示差异并分析问题的一种方法，采用这种方法比较容易发现问题。如"2019 年主营业务收入比 2018 年增长了 80%"。由于进行财务分析的目的不同，因而各种分析者包括债权人、管理层、政府机构等所采取的侧重点也不同。

b. 绝对数比较分析法。通过被审计项目各期完成情况的绝对数比较来揭示差异并分析问题的一种方法。如"2019 年 12 月月末应收账款余额比 2018 年 12 月月末增加了 1 200 000 元"。

比较分析法在实际工作中可广泛运用于会计账簿和会计报表中。在会计账簿中，可将不同时期的同一指标进行比较，往往能发现一些蛛丝马迹，收到事半功倍之效。而在会计报表中运用相对数比较分析法，能给审计人员提供很多有价值的信息，这些信息往往隐藏得比较深，从表面上很难发现线索，但只要计算、分析得当，也可以识别"庐山真面目"。

【工作实例2-7】我们来分析 ABC 家具厂 2019 年 8 月 31 日的一张资产负债表，如下表所示。

资产负债表（简表）

编制单位：×××家具厂　　　　　　　2019 年 8 月 31 日　　　　　　　　　单位：元

资 产	金 额	负债和所有者权益	金 额
		流动负债：	
流动资产：		短期借款	200 000.00
货币资金	12 600.00	应付账款	88 000.00
交易性金融资产	28 000.00	应付票据	42 000.00
应收账款	35 000.00	其他应付款	28 000.00
存货	118 000.00	应付职工薪酬	14 600.00
流动资产合计	193 600.00	应交税费	5 300.00
非流动资产：		流动负债合计	377 900.00
固定资产	234 000.00	所有者权益：	
长期待摊费用	128 000.00	实收资本	150 000.00
非流动资产合计	362 000.00	盈余公积	3 100.00
		未分配利润	24 600.00
		所有者权益合计	177 700.00
资产总计	555 600.00	负债和所有者权益总计	555 600.00

假设该会计报表各项目所列数字与会计账簿记录一致而且又没有计算错误，试分析该企业的财务状况。

（1）从流动比率看，该企业是倒挂的，按惯例，企业流动资产与流动负债的比率应当保持在 2：1 左右，但该企业却只有 193 600：377 900≈1：2，说明该企业根本没有偿债能力。

（2）再从该企业流动资产的具体项目看，货币资金和应收账款两项共计才有 47 600 元，而应付账款和应付票据就有 130 000 元，当票据到期时，根本无力偿还。

（3）该企业存货只有 118 000 元，而银行贷款却有 200 000 元，超出企业存货 82 000 元，说明企业根本没有贷款的物质保证和还贷能力。

（4）尤其严重的是，在该企业的资产中，还有很大的潜亏因素，该企业虽有资产总额 555 600 元，但是，其中包括长期待摊费用 128 000 元。长期待摊费用本身没有交换价值，不可转让，是已消耗了的费用。如果企业破产清算，其损失只能由企业的所有者和债权人承担，所以，在该企业的资产总额中减去长期待摊费用，其实际资产只有 427 600 元，更何况流动资产中，存货可能有残损折价、腐烂变质的情况，应收账款也可能有坏账因素，实际上其全部资产已经抵不上流动负债了，所有者权益也只是个虚数。

综上所述，该企业实际上已经资不抵债，照此现状已经很难再继续经营下去，该企业已经到了破产的地步。

通过这个案例我们不难看出，在资产负债表的数字背后隐藏着许多秘密，只要我们深挖掘、广分析、找联系，便能够发现它的真实财务状况，从而更好地为报表决策者、投资者、使用者提供更深层次的信息，同时也可以减少审计人员所面临的审计风险。

② 趋势分析法。趋势分析法，是指利用财务报表提供的数据资料，将各期实际指标与历史指标进行对比，提示单位财务状况和经营成果变化趋势的一种方法。

运用趋势分析法应注意：掌握分析的重点，审计人员应对财务报表的重要项目进行重点分析，提高分析的效率，避免平均使用力量；分析时可与比较分析法结合运用。

③ 因素分析法。因素分析法（也称连锁替代法）是指为确定某一经济现象诸因素的影响方向和程度而采用的一种分析方法。影响方向用正或负表示，影响程度则用数据反映。因素分析法可以帮助审计人员有针对性地提出改进建议和措施。

（二）证实客观事物的方法

1. 盘点法

盘点法是指审核人员对被审计单位各项财产物资进行实地盘点，以确定其是否存在以及数量、品种、规格及其金额等实际情况，借以论证有关实物账户的余额是否真实的一种方法。盘点法按其组织方式，分为直接盘点和监督盘点两种。

直接盘点是由审计人员亲自到现场盘点实物，证实书面资料与有关的财产物资是否相符的方法。在直接盘点的方式下，对于容易出现舞弊行为的现金、银行存款和贵重的原材料，应采用突击性的盘点。突击性盘点是指事先不告知经管财产人员在什么时间进行盘点，以防止经管人员在盘点前，将财产保管工作中的挪用、盗窃及其他弊端加以掩饰。对于大宗原材料、产成品等，应采用抽查性的盘点。抽查性的盘点是指不对所有的财产物资都进行盘点，而只是对一部分财产物资进行抽查核实，以便检查日常盘点工作质量的优劣，检验盘点记录是否真实和正确，查明财产物资是否安全、完整，有无损坏或被挪用、贪污和盗窃等情况。

监督盘点是指为了明确责任，审计人员不亲自进行盘点，而是由经管财产人员及其他有关人员进行实物盘点清查，审计人员只是在一旁对实物盘点进行监督，如发现疑点可以要求复盘核实。在监督盘点方式下，也可以采用突击性盘点和抽查性盘点形式。监督盘点一般用于数量较大的实物，如存货、厂房、机器设备等有形资产和固定资产。现金、有价证券审计，流动资产占总资产比率高的应考虑此法。

2. 查询法

查询法是审计人员通过询问被审计单位内外的有关人员取得口头或书面证据，以证实某些书面资料和客观事实的一种调查方法。审计人员对所发现的可疑账项或异常情况，对内部控制的调查，以及对经济效益的审查都可向有关人员查询，搜集真实可靠的证据。在采用查询法时，事先应明确查询什么问题，找什么人查询，如何查询；要讲求方式方法，谋求被询人员的真诚合作；询问应做好记录，询问完毕，要将记录送请被询者签字，或请被询者提供书面证明材料。

（1）询问法

询问法是指内部审计人员直接与有关人员谈话进行当面询问的调查方法。例如，内部审计人员在会计检查过程中遇到可疑问题，或需要向被查单位调查生产经营管理中的某些问题时，可采用这种查询方式，请有关人员做出答复或解释。

采用询问法需要注意以下几个问题：① 事先拟好详细的谈话提纲，以免遗漏重要的问题；② 需要了解情况时，应分别单独进行询问，切忌采取座谈会方式或同时向几个人查询；③ 正确使用询问的方式，严禁用揭示、引诱、威胁套供等办法；④ 根据被询问人的情况和口头查询的内容，做好谈话记录，必要时可以录音。记录稿需由被询问人签字，谈话情况必须严格保密。口头查询所得的证据虽然其证明力不如书面查询，但它可以明确有关人员的责任，帮助弄清一些情况，甚至从中获得重要线索，为进行深入检查做好准备。

（2）函证法

函证法是为了证明被审计单位会计资料所载事项，而向有关单位或个人发函询证，要求第三方就业务和相关金额进行确认，如果函证结果不满意，应当实施必要的替代程序，以获得相应的审计证据的一种审计方法。函证又可分为积极式函证与消极式函证两种。

积极式函证，无论函证结果与事实是否相符，均需要回复的发函，如果不回复，可以再办理发函一次。此方法手续麻烦，一般用于拖欠金额大且长期不变的款项。消极式函证，确认函证结果与事实相符不回复，用于金额小，时间短的异常事项等。

未收到回函采取的替代程序（以应收账款为例）如下。

① 查看结账日后的库存现金、银行存款日记账是否有未达账项，是否已经收回。

② 如果被函证单位出现财务困难或破产，可走访有关政府部门，看收回的可能性。

③ 如果被函证单位编造发生额，可通过查看合同、发票、发货单等了解真实情况。

④ 如果函证寄回过程当中丢失，可查看合同、发票等，验证真实情况。

采用函证法，内部审计人员要明确查询的目的，书面查询的文字应尽量简明扼要，避免产生歧义。

函证的使用范围包括资产类，如应收账款、应收票据、短期投资、代销存资产、长期投资债券和股票等；负债类，如应付账款、应付票据等。

3. 调节法

调节法是指检查人员在检查某一项目时，由于现在的数据与需要证实的数据在时点上不一致，为了验证其数字的正确性，而对其中某些因素进行必要增减，从而推算出需要证实的某项数据的一种方法。调节法主要是一种取得被审计单位报告日实物证据的方法，例如，对年度财务报表的审计是在下年初才开始进行的，由于生产经营活动的进行，实物流动不断，现场审查时的实物数量与报告日账面数量已发生出入，就需要通过调节法来证实报告日账实是否相符。

运用调节法可以编制银行存款余额调节表，也可以证实财产物资是否账实相符。当盘点日与书面资料结存日不同时，结合实物盘点，将盘点日与结存日之间新发生的出入数量与结存日有关财产物资的结存数量进行调节，以验证或推算结存日有关财产物资的应结存数。这种做法的前提是对结存日与盘点日之间的收入、发出数量必须核实正确，避免推算结果有误。其计算公式为

结存日应存数量=盘点日盘点数量+结存日至盘点日发出数量-结存日至盘点日收入数量

【工作实例 2-8】调节法的运用

资料：某企业 2019 年 12 月 31 日账面结存甲产品 1 000 件，经审阅和核对，无误。

2020 年 1 月 1 日至 20 日期间收入 900 件，发出 1 200 件。2020 年 1 月 1 日期初余额及收发数额均经核对、审阅和复算，无误。2020 年 1 月 21 日上午上班前监督盘点实存量为 1 000 件。

【要求】计算 2019 年 12 月 31 日甲产品的应存数量并分析。

解析：

结存日应存数量=1 000+1 200-900 =1 300（件）

结存日账存数-结存日应存数=1 000-1 300= -300（件）

验算：盘点日账面结存数量=1 000+900-1 200= 700（件）

盘点日账存数-盘点日实存数=700-1 000 = -300（件）

经过上述调节计算 2019 年 12 月 31 日的实存数为 1 300 件，与账面记录的甲产品 1 000 件不一致，少记 300 件。审计人员应要求有关人员说明原因，并进行查账核实；如有故意歪曲事实者，应进一步查明责任人员，并追究其责任。

4. 观察法

观察法是指审计人员对于被审计单位的生产经营管理活动的进行、财产物资的保管、内部控制的运行、会计核算的流程等，亲临现场进行实地观察，以取得审计证据的方法。

进行财政财务审计和经济效益审计时，一般要运用观察法进行广泛的实地观察，搜集书面资料以外的审计证据。审计人员应深入被审计单位的仓库、车间、科室、工地等现场，对其内部控制制度的执行情况、财产物资的保管和利用情况、工人的劳动效率和劳动态度等生产经营管理活动情况进行直接观察，从中发现薄弱环节以及所存在的问题，以便搜集审计证据，提出建议和意见，促进被审计单位改进经营管理，提高经济效益。

观察法提供的审计证据仅限于观察发生时的时点，并且在相关人员已知被观察时，相关人员从事活动或执行程序可能与日常的做法不同，从而影响审计人员对真实情况的了解。因此，审计人员在审计过程中不能仅依赖观察得到的审计证据，还要与查询法等其他审计方法获取的证据结合起来，才能取得更好的效果。

5. 鉴定法

鉴定法是指由于对书面资料、实物和经济活动等的分析、鉴别超过一般审计人员的能力和知识水平而邀请有关专门部门或人员运用专门技术进行确定和识别的方法。

鉴定法可应用于财务报表审计、合规性审计和经营审计。如对实物性能、质量、价值的鉴定，涉及书面资料真伪的鉴定，以及对经济活动的合理性和有效性的鉴定等；当伪造凭证的人不承认其违法行为时，可通过公安部门鉴定其笔迹，以确定其违法行为；对质次价高的商品材料的质量情况难于确定时，请有关部门通过检查化验确定商品质量和实际价值等；还可以邀请基建方面的专家，对基建工程进行质量检查等。这是通过观察法不能取证时，必须使用的一种方法。

鉴定法的鉴定结论必须是具体的、客观的和准确的，并作为一种独立的审计证据，详细地记入审计工作底稿。

任务训练

一、简答题

1. 简述审计各阶段的主要工作。
2. 什么是审计重要性？重要性水平分哪两个层次？如何确定重要性水平？
3. 简述审计风险要素及各要素之间的关系。
4. 简述重要性、审计风险、审计证据之间的关系。
5. 简述审计业务约定书的作用和内容。
6. 审计技术方法有哪些？
7. 审查书面资料的方法有哪些？
8. 证实客观事物的方法有哪些？
9. 试分析顺查法和逆查法的优缺点。
10. 试分析详查法和抽查法的优缺点。

二、单项选择题

1. 在对财务报表进行分析后，确定资产负债表的重要性水平为200万元，利润表的重要性水平为100万元，则内部审计人员应确定的财务报表层次重要性水平为（　　）。
    A. 100万元　　　　　　B. 150万元　　　　　　C. 200万元　　　　　　D. 300万元
2. 如果尚未更正错报汇总数低于重要性水平，内部审计人员可以发表（　　）的审计报告。
    A. 保留意见　　　　　　　　　　　　B. 无保留意见
    C. 无保留意见加强调事项段　　　　　D. 保留意见加强调事项段
3. 重要性与审计风险之间存在（　　）。
    A. 正向关系　　　　B. 反向关系　　　　C. 没有关系　　　　D. 视情况而定
4. 为证实材料的真实数量，内部审计人员应采用（　　）。
    A. 盘点法　　　　B. 调节法　　　　C. 观察法　　　　D. 鉴定法
5. 对银行存款实存数的审查，通常对企业单位与开户银行双方所发生的"未达账项"进行增减调节，以便根据银行对账单的余额来验证银行存款账户的余额是否正确，这种审计方法称为（　　）。
    A. 盘点法　　　　　　　　　　　　B. 调节法
    C. 观察法　　　　　　　　　　　　D. 鉴定法

三、多项选择题

1. 在审计过程中，重要性的运用有（　　）几种情形。
    A. 计划审计工作　　　　　　　　　B. 执行审计程序
    C. 评价审计结果　　　　　　　　　D. 控制测试

2. 审计风险是指财务报表存在重大错报而内部审计人员发表不恰当审计意见的可能性，包括（　　）。

    A. 重大错报风险　　B. 检查风险　　C. 固有风险　　D. 控制风险

3. 下列属于内部审计人员可以控制的风险有（　　）。

    A. 审计风险　　B. 重大错报风险　C. 控制风险　　D. 检查风险

4. 具体审计计划包括的内容有（　　）。

    A. 风险评估程序　　　　　　　　B. 控制测试

    C. 计划实施的进一步审计程序　　D. 计划其他审计程序

5. 确定计划的重要性水平时应考虑的因素（　　）。

    A. 被审计单位业务的性质

    B. 审计的目标

    C. 财务报表各项目的性质及其相互关系

    D. 财务报表项目的金额及其波动幅度

四、判断题（正确的打"√"，错误的打"×"）

1. 实际审计风险水平与搜集的审计证据的数量是同向变动的。　　　　（　　）

2. 如果已识别但尚未更正错报的汇总数接近重要性水平，内部审计人员应当考虑该汇总数连同尚未发现的错报是否可能超过重要性水平，并考虑通过实施追加的审计程序，或要求管理层调整财务报表降低审计风险。　　　　（　　）

3. 风险评估程序和实质性程序是每次财务报表审计都应实施的必要程序，而控制测试则不是。　　　　（　　）

4. 审计计划阶段制定的方案和计划可以在实施阶段进行修改调整。　　（　　）

5. 内部审计人员可以就计划审计工作的基本情况与被审计单位管理层进行沟通，但独立制定总体审计策略和具体审计计划是内部审计人员的责任。　　　　（　　）

6. 审查书面资料的方法，按审查书面资料的技术可分为审阅法、核对法、查询法、比较法和分析法。　　　　（　　）

7. 对原始凭证的审阅，只要看原始凭证上反映的经济业务是否符合规定。　（　　）

8. 审阅法在财政财务审计中运用得最为广泛，主要是审阅会计凭证、会计账簿和财务报表。　　　　（　　）

9. 核对法是指对被审计单位的审计项目的书面资料同相关的标准进行比较，确定它们之间的差异，经过分析从中发现问题取得审计证据的一种方法。　　　　（　　）

10. 比较法大多通过有关指标进行比较，包括指标绝对数比较和相对数比较。　（　　）

技能训练

训练一：审计风险的评价

资料：某内部审计人员在评价某被审计单位的审计风险时，分别假定了 A、B、C、D

四种情况，如下表所示。

审计风险评价表

风险类型	情况 A	情况 B	情况 C	情况 D
可接受的审计风险（%）	1	2	3	4
重大错报风险（%）	60	50	80	70

【要求】计算分析上述四种情况下，可接受的检查风险水平分别是多少？哪种情况下内部审计人员需要获取最多的审计证据？并请说明原因。

训练二：随机数码表抽样运用

资料：某委托单位应收账款的编号为 000 1 至 5 000，审计人员拟利用随机数表选择其中的 175 份进行函证，随机数表如下表所示。

随机数表（部分列示）

栏 / 行	1	2	3	4	5	6	7
1	32044	69037	29655	92114	81034	40582	01584
2	23821	96070	82592	81642	08971	07411	09037
3	82383	94987	66441	28677	95961	78346	37916
4	68310	21792	71635	86089	38157	95620	96718
5	94856	76940	22165	01414	61413	37231	05509
6	95000	61958	83430	98250	70030	05436	74814
7	20764	64638	11359	32556	89822	02713	81293
8	71401	17964	50940	95753	34905	93566	36318
9	38464	75707	16750	61371	01523	69205	32122
10	59442	59247	74955	82835	98378	83513	47870
11	11818	40951	99279	32222	75433	27397	46214
12	65785	06837	96483	00230	58220	09756	00533
13	05933	69834	57402	35168	84138	44850	11527
14	31722	97334	77187	70361	15819	35037	46319
15	95118	88373	26934	42991	00142	90852	14199
16	14347	69760	76797	91159	85189	84766	88814
17	64447	95461	85772	84261	82306	90347	97519
18	82291	62993	83884	69165	14135	25283	35685
19	45631	73570	53937	02803	60044	85567	10497
20	59594	78376	47900	30057	94668	04629	10087

【要求】

（1）以第 2 行、第 1 列该数字为起点，自左往右，以各数的后 4 位数为准，审计人员选择的最初 5 个样本的号码分别是多少？

（2）以第 4 行、第 2 列该数字为起点，自上到下，以各数的前 4 位为准，审计人员选择的最初 5 个样本号码分别是多少？

训练三：系统抽样运用

资料：审计人员对某企业的领料单进行审查，领料单编号为 001 至 800，现决定用系统抽样方法抽取 160 张领料单进行审查。

【要求】（1）计算抽样间隔。（2）假设随机起点为 004，则依次抽取的 10 张领料单为多少号？

训练四：调节法运用

资料：审计人员张政于 2019 年 1 月 20 日审查某皮鞋厂 2018 年度的存货项目，该皮鞋厂 2018 年 12 月 31 日产成品——皮鞋明细账结存数量，如下表所示。（单位：双）

皮鞋明细账结存数量

品　种	一　等　品	二　等　品	三　等　品
男　鞋	600	150	80
女　鞋	850	200	120
童　鞋	400	100	50

审计人员 2019 年 1 月 20 日的盘点结果，如下表所示。

盘点结果

品　种	一　等　品	二　等　品	三　等　品
男　鞋	600	200	40
女　鞋	800	236	70
童　鞋	400	50	30

查阅产成品仓库卡片，2019 年 1 月 1 日至 20 日收付记录，如下表所示。（该收付记录正确无误）

皮鞋收付记录

品　种	收　入			发　出		
	一　等　品	二　等　品	三　等　品	一　等　品	二　等　品	三　等　品
男　鞋	1 200	150	60	1 100	200	70
女　鞋	1 400	130	110	1 300	190	150
童　鞋	600	120	70	700	210	80

【要求】根据 2019 年 1 月 20 日实际盘点结果，用调节法核实 2018 年 12 月 31 日的结存数，并与原明细账结存数量核对，检查原记录的真实性和正确性。

项目三　内部控制的自我评价

 **任务目标**

了解内部控制的含义、目标、内部控制制度的设计原则以及内部控制要素；掌握描述内部控制的方法和内部控制的评价。

能力目标

能够运用文字表述法、调查表法和流程图法对内部控制进行描述，能够运用控制测试的方法对内部控制的有效性进行评价，能够根据内部控制的评价结果撰写管理建议书。

任务内容

内部控制的基本知识；内部控制的方法；内部控制的评价。

任务一　内部控制概述

（一）内部控制的含义与目标

1. 内部控制的含义

内部控制是为加强企业内部管理而建立的一系列控制机制，是管理现代化的必然产物。内部控制的产生与发展，促使审计工作从详细审计发展成为以测试内部控制为基础的抽样审计。审计人员在进行审计时，首先要研究与评价被审计单位的内部控制。这是现代审计的重要特征。因此，现代审计和内部控制之间存在着密切的联系。

我国《企业内部控制基本规范》（2008）将内部控制定义为"由企业董事会、监事会、经理层和全体员工实施的，旨在实现控制目标的过程。"内部控制的目标是，合理保证企业经营管理合法合规、资产安全、财务报告及相关信息真实完整，提高经营效率和效果，促进企业实现发展战略。内部控制并不是一个简单的概念，而是一个有着丰富的管理内涵的系统，是一个单位的各级管理部门，为了保护经济资源的安全完整，确保经济信息的正确可靠，同时要协调经济行为，控制经济活动，利用单位内部因分工而产生的相互制约、相互联系的关系，形成一系列具有控制职能的方法、措施、程序，并予以规模化、系统化，使之组成一个严密完整的体系。由此可见，内部控制渗透于企业的各种规章制度之中，是现代企业内部管理的重要组成部分。

2. 内部控制的目标

内部控制具有一定的目的性，是为达成某种目标而实施的。其目标具体包括以下几点。

（1）保证单位经营管理合法合规。合理、合法的经营是单位健康发展的基石，内部控制要求单位必须在国家法律法规允许的范围内进行经营活动，在守法的基础上实现自身的发展。

（2）保证企业资产安全完整。资产安全完整是单位可持续发展的物质基础，也是投资人、债权人等利益相关者普遍关注的重大问题。良好的内部控制，应当为保护单位资产的安全完整提供强有力的制度保障。

（3）保证企业财务报告及相关信息真实可靠。会计信息要有用，必须以真实可靠为基础，如果财务报告所提供的会计信息是不可靠的，就会给信息使用者的决策带来误导。

（4）提高经营效率和效果。单位要结合自身所处的经济环境，通过健全有效的内部控制，不断提高管理效率和盈利能力。

（5）促进企业实现发展战略。它要求单位将近期利益和长远利益相结合，在单位经营管理中努力做出符合战略要求、有利于提升可持续发展能力和创造长久价值的策略选择，以促进企业实现发展战略，这是内部控制的终极目标。

（二）内部控制要素

《企业内部控制基本规范》中指出：企业建立与实施有效的内部控制，应当包括内部环境、风险评估、控制活动、信息与沟通和内部监督五个要素。

1. 内部环境

内部环境是指对企业控制的建立和实施有重大影响的因素的统称。任何企业的控制都存在于一定的环境中，内部环境规定企业的纪律与架构，影响经营管理目标的制定，塑造企业文化氛围并影响员工的控制意识；决定着其他控制要素能否发挥作用，直接影响内部控制的贯彻和执行以及企业内部控制目标的实现；是实施内部控制的基础，也是企业内部控制的核心。它通常包括以下几个方面。

（1）治理结构。企业的治理结构是指企业计划、协调和控制经营活动的整体框架。它明确界定了股东大会、董事会、监事会、审计委员会和管理层的分工及其在内部控制中的职责权限。例如，股东大会享有法律法规和企业章程规定的合法权利，依法行使企业经营方针、筹资、投资、利润分配等重大事项的表决权；董事会对股东大会负责，依法行使企业的经营决策权；监事会对股东大会负责，监督企业董事、经理和其他高级管理人员依法履行职责；经理层负责组织实施股东大会、董事会决议事项，主持企业的生产经营管理工作；审计委员会负责审查企业内部控制，监督内部控制的有效实施和内部控制自我评价情况，协调内部控制审计及其他相关事宜等。合理的组织结构有助于建立良好的内部控制环境。

（2）内部机构设置及其责权分配。企业应当结合业务特点和内部控制要求设置内部机构，明确职责权限，将权力与责任落实到各责任单位。企业的内部机构设置及其责权分配尽管没有统一的模式，但所采用的组织结构应当有助于建立良好的内部控制环境，有利于提升管理效能并保证信息畅通。

（3）内部审计机制。内部审计机制通常包括内部审计机构设置、人员配备及其独立性的保证等。内部审计机构应当结合内部审计监督，对内部控制的有效性进行监督检查。内部审计机构对监督检查中发现的内部控制缺陷，应当按照企业内部审计工作程序进行报告；对监督检查中发现的内部控制重大缺陷，有权直接向董事会、审计委员会及监事会报告。

（4）人力资源政策。内部控制制度实施是否有效，关键取决于实施内部控制制度人员的素质。因此，企业应当制定和实施有利于企业可持续发展的人力资源政策，主要包括员工的聘用、培训、辞退与辞职的政策；员工的薪酬、考核、晋升与奖惩的政策；关键岗位员工的强制休假制度和定期岗位轮换制度；掌握国家秘密或重要商业秘密的员工离岗的限制性规定等。

（5）企业文化。企业应当加强文化建设，培育积极向上的价值观和社会责任感，倡导诚实守信、爱岗敬业、开拓创新和团队协作精神，树立现代管理理念，强化风险意识。一般而言，董事、监事、经理及其他高级管理人员应当在企业文化建设中发挥主导作用。

2. 风险评估

现代社会是一个充满激烈竞争的社会，每个企业都会面临来自内部和外部的各种风险，因此，对风险的管理成为现代企业管理的主要内容之一。风险是指一个潜在事项的发生对目标实现产生的影响。风险评估则是企业及时识别、系统分析经营活动中与其实现内部控制目标可能发生的风险，合理确定风险应对策略的过程，是实施内部控制的重要环节。风险评估主要包括目标设定、风险识别、风险分析和风险应对。

风险与可能被影响的控制目标相关联，企业必须制定与供应、生产、销售、财务等业务相关的目标，设立识别、分析和管理相关风险的机制，以了解企业所面临的各种不同风险。这些风险通常表现为各种潜在的事项和因素，包括经济、自然环境、法律、社会、科学技术等外部因素以及人力资源管理、自主创新、财务安全等内部因素。

在充分识别各种潜在的风险因素之后，应当采用定性与定量相结合的方法，按照风险发生的可能性及其影响程度等，对识别的风险进行分析和排序，确定需重点关注和优先控制的风险。为确保风险分析结果的准确性，企业进行风险分析时，应当充分吸收专业人员，组成风险分析团队，按照严格规范的程序开展工作。

在评估了相关风险的可能性、后果以及成本效益之后，要选择一系列的策略控制风险，使风险处于期望的风险容限以内。常用的风险应对策略有风险规避、风险降低、风险分担、风险承受。

企业应当结合不同发展阶段和业务拓展情况，持续搜集与风险变化相关的信息，进行风险识别和风险分析，及时调整风险应对策略。

3. 控制活动

控制活动是指企业根据风险评估结果，采用相应的控制措施，将风险控制在可承受范围之内。它是实施内部控制的具体方式。常见的内部控制措施有不相容职务分离控制、授权审批控制、会计系统控制、财产保护控制等。

4. 信息与沟通

信息与沟通是指企业及时、准确地搜集与传递内部控制的信息，确保信息在企业内部、企业与外部之间进行有效沟通，是实施内部控制的重要条件。企业应当建立信息与沟通制度，明确内部控制相关信息的搜集、处理和传递程序，确保信息及时沟通，促进内部控制有效运行。信息与沟通的主要环节包括确认、计量和记录所有真实的交易或事项；在财务报告中如实地反映企业的财务状况、经营成果和现金流量情况；通过各种渠道获取内部、外部信息；将内部控制相关信息在企业内部各管理层、责任单位、业务环节之间，以及企业与外部投资者、债权人、客户、供应商、中介机构和监管部门等有关方面之间进行沟通和反馈，信息沟通过程中发现的问题，应当及时报告并加以解决。信息沟通的方式是灵活多样的，但无论哪种方式，都应当保证信息的可靠性、及时性和有用性。

5. 内部监督

内部监督是企业对内部控制建立与实施情况进行监督检查，评价内部控制的有效性，对于发现的内部控制缺陷及时加以改进，是实施内部控制的重要保证。企业应当制定内部控制监督制度，明确内部审计机构（或经授权的其他监督机构）和其他内部机构在内部监督中的职责权限，规范内部监督的程序、方法和要求。内部监督分为日常监督和专项监督。日常监督是指企业对建立与实施内部控制的情况进行常规、持续的监督检查；专项监督是指在企业发展战略、组织结构、经营活动、业务流程、关键岗位员工等发生较大调整或变化的情况下，对内部控制的某一或某些方面进行有针对性的监督检查。企业应当结合内部监督情况，定期对内部控制的有效性进行自我评价，形成内部控制自我评价报告，并在报告中揭示内部控制的重要缺陷。内部监督形成的报告应当采取适当的形式及时送达董事会、监事会或者经理层，以确保监督过程中发现的内部控制缺陷及时得以纠正，充分发挥内部监督的作用。

（三）内部控制制度的设计原则

企业建立与实施内部控制，应当遵循下列原则。

（1）全面性原则。内部控制应当贯穿决策、执行和监督全过程，覆盖企业及其所属单位的各种业务和事项。

（2）重要性原则。内部控制应当在全面控制的基础上，关注重要业务事项和高风险领域。

（3）制衡性原则。内部控制应当在治理结构、机构设置、权责分配、业务流程等方面形成相互制约机制，同时兼顾运营效率。

（4）适应性原则。内部控制应当与企业经营规模、业务范围、竞争状况、风险水平等相适应，并随着情况的变化及时加以调整。

（5）成本效益原则。内部控制应当权衡实施成本与预期效益，以适当的成本实现有效控制。

（四）内部控制的措施

1. 不相容职务分离控制

所谓不相容职务，是指那些如果由一个人担任既可能发生错误和舞弊行为，又可能掩盖其错误和舞弊行为的职务。不相容职务分离控制就是要求企业全面系统地分析、梳理业务流程中所涉及的不相容职务，实施相应的分离措施，形成各司其职、各负其责、相互制约的工作机制。例如，负责货币资金收支的出纳员，除了登记现金日记账和银行存款日记账以外，不得兼做收入、费用、债权、债务明细账及总账的登记工作。

不相容职务一般包括业务的授权与执行、授权审批与业务经办、业务经办与审核、业务经办与会计记录、会计记录与财产物资的保管、财产物资的采购与保管、财产物资的保管与领用、财产物资的保管与盘点、总账与日记账的登记、总账与明细账的登记、出纳与会计等。如果不相容的职务不实行相互分离的措施，就很容易发生舞弊的行为。不相容职务分离的核心是内部牵制，它使得一个人或一个部门的工作必须与其他人或部门的工作相一致或相联系，并受到连续不断的检查。因此，企业在设计、建立内部控制制度时，首先应确定哪些岗位和职务是不相容的；其次要明确规定各个机构和岗位的职责权限，使不相容的岗位和职务之间能够互相监督、相互制约，形成有效的制衡机制。

2. 授权审批控制

授权审批控制是指企业在处理每一项具体的经济业务时，都必须经过规定程序才能进行，未经授权和批准的人员不允许接触和处理这些业务。授权的目的在于保证交易或事项在管理层授权的范围内进行，例如，出差人员预借差旅费时，需经有关负责人签字方可支付使用。这样，对各项经济业务在其发生时就加以控制，使各级业务人员都能"在其位谋其政"。授权审批形式通常有常规授权和特别授权之分。常规授权也称一般业务授权，是指对办理企业日常经济业务的权力、职责的具体规定，一般适用于经常发生的正常范围内的经济业务，如物资采购、财产物资的保管等；特别授权是指企业在特殊情况、特定条件下进行的授权，一般适用于非常规的经济业务，如重大资本支出和股票发行等。授权审批控制要求企业根据常规授权和特别授权的规定，明确各岗位办理业务和事项的权限范围、审批程序和相应责任。例如，一项经济业务从发生至结束的整个过程中，谁核准、谁经办、谁复核、谁验收等都应在制度中充分说明，做到分工负责、权责分明。

3. 会计系统控制

会计作为一个信息系统，通过一系列会计程序，对信息使用者提供有用的决策信息。会计系统控制主要是通过对会计主体所发生的各项交易或事项进行记录、计量、报告等而进行的控制，其目的是保护财产物资和确保会计信息可靠。其内容主要包括以下几点。

（1）依法设置会计机构，配备会计从业人员。从事会计工作的人员，具有会计类专业知识，基本掌握会计基础知识和业务技能、能够独立处理基本会计业务，具备从事会计工作所需要的专业能力。单位任用（聘用）的会计机构负责人（会计主管人员）、总会计师，应当符合《中华人民共和国会计法》《总会计师条例》等法律法规的相关规定。应该具备会计师以上专业技术职务资格；大中型企业应当设置总会计师或者财务总监，设置总会计师或者财务总监的单位，不得设置与其职权重叠的副职。

（2）建立会计工作岗位责任制，对会计人员进行科学合理的分工，使之相互监督和制约。

（3）会计资料力求做到统一格式、统一编号、专人填制、专人保管，防止混乱与丢失。例如，每一项经济业务发生后，都应按照规定取得和填制会计凭证，作为该项经济业务的书面证明；会计凭证的设计必须科学，力求格式标准；会计凭证的填制必须及时、规范；会计凭证的复核、审查必须严格；会计凭证应连续编号，需要事先连续编号的，不准临时编号；需要套写的会计凭证，不准分别填写；填写错误的会计凭证，要按规定的程序和手续对其进行改正；规定合理的会计凭证传递程序；明确会计凭证装订和保管的手续责任等。

（4）建立定期的复查核对制度，对已完成的经济业务记录进行复查核对。复查核对一般包括两方面：一是将记录与所记的事物相核实，即账实核对；二是记录之间的复查核对，即原始凭证和记账凭证之间的复查核对、会计凭证与会计账簿之间的复查核对、账簿之间的复查核对、账簿和会计报表之间的复查核对。建立严格的复查核对制度，有利于及时发现并纠正会计记录中的错误，确保会计资料账证、账账、账实、账表相符。

（5）按照国家统一的会计准则制度的要求编制、报送和保管财务报告。

4. 财产保护控制

财产保护控制要求企业建立财产日常管理制度和定期清查制度，采取财产记录、实物保管、定期盘点、账实核对等措施，确保财产安全。财产保护控制主要包括以下几点。

（1）保护财产和记录安全。保护财产和记录安全的最重要的措施就是采用实物防护措施，例如，存货资产必须验收入库，同时安装必要的安全设施和指派专人进行管理；对货币、有价证券等资产的安全存放和使用，防火安全装置等也是重要的实物安全保护控制程序；对涉及资产的各种文件资料要妥善保管，避免记录受损、被盗、被毁，重要的文件资料应当留有备份，以免因丢失或损坏而造成严重后果。

（2）定期进行账实核对。它是指定期对财产进行盘点，并将盘点结果与会计记录进行核对。如果盘点结果与会计记录不相符，可能是财产的保管出现问题，也可能是会计记录发生错误，应当查明原因，明确责任，最终做到账实相符。

（3）限制接触。它是指严格限制未经授权的人员对资产的直接接触和通过文件审批方式对资产使用或分配的间接接触，只有经过授权批准的人员才能接触该资产。

5. 预算控制

预算控制要求企业实施全面预算管理制度，明确各责任单位在预算管理中的职责权限，规范预算的编制、审定、下达和执行程序，强化预算约束。预算控制的主要环节有确定预算项目、标准和程序；编制和审定预算；下达预算指标和落实责任人；预算执行过程的监控；预算差异的分析和调整；预算执行情况的考核和奖惩。预算控制的内容涵盖了企业内部控制的全过程，通过预算的编制和检查预算的执行情况，可以比较、分析企业内部有关部门未完成预算的原因，并对未完成预算导致的不良后果采取改进措施，确保各项预算的严格执行。

6. 运营分析控制

运营分析控制要求企业建立运营情况分析制度，经理层应当综合运用生产、购销、投资、筹资、财务等方面的信息，通过因素分析、对比分析、趋势分析等方法，定期开展运营情况分析，发现存在的问题，及时查明原因并加以改进。

7. 绩效考评控制

绩效考评控制要求企业建立和实施绩效考评制度，科学设置考核指标体系，对企业内部各责任单位和全体员工的业绩进行定期考核和客观评价，将考评结果作为确定员工薪酬以及职务晋升、评优、降级、调岗、辞退等的依据。

此外，其他常见的内部控制措施还有人员素质控制和内部报告控制等。企业应当根据内部控制目标，结合风险应对策略，综合运用控制措施，对各种业务和事项实施有效控制。同时，企业还应当建立重大风险预警机制和突发事件应急处理机制，明确风险预警标准。对可能发生的重大风险或突发事件，制定应急预案，明确责任人员，规范处置程序，确保突发事件得到及时妥善的处理。

任务二　描述内部控制的方法

在一定范围内，内部控制的有效性会直接或间接地影响经济信息的真实性和正确性。因此，为了提高审计效率，确保审计质量，使审计结果具有较大的客观性和正确性，审计人员在审计过程中，首先要对内部控制进行评审，这是内部审计的主要程序和手段，也是内部审计工作的重要范围。所谓对内部控制进行评审，就是对被审计单位内部控制的健全性和有效性进行评价。为了评价被审计单位的内部控制，首先必须对内部控制进行了解。

（一）了解内部控制的程序

在了解被审计单位的内部控制时，审计人员应合理利用以往的审计经验。对于重要的内部控制，通常可以实施以下程序，以获取有关的审计证据。

（1）询问被审计单位有关人员，并查阅相关内部控制文件。

（2）检查内部控制生成的文件和记录。

（3）观察被审计单位的业务活动和内部控制的运行状况。

（4）选择若干具有代表性的交易和事项进行"穿行测试"。

所谓穿行测试，是指审计人员检查与某些业务有关的原始凭证和其他文件，沿着这些凭证和文件所留下的业务处理的踪迹进行追踪，从而判断业务处理过程是否按内部控制的要求进行。例如，业务发生后，有关经办、审核、批准人员必须在会计凭证上签字，审计人员如果发现会计凭证上没有审核、批准人员的签字，这就说明该两项控制可能不存在。

（二）描述内部控制的方法

在了解和掌握了被审计单位内部控制的详细情况以后，审计人员应将调查了解的内部控制采用适当的方法进行描述。描述方法通常有三种：文字表述法、调查表法和流程图法。

1. 文字表述法

文字表述法是指审计人员用文字叙述的方式描述被审计单位内部控制情况的方法。

在采用文字表述法时，审计人员通常在阅读本单位的各种文件的基础上，向被审计部门的工作人员提出一系列问题，例如，你具体经办哪些业务和凭证？这些业务是如何发生的？要经过怎样的审批手续？要据以编制什么凭证？处理业务时应编制什么会计分录？是否经过复核？将这些问题的答案逐一记录下来，并经审计人员实地观察和核实，然后整理形成书面资料，以描述被审计单位内部控制的实际情况。下面以某公司现金收支业务的内部控制为例加以说明。

××公司现金收付业务的内部控制

财务处出纳员张××负责企业的一切现金收支业务。当交款人持现金和有关凭证到财务部门交款时，出纳员审查复核有关凭证后，收妥现金并将其放入保险柜，填写收款收据，收款收据一式三联：第一联交给交款人，第二联由出纳员据以登记现金日记账后传递给会计人员，第三联作存根，出纳员办理完收款业务后，在收款凭证上加盖"现金收讫"戳记。支出现金时，出纳员审查复核支出款项的原始凭证后，支付现金，在原始凭证上加盖"现金付讫"戳记，出纳员根据付款凭证登记现金日记账后传递给会计人员。在每日下班前将现金收付业务全部登记入账的基础上，结出现金日记账余额并与库存现金核对，超过库存限额的现金由出纳员填制"现金交款单"，在当日送存银行，返回后将"现金交款单"回单联交给会计人员。会计人员根据现金付款凭证编制记账凭证，据以登记现金总账。

审计员：×××

××××年×月×日

文字表述法可对调查对象做出比较深入和具体的描述，比较灵活。但是文字表述法有时很难用简明易懂的语言来详细说明内部控制的各个细节，对业务处理过程及其控制的反映不够直观，不利于为有效地进行内部控制分析和控制风险评价提供直接依据。因此，这种方法一般适用于内部控制程序比较简单、比较容易描述的小企业。

2. 调查表法

调查表法又称问卷法，是通过编制发放内部控制调查表来了解企业内部控制的完善程度的一种方法。

采用调查表了解企业的内部控制，审计人员应预先编制一套标准化格式的调查表。在调查表中，针对内部控制是否严密、有效，综合考虑各方面的因素提出问题，并为每个问题分设"是""否""不适用""备注"四栏。其中"是"表示肯定；"否"表示否定，即为控制弱点；"不适用"表示该问题不适应被审计单位。对表中提出的问题，要求被审计部门有关工作人员据实做出"是""否""不适用"的回答，借以描述被审计单位内部控制的实际情况。

现以物资采购业务为例说明调查表的格式，如下表所示。

物资采购内部控制调查表

被审计单位名称	××部门		日期		索引号	
审计项目名称	物资采购内部控制调查		编制人		×××	
会计期间或截止日	20××年度		复核人	×××	页次	
问题			是	否	不适用	备注
（1）有无物资采购程序手册和详细的岗位说明书						
（2）所有物资采购是否以合法经营需求或目的为依据						
（3）物资采购是否按采购计划进行						
（4）物资采购是否经过适当的授权批准						
（5）是否存在盲目采购，造成物资长期积压的情况						
（6）是否对物资采购不相容职务执行了分离						
（7）是否对承担采购职责的员工进行定期轮岗						
（8）是否对物资采购风险进行了评估						
（9）是否有物资采购风险的防范和化解措施						
（10）采购物资的价格确定是否合理						
（11）是否有严格的采购物资验收入库制度						
（12）物资验收部门是否严格把住了数量和质量关						
（13）对验收不合格的采购物资是否及时查明原因并落实责任						
（14）采购物资入库的凭证传递是否合理						
（15）是否有适当程序对物资采购活动进行持续的日常监督						
审计结论：						

调查表法能对所调查的对象提供一个概括的说明，有利于审计人员做进一步分析评价；并且简便易行，可在审计项目初期就能较快地编制完成。但是，调查表法的系统性差，反映的问题不全面，易流于形式。

3. 流程图法

流程图法是指用特定的符号和图形，辅之以简要的文字或数字，将内部控制中各种业务处理手续，以及各种文件或凭证的传递流程如实地绘制出来，以图示的形式直观地反映内部控制的实际情况的一种方法。

采用流程图法，一般是每个主要经营环节绘制一张流程图，将各个经营环节的流程图合并起来，就构成了整个企业生产经营的流程图。

绘制流程图的方法一般有纵向流程图和横向流程图两种。纵向流程图是将一项业务处理过程按照次序先后用一条主线垂直串联起来。业务处理过程中发生的单据、凭证、记录、归集、汇总等处理步骤，都用具体图式描绘出来。这种流程图易于理解，但难以反映出各部门的相互联系。横向流程图是按业务处理过程中各部门或各经办人员设置若干竖栏，以部门之间的互相联系为基础，用图形符号横向表示凭证或单据在部门之间和部门内部的编制、传递、记账、保管、复核以至编表的过程，并用流程线把各项业务活动串联起来。这种流程图可以系统、完整地反映处理某一项业务的各部门之间的联系，便于了解业务处理的整体情况，但业务内容过于复杂，或图形符号过多时，就较难明了整个业务的控制情况。

现以某企业材料收发业务处理手续和程序为例说明横向流程图绘制法，如下图所示。

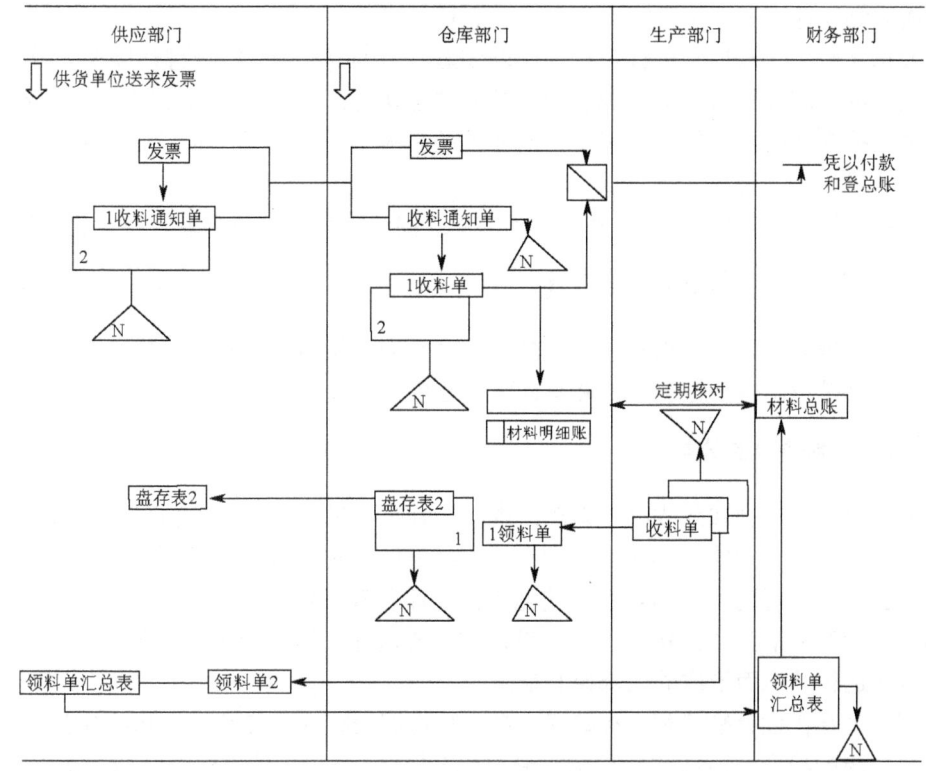

材料收发业务流程图

符号说明：

⬇业务起点　　▭凭证单据表　　☐总账　　↓业务终点　　▬传递路线

➔资料来源　　▭明细账　　▵存档　　◇合并文件　　⟷资料核对

流程图法形象直观，能够清晰地反映出被审计单位内部控制制度的概况；便于较快地检查出内部控制逻辑上的薄弱环节，也便于评审；便于反映内部控制的特征，同时便于修改。当然，流程图法也有不足之处：技术要求较高，花费时间较多，内部控制的某些弱点有时很难在图上标明出来等。

描述内部控制的三种方法是相互依赖、相互补充的。在描述某一单位的内部控制时，审计人员可以对不同的业务环节使用不同的描述方法，也可以将两种或三种方法结合使用。

任务三　内部控制的自我评价报告

现代审计是以测试内部控制制度为基础的抽样审计，无论采用何种抽样方法，审计结论的准确性与抽查重点、规模都有着密切的关系。实践证明，企业的经济信息是否可靠，与该企业内部控制的健全性与有效性密切相关。如果企业内部控制健全且有效运行，企业相关信息资料的可靠程度就高，抽查样本的规模就小；反之，企业相关信息资料的可靠程度就低，抽查样本的规模就比较大，必要时可能采用详细审计。审计人员评价内部控制的最终目的，在于确定企业内部控制的健全性、有效性和风险水平，从而决定对它的信赖程度，进而规划审计方案，确定审计范围、重点和方法。

企业每年应对内部控制进行评价并予以披露。《企业内部控制评价指引》第一十九条规定，企业内部控制评价机构应当编制内部控制缺陷认定汇总表，结合日常监督和专项监督发现的内部控制缺陷及持续改进情况，对内部控制缺陷及其成因、表现形式和影响程度等进行综合分析和全面复核，提出认定意见（针对财务报告内部控制的缺陷，一般还应当反映缺陷对财务报告的具体影响），并以适当的形式向董事会、监事会或者经理层报告。

（一）内部控制缺陷的认定

内部控制缺陷是描述内部控制有效性的一个负向的维度。企业开展内部控制评价，主要内容之一就是找出内部控制缺陷并有针对性地进行整改。

1. 内部控制缺陷的分类

（1）按照内部控制缺陷成因或来源，内部控制缺陷包括设计缺陷和运行缺陷。

设计缺陷是指企业缺少为实现控制目标所必需的控制，或现存控制设计不适当，即使正常运行也难以实现控制目标。运行缺陷是指设计有效（合理且适当）的内部控制由于运行不当（包括有不恰当的人执行，未按设计的方式运行，运行的时间或频率不当，没有得到一贯有效运行等）而形成的内部控制缺陷。

内部控制存在设计缺陷和运行缺陷，会影响内部控制的设计有效性和运行有效性。

（2）按照影响企业内部控制目标实现的严重程度，内部控制缺陷分为重大缺陷、重要缺陷和一般缺陷。

重大缺陷，是指一个或多个控制缺陷的组合，可能导致企业严重偏离控制目标。当存在任何一个或多个内部控制重大缺陷时，应当在内部控制评价报告中做出内部控制无效的结论。重要缺陷，是指一个或多个控制缺陷的组合，其严重程度低于重大缺陷，但仍有可能导致企业偏离控制目标。重要缺陷的严重程度低于重大缺陷，不会严重危及内部控制的整体有效性，但也应当引起董事会、经理层的充分关注。一般缺陷，是指重大缺陷，重要缺陷以外的其他控制缺陷。

将内部控制评价中发现的内部控制缺陷划分为重大缺陷、重要缺陷和一般缺陷，需要借助一套可系统遵循的认定标准，认定过程中还需要内部控制评价人员充分运用职业判断。一般而言，如果一个企业存在的内部控制缺陷达到了重大缺陷的程度，我们就不能说该企业的内部控制是整体有效的。

（3）按照影响内部控制目标的具体表现形式，还可以将内部控制缺陷分为财务报告缺陷和非财务报告缺陷。

财务报告内部控制是指针对财务报告目标而设计和实施的内部控制。由于财务报告内部控制的目标集中体现为财务报告的可靠性，因而财务报告内部控制的缺陷，主要是指不能合理保证财务报告可靠性的内部控制设计和运行缺陷，即不能及时防止或发现并纠正财务报告错报的内部控制缺陷。

非财务报告内部控制是指针对除财务报告目标以外的其他目标的内部控制。这些目标一般包括战略目标、资产安全目标、经营目标、合规目标等。为了避免企业操纵内部控制评价报告，非财务报告缺陷认定标准一经确定，必须在不同评价期间保持一致，不得随意变更。

2. 内部控制缺陷的认定标准

《企业内部控制评价指引》规定，企业对内部控制缺陷的认定，应当以构成内部控制的内部监督要素中的日常监督和专项监督为基础，结合年度内部控制评价，由内部控制评价机构进行综合分析后提出认定意见，按照规定的权限和程序进行审核，由董事会予以最终确定。

首先，内部控制评价从属于内部监督，是监督结果的总体体现。在企业正常的生产经营中，内部控制评价倚重内部监督。其次，在充分利用日常监督与专项监督结果的基础上，企业至少每年有内部控制评价机构对内部控制的五要素独立地进行评价，全面、综合地分析，提出认定意见，报董事会审批。再次，企业应根据评价指引，结合自身情况和关注的重点，自行确定内部控制重大缺陷、重要缺陷和一般缺陷的具体认定标准。最后，根据具体认定标准认定企业存在的内部控制缺陷，由董事会最终审定。企业在确定内部控制缺陷的认定标准时，应当充分考虑内部控制缺陷的重要性及其影响程度。

3. 内部控制缺陷的报告与整改

（1）内部控制缺陷报告的格式和途径

企业对于认定的重大缺陷，应当及时采取应对策略，切实将风险控制在可承受度之内，并追究有关部门或相关人员的责任。内部控制缺陷报告应当采取书面形式，可以单独报告，也可以作为内部控制评价报告的一个重要组成部分。

一般而言，内部控制的一般缺陷、重要缺陷应定期（至少每年）报告，重大缺陷应立即报告。对于重大缺陷和重要缺陷及整改方案，应向董事会（审计委员会）、监事会或经理层报告并审定。如果出现不适合向经理层报告的情形，例如，存在与管理层舞弊相关的内部控制缺陷，或存在管理层凌驾于内部控制之上的情形，应当直接向董事会（审计委员会）、监事会报告。重要缺陷并不影响企业内部控制的整体有效性，但是应当引起董事会和管理层的重视。对于一般缺陷，可以向企业经理层报告，并视情况考虑是否需要向董事会（审计委员会）、监事会报告。

（2）内部控制缺陷整改方案及期限

企业对于认定的内部控制缺陷，应当及时采取整改措施，切实将风险控制在可承受度之内，并追究有关机构或相关人员的责任。

企业内部控制评价机构应当就发现的内部控制缺陷提出整改建议，并报经理层、董事会（审计委员会）、监事会批准。获批后，应制定切实可行的整改方案，包括整改目标、内容、步骤、措施、方法和期限。整改期限超过一年的，整改目标应明确近期和远期目标以及相应的整改工作内容。在整改工作中遇到协调困难，甚至阻碍的，内部控制机构有权直接向董事会（审计委员会）报告，董事会（审计委员会）应予以足够的支持和帮助。

（二）内部控制自我评价报告

内部控制自我评价报告是内部控制评价的最终体现，按照编制主体、报送对象和时间，分为对内报告和对外报告。对外报告的内容、格式等强调符合披露要求，时间具有强制性，对内报告则主要以符合企业董事会（审计委员会）、经理层需要为主，编制主体层级更多，内容上更加详尽，格式更加多样，时间可以定期或不定期。

《企业内部控制评价指引》中规定，企业应当根据《企业内部控制基本规范》、应用指引和评价指引，设计内部控制评价报告的种类、格式和内容，明确内部控制评价报告编制程序和要求，按照规定的权限报经批准后对外报出。

1. 内部控制自我评价报告的编制时间

《企业内部控制评价指引》中规定，企业应当根据年度内部控制评价结果，结合内部控制评价工作底稿和内部控制缺陷汇总表等资料，按照规定的程序和要求，及时编制内部控制评价报告。

企业应定期进行内部控制评价并发布内部控制评价报告。企业至少应该每年进行一次内部控制评价并由董事会对外发布内部控制评价报告。年度报告应当以 12 月 31 日作为基准日。

非定期内部控制评价报告可以是因特殊事项或原因而对外发布的内部控制评价报告，例如，企业因目标变化或提升而发布的内部控制评价报告，或者针对内部控制缺陷整改而发布内部控制评价报告，或者对某一对社会影响较大事项所做的内部控制方面的承诺和说明。也可以是企业针对发现的重大缺陷进行专项内部控制评价等向董事会（审计委员会）或经理层报送的内部报告（内部控制缺陷报告）。

2. 内部控制评价报告的编制主体

内部控制评价报告的编制主体包括单个企业和企业集团的母公司。单个企业内部控制评价报告指某一企业以自身经营业务和管理活动为辐射范围编制的内部控制评价报告，属于对内报告；企业集团母公司内部控制评价报告是企业集团公司在汇总、复核、评价、分析后，以母公司及下属（或控股）子公司的经营业务和管理活动为辐射范围编制的内部控制评价报告，是对企业集团内部控制设计有效性和运行有效性的总体评价，可以是对内或对外报告。

3. 内部控制评价报告的报送

《企业内部控制评价指引》中规定了内部控制评价报告及内部控制审计报告对外报送的要求。此外，企业内部控制评价报告应按照规定报送有关监管部门，例如，国有控股企业应按要求报送国有资产监督管理部门和财政部门；金融企业应按照规定报送银行监督管理部门和保险监督管理部门；公开发行证券的企业应报送证券监督管理部门。

4. 内部控制评价报告的内容和格式

（1）董事会声明。声明董事会及全体董事对报告内容的真实性、准确性、完整性承担个别及连带责任，保证报告内容不存在任何虚假记载、误导性陈述或重大遗漏。

（2）内部控制评价工作的总体情况。明确企业内部控制评价工作的组织、领导体制、进度安排，是否聘请会计师事务所对内部控制有效性进行独立审计。

（3）内部控制评价的依据。说明企业开展内部控制评价工作所依据的法律法规和规章制度，一般包括《企业内部控制基本规范》《企业内部控制应用指引》《企业内部控制评价指引》，企业制定的内部控制及相关制度、评价方法等。

（4）内部控制评价的范围。描述内部控制评价所涵盖的被评价单位，以及纳入评价范围的业务事项，及重点关注的高风险领域。内部控制评价的范围如有遗漏，应说明原因，及其对内部控制评价报告真实性、完整性产生的重大影响等。

（5）内部控制评价的程序和方法。描述内部控制评价工作遵循的基本流程，以及评价过程中采用的主要方法。

（6）内部控制缺陷及其认定。描述适用本企业的内部控制缺陷具体认定标准，并声明与以前年度保持一致或做出的调整及相应原因；根据内部控制缺陷认定标准，确定评价期末存在的重大缺陷、重要缺陷和一般缺陷。

（7）内部控制缺陷的整改情况。对于评价期间发现、期末已完成整改的重大缺陷，说明企业有足够的测试样本显示，与该重大缺陷相关的内部控制设计且运行有效，针对评价期末存在的内部控制缺陷，公司拟采取的整改措施及预期效果。

（8）内部控制有效性的结论。对不存在重大缺陷的情形，出具评价期末内部控制有效性结论；对存在重大缺陷的情形，不得做出内部控制有效的结论，并需描述该重大缺陷的性质及其对实现相关控制目标的影响程度，可能给公司未来生产经营带来的相关风险。自内部控制评价报告基准日至内部控制评价报告发出日之间发生重大缺陷的，企业需责成内部控制评价机构予以核实，并根据该检查结果对评价结论进行相应调整，说明董事会拟采取的措施。

（三）内部控制评价报告的披露和使用

1. 评价报告的披露

公司的价值创造力不仅取决于现有的经营基础和目前的盈利水平，更主要取决于公司的决策科学性和管控能力。公众公司必须向社会披露内部控制评价报告，满足投资者及利益相关者了解企业治理水平、管理规范化和抵御各类风险的能力的需要，更好地为他们做出投资决策和相关决策提供服务。

2. 评价报告的使用

企业内部控制评价对外报告的使用者包括政府有关监管部门、投资者及其他利益相关者、中介机构和研究机构等；对内报告的使用者主要是企业董事会（审计委员会）、各层级管理者以及有关监管部门。

内部控制评价是企业董事会对本企业内部控制有效性的自我评估，具有一定的主观性，在此基础上形成的内部控制自我评价报告也因此只能作为有关方面了解企业内部控制设计与运行情况的途径之一。在使用内部控制评价报告时，还应注意与内部控制注册会计师审计报告、内部控制监管信息、财务报告信息等相关信息结合使用，以起到全面分析、综合判断、相互验证的效果。

《企业内部控制评价指引》中规定，企业应当建立内部控制评价工作档案管理制度。内部控制评价的有关文件资料、工作底稿和证明材料应当妥善保管，年度报告应永久保存。

现举例说明内部控制评价报告的格式和内容。

××股份有限公司20××年度内部控制评价报告

××股份有限公司全体股东：

根据《企业内部控制基本规范》等法律法规的要求，我们对本公司（以下简称"公司"）内部控制的有效性进行了自我评价。

一、董事会声明

公司董事会及全体董事保证本报告内容不存在任何虚假记载、误导性陈述或重大遗漏，并对报告内容的真实性、准确性和完整性承担个别及连带责任。

建立健全并有效实施内部控制是公司董事会的责任；监事会对董事建立与实施的内部控制进行监督；经理层负责组织领导公司内部控制的日常运行。

公司内部控制的目标：[一般包括合理保证经营合法合规、资产安全、财务报告及相关信息真实完整，提高经营效率和效果，促进实现发展战略] 由于内部控制存在固有局限性，故仅能对达到上述目标提供合理保证。

二、内部控制评价工作的总体情况

公司董事会授权内部审计机构（或者其他专门机构）负责内部控制评价的具体组织实施工作。对纳入评价范围的高风险领域和单位进行评价（描述评价工作的组织领导体制，一般包括评价工作组织结构图、主要负责人及汇报途径等）。

公司[是/否]聘请的专业机构[中介机构名称] 实施内部控制评价，并编制内部控制评价报告；公司[是/否] 聘请会计师事务所 [会计师事务所名称] 对公司内部控制有效性进行独立审计。

三、内部控制评价的依据

本评价报告旨在根据中华人民共和国财政部等五部委联合发布的《企业内部控制基本规范》（以下简称"基本规范"）及《企业内部控制评价指引》（以下简称"评价指引"）的要求，结合企业内部控制制度和评价方法，在内部控制日常监督和专项监督的基础上，对公司截至20××年12月31日内部控制的设计与运行的有效性进行评价。

四、内部控制评价的范围

内部控制评价的范围涵盖了公司及其所属单位的各种业务和事项，重点关注下列高风险领域：

[列示公司根据风险评估结果确定的主要风险]

纳入评价范围的单位包括

[描述公司及其所属单位的明确范围]

纳入评价范围的业务和事项包括（根据实际情况充实调整）

（一）组织架构

（二）发展战略

（三）人力资源

（四）社会责任

（五）企业文化

（六）资金活动

（七）采购业务

（八）资产管理

（九）销售业务

（十）研究与开发

（十一）工程项目

（十二）担保业务

（十三）业务外包

（十四）财务报告

（十五）全面预算

（十六）合同管理

（十七）内部信息传递

（十八）信息系统

上述业务和事项的内部控制涵盖了公司管理的主要方面，不存在重大遗漏。

（如存在重大遗漏）公司本年度未能对以下构成内部控制重要方面的单位或业务（事项）进行内部控制评价：

[逐条说明未纳入评价范围的重要单位或业务（事项），包括单位或业务（事项）描述、未纳入的原因，对内部控制评价报告真实完整性产生的重大影响等]

五、内部控制评价的程序和方法

内部控制评价工作，严格遵守基本规范，评价指引及公司内部控制评价办法规定的程序执行 [描述公司开展内部控制检查评价工作的基本流程]。

评价过程中，我们采用了（个别访谈、调查问题、专题讨论、穿行测试、实地查验、抽样和比较分析）等适当方法，广泛搜集公司内部控制设计和运行是否有效的证据，如实填写评价工作底稿，分析、识别内部控制缺陷 [说明评价方法的适当性及证据的充分性]。

六、内部控制缺陷及其认定

公司董事会根据基本规范、评价指引对重大缺陷、重要缺陷和一般缺陷的认定要求，结合公司规模、行业特征、风险水平等因素，研究确定了适用本公司的内部控制缺陷具体认定标准，并与以前年度保持了一致 [描述公司内部控制缺陷的定性及定量标准]，或做出了调整 [描述具体调整标准及原因]。

根据上述认定标准，结合日常监督和专项监督情况，我们发现报告期内存在 [数量] 个缺陷，其中重大缺陷 [数量] 个，重要缺陷 [数量] 个。重大缺陷分别为[对重大缺陷进行描述，并说明其对实现相关控制目标的影响程度]。

七、内部控制缺陷的整改情况

针对报告期内发现的内部控制缺陷（含上一期间未完成整改的内部控制缺陷），公司采取了相应的整改措施 [描述整改措施的具体内容和实际效果]。对于整改完成的重大缺陷，公司有足够的测试样本显示，与重大缺陷 [描述该重大缺陷] 相关的内部控制设计且运行有效（运行有效的结论需提供 90 天内有效运行的证据）。

经过整改，公司在报告期末仍存在 [数量] 个缺陷，其中重大缺陷[数量]个，重要缺陷[数量]个。重大缺陷分别为[对重大缺陷进行描述]。

针对报告期末未完成整改的重大缺陷，公司拟进一步采取相应措施加以整改 [描述整改措施的具体内容及预期达到的效果]。

八、内部控制有效性的结论

公司已经根据基本规范、评价指引及其他相关法律法规的要求，对公司截至20××年12月31日的内部控制设计与运行的有效性进行了自我评价。

（存在重大缺陷的情形）报告期内，公司在内部控制设计与运行方面存在尚未完成整改的重大缺陷 [描述该缺陷的性质及对事项相关控制目标的影响程度]。由于存在上述缺陷，可能会给公司未来生产经营带来相关风险 [描述该风险]。

（不存在重大缺陷的情形）报告期内，公司对纳入评价范围的业务与事项均已建立了内部控制，并得以有效执行，达到了公司内部控制的目标，不存在重大缺陷。

自内部控制评价报告基准日至内部控制报告发出日之间 [是/否] 发生对评价结论产生实质性影响的内部控制的重大变化 [如存在，描述该事项对评价结论的影响及董事会拟采取的应对措施]。

我们注意到，内部控制应当与公司经营规模、业务范围、竞争状况和风险水平等相适应，并随着情况的变化及时加以调整。[简要描述下一年度内部控制工作计划] 未来期间，公司将继续完善内部控制制度，规范内部控制制度执行，强化内部控制监督检查，促进公司健康、可持续发展。

董事长：（签名）

××股份有限公司

20××年××月××日

任务训练

一、简答题

1. 什么是内部控制？内部控制包括哪些要素？
2. 内部控制的评价结果对实质性测试有何影响？
3. 在什么情况下，审计人员可以不进行控制测试而直接进行实质性测试？

二、单项选择题

1. 在采用调查表法描述内部控制时，调查表内容的设计者是（　　　）。

    A. 审计人员　　　　B. 会计人员　　　　C. 统计人员　　　　D. 管理人员

2. 下列各项中，属于内部控制要素中内部环境要素的是（　　　）。

    A. 职责分工控制　　B. 组织结构设置　　C. 风险评估　　　　D. 凭证与记录控制

3. 在一个设计适当的内部控制系统中，同一名职员可以负责（　　　）。

    A. 接受保管现金，并登记现金日记账

B. 接受和保管支票，并批准注销客户的应收账款

C. 保管空白支票和银行预留印鉴

D. 批准付款与签发支票

4. 企业员工素质属于内部控制要素中的（　　　）。

A. 控制活动　　　　B. 风险评估　　　　C. 内部环境　　　　D. 内部监督

5. 在下列内部控制要素中，实施内部控制的基础是（　　　）。

A. 信息与沟通　　　　　　　　　B. 内部监督

C. 内部环境　　　　　　　　　　D. 控制活动和风险评估

6. 当确认企业的内部控制较为薄弱，控制风险水平较高时，审计人员应主要或全部依赖（　　　）程序来获取审计证据，以便将检查风险降低至可接受的水平。

A. 健全性测试　　　　　　　　　B. 控制测试

C. 实质性测试　　　　　　　　　D. 控制测试和实质性测试

三、多项选择题

1. 下列各项中，属于内部控制要素的是（　　　）。

A. 内部环境　　　　B. 风险评估　　　　C. 控制活动　　　　D. 信息与沟通

E. 内部监督

2. 下列各项中，如果出现（　　　）情况之一时，审计人员可不进行控制测试，而直接进行实质性测试。

A. 相关内部控制不存在

B. 相关内部控制虽然存在但审计人员发现其并未有效运行

C. 控制测试的工作量可能大于进行控制测试所减少的实质性测试的工作量

D. 期中审计后内部控制没有发生变动

3. 内部环境是内部控制的要素之一，其主要内容包括（　　　）。

A. 管理当局的观念和经营风格

B. 组织结构的设置

C. 员工的素质

D. 人事政策

E. 审计风险的评估

4. 下列各项中，属于描述内部控制方法的有（　　　）。

A. 流程图法　　　　B. 实验法　　　　C. 观察法　　　　D. 调查表法

E. 文字表述法

5. 根据职务划分原则，下列三项职务必须分开的是（　　　）。

A. 授权、审批和执行　　　　　　B. 验收、发运和保管

C. 执行、验收和记录　　　　　　D. 授权、记录和保管

E. 执行、记录和付款

四、判断题（正确的打"√"，错误的打"×"）

1. 审计人员在进行审计时，首先要对被审计单位的内部控制制度进行评价，这是现代

审计的重要特征。 （ ）

2. 控制测试是在了解内部控制的基础上来确定其设计和执行的有效性。 （ ）

3. 如果被审计单位具有健全、科学的内部控制制度，并且均能发挥有效的作用，能够合理地控制差错或舞弊事件的发生，则说明控制风险为低水平，审计人员可以较多地依赖被审计单位的内部控制。 （ ）

4. 审计人员如拟信赖内部控制，应实施控制测试，以将控制风险降低至可接受水平。

（ ）

5. 审计人员在执行审计业务时，不论在何种情况下都应对内部控制进行充分的了解。

（ ）

6. 审计人员在进行控制测试中发现被审计单位内部控制有薄弱环节时，必须出具管理建议书。 （ ）

7. 在内部控制要素中，内部监督是实施内部控制的重要保证。 （ ）

8. 内部控制风险水平的高低相对应的是内部控制的可信赖程度。一般来说，风险水平越高，可信赖程度越低；风险水平越低，可信赖程度越高。 （ ）

9. 当被审计单位内部控制风险为高水平，审计人员无法信赖被审计单位的内部控制时，必须依靠执行更多的实质性测试的程序，以获取充分、可靠的审计证据，降低审计风险。

（ ）

10. 对控制风险进行评价，是为了确定完成审计工作所要执行的实质性测试程序的性质、时间和范围。 （ ）

技能训练

一、根据甲公司的下列资料，判断其是否符合内部控制的要求，并说明理由。

（1）公司领导规定当出纳请假不在班时，为了不影响工作，出纳业务由主管会计代理。

（2）公司主管会计刘××与出纳员马××结婚后仍分别担任公司的主管会计和出纳工作。

（3）公司采购员王××以现金购进 860 元的办公用品，凭发票直接到财会部门报销。

（4）公司材料仓库有三名保管员，为了材料出入库方便，领导决定为每一名保管员配备一套钥匙。

（5）公司总经理经常出差，出差回来填制差旅费报销单时，由总经理亲自在领导批示栏签字同意报销。

二、B 公司属于国有控股公司，最高权力机构是股东大会，执行机构是董事会，另外还设有职工代表大会及各职能部门、分公司等。其部分内部控制制度及业务活动情况如下。

（1）会计和出纳分设。财务部经理的妻子担任出纳，并兼任满足行政部门需要的日常业务，亲自办理取款、购买、报销等手续。支票等票据由会计保管，支取款项的印章都由总经理亲自保管。

（2）办理销售、发票、收款三项业务的部门分别设立，同时，考虑到销售部门比较熟悉客户情况，也便于销售部进行业务谈判，决定授权销售部兼任信用管理机构。对大额销售业务，销售部可自主定价、签订销售合同。企业在销售业务中，尽可能利用各种机会由业务员向客户收取现金，然后交财务部存放在专门的账户上。

（3）公司采购的物资主要是原料及主要材料和辅助材料，材料采购需要经授权批准后方可进行。采购申请由各个生产车间提出，经生产部经理批准后，送采购部；企业规定采购金额在 30 万元以下的，由生产部经理批准，采购金额超过 30 万元的，由总经理批准；物资采购后，由采购部指定部门内的人员进行验收，出具验收证明后交仓储部保管；采购发票经采购部经理签字后送财务部，财务部据以付款；采购退货由采购部负责，由于业务繁忙，为减轻工作量，规定采购部一般集中在每个季度末向财务部提供一份退货清单。公司采购部有 5 名员工，其中经理 1 名，采购员 4 名（以下简称甲、乙、丙、丁）；甲、乙和丙负责原料及主要材料的采购，丁负责辅助材料的采购；自公司成立至今 10 余年，上述人员一直负责现在的工作。对于原料及主要材料的采购，目前有两个固定的供应商，供应商由采购部选择，报总经理批准。对于辅助材料采购，则根据需要由采购员丁负责购买，价格和供应商由丁自行决定。由于总经理经常出差，生产部经理曾多次批准了超过 30 万元的采购申请。

【要求】请分析 B 公司内部控制存在的缺陷并提出改进的建议。

三、ABC 公司 2019 年制定了内部控制制度，其部分内容如下。

（1）公司成立了以公司总经理为首的内部会计控制领导小组，负责建立健全本单位的内部会计控制制度，其中领导小组成员包括董事长、总经理、副总经理以及各个部门经理。

（2）为提高工作效率，公司重大资产处置、对外投资、资金调度等事宜统一由总经理审批。

（3）为加快货款收回，允许公司销售部门及其销售人员直接收取货款。

（4）在物资采购方面，要求单笔金额在 60 万元以上的采购业务应由分公司提出申请，公司管理层集体审批后，由采购部门负责采购，财务部门办理付款；对于单笔金额在 60 万元以下的采购业务，由分公司直接办理采购和付款业务。

（5）由于人员紧张，出纳员作为现金、银行存款的具体责任人，负责登记现金日记账、银行存款日记账和应收、应付往来款项明细账，并负责保管银行票据和有关密码。

（6）为扩大分公司的经营自主权，分公司有权自行决定是否对外提供担保。

【要求】从内部控制的角度对 ABC 公司制定的内部控制制度进行分析。

模块二

财务会计岗位审计

　　本模块是依据会计专业定位和人才培养规格，依托企业会计岗位设置，结合教学组织管理要求，与企业共同开发的审计课程，实现了教学内容与职业岗位高度融合。根据当前中小企业会计岗位的会计制度设计，我们以会计岗位作为情境入手，使同学们的学习氛围始终是熟悉的，融洽的，并将每一个岗位的内部控制制度编入审计步骤当中，使同学们在学习审计过程当中，也潜移默化地将各岗位规章制度吸收进来，结合实际审计工作过程中的会计资料，采用现实的案例、原始的单据再现会计工作场景，形成了与会计专业相辅相成的体系。

　　结合会计制度设计，本模块主要设置了出纳核算岗位审计、存货核算岗位审计、固定资产核算岗位审计、职工薪酬核算岗位审计、成本费用核算岗位审计、资金管理岗位审计、销售核算岗位审计、财务成果核算岗位审计、会计主管总账报表核算岗位审计、纳税申报核算岗位审计等内容。每一岗位审计均设有任务基础与审计步骤，结合了经济法、税法、财务管理、统计、财务会计等方面的知识，案例充实，既方便了教学工作的开展，也有助于学生学习能力的提高，真正达到工学结合的培养目标。

项目四　　出纳核算岗位审计

 **任务目标**

　　了解出纳岗位的工作任务；了解内部控制及审查；掌握出纳岗位主要账户的审计；掌握出纳岗位其他账户的审计。

能力目标

　　能够掌握并运用核对、分析性复核、函证、监盘等审计方法，判断出纳岗位管理漏洞以及发现并纠正会计处理错弊，熟练编写审计工作底稿。

任务内容

　　出纳岗位核算基本知识；相关内部控制管理制度；库存现金、银行存款审计的主要程序和方法。

岗位任务

　　出纳岗位的主要工作任务有以下几项。
　　（1）办理库存现金收付和银行结算业务，办理各种票据的收付业务。
　　（2）登记库存现金日记账、银行存款日记账和票据备查簿。
　　（3）保管库存现金和各种有价证券，填写支票、本票和汇票，并在会计主管核准后加盖企业印鉴章。
　　（4）保管空白收据和空白支票等有关资金往来票证，但签发支票所使用的各种印章不得全部交由一人保管。
　　（5）具体办理各种税费的申报和扣缴业务及其他与库存现金、银行存款收付有关的业务。

任务一　库存现金审计

（一）任务基础

　　库存现金包括企业的人民币和外币，是企业为了满足经营过程中小额支付需要而保留的现金。库存现金在企业资产总额中所占的比重不大，但却是企业流动性最强的一种资产，企业发生的舞弊事件大多数都与现金有关，因此，审计人员应该重视库存现金的审计。

（二）任务实施

1. 库存现金的审计目标

（1）确定被审计单位资产负债表货币资金项目中的库存现金是否确实存在，并且确实是被审计单位所拥有的资产。

（2）确定被审计单位在一定期间内发生的所有现金收支业务都已记录完毕，没有遗漏。

（3）确定库存现金余额是否正确，是否与现金日记账、总账相符。

（4）确定库存现金在财务报表上的披露是否恰当。

2. 库存现金的内部控制

库存现金的内部控制调查情况，如下表所示。

库存现金内部控制调查表

被审计单位名称	××部门		日期		索引号	
审计项目名称	库存现金内部控制调查		编制人		×××	
会计期间或截止日	20××年度		复核人	×××	页次	
问题			是	否	不适用	备注
（1）收付是否有审批手续						
（2）出纳是否兼审核、会计档案保管及收支、费用、债权债务账目登记						
（3）用于结算的印章是否分开保管						
（4）库存现金是否置于安全位置，并规定保管责任						
（5）是否存在白条抵库						
（6）现金日记账是否定期与总账核对，不一致时是否及时查找原因						
（7）现金日记账是否做到日清日结						
（8）零星支出是否掌握在1 000.00元以下						
（9）库存现金收付是否都有合法的原始凭证						
（10）出纳人员是否遵守库存现金限额的规定						
审计结论：						

3. 库存现金的审计

（1）现金收付凭证的审查

企业现金收付业务频繁，审计工作量大，一般在实际审查中采用抽查法，重点针对金额较大的收支款项进行抽查。在审查过程中审计人员主要查证现金收付业务的真实性、合理性及合法性，以揭露现金收付业务中的错弊行为。

① 现金收入业务的审查。

现金收入凭证主要是本单位自制的单据或发票，审查时应重点注意有无私开收据和隐匿销货款等错弊情况。审查要点如下。

a. 审查已使用的收据或发票存根，检查其是否连号，作废的发票是否保留齐全，是否加盖"作废"戳记。

b. 审查空白收据或发票是否由专人保管，有无丢失的情况。

c. 审查收据或发票开出的日期与入账日期是否接近，有无间隔期间太长的情况，防止产生挪用或贪污公款的情况。

d. 审查同一号码的发票和收据的正副联记载的内容是否相同，有无不一致的有人从中贪污的情况。

e. 审查收据和发票存根是否全部入账，有无隐匿收入、私设小金库的情况。

② 现金支出业务的审查。

现金支出业务中一般主要涉及外来的购货发票和收据，在审查时应注意以下事项。

a. 审查发票及收据是否符合法定要求，用途与名称是否相符，印章是否齐全。

b. 审查出具单位是否存在，有无虚构的情况。

c. 审查接受单位名称与被审计单位是否相符，填制日期与付款日期是否相近。

d. 审查填制单位手续签章是否齐全，付款印章是否清晰。

e. 审查单据所列内容是否明确，数量、单价及金额计算是否正确，有无涂改现象。

（2）现金日记账的审查

核对现金日记账与总账余额是否相符，是审查现金余额的前提。如果有不相符的情况应查明原因，并予以记录或做适当的调整。审查要点如下。

① 审查账务记录是否符合会计制度的要求。包括账证是否相符、入账日期是否相符、摘要是否清楚等。

② 审查现金日记账余额、小计、合计数的正确性。

③ 审查现金日记账有无每天结算余额，是否存在超过规定库存限额的情况。

④ 审查对应科目账户记录。

【工作实例 4-1】审计人员王英、李强在对甲企业 2019 年 12 月 31 日资产负债表审计中，查得"货币资金"项目中的库存现金为 1 062.10 元。2020 年 1 月 21 日上午 8 时，王英、李强对该企业出纳员张华所经管的现金进行了清点。该企业 2020 年 1 月 20 日现金日记账余额是 832.10 元，清点结果如下：

（1）现金实有数 100 元的 5 张、50 元的 2 张、10 元的 10 张、5 元的 5 张、2 元的 1 张、1 角的 3 张、1 分的 4 张。

（2）在保险柜中有下列单据已收、付款但未入账：

① 职工刘阳 6 月 4 日预借差旅费 100 元，已经领导批准。

② 职工刘钢借据一张，金额 140 元，未经批准，也没有说明用途。

③ 在保险柜中，有已收款但未记账的凭证共 4 张，金额 135.24 元。

（3）银行核定该企业现金限额为 800 元。

（4）经核对 1 月 1 日至 1 月 20 日的收付款凭证和现金日记账，核实 1 月 1 日至 1 月 20 日收入现金数为 2 350 元、支出现金数为 2 580 元正确无误。

【要求】根据以上资料，编制库存现金盘点表，核实库存现金实有数，并核实 2019 年 12 月 31 日资产负债表所列数字是否正确，对现金收支、留存管理的合法性提出审计意见。

解析：该企业的库存现金盘点情况详见下表。

库存现金盘点表

被审计单位：甲企业

项　　目：　　　　　　编制人：王英　　日期：2020年1月21日　　索引号：

会计期间：　　　　　　复核人：李强　　日期：2020年1月21日　　页　次：

盘点日期：2020年1月21日

检查盘点记录			实有现金盘点记录	
项　　目	项次	金额（元）	面额	金额（元）
盘点前现金日记账余额	1	832.10	100元5张	500.00
加：已收款未入账的收款凭证（　张）	2	135.24	50元2张	100.00
			20元　张	
减：已付款未入账的付款凭证（　张）	3	100.00	10元10张	100.00
			5元5张	25.00
盘点日账面应有金额	4=1+2-3	867.34	2元1张	2.00
盘点实有现金数额	5	727.34	1元　张	
盘点日应有与实有差异	6=4-5	140.00	0.50元　张	
差异原因分析　白条抵库（　张）		140.00	0.20元　张	
短缺			0.10元3张	0.30
			0.01元4张	0.04
			合　计	727.34
追溯调整　报表日至查账日现金支出总额		2 580.00	情况说明及审计结论：	
报表日至查账日现金收入总额		2 350.00	2019年12月31日库存现金为1 062.10	
报表日库存现金应有余额		997.34	元不准确。	

会计主管：张军　　　盘点人：姜丽　　　监盘人：王英　　　复核：李强

编制说明。

（1）本工作底稿为现金汇总底稿的附表。

（2）该企业库存现金没有发生短缺。日账面应有金额为867.34元(832.10+135.24-100)；实有现金数额为727.34元，加上白条抵库数(应由出纳员退回)140元，与账面余额相符。

（3）2019年12月31日库存现金应有数为1097.34元(867.34-2 350+2 580)，与2019年度资产负债表中"货币资金"项目的库存现金数1 062.10元不相符，说明该库存现金数1 062.10元是不正确的。

（4）该企业库存现金收支、留存中存在不合法现象：一是有白条抵库数140元，违反现金管理制度；二是超现金限额留存现金，2019年12月31日超限额留存现金，违反现金限额的有关规定，今后应予以纠正。

任务二　银行存款审计

（一）任务基础

按照国家有关规定，凡是独立核算的企业都必须在当地银行开设账户。企业在银行开设账户后，除按核定的限额保留库存现金外，超过限额的现金必须存入银行；除了在规定范围内可以用现金直接支付的款项外，在经营过程中所发生的一切货币收支业务，都必须通过银行存款账户进行转账结算。

（二）任务实施

1. 银行存款的审计目标

银行存款的审计目标主要包括以下几项。

（1）确定被审计单位资产负债表中的银行存款在资产负债表日是否确实存在，是否为被审计单位所拥有。

（2）确定被审计单位在特定期间内发生的银行存款收支业务是否均已记录完毕，有无遗漏。

（3）确定银行存款的余额是否正确。

（4）确定银行存款在财务报表上的披露是否恰当。

2. 银行存款的内部控制

银行存款内部控制调查情况，如下表所示。

银行存款内部控制调查表

被审计单位名称	××部门		日期		索引号	
审计项目名称	银行存款内部控制调查		编制人		×××	
会计期间或截止日	20××年度		复核人	×××	页次	
问题			是	否	不适用	备注
（1）是否按不同银行账号开设银行存款日记账，并严格遵守银行结算纪律						
（2）是否存在出租、出借账户的情况						
（3）银行存款日记账是否定期与总账核对，不一致时是否及时查找原因						
（4）是否及时核对银行对账单，并由非出纳人员编制银行存款余额调节表，出现未达账项是否及时查找原因并进行处理						
（5）支票的保管、填制、传递及审核是否分别由不同的人员分工办理						
（6）是否严格遵守银行结算纪律，有无签发没有资金保证的票据或远期支票，套取银行和他人资金，不准无理由拒绝付款，任意占用他人资金，不准违反规定开立和使用银行账户						
（7）是否严格按照《支付结算办法》等国家有关规定，加强银行账户的管理，严格按照规定开立账户，办理存款、取款和结算。单位应当定期检查，清理银行账户的开立及使用情况，发现问题，及时处理						
审计结论：						

3. 银行存款的审计

（1）银行存款收付凭证的审查

对于银行存款收付业务的真实性、正确性和合法、合规性的审查，审计人员主要是通过抽查银行存款收付款凭证及原始凭证来完成的，其审查内容与现金审计相似，应关注的重点如下。

① 审查银行存款收付是否属于本单位的营业范围。

② 审查银行存款收付有无异常现象，有无虚收、虚付和收付不入账的情况。

（2）银行存款日记账的审查

银行存款日记账的审查主要审查各收付凭证过账是否正确无误。借贷方向、金额、日期等是否正确，并核对银行存款日记账与有关总分类账、明细分类账、报表的记录是否相符。

（3）取得并检查银行存款余额调节表

银行存款实有额的审查，不能像现金一样通过实物盘点来进行，而只能通过与开户银行的核对来验证。检查银行存款余额调节表是证实资产负债表中所列银行存款是否存在的重要程序。银行存款余额调节表可由审计人员自己编制，也可由被审计单位编制。应当注意的是，调节后对账单与账面数相符，并不意味着没有错误存在，还应将银行存款日记账与银行对账单一一核对，应注意以下几种情况。

① 对账单中有而日记账上无的款项。如果不是未达账项，则是漏记，可能存在错弊的情况。

② 对账单中无而日记账上有的款项。如果不是未达账项，则可能是假账，尤其是反映收入数时，更有弄虚作假的可能。

③ 记账日期颠倒。凡银行收款的业务必然银行先记账，企业后记账；反之，则必然企业先记账，银行后记账。核对时，若发现日期颠倒的事项，应注意是否存在挪用或弄虚作假的情况。

④ 银行对账单上短期内出现一收一付金额相同的账项，而日记账上无记录，如刚收到甲公司汇款，几天后又汇给乙公司，或存入转账支票又接着全数提现等，这时审计人员应查明企业是否存在转移或套取现金，以及出租、出借账户的情况。

⑤ 长期挂账的未达账项，需查明原因。

【工作实例4-2】审计人员甲和乙对 ABC 股份有限公司 2019 年 12 月 31 日的资产负债表进行审计。在审查资产负债表"货币资金"项目时，得知银行存款数额为 33 500 元。而该公司 2019 年 12 月 31 日的银行存款日记账余额为 35 000 元。审计助理人员向开户行取得对账单一张，2019 年 12 月 31 日的银行存款对账单余额为 42 000 元。另外，未达账项和差错账项如下。

（1）12 月 23 日公司送存转账支票 5 800 元，银行尚未入账。

（2）12 月 24 日公司开出转账支票 5 300 元，持票人尚未到银行办理转账手续。

（3）12 月 25 日委托银行收款 10 300 元，银行已收妥入账，但收款通知尚未到达公司。

（4）12 月 30 日银行代付水费 3 150 元，但银行付款通知单尚未到达公司。

（5）12 月 15 日收到银行收款通知单金额 3 850 元，公司入账时将银行存款增加数错记成 3 500 元。

【要求】根据上述资料，编制银行存款余额调节表，核实 2019 年 12 月 31 日资产负债表中"货币资金"项目中银行存款数额的正确性。

解答：银行存款余额调节表，详见下表。

银行存款余额调节表

单位：ABC 股份有限公司　　　　2019 年 12 月 31 日　　　　单位：元

项目	金额	项目	金额
公司银行存款日记账余额	35 000	开户银行对账单余额	42 000
加：银行已收，公司未收的款项	10 300	加：公司已收，银行未收的款项	5 800
减：银行已付，公司未付的款项	3 150	减：公司已付，银行未付的款项	5 300
加：企业记账差错数	350		
调节后的存款余额	42 500	调节后的存款余额	42 500

审计主管：李华　　　审计员：黄明　　　会计主管：熊瑛　　　会计员：张小平

　　我们从银行存款余额调节表中可以看出，ABC 股份有限公司 2019 年 12 月 31 日银行存款的数额双方都为 42 500 元，从而证明公司银行存款账面余额 35 000 元基本属实。可见，资产负债表上的"货币资金"项目中的银行存款数 33 500 元的真实性较差，建议加以调整。

4. 函证银行存款余额

　　函证银行存款余额是指审计人员在执行审计业务过程中，需要以被审计单位名义向有关单位发函询证，以验证被审计单位的银行存款是否真实、合法、完整。

银 行 询 证 函

编号：

_____（银行）：

　　本公司聘请的××会计师事务所正对本公司××年度财务报表进行审计，按照中国审计人员审计准则的要求，应当询证本公司与贵行的相关信息。下列信息出自本公司账簿记录，如与贵行记录相符，请在本函下端"信息证明无误"处签章证明；如有不符，请在"信息不符"处列明不符项目及具体内容；如存在与本公司有关的未列入本函的其他重要信息，也请在"信息不符"处列出其详细资料。回函请直接寄至××会计师事务所。

回函地址：　　　　　　　　　　　　　　　　邮编：

电话：　　　　　　传真：　　　　　　　　联系人：

截至　　年　　月　　日止，本公司与贵行相关的信息列示如下。

（1）银行存款

账户名称	银行账号	币种	利率	余额	起止日期	是否被质押、用于担保或存在其他使用限制	备注

　　除上述银行存款外，本公司并无在贵行的其他存款。

　　注："起止日期"一栏仅适用于定期存款，如为活期存款或保证金存款，可只填写"活期"或"保证金"字样。

（2）委托存款

账户名称	银行账号	借款方	币种	利率	余额	存款起止日期	备注

除上述列示的委托存款外，本公司并无通过贵行办理的其他委托存款。

（3）委托贷款

账户名称	银行账号	资金使用方	币种	利率	本金	利息	贷款起止日期	备注

除上述列示的委托贷款外，本公司并无通过贵行办理的其他委托贷款。

（4）担保

① 本公司为其他单位提供的，以贵行为担保受益人的担保。

被担保人	担保方式	担保金额	担保期限	担保事由	担保合同号	被担保人与贵行就担保事项往来的内容（贷款等）	备注

除上述列示的担保外，本公司并无其他以贵行为担保受益人的担保。

② 贵行向本公司提供的担保。

被担保人	担保方式	担保金额	担保期限	担保事由	担保合同号	被担保人与贵行就担保事项往来的内容（贷款等）	备注

除上述列示的担保外，本公司并无贵行提供的其他担保。

（5）本公司为出票人且有贵行承兑而尚未支付的银行承兑汇票

银行承兑汇票号码	票面金额	出票日	到期日

除上述列示的银行承兑汇票外，本公司并无贵行承兑而未支付的其他银行承兑汇票。

（6）本公司向贵行已贴现而尚未到期的商业汇票

商业汇票号码	付款人名称	承兑人名称	票面金额	票面利率	出票日	到期日	贴现日	贴现率	贴现净额

除上述列示的商业汇票外，本公司并无向贵行已贴现而尚未到期的其他商业汇票。

（7）本公司为持票人且由贵行托收的商业汇票

商业汇票号码	承兑人名称	票面金额	出票日	到期日

（8）本公司为申请人、由贵行开具的、未履行完毕的不可撤销信用证

信用证号码	受益人	信用证金额	到期日	未使用金额

除上述列示的不可撤销信用证外，本公司并无由贵行开具的、未履行完毕的其他不可撤销信用证。

（9）本公司与贵行之间未履行完毕的外汇买卖合约

类别	合约号码	买卖币种	未履行的合约买卖金额	汇率	交收日期
贵行卖予本公司					
本公司卖予贵行					

除上述列示的外汇买卖合约外，本公司并无与贵行之间未履行完毕的其他外汇买卖合约。

（10）本公司存放在贵行的有价证券或其他产权文件

有价证券或其他产权文件名称	产权文件编号	数量	金额

除上述列示的有价证券或其他产权文件外，本公司并无存放于贵行的其他有价证券或其他产权文件。

注：此项不包括本公司存放在贵行保管箱中的有价证券或其他产权文件。

（11）其他重大事项

注：此相应填列审计人员认为重大且应予函证的其他事项，如信托存款等；如无，则应填写"不适用"。

（公司盖章）

年　月　日

以下仅供被询证银行使用

结论：1. 信息证明无误。 （银行盖章） 年　月　日 经办人：
2. 信息不符，请列明不符项目及具体内容（对于在本函前述第 1 项至第 11 项中漏列的其他重要信息，请列出详细资料）。 （银行盖章） 年　月　日 经办人：

银行存款余额函证的对象：① 向被审计单位在本年度内存过款（含外埠存款、银行汇款、银行本票存款、信用证存款）的所有银行发函。② 包括存款账户已结清的银行，即使银行存款为零，只要存在本期发生额，都应进行函证，因为有可能存款账户虽已结清，但仍有银行借款或其他负债存在。③ 虽然审计人员已直接从某一银行取得了银行对账单和所有已付支票，但仍应向该银行进行函证。

银行询证函应编制一式两份，经被审计单位盖章后，由审计人员亲自寄发询证函，并要求银行将结果直接寄给审计人员。审计人员应向被审计单位的所有开户银行发函，即使年末存款余额为零的账户也要发函确认。在收到回函后，应对表中的疑问和未被证实的内容与银行取得联系，进一步确认。

5. 对定期存款或限定用途的存款，应该查明情况并做出记录

（1）对已质押的定期存款，应检查定期存单，并与相应的质押合同核对，同时关注定期存单对应的质押借款有无入账。

（2）对未质押的定期存款，应检查开户证书原件。

（3）对审计外勤工作结束日前已提取的定期存款，应核对相应的兑付凭证，银行对账单和定期存款复印件。

6. 抽查大额银行存款的收支

7. 检查银行存款收支的正确截止

抽查资产负债表日前后若干天的银行存款收支凭证实施截止测试，关注业务内容及对应项目，如有跨期收支事项，应考虑是否应提出调整建议。

8. 检查外币银行存款的折算是否符合有关规定，是否与上年度一致

9. 对不符合现金以及现金等价物条件的银行存款在审计工作底稿中是否予以列明

10. 确定银行存款的披露是否恰当

任务三　其他货币资金审计

（一）任务基础

其他货币资金包括外埠存款、银行本票存款、信用卡存款、信用证保证金存款和存出投资款等。

（二）任务实施

1. 其他货币资金的审计目标

（1）确定被审计单位资产负债表中的其他货币资金在财务报表日是否确实存在，是否为被审计单位所拥有。

（2）确定被审计单位在特定期间内发生的其他货币资金收支业务是否均已记录完毕，有无遗漏。

（3）确定其他货币资金的余额是否正确。

（4）确定其他货币资金在财务报表上的披露是否恰当。

2. 其他货币资金的内部控制

其他货币资金的内部控制调查表，如下所示。

其他货币资金的内部控制调查表

被审计单位名称	××部门		日期		索引号	
审计项目名称	其他货币资金内部控制调查		编制人		×××	
会计期间或截止日	20××年度		复核人	×××	页次	
问题			是	否	不适用	备注
（1）其他货币资金的收支是否有相关的审批手续						
（2）其他货币资金的收支是否按照规定的程序和权限办理						
（3）其他货币资金的收支是否定期及时报账和结账						
（4）银行汇票及本票是否按照规定使用						
（5）其他货币资金是否妥善保管与传递						
（6）其他货币资金是否定期盘点、核对等，并对不符情况查明原因						
审计结论：						

3. 其他货币资金的审计

（1）外埠存款的审查

外埠存款是指企业为了到外地进行临时或零星采购，而汇往采购地银行开立的采购专户的款项。该账户的存款不计利息、只付不收、付完清户，除采购人员可从中提取少量现金外，其他一律采用转账结算的方式。

外埠存款的审查要点如下。

① 审查外埠存款余额是否真实，可通过函证加以验证。

② 审查外埠存款的使用是否符合规定，有无擅自挪用的情况。

③ 审查外埠存款的各项支出是否定期及时报账。

④ 审查外埠存款的数额是否合理、有效。

（2）银行汇票存款和银行本票存款的审查

银行汇票是指由出票银行签发的，由其在见票时按照实际结算金额无条件支付给收款人或者持票人的票据。银行汇票的出票银行为银行汇票的付款人。单位和个人各种款项的结算，均可使用银行汇票。银行汇票可以用于转账，填明"现金"字样的银行汇票也可以用于支取现金。

银行本票是指银行签发的，承诺自己在见票时无条件支付确定的金额给收款人或持票人的票据。单位和个人在同一票据交换区域需要支付的各种款项，均可使用银行本票。银行本票可以用于转账，注明"现金"字样的银行本票可以用于支取现金。

银行汇票存款及银行本票的存款的审查要点如下。

① 审查银行汇票存款及银行本票存款余额的真实性，可通过与银行对账加以验证。

② 审查银行汇票及本票的使用是否符合规定。

③ 审查银行汇票的转让是否符合规定，有无擅自挪用的情况。

④ 审查银行汇票及本票余款是否及时入账。

（3）信用卡存款的审查

信用卡存款是指企业为取得信用卡而存入银行信用卡专户的款项。信用卡是银行卡的一种。信用卡按使用对象分为单位卡和个人卡；按信用等级分为金卡和普通卡；按是否向发卡银行交存备用金分为贷记卡和准贷记卡。

信用卡结算的基本规定如下。

① 单位卡可申请若干张，持卡人不得出租或转借信用卡。

② 单位卡账户的资金一律从其基本存款账户转账存入，不得交存现金，不得将销货收入的款项存入其账户。

③ 单位卡不得支取现金，不得用于 10 万元以上的商品交易以及劳务供应款项的结算。

④ 信用卡在规定限额和期限内允许善意透支，金卡透支额最高不超过 10 000 元，普通卡最高不超过 5 000 元，透支期限最长为 60 天。目前，透支利息自签单日或银行记账日起 15 日内按日息万分之五计算，超过 15 日按日息万分之十计算，超过 30 日或透支金额超过规定限额的，按日息万分之十五计算。透支计算不分段，按最后期限或者最高透支额的最高利率档次计息。超过规定限额或规定期限，并且经发卡银行催收无效的透支行为称为恶意透支，而持卡人使用信用卡不得发生恶意透支。

信用卡存款的审查要点如下。

① 审查信用卡存款余额是否真实，可通过与银行对账加以验证。

② 审查信用卡存款的使用是否符合规定，有无擅自挪用的情况。

③ 审查信用卡存款的各项支出是否及时报账。

④ 审查信用卡存款的数额是否合理、有效。

（4）信用证保证金存款

信用证保证金存款是指采用信用证结算方式的企业为开具信用证而存入银行信用证保证金专户的款项。企业向银行申请开立信用证，应按规定向银行提交开证申请书、信用证申请人承诺书和购销合同。

信用证保证金存款的审查要点如下。

① 审查信用证保证金存款余额是否真实，可通过函证加以验证。

② 审查信用证保证金存款的使用是否符合规定，有无擅自挪用的情况。

③ 审查信用证保证金存款的各项支出是否及时报账。

④ 审查信用证保证金存款的数额是否合理、有效。

（5）存出投资款的审查

存出投资款是指企业已存入证券公司但尚未进行投资的资金。

存出投资款的审查要结合短期投资项目来进行，审查要点如下。

① 审查存出投资款余额是否真实，可通过资金对账单或函证加以验证。

② 审查存出投资款的使用是否符合规定，有无擅自挪用的情况。

③ 审查存出投资款的各项支出是否及时报账。

④ 审查存出投资款的数额是否合理、有效。

【工作实例 4-3】审计人员李运、王军审阅 ABC 制造公司外埠存款明细账发现，采购结束后，余额挂账。另有一笔收款业务，记账凭证及所附原始凭证，如下列所示。

记 账 凭 证

2019 年 08 月 16 日　　　　　　　　　　第 5 号

摘要	会计科目	明细科目	借方	贷方
销售材料A	其他货币资金	外埠存款	565 000.00	
	其他业务收入	A材料		500 000.00
	应交税费	应交增值税（销项税）		65 000.00
合　计			565 000.00	565 000.00

附单据　1 张

会计主管：李明　　　　　　　会计：张力　　　　　　　制证：何吾

中国工商银行进账单（回单或收账通知）　　　第　　号

付款人	全称	甲公司	收款人	全称	ABC制造公司									
	账号	1606020509156567536		账号	1606020509760186588									
	开户银行	工行迎春支行		开户银行	工行迎春支行									
人民币（大写）		伍拾陆万伍仟零佰零圆整			千	百	十	万	千	百	十	元	角	分
						¥	5	6	5	0	0	0	0	0
票据种类		转账支票	收款人开户行盖章											
票据张数		1 张												
备注：														
单位主管　会计　复核　记账														

（工商银行转讫）

山东增值税专用发票

370017××××　　　此联不作报销、扣税凭证使用　　开票日期：2019 年 8 月 16 日　　No 21586794

第一联：记账联　销售方记账凭证

购买方	名　　称：甲公司 纳税人识别号：9137××××××××××××× 地址、电话：×××× 开户行及账号：工行迎春支行 1606020509156567536												密码区		略						

货物或应税劳务名称	计量单位	数量	单价	金额									税率	税额							
				千	百	十	万	千	百	十	元	角	分		百	十	万	千	百	十	元	角	分
A材料	件	100	5 000.00			5	0	0	0	0	0	0	0	13%			6	5	0	0	0	0	0
合　计						5	0	0	0	0	0	0	0	13%		¥	6	5	0	0	0	0	0
价税合计（大写）			伍拾陆万伍仟零佰零拾零圆整														¥565 000							
销货单位	名称	ABC制造公司 ××××××××				纳税人登记号						1301178812568											
	地址、电话					开户银行及账号						工行迎春支行 1606020509760186588											
备注																							

（ABC制造 发票专用章）

收款人：　　　　　　　　　　　　　　开票单位（未盖章无效）

该批材料成本已结转。

【要求】

说明该公司的做法是否正确？并分析原因。

解析：

不正确。采购结束后该公司应将多余的外埠存款转回当地银行，余额挂账，应到所在银行函证是否存在采购人员挪用外埠存款情况。此外，采购专户只付不收。此笔销售材料收款业务应纳入基本账户结算，而不应使用外埠存款账户结算。审计调整分录如下。

借：银行存款　　　　　　　　　565 000
　　贷：其他货币资金——外埠存款　　565 000

其他货币资金审计工作底稿，如下表所示。

其他货币资金审计工作底稿

索引号：ZNS-001

被审计单位	某制造厂		
审计事项	其他货币资金审计		
审计期间或截止日期	2019 年 12 月 31 日		
审计人员	李运、王军	编制日期	2020 年 3 月 31 日
审计结论或基本事实	该企业其他货币资金的内部控制不严，超出使用范围，还可能存在人为挪用外埠存款的情况。		
审计依据	《企业会计准则——收入》		
复核意见	应建议该企业将多余的外埠存款转回当地银行，按规定调整有关账簿记录。调整分录如下。 借：银行存款　　　　565 000 　　贷：其他货币资金——外埠存款　565 000		
复核人员	杨洋	复核日期	2020 年 3 月 31 日

任务训练

一、简答题

1. 货币资金的内部控制包括哪些？

2. 库存现金的审计目标应包括的内容有哪些？

3. 简述库存现金监盘与存货监盘的关系？

4. 取得银行存款余额调节表后，审计人员应检查调节表中未达账项的真实性，试简述其常用程序。

5. 银行存款的实质性程序一般包括哪些？

6. 其他货币资金的审计目标主要包括的内容有哪些？

7. 在对花儿红有限公司 2019 年度财务报表进行审计时，审计人员张军负责审计货币资金项目。由于该公司在总部和营业部均设有出纳部门，为顺利监盘库存现金，审计人员张军在监盘前一天通知公司会计主管人员做好监盘准备。另外，考虑到出纳日常安排，审计人员对总部和营业部库存现金的监盘时间分别定在上午 9 点和下午 2 点。盘点时，出纳把现金放入保险柜，并将现金收付全部入账，结算出现金日记账余额；然后，审计人员张军当场盘点现金，填制"库存现金监盘表"，签字后形成审计工作底稿。

要求：指出上述现金盘点工作中存在哪些问题？

8. 其他货币资金的实质性程序包括哪几方面？

9. 如何选择银行存款函证的对象？

10. 银行存款函证与应收账款函证的区别？

二、单项选择题

1. "其他货币资金"科目审计不包括的是（　　）。

  A. 信用证保证金存款   B. 备用金

  C. 存出投资款   D. 银行本票存款

2. 下列各项职责中，不违背不相容职责分工原则的有（　　）。

  A. 由出纳人员监管会计主管

  B. 由出纳人员监管收入明细账与总账

  C. 由出纳人员监管费用明细账

  D. 由出纳人员监管折旧账簿的登记工作

3. 向开户银行函证，可以证实若干项目，其中最基本的目标是（　　）。

  A. 银行存款的真实性   B. 是否有漏记负债

  C. 有无借款   D. 有无抵押借款

4. 对库存现金进行盘点，时间最好选择在（　　）。

  A. 上午上班前   B. 上午上班后的 10 点

  C. 下午上班后的 3 点   D. 随便几点都行

5. 在盘点库存现金时，审计人员如果发现有白条抵库、现金收付未入账事项应（　　）。

  A. 通知被审计单位及时入账

  B. 在"库存现金监盘表"中注明或做出必要的调整

  C. 将其记录于"审计差异调整表"

  D. 要求在资产负债表附注中说明

6. 审计人员对被审计单位现金业务进行实质性测试的起点是（　　）。

  A. 核对库存现金日记账与总账的余额是否相符

  B. 监盘库存现金

  C. 抽查大额现金收支

  D. 检查现金收支的正确截止

7. 对库存现金进行盘点时，时间最好选择在上午上班前或下午下班前，主要是为了便于证实（　　）目标。

  A. 真实性   B. 完整性   C. 截止   D. 合法性

8. 当被审计单位银行存款日记账与银行对账单不符时，审计人员应当执行的程序是（　　）。

  A. 向银行询证   B. 核算银行存款日记账余额

  C. 审查银行存款余额调节表   D. 审查银行存款往来款项有无漏记

9. 单位应当定期核对银行账户，（　　）至少核对一次。

  A. 半个月   B. 半年   C. 一个月   D. 随意

10. 对于未达账项，审计人员不应当要求被审计单位编制的会计分录调整的有（　　）。

    A. 银行已收，企业未入账的收入　　　　B. 银行已付，企业未入账的支出

    C. 企业已付或已收，银行未付或未收事项　　D. 银行漏记事项

三、多项选择题

1. 审计人员寄发的银行询问函是（　　）。

    A. 以被审计单位的名义寄往开户银行的　　B. 属于积极式函证

    C. 要求银行直接回函至会计师事务所　　D. 包括银行存款和银行贷款

2. 企业盘点库存现金，通常包括（　　）。

    A. 已收到但未存入银行的现金　　　　B. 零用金

    C. 找换金　　　　　　　　　　　　D. 借入款项

3. 向银行函证银行存款余额，审计人员主要是为了证实（　　）。

    A. 银行存款是否存在　　　　　　　　B. 银行借款是否存在

    C. 是否存在企业未入账的负债　　　　D. 是否存在或有负债

4. 下列各项职责中，违背了不相容岗位相互分离控制原则的有（　　）。

    A. 银行出纳与编制银行存款余额调节表　　B. 接受订单与批准赊销

    C. 现金出纳与登记现金日记账　　　　D. 现金出纳与编制记账凭证

5. 根据内部牵制制度的要求，出纳人员不可以经办的业务有（　　）。

    A. 债务债权账目的登记　　　　　　　B. 稽核

    C. 会计档案的保管　　　　　　　　D. 现金业务的收支

6. 下列审计中，属于现金与银行存款账户实质性程序的有（　　）。

    A. 监盘库存现金，编制库存现金盘点表

    B. 抽查大额现金和银行存款收支并检查是否及时入账

    C. 抽查每月是否编制银行存款余额调节表

    D. 向开户银行询证银行存款余额

四、判断题（正确的打"√"，错误的打"×"）

1. 如果银行存款余额为零，则还是有必要向银行函证。　　　　　　　　（　　）

2. 审计人员编制的银行存款余额调节表，调整后的余额相符，就说明企业银行存款收付不存在问题。　　　　　　　　　　　　　　　　　　　　　　　　（　　）

3. 审计人员向银行函询企业银行存款余额，一般采用积极式函询方式，也可以采用消极式函询。　　　　　　　　　　　　　　　　　　　　　　　　　　（　　）

4. 其他货币资金只包括企业到外地进行临时或零星采购而汇往采购地银行开立采购专户的款项所形成的外埠存款。　　　　　　　　　　　　　　　　　　（　　）

5. 审计人员突击审查库存现金，最好的时间安排是上午下班后进行。　　（　　）

6. 审计人员盘点和监盘库存现金的步骤和方法一般实施突击性的检查。　（　　）

7. 其他货币资金的实质性程序不包括函证其他货币资金的期末余额，并记录函证过程。

                                                 （　　）

8. 审计人员编制银行存款余额调节表的原因是银行存款总账余额与银行对账金额不符。

（　　）

9. 通常，审计人员可考虑对结账日前后一段时期内现金收支凭证进行审计，以确定是否存在跨期事项，是否应考虑提出调整建议。

（　　）

10. 若有冲抵库存现金的借条、未提现支票，未做报销的原始凭证，应在"库存现金盘点表"中注明或做出必要的调整。

（　　）

技能训练

训练一：**库存现金审计**

资料：审计人员王刚、张力于 2020 年 3 月 13 日对甲股份有限公司 2019 年财务报表审计时，发现该公司 2019 年 12 月 1 日的现金日记账余额为 4 000 元，银行对其核定的库存现金限额是 6 000 元。下表为该公司 2019 年 12 月库存现金日记账的一部分。

现 金 日 记 账

2019 年		凭证字号	摘　　要	对方科目	借　方	贷　方	余　额
月	日						
12	1		上年结转				4 000.00
	1	1	提取现金		2 000.00		6 000.00
	1	2	出差借款			2 000.00	4 000.00
	2	11	支付运费			50.00	3 950.00
	3	12	付邮费			21.50	3 928.50
	6	20	购材料			924.30	3 004.20
	16	43	销售产品		720.00		3 724.20
	17	45	支付材料运费			479.00	3 245.20
	18	47	修理费			20.00	3 225.20
	21	55	报销差旅费			464.00	2 761.20
	21	58	提取现金		2 135.00		4 896.20
	21	60	报刊费			800.00	4 096.20
	22	64	印花税			580.00	3 516.20
	22	65	王力借款			1 000.00	2 516.20
	23	68	出售产品		746.00		3 262.20
	23	69	王力还款		2 000.00		5 262.20
	23	71	提现			366.00	4 896.20

【要求】请指出该公司现金收付业务中存在的问题。

训练二：**库存现金审计**

资料：审计人员李丽、杨扬审查甲股份有限公司 2019 年 12 月 31 日的资产负债表发现，

"货币资金"项目中的库存现金数额为 3 526.90 元。为确定资产负债表中货币资金的正确性，审计人员于 2020 年 1 月 9 日上午 8 时对该公司库存现金进行突击盘点，盘点结果表明库存现金实有数为 3 497.60 元。银行核定该公司库存现金限额为 3 500 元。进一步审计发现以下情况。

（1）尚未入账的收款收据 1 张，是出售产品所得的 1 500.80 元。

（2）尚未入账的出差借款单 1 张，金额为 1 200 元，已批准。

（3）职工张东借款 400 元，白条抵库。

（4）本月 1 日至 8 日收入现金 3 786.52 元，支付现金 3 543.20 元。

（5）2020 年 1 月 8 日现金账面余额为 3 596.80 元。

【要求】根据盘点结果编制库存现金监盘表，指出该公司现金管理中存在的问题，并提出处理意见。

训练三：银行存款审计

甲企业 2019 年 12 月 31 日银行存款账面余额为 130 000 元，银行对账单余额为 140 000 元，审查时发现下列情况。

（1）银行对账单上已存入：

① 12 月 5 日收存外地汇款 25 000 元；② 12 月 10 日存入现金 60 000 元。以上企业银行存款日记账中均无记录。

（2）银行对账单上已支出：

① 12 月 18 日开出转账支票 25 000 元；② 12 月 27 日开出转账支票 40 000 元。以上企业银行存款账面均无记录。

（3）企业银行存款日记账账面 12 月 31 日收到转账支票 10 000 元，而银行对账单上无记录。

【要求】编制银行存款余额调节表，并提出审计意见。

训练四：银行存款审计

审计人员对丙企业银行存款进行审计时得到下列数据。

（1）2019 年 12 月 31 日银行存款日记账余额为 290 000 元，银行存款对账单余额为 280 000 元。

（2）经核对，还发现多笔未达账项，经审查，未达账项及金额均准确无误。

① 12 月 29 日委托银行收款的 40 000 元，银行存款已入账，企业未收到收款通知而入账。

② 12 月 30 日企业未曾开出一张现金支票 10 000 元，企业已做减少，银行未入账。

③ 12 月 31 日银行记录已付公用事业费用共计 7 800 元，银行已入账，企业未收到付款通知而未入账。

④ 12 月 31 日企业收到转账支票一张 46 000 元，企业已入账而银行未入账。

（3）另查明银行存款日记账将 12 月 18 日收到的银行存款通知单 5 000 元错记为 4 900 元。

【要求】

（1）根据情况，编制银行存款余额调节表。

（2）如果银行存款对账单的余额准确无误，请问编制的银行存款余额调节表中发现的错误金额是多少？

（3）请问 2019 年 12 月 31 日银行存款日记账余额是否准确？如果不准确，正确余额是多少？

（4）调节后银行存款真实的余额是多少？

训练五：其他货币资金审计

审计人员审查应付账款明细账时发现有一笔采购材料的业务，记账凭证见下表（所附原始凭证略）。

记　账　凭　证

2019 年 12 月 18 日　　　　　　　　　　　　　　第 25 号

摘要	会计科目	明细科目	借方	贷方
采购原材料	材料采购	A 材料	70 000.00	
	应交税费	应交增值税（进项税）	9 100.00	
	应付账款	ABC 股份有限公司		79 100.00
合　计			79 100.00	79 100.00
附单据　1 张				

会计主管：李明　　　　　　　会计：张力　　　　　　　制证：何吾

申请中国工商银行本票所做账如下所示。

记　账　凭　证

2019 年 12 月 20 日　　　　　　　　　　　　　　第 25 号

摘要	会计科目	明细科目	借方	贷方
申请银行汇款采购	其他货币资金	银行本票	79 100.00	
	银行存款			79 100.00
合　计			79 100.00	79 100.00
附单据　1 张				

会计主管：李明　　　　　　　会计：张力　　　　　　　制证：何吾

【要求】分析上述情况，指出该公司的做法是否正确？

项目五　存货核算岗位审计

 **任务目标**

了解存货核算岗位的工作任务；了解内部控制及审查；掌握存货核算岗位主要账户的审计；掌握存货核算岗位其他账户的审计。

能力目标

能够掌握并运用核对、分析性复核、函证、监盘等审计方法判断存货核算岗位的管理漏洞。发现并纠正会计处理错弊，熟练编写审计工作底稿，具有一定的案例分析能力。

任务内容

存货岗位核算基本知识；相关内部控制管理制度；存货、应付账款、预付账款和应付票据审计的主要程序和方法。

岗位任务

存货核算岗位的主要工作任务有以下几项。

（1）会同有关部门制订企业材料价值管理与核算的实施办法。

（2）负责材料采购、原材料和材料成本差异的明细核算和有关应付购货款的结算业务。

（3）会同有关部门编制材料成本目录。

（4）参与库存材料的清查盘点工作。

（5）分析材料库存的储备情况。

（6）编制发出材料费用分配表。

（7）配合有关部门制定材料消耗定额或标准。

（8）参与其他存货的清查盘点工作，分析其他存货的储备情况。

任务一　存货审计

（一）任务基础

存货是指企业在日常活动中持有的以备出售的产成品或商品、处在生产过程中的在产品、在生产过程或提供劳务过程中耗用的材料和物料等。存货审计涉及的会计科目包括：材料采购或在途物资、原材料、材料成本差异、库存商品、发出商品、商品进销差价、委托加工物资、委托代销商品、受托代销商品、周转材料、生产成本、制造费用、劳务成本、存货跌价准备等。与其他类型资产相比，存货具有三个方面的特点：① 流动性强，周转快；② 存货存在于企业周转经营全的过程，形式经常发生变化，但可以通过实地盘点和计算的方式来确认其数量；③ 存货可采用多种计价方法，进而将直接影响销售成本，与当期损益的计算有重大关系。

存货是企业的一项重要的流动资产，其价值在企业流动资产中占有很大的比重。由于存货对于一般企业来说是很重要的项目，存货问题又比较复杂，存货的重大错报对于流动资产、营运资本、总资产、销售成本、毛利润以及净利润都会产生直接影响。因此，审计人员应当特别关注存货核算岗位的审计，将存货的盘点和计价作为审查的重点。

（二）任务实施

1. 存货的审计目标

（1）确定存货的记录是否真实存在。

（2）确定存货是否被审计单位所拥有或控制。

（3）确定存货的增减变动记录是否完整。

（4）确定存货的品质状况，存货跌价准备的计提是否合理。

（5）确定与存货相关的计价方法是否恰当。

（6）确定存货的期末余额是否正确。

（7）确定存货是否已在财务报表中做出恰当列报。

2. 存货的内部控制

存货的内部控制主要包括购货、验收、仓储、生产、销售等职能，部分内容参见存货内部控制调查表，如下表所示。

存货内部控制调查表

被审计单位名称	××部门		日期		索引号	
审计项目名称	存货内部控制调查		编制人	×××		
会计期间或截止日	20××年度		复核人	×××	页次	
问题			是	否	不适用	备注
（1）每次采购是否有请购单、订购单						
（2）是否对到货物资由独立部门组织认真验收						
（3）对验收不合格的采购物资是否及时查明原因并落实责任						
（4）生产通知单是否经过计划和控制部门批准						
（5）是否使用和控制预先编号的生产通知单						
（6）仓库发出材料是否要求有已签字的领料单						
（7）剩余材料是否办理月末退料手续						
（8）是否使用记工单来记录生产产品所耗用的人工小时						
（9）最后的转移单是否由产成品仓库人员在收到已完工产品时签字						
（10）是否只有经过授权的人员才能接触和处置存货						
（11）是否定期独立盘点存货，并将实际盘点数量与账面数量相比较						
（12）产品发货前是否核对发票的装箱单						
（13）提货单是否经顾客签字确认						
审计结论：						

审计人员应了解被审计单位管理层存货交易的关键因素和关键业绩指标，因为这些将为识别潜在的重大错报风险提供线索，以及是否有证据表明所选取的控制的设计和运行是适当的，是否能够保证管理层采取及时有效的措施来识别错误并处理舞弊行为。

3. 存货审计

存货审计通常结合有关项目的审计，进行必要的分析性复核，其目的是审查存货的总体合理性，以发现年度内存货项目的重大波动与异常现象，来判断存货审计的重点。存货分析程序方法主要有简单比较法和比率分析法。

简单比较法：比较前后各期及本年度各个月份存货余额及其构成，以评价期末存货余额及其构成的总体；对每月存货成本差异率进行比较，以确定是否存在调节成本的现象；将存货余额和现有的订单、资产负债表日后各期的销售额和下一年度的预测销售额进行比较，以评价存货滞销和跌价的可能性；将存货跌价准备与本年度存货处理损失的金额相比较，判断被审计单位是否计提足额的跌价准备。

比率分析法：审计人员通常运用的比率，如下表所示。

常用的财务比率

财 务 比 率	计 算 公 式	审计中的意义
毛利率	毛利/主营业务收入（各种、各类产品分别计算）	判断企业账面盈利水平及存货的合理性
存货周转率	主营业务成本/存货平均余额	判断是否存在大量的呆滞、积压、毁损的存货
存货周转天数	365/存货周转率	判断是否存在大量的呆滞、积压、毁损的存货
存货流动资产率	存货/流动资产	判断是否存在大量的呆滞、积压、毁损的存货

【**工作实例 5-1**】ABC 家具公司审计人员在审查其 2019 年度存货项目时，采用了毛利率法分析其存货，具体程序如下。

第一步：审计人员首先取得相关资料并计算了该公司 3 种产品在近几年的毛利率，如下表所示。

ABC 家具公司相关家具的毛利率

产　品	2017 年的毛利率（%）		2018 年的毛利率（%）		2019 年的毛利率（%）	
	家具公司	同行业	家具公司	同行业	家具公司	同行业
欧式家具	38.00	34.00	38.00	34.00	38.00	35.00
普通家具	21.00	22.00	20.00	22.00	24.00	22.00
学生公寓家具	46.00	56.00	44.00	54.00	41.00	50.00

第二步：向会计主管等有关人员询问有关事宜，审计人员得到的解释如下。

（1）本公司欧式家具的毛利率一直高于同行业水平，因为在欧式家具的销售方面，公司重视可以制定较高售价而不强调销售量的市场。

（2）在学生公寓家具市场上，公司拥有的顾客数量较少，单个顾客的销售量很大，因而给予顾客的价格较低，并且竞争压力导致同行业和公司的毛利率都有所下降。

（3）普通家具市场上，2019 年以前，公司的毛利率一直略低于同行业水平，而在2019 年由于积极扩大销售渠道，毛利率有了大幅度的增长。

第三步：根据已知的事实，审计人员确定被审计单位对欧式家具和学生公寓家具市场的解释与实际所获得的资料一致。

对于普通家具，审计人员认为 3 年来行业水平一直比较稳定，但该公司的毛利率却增加了较多的数额，因而决定将普通家具的毛利率作为一个关注点，采取进一步的审计措施，以确定企业存货的合理性。

（1）存货实有数的审查

审计人员对存货的实际存在和实际结存数量的正确性负有验证的责任，但是责任不是直接盘点，而是监督盘点的过程，以确定存货是否全部进行了盘点。如果审计人员无法做到，则应采用替代程序。

① 存货监盘计划。

审计人员应当根据被审计单位存货的特点、盘存制度和存货内部控制的有效性等情况，在评价被审计单位存货盘点计划的基础上，编制存货监盘计划，对存货监盘做出合理安排。存货监盘计划主要应包括以下内容：存货监盘的目标、范围及时间安排；存货监盘的要点及关注的事项；参加存货监盘人员的分工及抽查的范围。

② 存货监盘范围。

具体监盘范围的选取十分重要。对重要项目和典型存货项目的有代表性样本应仔细监盘，对可能过时或损坏的项目要仔细查询，并与管理人员分析有些重要项目不在盘点之列的原因。

③ 存货监盘时间。

监盘时间以会计期末以前为适当时间，尽量使盘点时间靠近会计期末。如果企业的盘点在会计期末以后进行，那么必须编制从盘点日到期末的存货调节表，但尽量使盘点时间靠近会计期间。

④ 存货盘点人员。

盘点是整个企业的一件大事，企业各级领导以及包括供应、生产、储存、财务部门的有关人员都应参与。

⑤ 存货监盘程序。

a. 观察程序。在被审计单位盘点存货前，审计人员应当观察盘点现场，确定应纳入盘点范围的存货是否已经适当整理和排列，并附有盘点标识，防止遗漏或重复盘点。

b. 检查程序。审计人员应当对已盘点的存货进行适当检查，将检查结果与被审计单位盘点记录相核对，形成相应记录。检查的范围通常包括每个盘点小组盘点的存货以及难以盘点或隐蔽性较强的存货，并尽可能避免让被审计单位事先知道将抽取检查哪些存货项目。

在检查已盘点的存货时，审计人员应当从存货盘点记录中选取项目追查至存货实物，以检查盘点记录的准确性；还应当从存货实物中选取项目追查至存货盘点记录，以检验存货盘点记录的完整性。在实施检查程序时如果发现差异，一方面应当查明原因，并及时提请被审计单位更正；另一方面应当考虑错误的潜在范围和重大程度，必要时应扩大检查范围以减少错误的发生。审计人员还可要求被审计单位就某一特殊领域的存货或特定盘点小组重新进行盘点。某公司存货抽查的审计工作底稿如下表所示。

存货 审计工作底稿

被审计单位	ABC制造厂		
审计事项	存货监盘		
审计期间或截止日期	2019.1.1—2019.12.31		
审计人员		编制日期	

审计结论或基本事实

存货名称和规格	单位	单价	盘点日库存数	调节数		结账日应结存数量	结账日账面数	差异	品质状况
				入库	出库				
1	2	3	4	5	6	7=4+6−5	8	9=8−7	10
A材料	件	50.00	2 000	600	100	1 500	1 500	0	正常
B材料	件	80.00	1 000	200	100	900	900	0	正常
C材料	件	150.00	800	100	50	750	750	0	残次
甲产品	件	100.00	1 000	500	300	800	1 000	−200	正常
乙产品	件	200.00	2 250			2 250	2 250	0	陈旧
…	…	…	…	…	…	…	…	…	…
合计			2 182 350	4 200	2 000	2 180 150	2180 350	−200	

审计说明：2020年1月15日进行存货抽查并追溯至2019年12月31日账面记录，应存账面金额合计4 192 550.00元，抽查金额2 180 150.00元，抽查比率为52%，抽查正确率为98%，甲产品盘亏200件。产成品保管状况基本良好，有部分陈旧和残次品，建议及时处理。

调整盘亏材料。

借：待处理财产损溢——待处理流动资产损益　20 000.00

　　贷：库存商品——甲产品　　　　　　　　　　　　20 000.00

审计依据	《企业会计准则——存货》		
复核意见			
复核人员		复核日期	

⑥ 特殊情况的处理。

a. 对未纳入盘点范围的存货，审计人员应当查明原因。

b. 特别关注存货的移动情况，实施必要的检查程序，确定被审计单位是否已经对此设置了相应的控制程序，确定没有遗漏或重复盘点。

c. 观察被审计单位在盘点中是否已经恰当区分所有毁损、陈旧、过时及残次的存货，并亲自记录这些存货的详细情况，以便进一步追查这些存货的处置情况，也为测试被审计单位存货跌价准备计提的准确性提供证据。

d. 进行存货的截止测试，主要是获取盘点日前后存货收发及移动的凭证，检查存货入库、出库的库存记录与会计记录期末截止时间是否正确，即确定存货实物纳入盘点范围的时间与引起借贷双方会计科目变动的时间是否处于同一会计期间。

e. 某些特殊类型的存货通常没有标签、或其数量难以估计、或其质量难以确定、或盘点人员无法对其移动实施控制，被审计单位通常使用的盘点方法和控制程序并不完全适用。还有一些存货形态异常，例如，河流中的圆木存货，成堆的煤、焦炭、矿石或水泥，大桶中的化学物品，大宗的异性钢材（废钢），建设过程中的建筑物等。这种情况采用正常的手段进行盘点比较困难，审计人员需要运用职业判断，根据存货的实际情况，设计恰当的审计程序，必要时应该采取特殊的方法进行盘点，如请工程师运用专门的测量方法，采用一些专门的测量工具进行测量等。

⑦ 存货监盘结束时的工作。

在被审计单位存货盘点结束前，审计人员应当做到以下几点：再次观察盘点现场，以确定所有应纳入盘点范围的存货是否均已盘点。取得并检查已填用、作废及未使用盘点表单的号码记录，确定其是否连续编号，查明已发放的表单是否均已收回，并与存货盘点的汇总记录进行核对，根据自己在存货监盘过程中获取的信息，对被审计单位最终的存货盘点结果汇总记录进行复核，并评估其是否正确反映了实际盘点结果。

⑧ 盘点汇总阶段要做的工作主要有以下几项。

a. 调整盘点日库存与报表基准日库存的差异，即将盘点日的库存数倒推至报表基准日的库存数：根据盘点结果，确定基准日至盘点日的实际入库量和实际出库量，按以下公式调整为基准日库存数：基准日库存数=盘点日库存数+实际出库量−实际入库量，这些数字应由供应、会计、保管部门的相关人员核对清楚。

b. 将调整后的库存数与基准日会计账面数进行核对，据此确定盘盈盘亏数。

c. 对于残次、呆滞物品应将其价格与可变现净值相比，据此确定可能造成的损失。

d. 对于由于存货结转及计价造成的库存存货价格的背离，应将其价格调整至可变现净值或重置成本，据此确定可能造成的损失。

【工作实例5-2】审计人员在观察存货实地盘点时，发现下列特殊项目。

① 代客户寄存的甲材料与自有的甲材料并无区别，故未单独摆放。② 运输部门有一批乙产品，没有悬挂盘点单，据称该批产品已出售给客户。③ 一间小仓库里有3种布满灰尘的原材料，每种材料都挂有盘点标签，并且数额与实物相符。

【要求】

请问审计人员对这些项目应当进一步采取何种审计程序。

解析：

对第一个特殊项目，审计人员对所有权不属于被审计单位的存货，应当取得其规格、数量等有关资料，确定是否已分别存放、标明，应当建议该公司把代管和自身的存货单独摆放，并关注该公司是否把代管存货纳入存货盘点表中。

对第二个特殊项目，审计人员应查阅有关购销协议、结算凭证，以证实运输部门乙产品的所有权。同时结合截止测试以证实销售是否实现，如果销售尚未实现，则乙产品应列入该公司存货中。

对第三个特殊项目，审计人员应向有关生产主管查询该批材料是否还能用于生产，如果不能用于生产，属于报废或毁损材料，则不应列入该公司的存货中。

（2）存货采购的审查

存货采购业务是存货的起点，其相关记录是判断整个存货记录是否恰当的基础，其采购成本及账务处理是否真实正确，将直接影响存货业务处理的正确些、合法性。对大额材料采购或在途物资，需要追查至相关的购货合同及购货发票，复核采购成本的正确性，并抽查期后入库情况，必要时发函询证，以确定在途材料的实际成本。如果仅有入库单而无购货发票，应注意审核入库单上是否加盖暂估入库的印章，并以暂估价记入本年存货账内，待次年以红字冲销。

【**工作实例5-3**】ABC制造厂审计人员王建在审阅2019年12月份原材料明细账时，查阅了当月几笔采购业务的记账凭证和所附的原始凭证，其中明细账记录的12月6日采购10吨甲材料的记账凭证及所附的原始凭证，如下列所示。

记 账 凭 证

2019 年 12 月 6 日   第 10 号

摘要	会计科目	明细科目	借方	贷方
采购甲材料	原材料	甲材料	56 500.00	
	银行存款			56 500.00
合　计			56 500.00	56 500.00

附单据　2张

会计主管：李明　　　　　　　会计：张力　　　　　　　制证：何吾

中国工商银行转账支票存根

VI1102245689

附加信息＿＿＿＿＿＿＿＿＿

出票日期 2019 年 12 月 6 日

收款人：济南甲厂
金　额：¥56 500.00
用　途：购料款
备　注：

单位主管　　李明　　会计

370017××××

山东增值税专用发票

发票联

No 06543217

开票日期：2019 年 12 月 6 日

购买方	名　　称：ABC制造厂 纳税人识别号：13011788125681×××× 地址、电话： 开户行及账号：工行烟台分行760186588××××	密码区	6+—〈2〉6〉927+296+/ *　01446〈600375〈35〉 〈4/ *　37009931410 2-2〈2051+24+2618〈7　07050445 /3-15〉〉09/5/-1〉〉〉*24537296811

货物或应税劳务名称	规格型号	单位	数量	单价	金　额	税率	税　额
甲材料		吨	10	5 000	50 000.00	17%	8 500.00
合　计					¥50 000.00		¥8 500.00
价税合计（大写）		⊗伍万陆仟伍佰圆整			（小写）¥56 500.00		

销售方	名　　称：济南甲厂 纳税人识别号：15033786541231×××× 地址、电话： 开户行及账号：工行济南历下支行19970865××××	备注	15033786541231×××× 发票专用章

第三联：发票联　购买方记账凭证

收款人：　　　复核：　　　　　开票人：林强　　　　销售方：（章）

审计人员调阅该笔业务的收料单，如下表所示。

发票编号：No000008801

收　料　单

供货单位：济南甲厂　　　　　　　　　　　　　　　　　　　　收料单编号：088

材料类别：原料及主要材料　　　　　　　2019 年 12 月 8 日　　　　　　收料仓库：材料库

材料名称	规格	计量单位	数　量		实际成本			
			应收	实收	单价	金额	运费	合计
甲材料	K150	吨	10	9.8	5 000.00	50 000.00	0	50 000.00
合计					50 000.00		0	50 000.00

仓库负责人：李明　　　　　　质量检验员：蒋亮　　　　　　仓库验收：王红

审计人员询问相关人员后得知，收料单中数量短缺的 0.2 吨，是运输途中的合理损耗。

【要求】根据上述资料，指出企业在采购管理中存在的问题，以及如何编写内部审计工作底稿？

解析：

上述采购业务，财会部门记账在先，仓库验收在后，财会部门不以验收单作为记账依据的做法说明该企业未能很好执行材料记账、验收相互牵制的内部控制，导致采购业务容易出错，账簿记录混乱或造成账实不符的现象。同时该批材料的进项税额 6 500 元，也未进行正确处理，同样影响材料采购成本的正确性。建议企业做如下调整分录。

借：应交税费——应交增值税（进项税额）　　　6 500

　　贷：原材料——甲材料　　　　　　　　　　　　　6 500

至于运输途中合理损耗的短缺，可不调整入库材料总金额（按规定材料合理损耗应计入材料采购成本），但应调整材料明细账入库的数量和单价。

【学中做】

请编写 ABC 制造厂内部审计机构编制的审计工作底稿，并说明需要附带的资料。

（3）存货计价的审查

① 审查存货计价基础及方法的合理性。

a. 被审计单位采用何种计价基础。

b. 被审计单位运用何种计价方法，是否符合公认会计准则。

c. 存货计价方法是否前后期一致。

d. 存货计价方法若有变动，是否充分说明对当期和以后各期的影响。

② 抽查存货项目计价的正确性。

首先选取抽查样本，一般应从已经验证过的存货盘点汇总表或明细账中，抽取部分存货会计凭证及相关业务资料作为样本。其次进行计价测试，即对抽取的明细账及会计凭证样本进行测试，并记录结果。最后将测试结果与账面记录进行比较，找出存在的差异，并分析其形成的原因。

a. 原材料的计价检验。

● 检查原材料的计价方法前后期是否一致。

● 自原材料明细表中选取适量品种，检查原材料的入账基础和计价方法是否正确。以实际成本计价时，将其单位成本与购货发票核对，并确认原材料成本中不包含增值税；以计划成本计价时，将其单位成本与材料成本差异明细账及购货发票核对，同时关注被审计单位计划成本制定的合理性；检查进口原材料的外币折算是否正确，检查相关的关税、增值税及消费税的会计处理是否正确。

● 检查原材料发出计价的方法是否正确。了解被审计单位原材料发出的计价方法，前后期是否一致，并抽取主要材料复核其计算是否正确；若原材料以计划成本计价，还应检查材料成本差异的发生和结转的金额是否正确。编制本期发出材料汇总表，与相关科目核对，并复核若干月份发出材料汇总表的正确性。

● 结合期末市场采购价，分析主要原材料期末结存单价是否合理。

● 结合原材料的盘点，检查期末有无料到单未到的情况。如有料到单未到的情况，应查明是否已暂估入账，其暂估价是否合理。

b. 周转材料（低值易耗品、包装物）的计价测试。

● 检查周转材料的计价方法是否正确，前后期是否一致。

● 自周转材料明细表中选取适量品种，检查周转材料的入账基础和计价方法是否正确。

● 检查进口周转材料的外币折算是否正确，检查相关的关税、增值税及消费税的会计处理是否正确。

● 检查周转材料摊销方法（一次摊销法或者五五摊销法）是否正确，前后期是否一致。抽查验证月度发出周转材料汇总表的正确性。

● 结合周转材料的盘点，检查期末有无料到单未到的情况。如有料到单未到的情况，应查明是否已暂估入账，其暂估价是否合理。

c. 库存商品的计价检查。

● 检查库存商品的计价方法是否前后期一致。

● 自库存商品明细表中选取适量品种，检查库存商品的入账基础和计价方法是否正确。抽查库存商品入库单，核对库存商品的品种、数量与入账记录是否一致，并将入库库存商品的实际成本与相关科目（如生产成本）的结转额核对。

● 检查外购库存商品的发出计价是否正确。了解被审计单位对库存商品发出的计价方法，并抽取主要库存商品，检查其计算是否正确；若库存商品以计划成本计价，还应检查产品成本差异的发生和结转金额是否正确。编制本期库存商品发出汇总表，与相关科目核对，并抽查几个月份库存商品发出汇总表的正确性。

● 结合库存商品的盘点，检查期末有无料到单未到的情况。如有料到单未到的情况，应查明是否暂估入账，其暂估价是否合理。

d. 材料成本差异的审计。

● 对本期内各月的材料成本差异率进行分析，并与上期进行比较，检查是否有异常波动，计算方法是否前后期一致，并注意是否存在调节成本的现象。

● 结合以计划成本计价的原材料、周转材料等的入账基础测试，比较计划成本与供货商发票或其他实际成本资料，检查材料成本差异的发生额是否正确。

● 抽查若干月发出的材料汇总表，检查材料成本差异是否按月分摊，使用的差异率是否为当月实际差异率，差异的分配是否正确，分配方法前后期是否一致。

【工作实例5-4】甲制造厂审计人员王建对其2019年度存货进行审计，发现A产品计价异常，有关资料如下表所示。

库存商品明细账

品名：A产品

2019年		摘要	凭证号	收　入			发　出			结　存		
月	日			数量	单价	金额	数量	单价	金额	数量	单价	金额
11	1	期初结存								100	50.00	5 000.00
11	8	入库		2 000	51.00	102 000.00				2 100		107 000.00
11	15	入库		4 000	55.00	220 000.00				6 100		327 000.00
11	18	出库					3 000	55.00	165 000.00	3 100		162 000.00
11	20	出库					1 000	55.00	55 000.00	1 100		56 000.00
							1 000	51.00	51 000.00			
11	30	本月合计		6 000		322 000.00	5 000		271 000.00	1 100	51.00	56 000.00

【要求】

指出存货业务中存在的问题，并编写内部审计工作底稿。

解析：

首先审阅A产品明细账，抽查有关会计凭证，重新按全月一次加权平均法计算结转发出产品实际成本。

加权平均单价=(5 000+322 000)÷(100+6 000)=53.61（元）

发出产品实际成本=5 000×53.61=268 050.00（元）

多转产品实际成本=271 000-268 050=2 950.00（元）

存在的问题：该企业变更存货计价方法，按后进先出法多转已销产品成本2 950.00元，最终影响当期利润和所得税费用。

处理意见：该企业随意变更存货发出的计价方法，影响当期利润和所得税费用，提请被审计单位进行调整。调整分录如下。

借：库存商品——A产品　　　2 950.00

　　贷：主营业务成本　　　　　　2 950.00

甲制造厂内部审计机构编制的审计工作底稿，如下表所示。

存货　审计工作底稿

索引号：××××××

被审计单位	甲制造厂		
审计事项	存货计价		
审计期间或截止日期	2019.1.1—2019.12.31		
审计人员	王建	编制日期	
审计结论或基本事实	该厂在未经批准的情况下随意将存货发出计价方法由全月一次加权平均变更为后进先出法。该处理违反会计制度的规定，导致当期已销产品的成本多计2 950.00元，虚减利润2 950.00元，影响当期所得税费用。应予调整，调整分录如下。 借：库存商品——A产品　　2 950.00 　　贷：主营业务成本　　　　　2 950.00		
审计依据	《企业会计准则——存货》		
复核意见			
复核人员		复核日期	

【想一想】以该案例为主，同学们认为还有哪些相关分录需要进行调整？

（4）存货跌价准备的审查

存货跌价准备是指在年度末对存货进行全面清查，如由于存货遭受毁损、全部或部分陈旧过时或销售价格低于成本等原因，使存货成本不可以收回的部分，应按可变现净值低于存货成本的差额提取的跌价准备。审查时主要关注以下几个方面。

① 存货跌价准备的计提依据是否合理。

② 存货跌价准备的结转是否经授权批准。

③ 存货跌价准备的会计处理是否正确，前后期是否一致。

④ 抽查计提存货跌价准备的项目，其期后售价是否低于原始成本。

【工作实例5-5】甲制造厂审计人员王建审查其存货项目，得知该厂对存货的期末计价采用成本与可变现净值孰低法，2019年年末编制的存货跌价准备明细表部分资料，如下表所示。

存货跌价准备明细表

单位名称：甲制造厂　　　　　　　　2019年12月31日　　　　　　　　单位：元

存货名称	账面价值	可变现净值	计提存货跌价准备
库存商品A	100 000.00	0	100 000.00
库存商品B	500 000.00	450 000.00	50 000.00
库存材料C	200 000.00	200 000.00	0

经询问相关人员和审查相关信息资料后得知。

（1）库存商品A市价持续下跌，并且在可预见的未来无回升的希望。

（2）库存商品B目前供销两旺，未发现减值情况。

（3）库存材料C在现有条件下使用其生产的产品成本大于产品的销售价格。

【要求】

分析该公司的处理是否正确，如何编写内部审计工作底稿？

解析：

不正确。对于库存商品A只是市价下跌、价值减少，但仍有一定的使用价值和转让价值，不应全额计提减值准备。应建议该公司根据A商品的物理状况和减值情况，推断出期末应提取的跌价准备数额，然后与计提的跌价准备数额进行比较，按其差额冲销多提的存货跌价准备。对于库存商品B，由于没有减值的迹象，该公司按10%计提的减值准备没有根据，应建议公司调账，冲回所提取的50 000.00元跌价准备。对于库存材料C实际上已经发生了减值，而该公司却未计提相应的跌价准备，应建议该公司根据具体情况确定计提减值准备的数量，并做相应的调账处理。调整分录如下。

借：存货跌价准备　　　　　　　　　　　　　　80 000.00

　　贷：资产减值损失——计提的存货减值准备　　　　80 000.00

（假设A商品应冲销多提减值准备70 000.00元，C材料应计提减值准备40 000.00元）

甲制造厂内部审计机构编制的审计工作底稿（略）。

任务二　应付账款审计

（一）任务基础

应付账款是企业因购买商品、接受劳务而形成的债务，它一般是资产负债表上最大的一项流动负债，是评价企业短期偿债能力时必须考虑的一个重要因素，与应付票据共同构成了企业主要商业信用形式。应付账款是容易发生错报的一个项目，通常表现为应付账款的低估，少计应付账款，其目的是表现出较好的财务状况和经营成果。因此，应付账款审计的主要目标是确定应付账款有无低估的情况。另一方面，企业也可能虚构购货业务，或者将当期的部分销售收入记入应付账款，从而虚增应付账款，造成营业成本高估（或营业收入低估）和当期利润的低估，然后在以后的会计期间再虚构销售业务，虚增以后的利润，如果企业可能存在这种错报，审计人员应适当关注账龄较长的应付账款明细项目。

（二）任务实施

1. 应付账款审计目标

（1）确定应付账款的记录是否存在。
（2）确定应付账款的记录是否完整。
（3）确定记录的应付账款是否为被审计单位应履行的现时义务。
（4）确定应付账款的期末余额是否正确。
（5）确定应付账款在报表上的列报是否恰当。

2. 应付账款的内部控制

审查应付账款时必须结合购货业务来进行，因此应付账款内部控制包括购货业务中经过的请购、订货、验收、付款等一系列程序，应付账款内部控制调查情况，如下表所示。

应付账款内部控制调查表

被审计单位名称	××部门		日期		索引号	
审计项目名称	应付账款内部控制调查		编制人		×××	
会计期间或截止日	20××年度		复核人	×××	页次	
问题			是	否	不适用	备注
（1）验收报告是否传递给请购部门、仓储部门、付款部门						
（2）发票的审批职责和付款职责是否分离						
（3）每日生产活动报告和已完成生产报告是否经过生产和计划部门复核						
（4）购货业务是否及时入账						
（5）付款是否经过批准						
（6）是否定期与客户对账						
审计结论：						

审计人员在了解内部控制的情况时，需要观察和询问有关采购和货币支付职责划分，也要检查各种凭证和调节表，这些凭证和调节表对应付账款内部控制而言是非常重要的。审计人员在对内部控制了解的基础上，通过评估各关键控制和薄弱环节，来估计应付账款的控制风险水平，明确进一步审计程序的性质、时间和范围。

3. 应付账款审计

（1）分析性复核

① 对期末应付账款余额与期初余额进行比较，分析其波动原因。

② 计算应付账款对存货的比率、应付账款对流动负债的比率，并与以前期间对比分析，评价应付账款整体的合理性。

③ 分析长期挂账的应付账款，要求被审计单位做出解释，判断被审计单位是否缺乏偿债能力或利用应付账款隐瞒利润。

【工作实例 5-6】丙制造厂审计人员王建 2020 年年初在审阅其 2019 年 12 月"应付账款"明细账时发现一张记账凭证及所附原始凭证，如下列所示。

记 账 凭 证

2019 年 12 月 20 日 　　　　　　　　　　　　第 25 号

摘要	会计科目	明细科目	借方	贷方
拆借资金	银行存款 应付账款	甲公司	226 000.00	226 000.00
合　计			226 000.00	226 000.00
附单据　3 张				

会计主管：李明　　　　　　会计：张力　　　　　　制证：何吾

370017×××× 　　　　　**山东增值税专用发票**　　　　No 05123648

此联不作报销、扣税凭证使用　　开票日期：2019 年 12 月 20 日

购买方	名　　　称：甲公司 纳税人识别号：35468788125446×××× 地址、电话： 开户行及账号：工行烟台分行 198563826××××	密码区	6+-〈2〉6〉927+296+/* 01446〈600375〈35〉 〈4/* 37009931410 2-2〈2051+24+2618〈7 07050445 /3-15〉〉09/5/-1〉〉〉*3518*5624013

货物或应税劳务名称	规格型号	单位	数量	单价	金　额	税率	税　额
A 产品		件	100	2 000	200 000.00	13%	26 000.00
合　计					¥200 000.00		¥26 000.00

价税合计（大写）	⊗贰拾贰万陆仟圆整　　　（小写）¥226 000.00

销售方	名　　　称：丙制造厂 纳税人识别号：18213786541235×××× 地址、电话： 开户行及账号：工行济南历下支行 760186588××××	备注	18213786541235×××× 发票专用章

收款人：　　　　复核：　　　　　开票人：林强　　　　　销售方：（章）

中国工商银行进账单（回单或收账通知）

2019 年 12 月 20 日 第 号

付款人	全称	甲公司	收款人	全称	丙制造厂	此收联款是人收的款回人单开或户收行账交通给知
	账号	198567536××××		账号	760186588××××	
	开户银行	工行		开户银行	工行	

| 人民币（大写） | 贰拾贰万陆仟圆整 | 百 | 十 | 万 | 千 | 百 | 十 | 元 | 角 | 分 |
| | | ¥ | 2 | 2 | 6 | 0 | 0 | 0 | 0 | 0 |

| 票据种类 | 转账支票 |
| 票据张数 | 1 张 |

工商银行转讫

单位主管 会计 复核 记账

收款人开户行盖章

出 库 单

购货单位：甲公司 2019 年 12 月 20 日 编号：

产品编号	产品名称	规格型号	计量单位	数量	成本（元）	备注
	A 产品		件	100	160 000.00	

销售部门负责人：李玉 发货人： 提货人：卫琴 制单：

审计人员审查该年度"主营业务收入"明细账，发现该企业下半年销售收入下滑幅度较大。

【要求】 指出上述会计记录是否正确，该如何做，并编写内部审计工作底稿。

解析： 该企业利用应付账款隐瞒业务收入，不但少交增值税，也人为压低了利润，影响了当期所得税费用。应建议该企业按规定调整有关账簿记录，并补交相关税金。调整分录如下。

  借：应付账款企业——甲公司   226 000.00

    贷：主营业务收入——A 产品   200 000.00

      应交税费——应交增值税（销项税额） 26 000.00

  借：主营业务成本——A 产品   160 000.00

    贷：库存商品——A 产品   160 000.00

丙制造厂内部审计机构编制的审计工作底稿，如下表所示。

应付账款 审计工作底稿

索引号：×××××

被审计单位	丙制造厂	
审计事项	应付账款	
审计期间或截止日期	2019.1.1—2019.12.31	
审计人员	王建	编制日期

审计结论或基本事实	该厂 2019 年 12 月 20 将销售给甲公司的 A 产品的价税款 226 000.00 元作为应付账款处理，利用应付账款隐瞒业务收入，不但少交增值税，也人为压低了利润，影响了当期所得税费用，应予调整，调整分录如下。 借：应付账款——甲公司　　　　　　　　226 000.00 　　贷：主营业务收入——A 产品　　　　　　　　200 000.00 　　　　应交税费—应交增值税（销项税额）　　26 000.00 借：主营业务成本——A 产品　　　　　　160 000.00 　　贷：库存商品——A 产品　　　　　　　　　160 000.00
审计依据	《企业会计准则——收入》
复核意见	
复核人员	复核日期

【想一想】以该案例为主，同学们认为还有哪些相关分录需要进行调整？

（2）函证应付账款

一般情况下，应付账款不需要函证，这是因为函证不能保证查出未记录的应付账款，况且审计人员能够取得购货发票等外部凭证来证实应付账款的余额。如果重大错报风险较高、某些应付账款明细账户金额较大或被审计单位处于财务困难阶段，则应进行应付账款的函证。

进行函证时，审计人员应选择较大金额的债权人，以及那些在资产负债表日金额不大、甚至为零、但为企业重要供货人的债权人，作为函证对象。函证最好采用积极式，并具体说明应付金额。对未回函的，应考虑是否再次函证。如果存在未回函的重大项目，审计人员应采用替代程序。例如，可以检查决算日后应付账款明细账及库存现金和银行存款日记账，核实是否已支付，同时检查该笔债务的相关凭证资料，如合同、发票和验收单，核实应付账款的真实性。

【工作实例 5-7】甲制造厂审计人员王建在对其应付账款项目进行审计时，根据需要，决定从下列四家公司中选择两家的明细账进行函证：

公司	应付账款年末余额	本年度进货总额
A 公司	40 000.00 元	70 000.00 元
B 公司	0	3 000 000.00 元
C 公司	80 000.00 元	90 000.00 元
D 公司	300 000.00 元	320 000.00 元

【要求】该注册会计师应选择哪两家公司进行函证呢？为什么？

解析：应选择 B 和 D 公司进行函证。

在对应付账款进行函证时，函证对象为：① 较大金额的债权人，可以验证应付账款的真实性；② 那些在资产负债表日金额不大、甚至为零、但为企业重要供货人的债权人，可以查实有无未入账的应付账款。

（3）查找未入账的应付账款

① 检查债务形成的原始凭证，如供应商发票、验收单或入库单，查找有无未入账的应付账款，确认应付账款期末余额的完整性。

② 检查资产负债表日后应付账款明细账贷方发生额的相应凭证，关注其购货发票的日期，确认其入账时间是否正确。

③ 获取与其供应商之间的对账单，将对账单和被审计单位财务记录之间的差异进行调节（在途款项、在途物资、付款折扣、未记录的负债等），查找有无未入账的应付账款。

④ 检查资产负债表日后若干天的付款事项，检查银行对账单及有关付款凭证（银行划款通知、供应商收据等），询问被审计单位内部或外部的知情人员，查找有无未及时入账的应付账款。

⑤ 结合存货监盘，检查被审计单位在资产负债表日前后的验收单或入库单，看是否存在材料入库但未收到购货发票的经济业务，确认相关负债是否记入了正确的会计期间。

如果审计人员通过这些审计程序发现某些未入账的应付账款，应将有关情况详细记入审计工作底稿，然后根据其重要性确定是否需建议被审计单位进行相应的调整。

（4）检查应付账款是否存在借方余额

如有应查明原因，必要时建议被审计单位作重分类调整，将"应付账款"和"预付账款"所属明细科目的期末贷方余额的合计数填列报表"应付账款"项目中。

（5）检查现金折扣

检查带有现金折扣的应付账款是否按发票上记载的全部应付金额入账，待实际获得现金折扣时再冲减财务费用项目。

任务三　预付账款审计

（一）任务基础

预付账款是指企业按照购货合同或劳务合同的规定，预先支付给供货方或劳务提供方的账款。在会计上，一般单独设置"预付账款"科目，预付账款业务不多的企业，也可将预付的货款记入"应付账款"科目的借方。预付账款是企业的一项流动资产，是企业在购货环节产生的。因此，预付账款的审计要结合购货业务的审计进行。

（二）任务实施

1. 预付账款的内部控制

审查预付账款时必须结合购货业务来进行，因此预付账款内部控制同样包括购货业务中经过的请购、订货、验收、付款等一系列程序，其部分内容参见预付账款内部控制调查表，如下表所示。

预付账款内部控制调查表

被审计单位名称	××部门	日期		索引号	
审计项目名称	预付账款内部控制调查	编制人		×××	
会计期间或截止日	20××年度	复核人	×××	页次	

续表

问题	是	否	不适用	备注
（1）总账和明细账户的登记是否由不同的职员分别登记				
（2）出纳是否从事预付账款的记账工作				
（3）预付账款的形式是否经过严格的审批，是否严格按照合同的规定执行				
（4）材料入库后是否及时冲转预收账款				
（5）是否建立了坏账损失审批制度				
审计结论：				

2. 预付账款审计

（1）实施分析程序。将期末预付款项余额与上期期末余额进行比较，分析其波动原因。同时分析预付款项账龄及款项构成，关注账龄超过1年的款项未结转的原因。

（2）函证。选择大额或异常的预付款项重要项目（包括零账户），函证其余额的正确性。对未回函的，可再次函证，也可采用替代方法进行检查，如检查该笔债权的相关凭证资料，或抽查报表日后预付账款明细账及存货明细账，核实是否已收到货物、转销预付款，并根据替代程序检查结果判断其债权的真实性或出现坏账的可能性。

（3）分析预付账款明细账余额，对于出现贷方余额的项目，应查明原因，必要时建议作重分类调整。

（4）结合应付账款明细账，检查有无重复付款或将同一笔已付清的账款在预付账款和应付账款两个账户中同时挂账的情况。

任务四　应付票据审计

（一）任务基础

应付票据是指由出票人签发的，委托付款人在指定日期无条件支付确定的金额给收款人或持票人的票据。它通常是企业因购买材料、商品或接受劳务供应等开出、承兑的商业汇票，包括银行承兑汇票和商业承兑汇票。随着商业活动的票据化，商业票据业务将越来越多，应付票据也将成为一个重要的审计领域。由于应付票据大多是向供货单位购入材料、商品或劳务时所开出的商业承兑票据，因此对应付票据的审计也需结合采购业务一并进行。

（二）任务实施

应付票据审计内容如下。

（1）检查应付票据备查簿，抽查债务合同、发票等原始凭证，确定其是否真实。

（2）选择重要项目（包括零账户），函证其余额是否正确。对未回函的，可再次函证，或采用其他替代审计程序（检查原始凭证，如合同、发票、验收单等）。

（3）检查逾期未付票据原因，其会计处理是否正确。

（4）复核带息应付票据利息是否足额计提，其会计处理是否正确。

【工作实例5-8】甲制造厂审计人员王建审计其应付票据项目，在审查"应付票据备查簿"

时发现除两种票据为带息票据外，其他应付票据均为不带息票据，部分资料见下表。

应付票据备查簿

编制单位：甲制造厂

种类	票号	签发日期	到期日	票面金额	票面利率	合同交易号	收款人	付款日期	付款金额
商业承兑	略	2019年10月1日	2020年3月1日	800 000.00	月息5‰	略	A单位		
商业承兑	略	2019年11月1日	2020年2月1日	1 200 000.00	月息5‰	略	B单位		
…	…	…	…	…	…	…	…	…	…

经账证核对，上表中应付票据发生时的会计处理无误，但在 2019 年年底的相关凭证、账簿中未发现有计提应付票据利息的会计处理。

【要求】分析该企业的会计处理是否正确，并编写内部审计工作底稿。

解析：根据企业会计准则的规定，公司开出的商业汇票，如为带息票据，应于中期期末或年度终了，计算应付利息。根据本业务，应计 A 单位票据利息为 800 000.00×3×5‰=12 000.00（元）；应计 B 单位票据利息为 1 200 000.00×2×5‰=12 000.00（元）。该企业未于期末计息，导致当期利润虚增 24 000.00 元，所得税费用多计 6 000.00 元。审计人员应将审计情况提请被审计单位，调整分录如下。

借：财务费用——利息费用　　24 000.00
　　贷：应付票据——A 单位　　　12 000.00
　　　　应付票据——B 单位　　　12 000.00

甲制造厂内部审计机构编制的审计工作底稿，如下表所示。

应付票据 审计工作底稿

索引号：×××××

被审计单位	甲制造厂		
审计事项	应付票据		
审计期间或截止日期	2019.1.1—2019.12.31		
审计人员	王建	编制日期	
审计结论或基本事实	该企业有两份带息票据，一份为 2019 年 10 月 1 日开具应付 A 单位的 800 000.00 元，到期日为 2020 年 3 月 1 日，票面利率为月息5‰，另一份为 2019 年 11 月 1 日开具应付 B 单位的 1 200 000.00 元，到期日为 2020 年 2 月 1 日，票面利率为月息5‰，未按规定计提应付利息。根据企业会计准则的规定，公司开出的商业汇票，如为带息票据，应于中期期末或年度终了，计算应付利息。则应计 A 单位票据利息为 800 000.00×3×5‰=12 000.00（元）；应计 B 单位票据利息为 1 200 000.00×2×5‰=12 000.00（元）。该企业未于期末计息，导致当期利润虚增 24 000.00 元，所得税费用多计 6 000.00 元。应予调整，调整分录如下。 借：财务费用——利息费用　　24 000.00 　　贷：应付票据——A 单位　　　12 000.00 　　　　应付票据——B 单位　　　12 000.00			
审计依据	《企业会计准则——存货》《企业会计准则——基本准则》第二章会计信息质量要求		
复核意见			
复核人员		复核日期	

【想一想】以该案例为主，同学们认为还有哪些相关分录需要进行调整呢？

任务训练

一、简答题

1. 存货核算岗位任务有哪些？
2. 存货核算的内部控制主要包括哪几项内容？
3. 存货审计的主要程序有哪些？
4. 如何进行存货监盘？
5. 如何选择应付账款函证对象？
6. 如何查找未入账的应付账款？

二、单项选择题

1. 存货核算岗位同销售核算岗位直接联系发生于（　　）。
    A. 借记"主营业务成本"，贷记"库存商品"之时
    B. 借记"材料采购"，贷记"应付账款"之时
    C. 借记"应收账款"，贷记"主营业务收入"之时
    D. 借记"应付账款"，贷记"银行存款"之时
2. 存货监盘程序所得到的是（　　）。
    A. 书面证据　　　　B. 口头证据　　　　C. 环境证据　　　　D. 实物证据
3. 以下各项不属于存货审计内容的是（　　）。
    A. 原材料　　　　　　　　　　B. 材料成本差异
    C. 材料采购　　　　　　　　　D. 主营业务收入
4. 仓库部门向生产部门发货的依据是从生产部门收到的（　　）。
    A. 领料单　　　　　　　　　　B. 验收单
    C. 入库单　　　　　　　　　　D. 保管单
5. 下列各项中，应当结合购货业务审查的是（　　）。
    A. 应付票据　　　　　　　　　B. 应收账款
    C. 应收票据　　　　　　　　　D. 预收账款

三、多项选择题

1. 下列项目中，应确认为购货企业存货的有（　　）。
    A. 购货方已付款购进，但尚在运输途中的商品
    B. 购销双方已签协议约定，但尚未办理购买手续的商品
    C. 未收到销售方结算发票，但已运抵购货方并验收入库的商品
    D. 购货方已付款购进，商品已办理验收入库手续
2. 应付账款一般不需要函证，但出现（　　）时审计人员应实施函证。
    A. 控制风险较高
    B. 应付账款金额较大

C. 被审计单位处于经济困难阶段

D. 应付账款数量较多

3. 下列各项中属于购货业务审查内容的是（　　　）。

   A. 请购单　　　　　　　　　　　　B. 验收单

   C. 材料采购明细账　　　　　　　　D. 应付账款明细账

4. 存货项目包括（　　　）账户。

   A. 原材料　　　　　　　　　　　　B. 库存商品

   C. 周转材料　　　　　　　　　　　D. 材料成本差异

5. 审查预付账款在会计报表列示是否正确时，要审查是否将（　　　）所属明细账的借方余额合计填列。

   A. 预付账款　　　　　　　　　　　B. 应付账款

   C. 预收账款　　　　　　　　　　　D. 应收账款

四、判断题（正确的打"√"，错误的打"×"）

1. 审计人员亲自进行被审计单位存货的盘点。　　　　　　　　　　　　　（　　　）

2. 存货计价方法如果经批准发生变更，应在财务报表上予以说明。　　　　（　　　）

3. 函证是应付账款审计的必要程序之一。　　　　　　　　　　　　　　　（　　　）

4. 企业多结转已销产品成本，可能导致被审计单位本年利润虚增。　　　　（　　　）

5. 审计人员通过对存货实施监盘程序只能对存货结存数量的真实性予以确认，并不能据此验证会计报表上存货余额的真实性。　　　　　　　　　　　　　　　　　（　　　）

6. 由于应付票据大多是指向供货单位购入材料、商品或劳务时所开出的商业承兑票据，因此对应付票据的审计也需结合销售业务一并进行。　　　　　　　　　　　（　　　）

7. 虽然对存货盘点是被审计单位的责任，但审计人员对盘点进行的监盘是存货审计必不可少的一项审计程序。　　　　　　　　　　　　　　　　　　　　　　　（　　　）

8. 应付账款审计的主要目标是确定应付账款有无低估的情况。　　　　　　（　　　）

9. 对于预付账款业务不多的企业，也可将预付的货款记入"应付账款"科目的借方。

（　　　）

10. 在检查已盘点的存货时，审计人员应当从存货盘点记录中选取项目追查至存货实物，以测试盘点记录的完整性；还应当从存货实物中选取项目追查至存货盘点记录，以测试存货盘点记录的准确性。　　　　　　　　　　　　　　　　　　　　　　　（　　　）

技能训练

训练一：练习材料成本差异审计

资料：ABC 公司审计人员对其 2019 年度财务报表审计时，发现该公司在 1～10 月份材料成本差异和期末在产品成本确定方面无不妥之处。审计人员取得了原材料和材料成本差异总账的部分资料，如下列所示。

原 材 料 总 账

会计科目：原材料

月	日	凭证号数	摘要	借方	贷方	期末余额
1	1		上年结转	…	…	537 350
…	…	…	…			5 832 000
11	30	汇 11#	本月材料收发	6 628 100	8 337 000	4 123 100
12	31	汇 12#	本月材料收发	7 386 500	6 942 370	4 567 230
12	31		汇总与期末余额	84 325 100	80 295 220	4 567 230

材料成本差异总账

会计科目：材料成本差异

月	日	凭证号数	摘要	借方	贷方	期末余额
1	1		上年结转			借 24 868.00
…	…	…	…	…	…	借 291 600.00
11	30	汇 11#	本月材料收发	397 600.00	461 036.00	借 228 164.00
12	31	汇 12#	本月材料收发	444 130.00	598 334.00	借 73 960.00
12	31		汇总与期末余额	2 976 430.00	2 927 338.00	借 73 960.00

【要求】根据所给资料计算 11 月份和 12 月份发出材料负担的材料成本差异的正确性（计算结果取整数），并编写审计工作底稿。

训练二：存货盘点范围的确定

ABC 公司审计人员对其 2019 年的期末存货进行盘点时，发现临近结账日前后所发生的业务事项如下。

1. 2020 年 1 月 2 日收到价值为 20 000 元的货物，入账日期为 1 月 4 日，发票上注明由供应商负责运送并交货，开票日期为 2019 年 12 月 26 日。

2. 实际盘点时，B 工厂 1 包价值 80 000 元的产品已放在装运处，因包装纸上注明"有待发运"字样而未计入存货内，未办结销货手续。经调查发现，顾客的订单日期为 2019 年 12 月 20 日，顾客于 2020 年 1 月 4 日到货后付款。

3. 2020 年 1 月 6 日收到价值为 700 元的物品，并于当天登记入账。该物品于 2019 年 12 月 28 日按供货商离厂交货条件运送，因 2019 年 12 月 31 日尚未收到，故未计入结账日存货。

4. 按顾客特殊订单制作的某产品，于 2019 年 12 月 31 日完工并送装运部门，顾客已于该日付款，已办结销货手续。该产品于 2020 年 1 月 5 日送出，但未包括在 2019 年 12 月 31 日存货内。

【要求】请分析上述四种情况是否应包括在 2019 年 12 月 31 日的存货盘点范围内，并说明理由。

训练三：练习应付账款的审查

资料：ABC 公司审计人员审查"应付账款"项目时发现一张记账凭证，如下表所示。

记　账　凭　证

2019 年 10 月 18 日　　　　　　　　　　　　　　　第 25 号

摘要	会计科目	明细科目	借方	贷方
核销无法支付应付账款	应付账款	甲公司	117 000.00	
	应付职工薪酬	职工福利		117 000.00
合　计			117 000.00	117 000.00

附单据　1 张

会计主管：付凝立　　　　　　　会计：王情　　　　　　　制证：江铃

所附原始凭证为核销应付账款的审批文件。

【要求】指出上述处理存在的问题，说明对报表的影响，并编写审计工作底稿。

训练四：练习应付票据的审计

资料：ABC 公司审计人员于 2020 年 3 月 2 日对甲公司（商品流通企业）2019 年度会计报表的应付票据项目进行审计，其应付票据备查簿有一笔记录如下表所示。

应付票据备查簿

编制单位：ABC 公司　　　　　　　　　　　　　　　　　　　　　单位：元

种类	票号	签发日期	到期日	票面金额	票面利率	合同交易号	收款人	付款日期	付款金额
商业承兑	略	2019 年 8 月 1 日	2019 年 12 月 1 日	585 000.00	年息 6%	略	A 公司		
…	…	…	…	…	…	…	…	…	…

审计人员将其与应付票据明细账和总账进行核对，发现明细账和总账中均无此笔记录。审计人员发现，截止到审计日，尚未承兑，也未在账上做任何账务处理。

【要求】假设通过函证证实为漏列负债，审计人员应如何调整账务处理，并请编写审计工作底稿。

训练五：练习预付账款的审计

ABC 公司审计人员对其 2019 年的预付账款进行审计时，发现一张记账凭证，如下表所示。

记　账　凭　证

2019 年 12 月 28 日　　　　　　　　　　　　　　　第 40 号

摘要	会计科目	明细科目	借方	贷方
车间修理费	制造费用	修理费	200 000.00	
	预付账款	甲公司		200 000.00
合　计			200 000.00	200 000.00

附单据　　张

会计主管：严英　　　　　　　会计：李明　　　　　　　制证：吴迪

该记账凭证后未附原始凭证，审计人员询问相关人员得知：该公司因当年经济效益较好，为了给今后留有余地，调节当年利润，年终以车间修理为名，虚列提供劳务的单位，假编、虚列劳务费用 20 万元，并冲减了预付给甲公司的购货款。审计人员进一步审计发现该公司 12 月份生产的产品全部完工入库，并已销售了 60%。

【要求】指出上述处理存在的问题，说明其对报表的影响，并编写审计工作底稿。

项目六　固定资产及其他资产核算岗位审计

 **任务目标**

了解固定资产核算岗位的工作任务；了解固定资产内部控制及审查；掌握固定资产核算岗位主要账户的审计；掌握无形资产账户和其他账户的审计。

能力目标

能够掌握并运用核对、分析性复核、函证、观察等审计方法判断固定资产和无形资产核算岗位的管理漏洞、发现并纠正会计处理错弊；熟练编写审计工作底稿，具备一定的案例分析能力。

任务内容

固定资产岗位核算基本知识；相关内部控制管理制度；固定资产、无形资产审计的主要程序和方法。

 **岗位任务**

固定资产核算岗位的主要工作任务有以下几项。

（1）会同有关部门拟定固定资产管理与核算的实施办法。

（2）参与核算固定资产需用量，参与编制固定资产更新改造和大修理计划。

（3）负责固定资产明细核算，编制固定资产报表。

（4）计提固定资产折旧，核算和控制固定资产修理费用。

（5）参与固定资产的清查盘点，分析固定资产的使用效果。

任务一　固定资产审计

（一）任务基础

固定资产是指同时具有下列特征的有形资产：① 为生产产品、提供劳务、出租或经营管理而持有的；② 使用寿命超过一个会计年度的，包括房屋及建筑物、机器设备、运输工具等。由于固定资产在企业资产总额中一般都占有较大的比例，固定资产的安全、完整，以及固定资产折旧计提的合理性都对企业的生产经营影响极大。固定资产管理一旦失控，所造成的损失将远远超过一般的商品存货等流动资产管理失控带来的损失。因此，内部审计人员应高度重视固定资产的审计。

（二）任务实施

1. 固定资产的审计目标

（1）确定固定资产是否存在。

（2）确定固定资产是否完整。

（3）确定固定资产是否归被审计单位所有。

（4）确定固定资产的计价及折旧政策是否恰当，会计处理是否正确。

（5）确定固定资产原值、累计折旧及净值在资产负债表上是否恰当披露。

2. 固定资产内部控制制度

固定资产的内部控制制度一般包括：固定资产的预算制度、授权批准制度、账簿记录制度、职责分工制度、资本性支出和收益性支出的区分制度、固定资产的处置制度、固定资产的定期盘点制度和固定资产的维护保养制度等，部分内容参见下表。

固定资产内部控制调查表

被审计单位名称	××部门		日期		索引号	
审计项目名称	固定资产内部控制调查		编制人		×××	
会计期间或截止日	20××年度		复核人	×××	页次	
问题			是	否	不适用	备注
（1）是否编制固定资产年度预算，并由管理部门审批						
（2）固定资产的购置是否经适当的授权批准						
（3）固定资产购置申请、批准、采购和验收职责是否相分离						
（4）自建、改扩建增加的固定资产是否有竣工结算单和验收单						
（5）对已交付使用尚未办理竣工结算的固定资产是否按暂估价入账						
（6）企业是否对固定资产编号并设置固定资产明细账或固定资产卡片，对固定资产的增减变动情况进行详细登记						
（7）所有固定资产是否已贴上与固定资产卡片内容相符的标签						
（8）是否定期检查现有固定资产使用状况，防止闲置、技术老化或过时						
（9）固定资产折旧方法的选用是否符合财税机关的要求						
（10）不同固定资产折旧年限是否依据现行会计制度的要求						
（11）是否定期或至少每年一次对固定资产进行清查盘点，并将结果与明细账记录相核对						
（12）对固定资产盘盈或盘亏、毁损是否报主管人员批准并及时进行账务处理						
（13）固定资产报废和出售是否符合规定、是否有批准手续						
（14）期末是否按照账面价值与可回收金额孰低对固定资产进行计量，并对可回收金额低于账面价值差额计提固定资产减值准备						
审计结论：						

3. 固定资产的审计

（1）固定资产增加的审计

固定资产增加可能有不同的途径，对不同方式增加的固定资产，其审核的要点应根据具体情况而定。固定资产增加的一般审核要点，如下表所示。

不同固定资产增加方式的审核要点

固定资产增加的方式	审 核 要 点
外购	（1）审查购买固定资产的批准文件，以查明其是否经过合法的授权批准 （2）核对购货发票、合同、保险单、运输凭证等文件，审阅固定资产明细账的记录是否正确 （3）审查固定资产的验收报告 （4）审查购进土地、房屋等契约和结算单，以确定其所有权的归属 （5）确定被审计单位估计的固定资产使用年限和残值是否合理 （6）测试固定资产计价是否正确 （7）对于一笔款项购入多项没有单独标价的固定资产，还应检查是否按照各项固定资产公允价值的比例对总成本进行分配，以分别确定各项固定资产的入账价值
在建工程转入	（1）审查建设项目的批准文件，以查明是否经过合法的授权批准 （2）审查建设成本的内容是否符合规定、计算是否正确 （3）审查竣工决算、验收和移交报告是否正确，并与在建工程相关的记录是否相符，资本化利息金额是否恰当 （4）对已经在用但尚未办理竣工决算的固定资产，检查其是否已经暂估入账，并按规定计提折旧，且竣工决算完成后，是否及时调整 （5）确定被审计单位估计的固定资产使用年限和残值是否合理
投资者投入	（1）交接手续是否齐全 （2）如果是全新固定资产，确定其入账价值是否与相关发票的价值一致 （3）如果是已使用过的固定资产，确定其入账价值是否与资产评估报告及投资协议的结果一致
更新改造	（1）根据更新改造过程中的相关原始凭证，复核增加的固定资产原值是否真实，是否符合资本化的条件 （2）重新确定的剩余折旧年限是否恰当
债务人抵债	（1）产权过户手续是否齐全 （2）固定资产计价是否符合相关会计制度的规定
非货币性交易换入	（1）入账价值处理是否符合公允会计准则的要求 （2）法律手续是否齐全
盘盈或其他方式	对盘盈的固定资产，应确定入账价值是否公允，如为其他方式，应检查相关的原始凭证，核对其计价及会计处理是否正确

审计人员审查固定资产计价时，应区分固定资产的来源，审阅取得固定资产的相关文件，并与明细账相核对，以确定其计价是否正确，是否符合会计准则和有关法规。对于已交付使用但尚未办理竣工结算手续的固定资产，审计人员应检查是否暂估入账，并

计提折旧。

在会计期末，新增固定资产的审查主要从两方面着手。

① 确定新增固定资产的会计记录是否正确。抽查与新增固定资产有关的发票及其他原始凭证手续是否齐全；其计价是否正确，是否已登记入账。

② 确定新增固定资产是否实际存在。从固定资产明细账中抽查一定的样本，然后进行实地观察，可以发现高估资产的问题；将实地抽查部分的新增固定资产与固定资产明细账进行核对，则有可能发现低估资产的问题。

【工作实例 6-1】审计人员在审计 ABC 公司的"固定资产"项目时，发现异常情况，如下表所示。

固定资产信息

固定资产名称	固定资产明细账	固定资产卡片	实存数量
机器设备	10	10	8
电脑	8	8	9
轿车	10	9	10
空调	3	2	2

【要求】分析产生各种情况的原因及审计人员应提出的建议。

解析：

（1）机器设备账卡相符，实物短缺 2 台，原因可能包括以下几点。

① 该设备已报废处理但账卡未注销，若为事实，应建议对方予以注销账卡。

② 因保管不善而设备被盗，若为事实，应建议对方追究保管者的责任。

③ 设备出租但没有计入"出租固定资产"账户，若为事实，应建议补记。

（2）电脑账卡相符，实物多出一台，原因可能包括以下几点。

① 该电脑已报废处理，卡片已注销，但实物仍在使用。

② 购进时未做固定资产入账，而做低值易耗品入账，但盘点时作为固定资产入账。审计人员查明后，应对照其价值和使用年限，确认其符合标准，补记固定资产明细账和卡片，若不符合标准，则不做盘盈，不计入固定资产账簿。

③ 将租入固定资产误记作盘盈，审计人员查明后应在备查簿上登记。

（3）轿车明细账与实物相符，但卡片少了 1 张，原因可能是购进时有 1 辆没有在卡片上登记，若为事实，应建议对方补记卡片。

（4）空调卡片与实物相符，但固定资产明细账多出 1 台，有可能是该台设备已出售但明细账没有注销，若为事实，应建议被审计单位及时予以注销。

一般情况下，审计人员在抽查固定资产时，应关注固定资产的账、卡、物是否相符。如果不相符，应查明原因，提请被审计单位纠正。同时，对于造成被审计单位账、卡、物不相符的内部控制制度，应提出改善意见。

【工作实例 6-2】审计人员于 2020 年 1 月 15 日审计 ABC 制造厂 2019 年度财务报表时发现，该企业管理部门 2019 年 6 月份购入空调 10 台，记账凭证及所附原始凭证，如下列所示。

记 账 凭 证

2019 年 6 月 20 日　　　　　　　　　　第 40 号

摘　要	会计科目	明细科目	借　方	贷　方
管理部门购买空调	管理费用		30 000.00	
	应交税费	增值税（进项税额）	3 900.00	
	银行存款			33 900.00
合　计			33 900.00	33 900.00
附单据　2 张				

会计主管：杨磊　　　　　　　　会计：张林　　　　　　　　制证：张林

 370017×××× 　　　　山东增值税专用发票　　　　No 05264321

发票联　　　　　　开票日期：2019 年 6 月 20 日

购买方	名　称：ABC 制造厂 纳税人识别号：27065688123683×××× 地址、电话： 开户行及账号：工行烟台分行 298567666××××	密码区	6+-〈2〉6〉927+296+/ * 01446〈600375〈35〉 〈4/ * 37009931410 2-2〈2051+24+2618〈7　07050445 /3-15〉〉09/5/-1〉〉〉*35182016*1245

第三联：发票联　购买方记账凭证

货物或应税劳务名称	规格型号	单位	数量	单价	金额	税率	税额
空调		台	10	3 000	30 000.00	13%	3 900.00
合　计					￥30 000.00		￥3 900.00

价税合计（大写）	⊗叁万叁仟玖佰圆整　　（小写）¥33 900.00

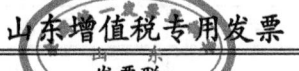

销售方	名　称：丙空调厂 纳税人识别号：23033888853268×××× 地址、电话： 开户行及账号：工行济南历下支行 760184266××××	备注	23033888853268×××× 发票专用章

收款人：　　　　复核：　　　　　　开票：林强　　　　　　销售方：（章）

```
中国工商银行转账支票存根

支票号码　　No.3788644
附加信息_____

_____

签发日期 2019 年 6 月 20 日

收款人：丙空调厂
金额：33 900.00
用途：支付空调款
备注：
单位主管　杨磊　　会计
```

经查，该类空调的年折旧率为 24%，且购买手续齐全，当日交付使用。

【**要求**】分析该企业的会计处理是否正确，并编写内部审计工作底稿。

解析：该空调应作为固定资产核算，该企业将购买空调的支出记入管理费用，形成了账外资产，少提了 6 个月的折旧费 3 600.00 元，并影响了利润的正确性。审计人员做出的会计调整分录如下。

借：固定资产　　　　　30 000.00

　　贷：累计折旧　　　　　 3 600.00（30 000.00×24%×6÷12）

　　　　管理费用　　　　　26 400.00

（报表项目随之调整）

ABC 制造厂内部审计机构编制的审计工作底稿（略）

如果是初次审计，应附该公司的会计政策关于固定资产有关内容的复印件。

【**想一想**】以该案例为例，假设你是该企业的会计人员，你认为还有哪些相关分录需要进行调整呢？

（2）固定资产减少的审计

引起固定资产减少的原因有出售转让、报废、投资转出、盘亏等几种情况。审计要点主要包括以下几个方面。

① 审查固定资产的减少的合法性。固定资产的减少应经过批准和技术性分析与鉴定，应有具体职能部门的报告。只有经审批部门批准后，才可进行固定资产减少的处理。

② 审查不同由于减少固定资产数额计算的正确性，会计处理是否符合核算规定。一般通过检查固定资产明细表、账、卡、报废清单等凭证资料来验证。

③ 结合"固定资产清理""待处理财产损益"账户，抽查固定资产账面价值转销额是否正确。

④ 检查是否存在未做记录的固定资产减少业务。一般可采用的方法包括查明有无用新固定资产代替旧固定资产的情况；分析营业外收支和资产处置损益账户，查明有无因停产某种产品而停用的设备，处理情况如何等。

【**工作实例 6-3**】审计人员 2019 年 12 月 10 日在对企业固定资产进行查账时发现 2019 年 7 月该企业发生一项固定资产出售业务。其记账凭证及所附原始凭证，如下列所示。

记 账 凭 证

2019 年 7 月 16 日　　　　　　　　　　　　　　　　　　第 34 号

摘要	会计科目	明细科目	借方	贷方
	银行存款		90 400.00	
	累计折旧		20 000.00	
出售设备	固定资产			100 000.00
	应交税费	增值税（销项税）		10 400.00
合　计			110 400.00	110 400.00
附单据 3 张				

会计主管：杨磊　　　　　　会计：张林　　　　　　　　制证：张林

中国工商银行进账单（回单或收账通知）

2019 年 7 月 16 日　　　　　　　　　　　第　　号

<table>
<tr><td rowspan="4">付款人</td><td>全称</td><td>甲公司</td><td rowspan="4">收款人</td><td>全称</td><td colspan="7">ABC 有限公司</td><td rowspan="8">此收联款是人收的款回人单开或户收行账交通给知</td></tr>
<tr><td>账号</td><td>3688852×××</td><td>账号</td><td colspan="7">8976555×××</td></tr>
<tr><td>开户银行</td><td>工行</td><td>开户银行</td><td colspan="7">工行</td></tr>
<tr><td colspan="2" rowspan="2"></td><td colspan="2" rowspan="2"></td></tr>
<tr></tr>
<tr><td colspan="2">人民币
（大写）</td><td colspan="2">玖万零仟肆佰圆整</td><td>工商银行
转讫 ￥</td><td>万</td><td>千</td><td>百</td><td>十</td><td>元</td><td>角</td><td>分</td></tr>
<tr><td colspan="2"></td><td colspan="2"></td><td></td><td>9</td><td>0</td><td>4</td><td>0</td><td>0</td><td>0</td><td>0</td></tr>
<tr><td colspan="2">票据种类</td><td colspan="2">转账支票</td><td colspan="8"></td></tr>
</table>

票据张数　　1 张

单位主管　会计　复核　记账　　　　　　　　　　　收款人开户行盖章

固 定 资 产 调 拨 单

2019 年 7 月 16 日

出售单位：ABC 有限公司　　　　　　　　　　　调拨单号：0033

接收单位：甲公司　　　　　　　　　　　　　　单位：元

<table>
<tr><td colspan="2">调出原因或依据</td><td colspan="4">出售</td><td>调拨方式</td><td></td><td></td></tr>
<tr><td>固定资产</td><td>规格及型号</td><td>单位</td><td>数量</td><td>预计使用年限</td><td>已使用年限</td><td>原值</td><td>已提折旧</td><td>净值</td></tr>
<tr><td>车床</td><td>S—3A</td><td>台</td><td>1</td><td>15</td><td>10</td><td>100 000.00</td><td>20 000.00</td><td>80 000.00</td></tr>
<tr><td></td><td></td><td></td><td></td><td></td><td></td><td></td><td></td><td></td></tr>
<tr><td></td><td></td><td></td><td></td><td></td><td></td><td></td><td></td><td></td></tr>
<tr><td colspan="3">出售单位：ABC 有限公司</td><td colspan="3">接受单位：甲公司</td><td colspan="3">税号：XXXXXXXXXXX</td></tr>
<tr><td colspan="3">公章：　财务：　经办：</td><td colspan="3">公章：　财务：　经办：</td><td colspan="3">发票专用章（公章）</td></tr>
</table>

370017××××　　　　　　　山东增值税专用发票　　　　　　No 05227478

此联不作报销、扣税凭证使用　　开票日期：2019 年 7 月 16 日

<table>
<tr><td rowspan="3">购买方</td><td>名　　称：</td><td colspan="3">甲公司</td><td rowspan="3">密码区</td><td colspan="3">6+一〈2〉6〉927+296+/ * 01446〈600375〈35〉
〈4/ * 37009931410
2-2〈2051+24+2618〈7　07050445
/3-15〉〉09/5/-1〉〉〉*26598134*334256</td><td rowspan="9">第一联：记账联　销售方记账凭证</td></tr>
<tr><td>纳税人识别号：</td><td colspan="3">27065688123688××××</td></tr>
<tr><td>地址、电话：</td><td colspan="3"></td></tr>
<tr><td></td><td>开户行及账号：</td><td colspan="3">工行烟台分行 3688852××××</td></tr>
<tr><td colspan="2">货物或应税劳务名称</td><td>规格型号</td><td>单位</td><td>数量</td><td>单价</td><td>金额</td><td>税率</td><td>税额</td></tr>
<tr><td colspan="2">车床</td><td></td><td>台</td><td>1</td><td>80 000</td><td>80 000.00</td><td>13%</td><td>10 400.00</td></tr>
<tr><td colspan="2">合　计</td><td></td><td></td><td></td><td></td><td>￥80 000.00</td><td></td><td>￥10 400.00</td></tr>
<tr><td colspan="2">价税合计（大写）</td><td colspan="4">⊗玖万零肆佰圆整</td><td colspan="3">（小写）￥90 400.00</td></tr>
</table>

<table>
<tr><td rowspan="4">销售方</td><td>名　　称：</td><td>ABC 有限公司</td><td rowspan="4">备注</td><td>ABC 有限公司</td></tr>
<tr><td>纳税人识别号：</td><td>23033888855321××××</td><td></td></tr>
<tr><td>地址、电话：</td><td></td><td>23033888855321××××</td></tr>
<tr><td>开户行及账号：</td><td>工行济南历下支行 8976555××××</td><td>发票专用章</td></tr>
</table>

收款人：　　　复核：　　　　　　开票人：林强　　　　　销售方：（章）

审计人员认为，一般固定资产的出售价格很少与固定资产净值正好相符，故怀疑该固定资产出售业务有隐瞒收入、漏缴税金等情况。该审计人员调出与出售车床日期接近的银行存款账目，发现另有收到由购买车床单位支付的款项 20 000.00 元。记账凭证及所附原始凭证，如下列所示。

记　账　凭　证

2019 年 7 月 16 日　　　　　　　　　　　第 35 号

摘　　要	会 计 科 目	明 细 科 目	借　　方	贷　　方
出售设备	银行存款		20 000.00	
	其他应付款			20 000.00
合　　计			20 000.00	20 000.00

附单据　1 张

会计主管：杨磊　　　　　　　　会计：张林　　　　　　　　制证：张林

中国工商银行进账单（回单或收账通知）

2019 年 7 月 16 日　　　　　　　　　　　第　　号

付款人	全称	甲公司	收款人	全称	ABC 有限公司										此收联款是人收的款回人单开或户收行账交通给知
	账号	3688852××××		账号	8976555××××										
	开户银行	工行		开户银行	工行										
人民币（大写）		贰万圆整		百	十	万	千	百	十	元	角	分		
					￥	2	0	0	0	0	0	0		
票据种类		转账支票												
票据张数		1 张												
单位主管　会计　复核　记账													收款人开户行盖章	

经进一步调查得知，此 20 000.00 元为出售车床的价款。

【请问】该公司的做法是否正确？你将如何编写内部审计工作底稿？

解析：不正确。该企业固定资产的出售业务未通过"固定资产清理"账户核算，且将出售价款中的 20 000.00 元列作其他应付款，易形成转移资金，高估负债，同时有隐瞒收入、偷漏税金的情况。审计人员建议该企业对其业务做如下调账。

借：其他应付款　　　　　　　　　　　20 000.00
　　贷：资产处置损益　　　　　　　　　　　17 699.12
　　　　应交税费——增值税（销项税）　　　2 300.88

ABC 有限公司内部审计机构编制的审计工作底稿，如下表所示。

<u>固定资产</u>审计工作底稿

索引号：××××××

被审计单位	ABC 有限公司		
审计事项	固定资产处置		
审计期间或截止日期	2019.1.1—2019.12.31		
审计人员		编制日期	
审计结论或 基本事实	该厂 2019 年 7 月 16 日一项固定资产的出售业务未通过"固定资产清理"账户，且将出售价款超过固定资产净值的 20 000.00 元列作其他应付款，该处理易形成转移资金、高估负债，同时有隐瞒收入、偷漏税金的情况。应予调整，调整分录如下。 借：其他应付款　　　　　　　20 000.00 　　贷：资产处置损益　　　　　　17 699.12 　　　　应交税费——增值税（销项税）　2 300.88		
审计依据	《企业会计准则——固定资产》		
复核意见			
复核人员		复核日期	

任务二　固定资产累计折旧审计

（一）任务基础

随着固定资产的磨损逐渐转移到产品中去，从而构成经营成本及费用的价值，即为固定资产的折旧。影响固定资产的折旧因素有折旧基数、固定资产的残余价值、固定资产减值准备和预计使用年限。对于固定资产的残余价值、固定资产减值准备和预计使用年限只能人为估计。固定资产的折旧主要取决于企业的折旧政策，带有一定的主观性。

（二）任务实施

1. 累计折旧的审计目标

（1）确定折旧政策和方法是否符合国家有关的财务会计制度，是否一贯遵循。
（2）确定累计折旧增减变动的记录是否完整。
（3）确定折旧费用的计算与分摊是否正确、合理和一贯。
（4）确定累计折旧的余额是否正确。
（5）确定累计折旧在会计报表上的披露是否恰当。

2. 固定资产累计折旧的审计

（1）编制或索取累计折旧分类汇总表，复核加计是否正确，并与总账和明细账合计数进行核对。
（2）实施分析程序。
① 审计人员首先应对本期增加和减少固定资产、使用年限长短不一和折旧方法不同的

固定资产做适当调整，然后，用应计提折旧的固定资产乘以本期的折旧率，如果匡算的计算结果和被审计单位的折旧总额相近，且固定资产及累计折旧内部控制较健全时，则可以适当减少累计折旧和折旧费用的其他实质性程序的工作量。

② 计算本期计提折旧额占固定资产原值的比率并与上期比较，分析本期折旧计提额的合理性和准确性。

③ 计算累计折旧占固定资产原值的比率，评估固定资产的老化率，并估计因闲置、报废等原因可能带来的固定资产损失。

（3）审查固定资产折旧政策的执行情况。主要应检查折旧范围、折旧方法是否符合企业会计准则规定，如有无扩大或缩小固定资产折旧范围、随意变更折旧方法的问题。

① 固定资产准则中规定，企业应对所有的固定资产计提折旧。但是，已提足折旧仍继续使用的固定资产和单独计价入账的土地除外。已全额计提减值准备的固定资产和提前报废的固定资产不再计提折旧；已达到预定可使用状态但尚未办理竣工决算的固定资产，应按估计价值确定成本，计提折旧。

② 企业可选用的固定资产折旧方法包括年限平均法、工作量法、双倍余额递减法和年数总和法等；除非由于与固定资产有关的经济利益的预期实现方式有重大改变，折旧方法一经选定，不得随意调整。

【工作实例 6-4】审计人员审查某有限公司 2019 年度"固定资产"和"累计折旧"项目时发现下列情况。

a. 对所有的空调按其实际使用的时间（5 月至 9 月）计提折旧。

b. 公司有融资租入的设备 4 台，租赁期为 5 年，未列入计提折旧固定资产范围。

c. 对已提足折旧继续使用的某设备，仍计提折旧。

d. 8 月初购入吊车 2 辆，价值 2 000 000.00 元，当月已投入使用并同时开始计提折旧。

【要求】请指出上述各项中存在的问题，并提出改进建议。

解析：对此应提出以下问题和建议。

a. 作为一种具有特殊性质的固定资产，空调属于"季节性使用的固定资产"，按照制度规定停用期间应照常计提折旧。

b. 融资租入固定资产应由承租方计提折旧，因此，该企业应将融资租入的 4 台设备列入计提折旧固定资产范围内。

c. 根据企业会计准则规定，已提足折旧继续使用的固定资产，不再计提折旧。该公司对其继续计提，造成多提折旧，应对多提的折旧进行冲回。

d. 根据企业会计准则规定，当月增加的固定资产从下月开始计提折旧。该公司 2 000 000.00 元的吊车应从 9 月份开始计提折旧，而不是 8 月份。

（4）固定资产折旧费用计算的审查。审计人员应审阅、复核固定资产折旧计算表，并对照记账凭证、固定资产卡片和固定资产分类表，通过核实月初固定资产原值、分类或个别折旧率是否正确？结合固定资产当期增加及减少的情况，复算折旧额的计算是否正确。审查时注意：计提减值准备的固定资产，计提的折旧是否正确；因更新改造而停止使用的固定资产是否停止计提折旧，因大修理停用的固定资产是否继续计提折旧；固定资产装修费用的处理是否正确；未使用、不需用的和暂时闲置的固定资产是否按规定计提折旧。

（5）固定资产折旧费用分配的审查。将"累计折旧"账户贷方的本期发生额与相应成本费用中的折旧费用明细账户相核对，以确定所计提折旧金额是否全部摊入本期产品成本费用；折旧费用的分配是否合理；分配方法与上期是否一致。

（6）检查累计折旧的披露是否恰当。

【工作实例 6-5】审计人员审查甲有限公司被审计年度 12 月份基本生产车间设备计提折旧情况，在审阅固定资产明细账和制造费用明细账时，发现了如下所示的记录。

记 账 凭 证

2019 年 12 月 31 日   第 33 号

摘要	会计科目	明细科目	借方	贷方
计提折旧	制造费用	折旧费	21 000.00	
	累计折旧			21 000.00
合 计			21 000.00	21 000.00

附单据 2 张

会计主管：杨磊   会计：张林   制证：张林

所附原始凭证如下所示。

固定资产折旧计算表

2019 年 12 月 31 日

固定资产项目	原值	使用年限	年折旧率	月折旧额	备注
车床	4 200 000.00	4	6%	21 000.00	

固定资产——机器设备（车床）明细账

2019 年 月	2019 年 日	凭证号	摘要	借方	贷方	余额
11	1		期初余额			2 400 000.00
11	25	120	购入车床	20 000.00		2 420 000.00
11	26	122	未使用机床投入使用	10 000.00		2 430 000.00
11	27	123	更新改造设备投入使用	230 000.00		2 660 000.00
11	30	125	购入设备	1 540 000.00		4 200 000.00

经调查后得知。

（1）11 月月末，该车间设备计提折旧额为 12 000.00 元，正确无误。

（2）120 号、122 号、123 号记账凭证及所附原始凭证审核无误，车床实物已证实。

（3）125 号记账凭证未附任何原始凭证，车间也未见该设备。

（4）11 月份将一台车床租赁给外单位使用，该设备原值 50 000.00 元。

（5）11 月份交外单位大修车床一台，原值为 50 000.00 元。

【要求】假定甲有限公司当年 11 月月末计提的折旧数正确，验证该公司当年 12 月份计提折旧数是否正确。如果不正确，请做审计调整分录。

解析：（1）该公司 12 月份计提的折旧数与 11 月份的固定资产增减相关。为此，应根据 11 月份发生的变动，计算确定 12 月份计提折旧数额的准确性。按照会计准则的一般规定，将设备出租给其他单位使用，出租方仍应为之继续计提折旧，但应计入其他业务成本；

设备大修期间，应当继续计提折旧，但应计入管理费用，因此减少12月份基本生产车间折旧计提基数。125号记账凭证未附任何原始凭证，为虚构固定资产。12月份应计提的折旧额为12 000.00+（260 000.00-50 000.00-50 000.00）×6%÷12=12 800.00（元），而当月该车间已计提折旧21 000.00元，因此应调减折旧费用（21 000.00-12 800.00）元，即8 200.00元。审计人员建议该企业对其业务予以调整，调整分录如下。

借：累计折旧   8 200.00
     贷：制造费用   8 200.00
借：管理费用——折旧费   250.00
     其他业务成本   250.00
     贷：累计折旧   500.00

甲有限公司内部审计机构编制的审计工作底稿，如下表所示。

固定资产 审计工作底稿

索引号：××××××

被审计单位	甲有限公司		
审计事项	固定资产折旧		
审计期间或截止日期	2019.1.1—2019.12.31		
审计人员		编制日期	

审计结论或
基本事实
	该公司12月份基本生产车间设备计提折旧时，虚构固定资产一项，并将应在管理费用和其他业务成本账户核算的折旧费计入制造费用账户，经计算12月份应计提的折旧额为12 000.00+（260 000.00-50 000.00-50 000.00）×6%÷12=12 800.00（元），而当月该车间已计提折旧21 000.00元，因此应调减折旧费用（21 000.00-12 800.00）元，即8 200.00元。企业多计提折旧可能是为了减少利润少缴所得税，也可能是会计人员计算差错所致。应予调整，调整分录如下。
	
	借：累计折旧 8 200.00
	   贷：制造费用 8 200.00
	借：管理费用——折旧费 250.00
	   其他业务成本 250.00
	   贷：累计折旧 500.00		

审计依据	《企业会计准则——固定资产》		
复核意见			
复核人员		复核日期	

任务三 固定资产减值准备审计

（一）任务基础

根据《企业会计准则第8号——资产减值》的规定，企业应当在资产负债表日，对固定资产、在建工程等长期项目逐项进行检查，如果由于市价持续下跌，或技术陈旧、损坏、长期闲置等原因导致可收回金额低于账面价值的，应将可收回金额低于账面价值的差额作为固定资产减值准备。

（二）任务实施

1. 固定资产减值准备的审计目标

固定资产减值准备审计目标一般包括以下几项。

（1）确定计提固定资产减值准备的方法是否恰当。

（2）固定资产减值准备的计提是否充分。

（3）固定资产减值准备增减变动记录是否完整。

（4）确定固定资产减值准备期末余额是否正确。

（5）确定固定资产减值准备的披露是否恰当。

2. 固定资产减值准备的审计

（1）获取或编制固定资产减值准备明细表，复核加计是否正确，并与总账数和明细账合计数核对是否相符。

（2）检查被审计单位计提固定资产减值准备的依据是否充分，会计处理是否正确。

（3）实施分析程序，计算本期末固定资产减值准备占期末固定资产原值的比率，并与初期该比率进行比较，分析固定资产的质量状况。

（4）检查被审计单位处置固定资产时，原计提的减值准备是否同时结转，会计处理是否正确。

（5）检查是否存在转回固定资产减值准备的情况。按照企业会计准则的规定，固定资产减值损失一经确认，在以后会计期间不得转回。

（6）确定固定资产减值准备的披露是否恰当。

3. 固定资产减值准备审计实例

【工作实例 6-6】审计人员审计甲有限公司 2019 年度会计报表时，了解到该公司固定资产的期末计价采用成本与可变现净值孰低法，2019 年年末该公司部分固定资产有关资料及会计处理情况，如下表所示。

固定资产减值准备明细表

单位名称：甲有限公司　　　　　　　　2019 年 12 月 31 日　　　　　　　　单位：元

固定资产名称	账面原值	累计折旧	已提取减值准备	可变现净值	计提减值准备
设备 A	250 000.00	40 000.00		0.00	210 000.00
设备 B	100 000.00	0.00		10 000.00	100 000.00
设备 C	200 000.00	50 000.00	150 000.00	0.00	0.00
设备 D	300 000.00	30 000.00	20 000.00	0.00	40 000.00
...	...	...	...	...	...

经询问相关人员和审查相关信息资料后得知。

（1）设备 A：该设备生产的产品是大量的不合格品，因此按设备资产净值补提减值准备。

（2）设备 B：因长期未使用，在可预见的未来不会再使用，经认定其转让价值为

10 000.00 元。

（3）设备 C：上年度已遭毁损，不再具有使用价值和转让价值，在上年度已全额减值准备，甲有限公司本年度又计提累计折旧 20 000.00 元。

（4）设备 D：未发现减值迹象，公司从谨慎原则出发，从本年度起每年计提减值准备 40 000.00 元。

【请问】该有限公司的做法是否正确？

解析：根据《企业会计准则第 8 号——资产减值》的规定及认定资产减值准备的基本条件，审计人员对该公司上述固定资产会计事项提出以下审计意见。

（1）对于设备 A，当企业的固定资产由于使用而产生大量不合格品的，企业应当计提全额减值准备。该设备的固定资产原值为 250 000.00 元，已提累计折旧为 40 000.00 元，净值为 210 000.00 元，所以该公司补提 210 000.00 元的减值准备是正确的。

（2）对于设备 B，只有当企业的固定资产由于长期闲置不用，在可预见的未来不会再使用且无转让价值的情况下，方可计提全额准备，而该公司的该设备虽然由于闲置不用，已无使用价值，但仍有转让价值 10 000.00 元，因此不符合全额计提准备的条件。该公司的全额计提准备的做法将会使企业的费用多计、利润少计、固定资产的价值虚减。审计人员应建议冲回多计提的准备，同时考虑该项调整对当期利润及所得税的影响。

（3）对于设备 C，企业的固定资产在遭受毁损，以至于不再具有使用价值和转让价值时，应在按规定程序核准报废处理前，全额计提减值准备。而且在对资产计提了全额准备后不再计提折旧，应及时对其进行处理。该公司不仅未对此设备进行处理，反而计提了 20 000.00 元的累计折旧，此做法将会使企业费用虚计、利润少计。审计人员应建议首先将计提的累计折旧冲回，并按规定程序处理该设备，同时考虑该项调整对当期利润及所得税产生的影响。

（4）对于设备 D，如果企业的固定资产无任何减值的迹象，不能擅自计提减值准备。公司这种做法将会使企业的费用多计、利润少计、资产的价值虚减。所以，审计人员应建议调整冲回，同时考虑该项调整对当期利润及所得税的影响。

任务四　无形资产及其他资产审计

（一）任务基础

无形资产是指企业拥有或者控制的没有实物形态的可辨认的非货币性资产，包括专利权、非专利技术、商标权、著作权、土地使用权等。其他资产是指不能包括在流动资产、长期投资、固定资产、无形资产等以外的资产，主要包括长期待摊费用和其他长期资产。尤其无形资产，是单位资产的重要组成部分，它是一种无形状但却能长期为单位使用、给单位带来某种经济利益的非货币性资产。在国际竞争日益激烈、知识经济凸现的今天，无形资产对社会经济进步的促进作用日益突出，越来越受到人们的普遍关注。由于无形资产在资产总额中的比重越来越大，所以审计人员也应重视对无形资产的审计。

（二）任务实施

1. 无形资产的审计目标

无形资产的审计目标一般包括以下几项。

（1）确定资产负债表中记录的无形资产是否存在。

（2）确定记录的无形资产是否归被审计单位拥有或控制。

（3）确定所有应当记录的无形资产是否均已记录。

（4）确定无形资产是否以恰当的金额包括在报表中，与之相关的计价调整是否已恰当记录。

（5）确定无形资产在报表中的列报是否恰当。

2. 无形资产的实质性程序

（1）获取或编制无形资产明细表，复核加计是否正确，并与总账数和明细账合计数核对相符，结合无形资产累计摊销、减值准备科目与报表数核对是否相符。

（2）检查无形资产的增加和减少。检查无形资产的入账价值是否正确，无形资产的处置是否经过授权，会计处理是否正确。

（3）检查被审计单位确定无形资产使用寿命的依据，分析其合理性。

（4）检查无形资产的后续支出是否合理，会计处理是否正确。

（5）结合长、短期借款等项目审计，了解是否存在用于债务担保的无形资产。如有，则应取证并记录，并提请被审计单位作恰当披露。

（6）检查无形资产摊销、减值准备的计算和会计处理是否正确。

（7）审查无形资产在报表中的列报是否恰当。

3. 无形资产审计

（1）无形资产取得的审查

【工作实例 6-7】甲制造工厂审计人员王建对其 2019 年度无形资产进行审查时，发现几张记账凭证及所附原始凭证，如下列所示。

记 账 凭 证

2019 年 05 月 12 日　　　　　　　　　　　第 33 号

摘要	会计科目	明细科目	借方	贷方
研发无形资产	无形资产		25 000.00	
	银行存款			25 000.00
合　计			25 000.00	25 000.00
附单据　1 张				

会计主管：杨磊　　　　　　会计：张林　　　　　　制证：张林

中国工商银行现金支票存根

Ⅵ11022497××

附加信息_____

_____

出票日期 2019 年 05 月 12 日

| 收款人：甲制造工厂 |
| 金　　额：¥25 000.00 |
| 用　　途：备用 |

单位主管　　王林　　会计

记 账 凭 证

2019 年 10 月 15 日　　　　　　　　　　第 40 号

摘要	会计科目	明细科目	借方	贷方
支付无形资产有关费用	无形资产		20 000.00	
	银行存款			20 000.00
合　　计			20 000.00	20 000.00

附单据　1 张

会计主管：杨磊　　　　　　　会计：张林　　　　　　　制证：张林

中国工商银行现金支票存根

Ⅵ1102249788

附加信息_____

_____

出票日期 2019 年 10 月 15 日

| 收款人：甲制造工厂 |
| 金　　额：¥20 000.00 |
| 用　　途：付费 |

单位主管　　王林　　会计

经询问相关人员和审查相关信息资料后得知。

审计人员审查某有限公司 2019 年度资产负债表，了解到该有限公司从年初开始研究开发了一项新技术。该技术在研究期间发生各项费用共 25 000.00 元，为使该技术运用到生产中，发生了相关费用 20 000.00 元。上述费用在该有限公司进行会计处理时均计入了无形资产。另外，实际开发阶段共耗用材料费用 50 000.00 元，工资费用 30 000.00 元，其他费用 1 500.00 元。到 2019 年 10 月 12 日研制成功，发生律师费、注册费共计 60 000.00 元，已进行了正确的处理。

【请问】该有限公司这样处理是否正确？如不正确，应如何调整？

解析：不正确，根据《企业会计准则第 6 号——无形资产》中的规定，企业自行开发的并依法申请取得的无形资产，其入账价值包括在开发阶段中能可靠计量的各项支出及依法申请取得时发生的律师费、注册费等费用。在研究阶段及无形资产确认后发生的相关费用均应计入当期损益。建议调整如下。

借：管理费用　　　　45 000.00

　　贷：无形资产　　　　45 000.00

甲制造工厂内部审计机构编制的审计工作底稿，如下表所示。

无形资产 审计工作底稿

索引号：××××××

被审计单位	甲制造工厂		
审计事项	无形资产		
审计期间或截止日期	2019.1.1—2019.12.31		
审计人员	王建	编制日期	
审计结论或 基本事实	该企业从年初开始研究开发了一项新技术，该技术在研究期间发生各项费用共计 25 000.00 元，为使该技术运用到生产中，发生了相关费用 20 000.00 元，均计入了无形资产。根据企业会计准则规定，企业自行开发的并依法申请取得的无形资产，其入账价值包括在开发阶段中能可靠计量的各项支出及依法申请取得时发生的律师费、注册费等费用。在研究阶段及无形资产确认后发生的相关费用均应计入当期损益。该企业的处理虚增了无形资产，虚减了当期费用。应予调整，调整分录如下。 借：管理费用　　45 000.00 　　贷：无形资产　　　45 000.00		
审计依据	《企业会计准则——无形资产》		
复核意见			
复核人员		复核日期	

（2）无形资产的摊销审查

【工作实例6-8】 2020 年 1 月，审计人员在审计甲有限公司 2019 年度会计报表时，发现该公司的管理费用明显高于上年度的费用。通过查阅管理费用明细账发现，公司将尚有 5 年使用期限的"商标权"的摊余价值 20 万元全部计入了管理费用账户。记账凭证如下表所示。

记 账 凭 证

2019 年 12 月 31 日　　　　　　　　　　　第 33 号

摘要	会计科目	明细科目	借方	贷方
摊销无形资产	管理费用		200 000.00	
	无形资产			200 000.00
合　计			200 000.00	200 000.00

附单据　张

会计主管：杨磊　　　　　　会计：张林　　　　　　制证：张林

该商标权每年的摊销额为 40 000.00 元。

【请问】 该公司的做法是否正确？你将如何编写内部审计工作底稿呢？被审计单位应如何做会计分录呢？

解析：不正确。根据企业会计准则的规定，企业的无形资产应当自取得当月起在预计使用年限内分期平均摊销，计入损益。只有当无形资产预期不能给企业带来经济利益时，企业才能将该无形资产的账面价值予以转销。在审计过程中，该公司不能拿出全部摊销无形资产的理由，因此，审计人员可以认定其相关会计处理是错误的。调整分录如下。

借：无形资产　　　200 000.00

　　贷：管理费用　　　160 000.00

　　　　累计摊销　　　40 000.00

甲有限公司内部审计机构编制的审计工作底稿，如下表所示。

无形资产 审计工作底稿

索引号：××××××

被审计单位	甲有限公司		
审计事项	无形资产摊销		
审计期间或截止日期	2019.1.1—2019.12.31		
审计人员		编制日期	
审计结论或基本事实	该公司将尚有5年使用期限的“商标权”的摊余价值20万元全部计入了管理费用账户。根据企业会计准则的规定，企业的无形资产应当自取得当月起在预计使用年限内分期平均摊销，计入损益。只有当无形资产预期不能给企业带来经济利益时，企业才能将该无形资产的账面价值予以转销。该公司不能拿出全部摊销无形资产的理由，因此，审计人员可以认定其相关会计处理导致当期费用虚增，资产虚减。应予调整，调整分录如下。 借：无形资产　　200 000.00 　　贷：管理费用　　160 000.00 　　　　累计摊销　　40 000.00		
审计依据	《企业会计准则——无形资产》		
复核意见			
复核人员		复核日期	

【想一想】以该案例为主，你认为还有哪些相关分录需要进行调整？

（3）无形资产转让的审计

【工作实例6-9】2019年6月，审计人员在对ABC有限公司无形资产项目进行审查后，发现该企业有一笔向外转让的无形资产，其记账凭证和相关的原始凭证，如下列所示。

记　账　凭　证

2019年05月22日　　　　第12号

摘要	会计科目	明细科目	借方	贷方
出售无形资产	银行存款		127 200.00	
	无形资产			120 000.00
	应交税费	增值税（销项税）		7 200.00
合　计			127 200.00	127 200.00
附单据　3张				

会计主管：何祘　　　　会计：细算　　　　制证：细算

无形资产转让拨出单

受让单位：甲公司　　　　　　2019 年 5 月 22 日

转让单位：ABC 有限公司　　　　　　　　　　　　　　　编号 345

名称	单位	数量	转让价值	原始价值	累计摊销	备注
服装类商标权	项	1	120 000.00	180 000.00	90 000.00	出售
合计			120 000.00	180 000.00	90 000.00	

转入单位主管：　　转入单位（公章）　　转出单位主管：　　转出单位（公章）　　制单：李军

 370017××××

山东增值税专用发票

此联不作报销、扣税凭证使用　　开票日期：2019 年 5 月 22 日　　No 05227478

购买方	名　　称：甲公司　　　　　　　　　　　　　　纳税人识别号：27065688372656××××　　　　地址、电话：　　　　　　　　　　　　　　　开户行及账号：工行烟台分行 1565675××××	密码区	6+〈2〉6〉927+296+/ ＊ 01446〈600375〈35〉〈4/ ＊ 37009931410 2-2〈2051+24+2618〈7 07050445 /3-15〉〉09/5/-1〉〉〉＊26598134＊334256

货物或应税劳务名称	规格型号	单位	数量	单价	金额	税率	税额
服装类商标权		项	1	120 000	120 000.00	6%	7 200.00
合　计					¥120 000.00		¥7 200.00

价税合计（大写）　⊗壹拾贰万柒仟贰佰圆整　　（小写）¥127 200.00

销售方	名　　称：ABC 有限公司　　　　　　　　　　纳税人识别号：23033888855321××××　　　　地址、电话：　　　　　　　　　　　　　　　开户行及账号：工行济南历下支行 8976555××××	备注	23033888855321×××× 发票专用章

收款人：　　　　复核：　　　　　　　开票人：林强　　　　　销售方：（章）

中国工商银行进账单（回单或收账通知）

2019 年 5 月 22 日　　　　　　　第　　号

付款人	全称	甲公司	收款人	全称	ABC 有限公司	
	账号	1565675××××		账号	8976555××××	
	开户银行	工行		开户银行	工行	

人民币（大写）	壹拾贰万柒仟贰佰圆整	百	十	万	千	百	十	元	角	分
		¥	1	2	7	2	0	0	0	0

票据种类	转账支票
票据张数	1 张

单位主管　　会计　　复核　　记账

收款人开户行盖章

此收联款是人收的款回人单开或户收行账交通给知

【请问】该公司的做法是否正确？你将如何编写内部审计工作底稿？

解析：不正确。根据企业会计准则的规定，企业出售无形资产应通过"资产处置损益"

账户核算，并冲销无形资产及累计摊销的账面价值。调整分录如下。

借：累计摊销　　　　　　　　90 000.00
　　贷：无形资产　　　　　　　　　60 000.00
　　　　资产处置损益　　　　　　　30 000.00

【学中做】试编写 ABC 有限公司内部审计机构编制的无形资产审计的工作底稿。

（4）无形资产减值准备的审查

企业通常定期对无形资产的账面价值进行检查，并在特殊情况下，对无形资产的可收回金额进行估计，并将无形资产的账面价值超过可回收金额的部分确认为减值准备。审计人员在审查时应注意：企业计提减值准备的无形资产是否符合会计制度的规定；可收回金额的估计是否合理；计提减值准备的会计处理是否正确；已计提的减值准备有无转回的情况。

4. 其他资产的审查——长期待摊费用的审计

长期待摊费用是发生的不能全部计入当期损益，应在以后超过一年的期限内分期摊销的各项费用。

长期待摊费用的审计目标一般包括确定资产负债表中记录的长期待摊费用是否存在；所确定有应当记录的长期待摊费用是否均已记录；确定记录的长期待摊费用是否由被审计单位拥有或控制；确定资产负债表中的长期待摊费用是否以恰当的金额包括在财务报表中，与之相关的计价或分摊调整是否已恰当记录；确定长期待摊费用是否已按照企业会计准则的规定在财务报表中做出恰当列报。

任务训练

一、简答题

1. 简述固定资产内部控制的内容。
2. 简述固定资产增加的审计要点。
3. 简述累计折旧的审计目标。

二、单项选择题

1. 下列各项目不属于固定资产的内部控制制度的是（　　）。
　　A. 授权批准制度　　B. 预算制度　　　　C. 定期盘点制度　　D. 保险制度
2. 审计人员实地观察的重点是（　　）的重要固定资产。
　　A. 本期增加　　　　B. 本期减少　　　　C. 本期报废　　　　D. 本期正在使用
3. 固定资产折旧审计的目标不应包括（　　）。
　　A. 确定固定资产的增加、减少是否符合预算和经过授权批准
　　B. 确定折旧政策和方法是否符合国家有关法规的规定
　　C. 确定适当的折旧政策和方法是否得到一贯遵守
　　D. 确定折旧额的计算是否正确

4. 在审查报废的固定资产时，应注意报废固定资产的净损失按规定应计入下列（ ）科目。

  A. 投资收益   B. 营业外支出 C. 制造费用   D. 管理费用

5. 盘盈固定资产经批准后，正确的会计处理应转入（ ）。

  A. 营业收入   B. 营业外收入 C. 投资收益   D. 以前年度损益调整

三、多项选择题

1. 检查折旧计提和分配时，审计人员应注意（ ）。

  A. 计算复核本期折旧费用的计提是否正确

  B. 检查折旧费用的分配是否正确

  C. 检查折旧费用的分配是否与上期分配方法一致

  D. 注意固定资产增减变动时，有关折旧的会计处理是否符合规定

2. 下列审计程序中，属于固定资产减少的程序是（ ）。

  A. 复核本期是否有新增加的固定资产替换了原有固定资产

  B. 分析"营业外收支"账户

  C. 追查停产产品的专用设备处理

  D. 审核固定资产的验收报告

3. 下列分析程序中，能发现累计折旧的错误有（ ）。

  A. 对折旧计提的总体合理性进行复核

  B. 计算本期计提折旧额占固定资产原值的比率

  C. 计算累计折旧额占固定资产原值的比率

  D. 计算固定资产原值与本期产品产量的比率并与以前期间比较

4. 固定资产的审计范围包括（ ）。

  A. 固定资产的增加   B. 固定资产的减少

  C. 固定资产的余额   D. 固定资产的折旧额

  E. 以上均正确

5. 下列各项中，属于固定资产减少的有（ ）。

  A. 固定资产盘亏   B. 出售固定资产

  C. 固定资产报废   D. 以经营租赁方式出租固定资产

四、判断题（正确的打"√"，错误的打"×"）

1. 审查固定资产减少的主要目的在于查明已减少的固定资产是否已做适当的会计处理。   （ ）

2. 固定资产采购、付款、保管、记账应由不同人员分别负责，实行必要的职务分离。   （ ）

3. 在考虑固定资产减值准备的前提下，影响折旧的因素包括折旧的基数、累计折旧、固定资产减值准备、固定资产预计净残值和固定资产尚可使用年限五个方面。 （ ）

4. 因更新改造而停止使用的固定资产应继续计提折旧，因大修理而停止使用的固定资产不应再计提折旧。   （ ）

技能训练

训练一：练习固定资产及折旧的审计

资料：审计人员李强在审计甲公司固定资产折旧的正确性时，发现该企业 2019 年 6 月 25 日购入桑塔纳轿车一辆，购车发票金额 23 万元以银行存款转账支付，办妥有关手续后，轿车投入使用。该企业有关账簿记录，如下列所示。

银行存款日记账

2019 年		凭证字号	摘要	对方科目	结算凭证种类号数	借方	贷方	余额
月	日							
6	24		承前面					3 546 998.60
6	25	120	付桑塔纳车款	固定资产	转支		230 000.00	3 316 998.60
6	26	125	付桑塔纳车牌照	管理费用	转支		65 000.00	3 251 998.60
6	…	…	…	…	…	…	…	…

固定资产——运输设备（桑塔纳轿车）明细账

2019 年		凭证号	摘要	借方	贷方	余额
月	日					
6	25	120	购入轿车	230 000.00		230 000.00

记 账 凭 证

2019 年 6 月 30 日　　　　　　　　　　　　　　　　　第 179 号

摘要	会计科目	明细科目	借方	贷方
计提折旧	管理费用	折旧费	4 792.00	
	累计折旧			4 792.00
合计			4 792.00	4 792.00

附单据　张

会计主管：刘江　　　　　　　　会计：黄兰　　　　　　　　制证：黄兰

固定资产折旧计算表

2019 年 6 月 30 日

固定资产项目	原值	使用年限	年折旧率	月折旧额	备注
桑塔纳轿车	230 000.00	4	25%	4 792.00	

查至 2019 年年末，上述桑塔纳轿车计提折旧累计 33 544.00 元（4 792.00×7）。审计人员经过审查，发现该项固定资产计提折旧年限应为 5 年，残值率为 3%。

【要求】根据上述资料，分析指出该公司业务处理所存在的问题，代替审计人员重编固定资产折旧计算表，如下表所示，并编制审计调整分录。

固定资产折旧计算表

年　　月　　　　　　　　　　　　　　　　　单位：元

固定资产项目	原值	使用年限	年折旧率	月折旧额	全年应提折旧总额

训练二：练习固定资产及折旧的审计

资料：2020 年审计人员在对甲企业 2019 年固定资产进行审计时，发现固定资产购入业务有关账簿的记录，如下列所示。

银行存款日记账

2019 年		凭证字号	摘要	对方科目	结算凭证种类号数	借方	贷方	余额
月	日							
5	18		承前面					3 546 998.60
5	18	66	付机器设备款	固定资产	转支		800 000.00	2 746 998.60
5	18	66	增值税	应交税费	转支		104 000.00	2 642 998.60
5	18	67	保险费等	管理费用	转支		6 000.00	2 636 998.60
5	...	...	...	...	...	...	...	...

固定资产——机器设备明细账

2019 年		凭证号	摘要	借方	贷方	余额
月	日					
5	18	66	购入设备	800 000.00		800 000.00

记　账　凭　证

2019 年 5 月 18 日　　　　　　　　　　　　　　第 66 号

摘要	会计科目	明细科目	借方	贷方
购买设备	固定资产	机器设备	800 000	
	应交税费	应交增值税（进项税额）	104 000	
	银行存款			904 000
合计			904 000	904 000
附单据　2 张				

　　会计主管：王林　　　　　　会计：张磊　　　　　　制证：张磊

所附原始凭证为增值税专用发票和转账支票存根（略）。

记 账 凭 证

2019 年 5 月 18 日   第 67 号

摘要	会计科目	明细科目	借方	贷方
付保险费等	管理费用		6 000	
	银行存款			6 000
合计			6 000	6 000
附单据 1 张				

会计主管：王林   会计：张磊   制证：张磊

所附原始凭证为转账支票存根（略）。

【要求】根据上述资料，分析指出该公司账务处理所存在的问题，并编制审计调整分录。（假设预计使用年限为 10 年，净残值预计为 3%）

训练三：练习固定资产及折旧的审计

资料：审计人员在审查甲工厂的固定资产时，发现该厂出售的固定资产账簿处理情况，如下列所示。

银行存款日记账

2019 年		凭证字号	摘要	对方科目	结算凭证种类号数	借方	贷方	余额
月	日							
8	20		承前面					3 789 523.80
8	20	87	出售固定资产	固定资产		5 000.00		3 794 523.80
8	20	87	增值税	应交税费		650.00		3 795 173.80
8	20	88	固定资产清理费用	营业外支出	转支		3 000.00	3 792 173.80
8	…	…	…	…	…	…	…	…

固定资产——机器设备明细账

2019 年		凭证号	摘要	借方	贷方	余额
月	日					
8	20	87	出售固定资产		5 000.00	5 000.00

记 账 凭 证

2019 年 8 月 20 日   第 87 号

摘要	会计科目	明细科目	借方	贷方
出售固定资产	银行存款		5 650.00	
	固定资产			5 000.00
	应交税费	增值税（销项税）		650.00
合计			5 650.00	5 650.00
附单据 2 张				

会计主管：王林   会计：张磊   制证：张磊

所附原始凭证为银行进账单和增值税专用发票（略）。

记 账 凭 证

2019 年 8 月 20 日 第 88 号

摘要	会计科目	明细科目	借方	贷方
固定资产清理费用	营业外支出		3 000.00	
	银行存款			3 000.00
合计			3 000.00	3 000.00
附单据 1 张				

会计主管：王林　　　　　会计：张磊　　　　　　　制证：张磊

所附原始凭证为转账支票存根（略）。

同时了解到该项固定资产原始价值 50 000 元，预计使用 5 年，预计净残值 2 000 元，采用双倍余额递减法计提折旧，已使用 3 年并将其报废出售。

【要求】

（1）指出该业务的账务处理是否正确，根据复算的结果编制会计分录。

（2）指出该业务的错误所在及其影响。

项目七 职工薪酬核算岗位审计

任务目标

了解职工薪酬核算岗位的工作任务；调查了解应付职工薪酬的内部控制制度是否完善、有效且一贯执行；掌握应付职工薪酬核算岗位主要账户的审计；掌握应付职工薪酬核算岗位其他账户的审计。

能力目标

能够掌握并运用审核法、观察法、询问法、分析性复核等审计方法；能够判断职工薪酬核算岗位管理方面是否存在漏洞；能够纠正会计处理错弊；熟练编写审计工作底稿。

任务内容

职工薪酬岗位核算基本知识；相关内部控制管理制度；应付职工薪酬、研发支出和其他应收款审计的主要程序和方法。

岗位任务

职工薪酬核算岗位的主要工作任务有以下几项。

（1）会同有关部门拟定企业职工薪酬管理与核算的实施办法。

（2）搜集企业所在行业员工薪酬福利状况的数据和信息，调查分析企业员工薪酬福利需求。

（3）协同主管并会同有关部门开展员工薪酬满意度调查。

（4）负责企业员工工资、奖金的核算和各项福利的发放工作，按时编制员工工资表。

（5）汇总统计企业各部门员工考勤、休假和加班情况，对员工考勤进行管理。

（6）负责企业员工各项社会保险的统计、基数核定、计算并缴纳等工作。

（7）搜集和整理与企业薪酬福利相关的报表、文件、表单等。

（8）参与其他与职工薪酬有关的管理和核算工作。

任务一 人力资源与工薪循环的内部控制审计

（一）任务基础

人力资源是指一定时期内组织中的人所拥有的能够被企业所用，且对价值创造起贡献作用的能力、技能、经验、体力等方面的总称。

职工薪酬是企业为获得职工提供的服务或解除劳动合同而给予各种形式的报酬或补偿。职工薪酬是企业在生产经营过程中发生的各项耗费支出的主要组成部分，直接关系到产品成本和价格的高低，如有重大错报将直接影响企业生产经营成果；同时职工薪酬岗位直接涉及现金，是容易出现舞弊行为的环节。因此，审计人员应当特别关注职工薪酬核算岗位的审计。

（二）任务实施

1. 人力资源与工薪循环的内部控制审计目标

（1）工资薪金经过适当的审核和批准。
（2）工资薪金的支付对象是真正的在编人员。
（3）工资薪金的变化是合理的，并经过批准的。
（4）工资薪金以正确的金额，在恰当的会计期间及时记录于适当的账户。

2. 人力资源与工薪循环的内部控制

人力资源与工薪循环内部控制主要包括：人力资源政策、规章、制度的控制；职位分工与职责权限的控制；人员招聘与录用的控制；员工培训的控制；员工绩效考核的控制；薪金、津贴和福利的控制。

审计人员通过问卷调查，了解被审计单位关于职工薪酬的内部控制制度是否完善；同时还要对职工薪酬的内部控制制度进行审计，看其是否有效且一贯遵守，并且要特别注意不相容岗位是否恰当分离，评价其出现舞弊行为的风险；然后对职工薪酬内部控制制度进行评价，评价其存在重大错报的风险程度，风险程度可用高、中和低表示。在对职工薪酬的内部控制制度进行实质性审计过程中，如果出现重大错报和舞弊行为的风险较高，审计人员应特别关注，并将其作为重点领域进行详细审计。

3. 人力资源与工薪循环的内部控制审计

人力资源与工薪循环的内部控制审计，首先应对内部控制制度进行调查、了解，然后进行实质性测试，对人力资源与工薪循环的内部控制进行评价，确定人力资源与工薪循环的内部控制是否完善、有效且一贯遵守，找出存在风险的环节，明确审计重点。

【工作实例7-1】ABC食品加工有限公司审计人员李运、王军对2019年人力资源与工薪循环的内部控制进行审计，将采用问卷、调查、询问、测试等方法进行审计，具体程序如下。

第一步：获取人力资源与工薪循环的内部控制制度书面资料，审核发现，人力资源部大部分员工无岗位责任制。

第二步：问卷调查，如下表所示。

人力资源与工薪循环内部控制制度调查表

审计单位名称	ABC食品加工有限公司	日期		索引号	
审计项目名称	职工薪酬内部控制调查	编制人		×××	
会计期间或截止日	20××年度	复核人	×××	页次	

续表

被审计单位名称	ABC食品加工有限公司	日期		索引号	
问题		是	否	不适用	备注
（1）是否制定人力资源相关制度			√		
（2）是否制定人力资源需求计划			√		
（3）是否编制人力资源费用预算			√		
（4）是否有关键岗位员工强制休假制度			√		
（5）是否有关键岗位员工定期岗位轮换制度			√		
（6）是否有对掌握商业秘密的员工离岗的限制性规定			√		
（7）人力资源与工薪循环的岗位是否相互分离		√			
（8）各岗位员工是否有岗位责任制			√		
（9）员工的招聘和录用是否经过授权审批			√		
（10）是否建立完整的员工档案和工资档案		√			
（11）所招聘的员工是否都签订劳动合同			√		
（12）是否有完善的员工培训制度			√		
（13）是否制定绩效考核制度			√		
（14）是否发生考核申诉并及时处理			√		
（15）是否制定各部门、各岗位员工的工资标准		√			
（16）是否制定薪酬福利计划		√			
（17）员工工资的调整是否经过授权审批，并及时计入员工人事档案			√		
（18）银行代发工资，财务是否开立专门的薪酬银行账户		√			
（19）是否建立健全员工考勤制度			√		
（20）员工请假是否经过批准			√		
审计结论：调查发现，内部控制制度不完善；有的制度虽然制定但不完善且未能一贯遵守；针对调查中存在的问题，采用实质性测试程序进一步确认					

第三步：审核企业制度的制定过程时，有关部门的解释是各项制度均已制定，分发至各部门，没有装订成册；员工岗位责任制已着手制定，但不知什么原因停止了。

第四步：走访调查、询问。与部分员工座谈了解发现，公司不重视职工教育培训，导致员工劳动技能不高，影响劳动效率和产品质量；公司绩效考核流于形式，考核脱离实际，主观性太强；员工请假具有随意性，有的员工不上班仍然开支；没有建立内部薪酬机制，削弱了员工的积极性；员工招聘随意，车间主任就可以招聘和解雇车间工人；车间可能存在虚报员工工资的问题。

第五步：调取工资表与合同、档案。审计人员通过核对发现，很多员工尚未签订劳动合同；到主管职工培训部门了解，本年度尚未组织员工培训。审核职工教育经费支出发现，本年度教育经费支出85 368.50元，经查系部分领导旅游支出却以学习培训名目报销列支；抽审应付职工薪酬账户发现，缴纳五项保险不及时。

第六步：针对上述存在的问题，审计人员约见有关负责人、各部门负责人及有关人员，证明上述问题存在于大多部门之中。

第七步：审计人员与管理层交换意见，认为上述问题基本存在，具体如下表所示。

人力资源与工薪循环审计工作底稿

索引号：ZNS-00XX

被审计单位	ABC食品加工有限公司		
审计事项	人力资源与工薪循环审计		
审计期间或截止日期	2019年12月31日		
审计人员	李运、王军	编制日期	2020年3月31日
审计结论或基本事实	内部控制制度不完善，已形成的制度大部分无效，也未能一贯遵守、执行，内控制度薄弱，存在诸多漏洞		
审计依据	《企业会计准则——职工薪酬》《内部审计具体准则——内部控制审计》		
复核意见	（1）完善内部控制制度并监督执行 （2）提出改进内部控制的建议 （3）对内部控制制度的执行情况进行后续审计 （4）要求及时缴纳五险一金		
复核人员	杨洋	复核日期	2020年3月31日

任务二　职工薪酬等级和职工薪酬标准审计

（一）任务基础

职工薪酬等级标准就是以员工的职务、职称、资格、学历、技能以及工龄等划分的，每个级别里设置不同的档次，从而制定出基本的工资额。某公司行政部门员工薪酬等级标准，如下列所示。

工资等级表

岗 位 名 称	岗 位 等 级	岗 位 名 称	岗 位 等 级
总经理	1～3	副总经理	2～7
技术总监	2～7	财务总监	2～7
行政总监	2～7	技术开发部部长	4～9
企业发展部部长	4～9	财务部长	4～9
企业发展部经理	6～11	人力资源部部长	4～9
高级工程师	6～11	财务主管会计	6～11
人力资源部经理	6～11	工程师	8～12
财务会计	8～12	人力资源部主管	8～12
企业发展部主管	8～12	企业发展部文员	10～13
人力资源部文员	10～13	出纳员	10～13
技术员	10～13	司机、勤杂	14
试用期	13	实习生	15

基本工资级别档次表

	一　档	二　档	三　档	四　档	五　档
一级	6 000.00	5 900.00	5 800.00	5 700.00	5 600.00
二级	5 500.00	5 400.00	5 300.00	5 200.00	5 100.00
三级	5 000.00	4 900.00	4 800.00	4 700.00	4 600.00
四级	4 500.00	4 400.00	4 300.00	4 200.00	4 100.00
五级	4 000.00	3 900.00	3 800.00	3 700.00	3 600.00
六级	3 500.00	3 400.00	3 300.00	3 200.00	3 100.00
七级	3 000.00	2 900.00	2 800.00	2 700.00	2 600.00
八级	2 500.00	2 400.00	2 300.00	2 200.00	2 100.00
九级	2 000.00	1 900.00	1 800.00	1 700.00	1 600.00
十级	1 550.00	1 500.00	1 450.00	1 400.00	1 300.00
十一级	1 350.00	1 250.00	1 200.00	1 150.00	1 050.00
十二级	1 100.00	1 000.00	950.00	900.00	850.00

（二）任务实施

1. 职工薪酬等级和职工薪酬标准审计目标

（1）员工薪酬等级、标准是否合理。

（2）员工薪酬等级、标准是否体现激励和约束机制。

（3）员工薪酬等级、标准是否体现了员工的工作能力和技术技能。

（4）员工薪酬等级、标准是否得到一贯执行。

2. 职工薪酬等级和职工薪酬标准的内部控制

职工薪酬等级和标准的内部控制主要包括：职工薪酬等级、标准管理制度；职工薪酬标准执行考核制度等内部控制。

审计人员通过问卷调查，了解被审计单位关于职工薪酬等级和职工薪酬标准的内部控制制度是否完善；同时还要对职工薪酬等级和职工薪酬标准的内部控制制度进行实质性审计，看其是否得到有效且一贯的遵守；然后对职工薪酬等级、职工薪酬标准内部控制制度进行评价，评价其存在重大错报的风险程度，风险程度可用高、中、低表示。在对职工薪酬等级和职工薪酬标准的内部控制制度进行实质性审计过程中，要特别注意被审计单位是否严格且一贯遵守职工薪酬等级和职工薪酬标准，评价其存在舞弊行为的风险。如果出现重大错报和舞弊行为的风险较高，审计人员应特别关注，并将其作为重点领域进行详细审计。

3. 职工薪酬等级和职工薪酬标准审计

职工薪酬等级和职工薪酬标准的审计，首先应对内部控制制度进行调查、了解，然后进行实质性测试，对职工薪酬等级和职工薪酬标准的内部控制进行评价，看其内部控制是否完善、有效且得到一贯遵守，找出其存在风险的环节，确定审计重点。

【工作实例 7-2】 丙食品加工有限公司审计人员李运、王军对 2019 年职工薪酬等级和职工薪酬标准进行审计，采用问卷、调查、询问、测试、检查、核对的审计方法进行，具体方法如下。

第一步：获取职工薪酬等级和职工薪酬标准，标准管理制度，该部门员工岗位责任制书面资料，该部门员工无岗位责任制。

第二步：问卷调查，如下表所示。

职工薪酬等级和职工薪酬标准内部控制调查表

被审计单位名称	丙食品加工有限公司		日期		索引号	
审计项目名称	职工薪酬等级和职工薪酬标准调查		编制人		×××	
会计期间或截止日	2019 年度		复核人	×××	页次	
问题			是	否	不适用	备注
（1）是否制定职工薪酬等级标准管理制度				√		
（2）是否制定职工薪酬等级标准实施细则				√		
（3）是否制定职工薪酬等级标准执行考核制度				√		
（4）制定职工薪酬等级标准和修改是否征求职工意见并举行听证会			√			
（5）职工薪酬等级标准和修改是否经权力机构批准				√		
（6）职工薪酬等级标准是否得以全面执行				√		
（7）是否存在随意调整工资的情况			√			
（8）职工薪酬等级标准的执行是否违背其他有关制度				√		
（9）人力资源部是否定期检查职工薪酬等级标准的执行情况			√			
（10）该岗位员工是否有岗位责任制				√		
（11）执行职工薪酬等级标准时是否考虑员工实际工作能力和技能				√		
（12）职工薪酬等级标准是否公开、透明				√		
审计结论：职工薪酬等级和职工薪酬标准内部控制制度不健全，职工薪酬等级标准没能有效执行，存有重大错报的风险，应将其作为重点领域进行审计						

第三步：到财务部索取工资表，与职工薪酬等级和职工薪酬标准进行核对发现，有 14 名管理人员和 38 名生产车间工人的基本工资与职工薪酬等级和职工薪酬标准不符，其中 14 名管理人员加薪，38 名车间工人降薪。

第四步：到生产车间与被降薪的 38 名工人的代表谈话，他们表示降薪无正当理由，公司想裁减人员，以此习难；与加薪的 14 名管理人员谈话，他们表示加薪是年终考核，只对成绩突出的人员加薪。

第五步：到人力资源部询问，要求出示对 14 名加薪员工和 38 名降薪员工所做出的加薪、降薪的决定文件，该部门负责人表示该决定是经理办公会做出的，经查没发现做出该决定的经理办公会纪要。

第六步：与公司领导交换意见，认为存在职工薪酬等级和职工薪酬标准方面制度不健全，加薪、降薪没有相应的制度，加薪、降薪不够透明等问题。具体如下表所示。

职工薪酬等级和职工薪酬标准审计工作底稿

被审计单位	丙食品加工有限公司		
审计事项	职工薪酬等级和职工薪酬标准审计		
审计期间或截止日期	2019 年 12 月 31 日		
审计人员	李运、王军	编制日期	2020 年 3 月 31 日
审计结论或基本事实	（1）对 38 名生产车间工人随意降薪，不符合《中华人民共和国劳动法》的有关规定 （2）职工薪酬等级和职工薪酬标准内部控制制度几乎不存在，不按照职工薪酬等级和职工薪酬标准执行		
审计依据	《企业会计准则——职工薪酬》《中华人民共和国劳动法》		
复核意见	（1）对 38 名生产车间工人随意降薪，不符合《中华人民共和国劳动法》的有关规定，应予纠正 （2）完善职工薪酬等级和职工薪酬标准内部控制制度 （3）严格执行职工薪酬等级和职工薪酬标准		
复核人员	杨洋	复核日期	2020 年 3 月 31 日

任务三 五险一金审计

（一）任务基础

五险是指企业按照国务院、各地方政府或企业年金计划规定的基准和比例计算，向社会保险经办机构缴纳的医疗保险费、养老保险费（包括向社会保险经办机构缴纳的基本养老保险费和向企业年金基金相关管理人缴纳的补充养老保险费）、失业保险费、工伤保险费和生育保险费，包括企业以购买商业保险形式提供给职工的各项保险待遇。

一金是指住房公积金。住房公积金是单位及其在职职工缴存的长期住房储金，是住房分配货币化、社会化和法制化的主要形式。住房公积金制度是国家法律规定的重要的住房社会保障制度，具有强制性、互助性、保障性的特点。单位和职工个人必须依法履行缴存住房公积金的义务。

（二）任务实施

1. 五险一金审计目标

（1）五险一金按照规定的基准和比例计算。

（2）五险一金及时、准确缴纳。

（3）五险一金以正确的金额，在恰当的会计期间及时记录于适当的账户。

（4）五险一金已在财务报表中做出恰当列报。

2. 五险一金的内部控制

五险一金的内部控制主要包括职工薪酬管理制度、五险一金管理制度、五险一金稽核制度、五险一金岗位责任制以及与五险一金有关的制度等。

3. 五险一金的审计

五险一金审计，首先应对内部控制制度进行调查、了解，然后进行实质性测试，对五险一金的内部控制进行评价，确定五险一金的内部控制是否完善、有效且得以一贯遵守，找出存在风险的环节，确定审计重点。

【工作实例 7-3】ABC 食品加工有限公司审计人员李运、王军对 2019 年人力资源与工薪循环（五险一金）的内控进行审计，审计采用问卷、调查、询问、测试等方法进行，具体程序如下。

第一步：获取职工薪酬各项内部控制制度及员工岗位责任制。

第二步：五险一金内部控制调查，如下表所示。

五险一金内部控制调查表

被审计单位名称	ABC 食品加工有限公司		日期		索引号	
审计项目名称	五险一金内部控制调查		编制人		×××	
会计期间或截止日	2019 年度		复核人	×××	页次	备注
问题			是	否	不适用	
（1）是否制定该岗位的岗位责任制				√		
（2）是否制定五险一金管理制度				√		
（3）是否制定职工薪酬管理制度			√			
（4）是否及时缴纳五险一金				√		
（5）是否有五险一金稽查制度				√		
（6）是否存在不缴纳五险一金的员工				√		
（7）五险一金是否按照规定的基准和比例计算			√			
（8）新增员工是否及时调整基准，计算并缴纳五险一金			√			
（9）对离职员工是否按规定办理相关手续			√			
审计结论：五险一金内部控制制度不健全，无五险一金稽查制度，存有重大错报风险，应将其作为重点领域进行审计						

第三步：调阅报表、账簿及记账凭证发现下列事实。

1. 该公司按照当地政府有关部门核定的计提基数为 1 000 万元，（其中生产人员工资为 800 万元、车间管理人员工资为 100 万元、厂部管理人员工资为 100 万元）。五险一金比例分别为：养老保险 20%、失业保险 2%、医疗保险 6%、补充医疗保险 3%、工伤保险 0.8%、生育保险 0.5%、住房公积金 12%。

2. 审核应付职工薪酬账户发现，自 7 月份以来始终有贷方余额 28 860 元，其中：应付工资 20 000 元、养老保险 4 000 元、失业保险 400 元、医疗保险 1 200 元、补充医疗保险 600 元、工伤保险 160 元、生育保险 100 元、住房公积金 2 400 元。

第四步：计算与复核。

1. 按核定的计提基数和比例计算，失业保险计提 200 万元，多计提 180 万元。

2. 应付职工薪酬中 7 月份计提工资中尚有 20 000 元没有发放，计提的五险一金 8 860 元未缴纳。

3. 对全年的计提工资及五险一金进行复核。

第五步：询问、调查了解。

通过向有关责任人询问了解确认以下内容。

1. 该岗位人员于 12 月份更换，计算五险一金时将失业保险比例的 2%误按 20%计算，多计提 180 万元失业保险。

2. 有 7 名管理层员工 6 月份离职，由于没能及时将信息传递给该岗位工作人员，7 月份仍然计提离职的 7 名员工工资，并按基准工资总额计提五险一金。

第六步：与公司及部门负责人交换意见，确认上述问题存在，具体如下表所示。

五险一金审计工作底稿

索引号：ZNS-003

被审计单位	ABC 食品加工有限公司		
审计事项	五险一金审计		
审计期间或截止日期	2019 年 12 月 31 日		
审计人员	李运、王军	编制日期	2020 年 3 月 31 日
审计结论或基本事实	（1）该公司 12 月份多计提失业保险 180 万元，违反了会计准则的规定 （2）离职人员不应再计提工资和五险一金		
审计依据	《企业会计准则——职工薪酬》 《内部审计具体准则——内部控制审计》 《中华人民共和国劳动法》		
复核意见	（1）多计提的 180 万元应予调整；调整分录如下。 　借：应付职工薪酬——失业保险　　　1 800 000.00 　　　贷：生产成本——基本生产成本　　　　1 440 000.00 　　　　　制造费用——失业保险费　　　　180 000.00 　　　　　管理费用——失业保险费　　　　180 000.00 （2）7 月份计提的 7 名离职管理员工的工资及五险一金应调整，调整分录如下。 　借：应付职工薪酬——职工工资　　　20 000.00 　　　　　　　　——养老保险　　　　4 000.00 　　　　　　　　——失业保险　　　　400.00 　　　　　　　　——医疗保险　　　　1 200.00 　　　　　　　　——补充医疗保险　　600.00 　　　　　　　　——工伤保险　　　　160.00 　　　　　　　　——生育保险　　　　100.00 　　　　　　　　——住房公积金　　　2 400.00 　　　贷：管理费用——职工工资　　　　20 000.00 　　　　　　　　——五险一金　　　　8 860.00		
复核人员	杨洋	复核日期	2020 年 3 月 31 日

【想一想】如果本年度已经截止，如何重新编制调整分录。

任务四　应付职工薪酬核算审计

（一）任务基础

企业职工薪酬是指企业为获得职工提供的服务而给予各种形式的报酬以及其他相关的

支出，包括职工在职期间和离职后提供给职工的全部货币性薪酬和非货币性福利。企业提供给职工配偶、子女或其他被赡养人的福利等，也属于职工薪酬。职工薪酬主要包括工资、奖金、津贴和补贴；职工福利费；医疗保险费、养老保险费、失业保险费、工伤保险费和生育保险费等社会保险费；住房公积金；工会经费和职工教育经费；非货币性福利；因解除与职工的劳动关系而给予的补偿；其他与获得职工提供的服务相关的支出。

（二）任务实施

1. 应付职工薪酬的审计目标

（1）应付职工薪酬内控制度是否完善、有效且得到一贯遵守。

（2）应付职工薪酬是否真实。

（3）应付职工薪酬计量可靠。

（4）应付职工薪酬以正确的金额，在恰当的会计期间及时记录于适当的账户。

（5）应付职工薪酬已在财务报表中做出恰当列报。

2. 应付职工薪酬核算的内部控制

应付职工薪酬核算的内部控制主要包括会计政策、各岗位员工的岗位责任制、各岗位牵制制度、审核制度、薪酬计划、薪酬预算、工资发放以及不相容职务适当分离等方面的控制，详见下表。

应付职工薪酬核算内部控制调查表

被审计单位名称	××部门		日期		索引号	
审计项目名称	职工薪酬内部控制调查		编制人		×××	
会计期间或截止日	20××年度		复核人	×××	页次	
问题			是	否	不适用	备注
（1）是否制定应付职工薪酬核算办法或制度			√			
（2）是否编制工资预算			√			
（3）职工薪酬的计算、审批和发放等岗位是否相互分离				√		
（4）各岗位员工是否有岗位责任制				√		
（5）是否建立完整的员工档案和工资档案			√			
（6）是否制定各部门、各岗位员工的工资标准				√		
（7）员工的工资级别及享受的福利待遇是否有明确约定			√			
（8）是否制订薪酬福利制度与福利计划			√			
（9）员工工资的调整是否经过授权审批				√		
（10）员工工资的调整是否及时计入员工人事档案			√			
（11）银行代发工资、财务是否开立专门的薪酬银行账户			√			
（12）是否建立健全员工考勤制度				√		
（13）工资计算是否以考勤结果和员工工作量统计单为依据				√		
（14）员工请假是否经过批准			√			
（15）员工加班是否经过批准				√		
审计结论：调查发现，内部控制制度不完善，有的制度虽然制定但不完善且未能得到一贯遵守，不相容岗位未适当分离等，内部控制存在一定风险						

3. 应付职工薪酬核算审计

应付职工薪酬核算审计，首先应对内部控制制度进行调查、了解，然后进行实质性测试。对应付职工薪酬核算的内部控制进行评价，确定其应付职工薪酬核算的内部控制是否完善、有效且得到一贯遵守，找出存在风险的环节，确定审计重点。

【工作实例7-4】 甲机械制造公司审计人员李运、王军对2019年度职工薪酬项目进行审计，在对内部控制制度调查时发现，财务部门未能提供完整的工作量统计表、工资明细表、工资结算汇总表等资料，对此审计人员将工资的真实性作为重点审计内容；采用抽样、分析性复核、审核以及询问相结合的方法进行审计，具体程序如下。

第一步：获取应付职工薪酬核算的内部控制制度书面资料，审核发现，大部分员工无岗位责任制。

第二步：问卷调查。

第三步：审计人员首先取得被审计年度3月份和10月份的全体员工工资表，工资表列示3月份职工685人，10月份职工678人。

第四步：审计人员从3月份和10月份工资表中随机抽取这2个月同时在工资表中的员工70人。

第五步：审计人员到人力资源部进行核对，发现有4人未签订劳动合同。审计人员询问人力资源部有关负责人，得到的解释是本公司全体员工均签订劳动合同，劳动合同均有编号，并向审计人员出示劳动合同及员工名册。

第六步：审计人员到未签订劳动合同的4名员工工作的车间了解情况，车间负责人解释为该年度本车间无这几个人。

对此，审计人员判断：该公司可能有虚构工资支出的嫌疑，因此将其作为重点进行详细审计。

第七步：审计人员在财务部门调取被审计年度月份员工最多的工资表，然后到人力资源部进行核对，核对结果发现工资表中共有40人未签订劳动合同。

第八步：按第六步的方法进行调查，得出与第六步同样的结论。

第九步：就此问题约见财务部门负责人谈话，发现该公司虚构40名员工工资，每月每人工资在1 500.00～1 600.00元之间，全年合计虚构工资758 000.00元，该公司稀释高级管理人员工资，稀释后8名高级管理人员每月平均工资分别为3 850.00元、3 850.00元、3 460.00元、3 460.00元、3 280.00元、3 280.00元、3 260.00元、3 080.00元，从而借以达到少缴或不缴个人所得税的目的，具体情况如下表所示。

职工薪酬审计工作底稿

索引号：ZNS-004

被审计单位	甲机械制造公司		
审计事项	应付职工薪酬核算审计		
审计期间或截止日期	2019年12月31日		
审计人员	李运、王军	编制日期	2020年3月31日
审计结论或基本事实	该公司虚构员工工资，用以稀释8名高级管理人员的工资，以达到少缴或不缴个人所得税的目的，违反了《中华人民共和国个人所得税法》的规定，不符合《企业会计准则——职工薪酬》的规定		

续表

审计依据	《企业会计准则——职工薪酬》《中华人民共和国个人所得税法》		
复核意见	调整分录，要求学员按照8名高级管理人员被稀释后的工资，采用加权平均法计算出被稀释前的工资，然后归还原渠道，计算出8名高级管理人员每月实际平均领取的工资，以此为基数，按照当年《中华人民共和国个人所得税法》的扣除标准，计算出每人应当补缴的个人所得税金额，然后编制调整分录		
复核人员	杨扬	复核日期	2020年3月31日

任务训练

一、思考题

1. 人力资源与工薪循环有哪些主要内部控制制度？

2. 五险一金的审计目标主要有哪些？

3. 应如何进行五险一金的审计？

4. 应如何进行应付职工薪酬的审计？

二、单项选择题

1. 企业为职工缴纳社会保险费和住房公积金，应当在职工为其提供服务的会计期间，根据（   ）的一定比例计算。

    A. 销售收入   B. 利润   C. 工资总额   D. 基本工资

2. 下列说法错误的是（   ）。

    A. 职工薪酬包括医疗保险费、养老保险费、失业保险费、工伤保险费和生育保险费等社会保险费

    B. 职工薪酬包括工会经费和职工教育经费

    C. 职工薪酬包括因解除与职工的劳动关系给予的补偿

    D. 职工薪酬不包括因解除与职工的劳动关系给予的补偿

3. 非货币性福利，不包括（   ）。

    A. 以自产产品发放给职工作为福利

    B. 将企业拥有的资产无偿提供给职工使用

    C. 为职工无偿提供医疗保健服务

    D. 工会经费和职工教育经费

4. 辞退福利全部计入当期（   ）。

    A. 生产成本   B. 制造费用   C. 管理费用   D. 营业外支出

5. 审查被审计单位工资总额的真实性要点是（   ）。

    A. 比较本年度各月工资变动情况

    B. 审查工资总额各组成部分项目的真实性

    C. 审查代扣代缴款项的正确性

    D. 核对工资分配的正确性

三、多项选择题

1. 职工薪酬包括（　　）。
   A. 职工工资、奖金、津贴和补贴　　　　B. 失业保险费
   C. 住房公积金　　　　　　　　　　　　D. 因解除与职工的劳动关系给予的补偿

2. 下列属于职工薪酬的是（　　）。
   A. 企业为职工在职期间和离职后提供的全部货币性薪酬
   B. 提供给职工配偶的福利
   C. 企业为职工在职期间和离职后提供的全部非货币性福利
   D. 提供给职工子女的福利

3. 下列属于职工薪酬的是（　　）。
   A. 基本养老保险费
   B. 补充养老保险费
   C. 以购买商业保险形式提供给职工的各种保险待遇
   D. 失业保险费

4. 辞退福利通常采取的方式有（　　）。
   A. 在解除劳动关系时一次性支付补偿
   B. 提高退休后养老金的标准
   C. 提高离职后福利的标准
   D. 将职工工资支付至辞退后未来某一期间

5. 分配职工养老保险费时，可能借记的会计科目有（　　）。
   A. 生产成本　　　　B. 制造费用　　　　C. 在建工程　　　　D. 管理费用
   E. 财务费用

四、判断题（正确的打"√"，错误的打"×"）

1. 被审计单位将其拥有的房屋等资产无偿提供给职工使用的，应当根据受益对象，将该住房每期应计提的折旧计入相关资产成本或当期损益，同时计入累计折旧科目，不应确定应付职工薪酬。　　　　　　　　　　　　　　　　　　　　　　　　　　　　（　　）

2. 应由生产产品、提供劳务负担的职工薪酬，计入当期损益。　　　　　　　（　　）

3. 应由在建工程、无形资产负担的职工薪酬，计入建造固定资产或无形资产成本。
   　　　　　　　　　　　　　　　　　　　　　　　　　　　　　　　　　　（　　）

4. 因自愿接受裁减建议的职工数量、补偿标准等不确定而产生的或有负债，应当按照《企业会计准则第 13 号——或有事项》进行披露。　　　　　　　　　　　　　（　　）

5. 养老保险费包括根据国家规定的标准向社会保险经办机构缴纳的基本养老保险费，以及根据企业年金计划向企业年金基金相关管理人缴纳的补充养老保险费。　（　　）

6. 以购买商业保险形式提供给职工的各种保险待遇，不属于职工薪酬。　　（　　）

7. 辞退福利应全部计入当期产品成本。　　　　　　　　　　　　　　　　　（　　）

8. 住房公积金不属于职工薪酬。　　　　　　　　　　　　　　　　　　　　（　　）

9. 由于职工薪酬费用具有较高的舞弊风险，因此，要求企业广泛采取检查性的控制活动，从而达到降低职工薪酬费用重大错报风险的目的。　　　　　　　　　　　（　　）

10. 人力资源部门应当对员工的雇佣与解雇负责。　　　　　　　　　　　　（　　）

技能训练

训练一：某公司 2019 年 6 月工资费用分配，如下表所示。

工资费用分配表

部门	人员类别	生产成本	制造费用	管理费用	销售费用
生产车间	生产工人	150 000.00			
	管理人员		35 000.00		
销售部门	门市部人员				8 000.00
膳食科	炊事人员	14 000.00			
医务室	医务人员			28 000.00	
厂部	管理人员			46 000.00	
其他	固定资产清理	6 000.00			
	基建人员	29 000.00			
	退休人员			9 000.00	

【要求】请指出该分配表中存在的问题。

训练二：2019 年 9 月 5 日，内部审计人员在审查 ABC 公司"应付职工薪酬——职工福利"时，发现 2019 年 8 月 12 日的记账凭证，如下表所示。

记 账 凭 证

2019 年 8 月 12 日   第 58 号

摘要	总账科目	明细科目	借方	贷方
职业困难补助	应付职工薪酬	职工福利	10 000.00	
	库存现金			10 000.00
合　计			10 000.00	10 000.00

附件　1 张

会计主管：李明　　　记账：邹立　　　复核：杨扬　　　出纳：张寒　　　制单：邹立

所附的原始凭证，如下表所示。

差旅费报销单

部门：销售科						2019 年 8 月 12 日		现金付讫		
姓名		王蒙		出差事由	旅游	出差自 2019 年 8 月 2 日			共 10 天	
						日期至 2019 年 8 月 11 日				
起讫时间及地点						车船票	夜间乘车补助			出差乘补费		住宿费	合计

月	日	起	月	日	讫	金额	时间	标准	金额	日数	标准	金额	金额	
3	2	烟台	8	2	上海	800.00							7 400.00	7 400.00
3	11	上海	8	11	烟台	800.00				10	100.00	1 000.00		1 000.00
小计						1 600.00				10	100.00	1 000.00	7 400.00	10 000.00
总计金额（大写）人民币壹万零仟零佰零拾零元零角零分　　　　¥10 000.00 元														
备注														

【要求】请指出该处理存在的问题。

训练三：内部审计人员在审查甲公司 2019 年 6 月份"应付职工薪酬"业务时，发现原始单据以及记账凭证，如下列所示。

工会经费和职工教育经费计算表

2019 年 6 月 30 日　　　　　　　　　　　　　　　　　　　单位：元

部门		工资总额	工会经费提取额（2%）	职工教育经费提取额（1.5%）
基本生产车间	生产工人	1 000 000.00	20 000.00	15 000.00
	管理人员	50 000.00	1 000.00	750.00
辅助生产车间		30 000.00	600.00	450.00
管理部门		100 000.00	2 000.00	1 500.00
销售机构		150 000.00	3 000.00	2 250.00
在建工程部门		250 000.00	5 000.00	3 750.00
研发支出	资本化支出	200 000.00	4 000.00	3 000.00
合计		1 780 000.00	35 600.00	26 700.00

记 账 凭 证

2019 年 6 月 30 日　　　　　　　　　　　　　　　　　　　第 58 号

摘要	总账科目	明细科目	借方	贷方
计提工会经费及教育经费	生产成本	基本生产成本	36 750.00	
		辅助生产成本	1 050.00	
	管理费用		19 250.00	
	销售费用	工会经费	5 250.00	35 600.00
	应付职工薪酬	职工教育经费		26 700.00
合 计			62 300.00	62 300.00
附件 1 张				

会计主管：李明　　记账：邹立　　复核：杨扬　　出纳：张寒　　制单：邹立

【要求】提出该公司存在什么问题？并做出审计调整分录。

训练四：烟台丙有限公司是一家液晶彩电生产企业，有职工 200 人，其中生产工人 170 人，管理人员 30 人。2019 年 12 月，该公司决定以其生产的液晶彩电作为福利发放给职工。该电视单位成本为 10 000.00 元，单位计税价格（公允价值）为 14 000.00 元，增值税率为 13%。原始单据及相关凭证，如下列所示。

发放职工福利决定书

经股东大会决议，决定以本企业生产的液晶彩电作为福利发放给企业的职工，每人发放 1 台，总计 2 000 000.00 元。单位成本为 10 000.00 元。

烟台丙有限公司（盖章略）

出 库 单

用途：发放福利　　　　　　　　　　2019 年 12 月 31 日　　　　　　　　　　编号：100

产品名称	规格型号	计量单位	数量	成本（元）	金额（元）	备注
液晶彩电		台	200	10 000.00	2 000 000.00	发放
合计		台	200	10 000.00	2 000 000.00	

销售部门负责人：李玉真　　　　　发货人：　　　　　提货人：高琴　　　　　制单：

记 账 凭 证

2019 年 12 月 31 日　　　　　　　　　　第 62 号

摘要	总账科目	明细科目	借方	贷方
决定发放福利	生产成本 管理费用 应付职工薪酬	基本生产成本 职工福利费	1 700 000.00 300 000.00	2 000 000.00
合　计			2 000 000.00	2 000 000.00
附件　1 张				

会计主管：李明　　　记账：邹立　　　复核：杨扬　　　出纳：张寒　　　制单：邹立

记 账 凭 证

2019 年 12 月 31 日　　　　　　　　　　第 63 号

摘要	总账科目	明细科目	借方	贷方
实际发放福利	应付职工薪酬 库存商品	职工福利费	2 000 000.00	2 000 000.00
合　计			2 000 000.00	2 000 000.00
附件　1 张				

会计主管：李明　　　记账：邹立　　　复核：杨扬　　　出纳：张寒　　　制单：邹立

【要求】指出该公司存在的问题，并做出审计调整分录。

训练五：审计人员刘利 2020 年 3 月 10 日对 ABC 公司上年"应付职工薪酬"账户进行了审查，审阅应付职工薪酬总账时发现上年 12 月份较 11 月份多 68 000 元，刘利怀疑其中有虚列工资或其他问题，故决定做进一步审查。小刘调阅了 12 月份应付职工薪酬的原始凭证，发现在"工资结算单"中，食堂人员工资为 68 000 元，附食堂负责人张明收据一张，如下表所示，但是未具体列明发放工资人员名单。

收 款 收 据

2019 年 12 月 17 日

今收到	12 月工资款。			
金额（大写）人民币零佰零拾陆万捌仟零佰零拾零元零角零分　¥68 000.00				
收款单位（财务专用章略）				
核准	会计	记账	出纳	经手人：张明

在询问食堂负责人时，他供认因业务招待费超支，公司财务科长让他代替签字以示领取工资，并提供了原始凭证。财务科长对此确认。在此假定该企业适用的所得税税率为 25%。

【要求】试结合案情分析该公司存在的问题，并提出处理意见。

项目八　成本费用核算岗位审计

 **任务目标**

了解成本费用核算岗位的工作任务；了解内部控制及审查项目；掌握成本费用核算岗位主要账户的审计；掌握成本费用核算岗位其他账户的审计。

能力目标

能够掌握并运用核对、分析性复核、复算等审计方法判断成本费用核算岗位管理中存在的漏洞；发现并纠正会计处理错弊；熟练编写审计工作底稿；具有一定的案例分析能力。

任务内容

成本费用核算岗位的基本知识；相关内部控制管理制度；生产成本、制造费用和管理费用审计的主要程序和方法。

岗位任务

成本费用核算岗位的主要工作任务有以下几项。

（1）拟定成本核算办法，加强成本管理的基本工作。

（2）编制成本、费用计划。

（3）审核各个部门转来的各项费用的原始凭证，核算产品成本、编制成本、费用报表。

（4）进行成本、费用的分析和考核。

（5）协助管理在产品和自制半成品。

（6）开展部门、车间和班组的经济核算工作。

任务一　生产成本审计

（一）任务基础

费用作为会计要素或会计报表要素的构成内容之一，是和收入相对应而存在的。费用是指企业为销售商品、提供劳务等日常活动中所发生的经济利益的流出。而成本是指企业为生产产品、提供劳务而发生的各种耗费，是对象化的费用。一般而言，工业、企业的成本费用主要包括生产费用（直接材料、直接人工、制造费用）、管理费用等项目。成本费用是企业资产的耗费，生产成本核算的正确与否会影响到主营业务成本以及利润、所得税费用等项目的正确性。所以，成本费用审计是内部审计极其重要的部分。对成本费用进行审计，在于考核企业的成本费用项目的合法性、成本费用形成的真实性、成本费用入账时间的合规性以及成本费用计算的正确性等方面，其中审查的重点是成本费用项目的合法性、成本费用形成的真实性的审查。审计单位在审查中要善于利用成本费用存在勾稽关系的资产负债账户金额来分析和复核，以确认费用形成的真实性，从而促使企业不断降低成本、节约费用、提高经济效益。

（二）任务实施

1. 生产成本的审计目标

（1）审查生产成本的发生是否存在。
（2）审查生产成本的记录是否完整。
（3）审查生产成本的归集和分配是否正确。
（4）审查生产成本的计算是否正确。
（5）审查生产成本在报表上的披露是否恰当。

2. 生产成本的内部控制

生产成本的内部控制包括实物流转控制、成本费用管理控制、成本费用会计控制、费用支出控制等多项控制制度，部分内容，如下表所示。

生产成本内部控制调查表

被审计单位名称	××部门		日期		索引号	
审计项目名称	生产成本内部控制调查		编制人		×××	
会计期间或截止日	20××年度		复核人	×××	页次	
问题			是	否	不适用	备注
（1）是否建立成本核算与管理制度						
（2）成本开支范围是否符合有关规定						
（3）成本核算制度是否适合生产特点，并被严格执行						
（4）各成本项目的核算、制造费用的归集与分配、产品成本的结转是否严格按规定办理，前后期是否一致						
（5）是否定期盘点在产品，并作为在产品成本的分配依据						
（6）存货计价方法的确定与变更是否经董事会批准						
（7）成本计算和费用分配方法的变更是否经授权						
审计结论：						

审计人员在了解内部控制的前提下，对生产成本内部控制从直接材料、直接人工、制造费用、生产成本在当期完工产品和期末在产品之间分配进行测试，评价成本会计内部控制执行的有效性，并据此确定进一步审计的性质、时间和范围。

3. 生产成本审计

（1）直接材料成本的审计

直接材料审计一般从审阅材料和生产成本明细账入手，抽查有关费用凭证，验证企业产品直接耗用材料的数量、计价和材料费用分配是否真实合理。

【工作实例8-1】ABC制造公司审计人员张某、项某审查其材料明细账时，对2019年10月10日的一项材料捐赠支出记录产生疑问，调取该笔业务的记账凭证及所附原始凭证，如下列所示。

记 账 凭 证

2019 年 10 月 10 日　　　　　　　　　　　　　　　第 15 号

摘要	会计科目	明细科目	借方	贷方
捐赠材料	营业外支出	捐赠支出	50 000.00	
	原材料	甲材料		50 000.00
合　计			50 000.00	50 000.00
附单据　1 张				

会计主管：韩刚　　　　　　　会计：周志亮　　　　　　　制证：吴越

领 料 单

领料单位：工会　　　　　　　　　　　　　　　　　　　　　编号 016
用途：捐赠　　　　　　　　2019 年 10 月 10 日　　　　　仓库：

材料编号	材料名称及规格	计量单位	数量		价格		备注
			请领	实领	单价	金额	
	甲材料	公斤	250	250	200	50 000.00	

领料单位负责人：许士勇　　　领料人：江琴　　　发料人：李云　　　制单：李云

在询问时，经办人和相关负责人解释为向灾区捐赠甲材料，价值 50 000.00 元。但经过查询得知，甲材料为该企业生产 A 产品的专用材料，并不能单独使用，灾区使用这种材料的可能性不大，而且该公司不能提供有效的捐赠凭证。

【要求】根据上述资料，分析该公司的处理是否正确。

解析：该公司为了少计当期产品的生产成本，将生产 A 产品领用的甲材料计入了营业外支出，违反了会计准则的规定，这一做法导致当期生产成本中的直接材料成本虚减 50 000.00 元，影响了当期利润的计算和所得税费用的缴纳，应予调整，调整分录如下。

借：生产成本——A 产品（直接材料成本）　　50 000.00
　　贷：营业外支出——捐赠支出　　　　　　　　　　50 000.00

ABC 制造公司内部审计机构编制的审计工作底稿，如下表所示。

生产成本 审计工作底稿

索引号：×××××

被审计单位	ABC 制造公司		
审计事项	直接材料成本		
审计期间或截止日期	2019.1.1—2019.12.31		
审计人员	张某	编制日期	
审计结论或基本事实	该公司将生产 A 产品领用的专用甲材料，价值 50 000.00 元，以向灾区捐赠的名义列入营业外支出，违反了会计准则的规定，这一做法导致当期生产成本中的直接材料成本虚减 50 000.00 元，影响了当期利润的计算和所得税费用的缴纳。应予调整，调整分录如下。 借：生产成本——A 产品（直接材料成本）　　50 000.00 　　贷：营业外支出——捐赠支出　　　　　　　50 000.00		

续表

审计依据	《企业会计准则——存货》		
复核意见			
复核人员		复核日期	

通常直接材料费用在产品成本中所占的比重较大，核算过程较为复杂。在审查时应结合被审计单位的领料单、材料费用分配表、材料成本差异计算表等有关经济业务中所涉及的原始凭证，从材料耗用量和计价方面进行审查。直接材料成本审计的主要内容如下。

① 执行分析程序。分析比较同一产品前后各年度的直接材料成本，如有重大波动应查明原因。

② 直接材料耗用量的审查。抽查产品成本计算单，并审查材料耗用的真实性。审计人员对材料耗用量的审查，应结合领料单、退料单、材料费用分配表进行，查明有无将非生产用材料计入直接材料费用，注意已领未用材料是否办理了假退料，边角废料是否办理了退库，防止企业虚增或隐瞒直接材料耗用量的现象发生。

③ 直接材料计价的审查。对发出材料的计价，包括计划成本核算和实际成本核算两种方法。采用实际成本核算的企业，发出材料的计价可以采用先进先出法、加权平均法、移动加权平均法、个别认定法等。因此，首先应重点审查其计价方法是否遵循了一致性原则，其次还应审查计价方法的选用是否符合企业生产经营的特点。对于采用计划成本核算的企业，审计人员应重点审查材料成本差异的计算是否正确，材料成本差异的分配是否合理，并查明企业有无利用材料成本差异明细账户，任意调节直接材料费用和产品成本的做法。

④ 直接材料费用分配的审查。审计人员应审查分配方法是否合理，对于能直接计入产品成本的材料费用是否都直接计入该种产品的成本；对于由多种产品共同负担的材料费用，应审查分配标准是否合理，计算是否正确，前后各期是否一致。防止企业利用材料分配，在合格品与不合格品、盈利产品与亏损产品之间任意调节成本的高低。

（2）直接人工成本的审计

直接人工成本审计一般从审阅应付职工薪酬和生产成本明细账入手，抽查有关费用凭证，来验证企业产品直接人工成本的内容、计算和分配是否真实合理。

【工作实例8-2】ABC制造公司审计人员张某、项某审查其直接人工成本，该公司2019年度每月的工资费用分配等记账凭证和所附原始凭证，如下列所示。

记 账 凭 证

2019 年 12 月 31 日　　　　　　　　　　　　　　　　　　第 70 号

摘要	会计科目	明细科目	借方	贷方
分配工资	生产成本	甲产品（直接人工）	35 000.00	
	制造费用		55 000.00	
	应付职工薪酬	工资费用		90 000.00
合　计			90 000.00	90 000.00
附单据　1张				

会计主管：韩刚　　　　　　会计：周志亮　　　　　　制证：吴越

工资费用分配表

2019 年 12 月 31 日

部 门	人员类别	生产成本	制造费用	管理费用	销售费用	在建工程	合 计
生产车间	生产工人	35 000.00					35 000.00
	管理人员		5 000.00				5 000.00
销售部门	门市人员				20 000.00		20 000.00
厂 部	管理人员			15 000.00			15 000.00
在建工程	工程人员					15 000.00	15 000.00
合 计		35 000.00	5 000.00	15 000.00	20 000.00	15 000.00	90 000.00

记 账 凭 证

2019 年 12 月 31 日 第 72 号

摘要	会计科目	明细科目	借方	贷方
计提工会经费和职工 教育经费	制造费用		4 050.00	
	应付职工薪酬	工会经费		1 800.00
	应付职工薪酬	职工教育经费		2 250.00
合 计			4 050.00	4 050.00
附单据 1 张				

会计主管：韩刚　　　　　　　会计：周志亮　　　　　　　制证：吴越

工资附加费用分配表

2019 年 12 月 31 日

应付工资总额	计提工会经费（2%）	计提职工教育经费（2.5%）	合 计
90 000	1 800.00	2 250.00	4 050.00

【要求】根据上述资料，分析该公司 2019 年度的会计处理是否正确，并编写内部审计工作底稿（假设会计工资与计税工资相同）。

解析：不正确。该公司每月管理人员的工资为 15 000.00 元、专设销售人员的工资为 20 000.00 元、在建工程人员的工资 15 000.00 元不应计入产品成本，应调整，同时工资附加费也应调整。

生产成本金额=35 000.00×12×(2%+2.5%)=18 900.00（元）

管理费用金额=15 000.00×12×(1+2%+2.5%)=188 100.00（元）

销售费用金额=20 000.00×12×(1+2%+2.5%)=250 800.00（元）

在建工程金额=15 000.00×12×(1+2%+2.5%)=188 100.00（元）

该公司的不当处理混淆了成本费用界限，虚增了当期产品成本，虚减了在建工程金额、销售费用和当期利润，影响了当期所得税费用。建议调整企业的错误处理，调整分录如下。

借：生产成本——甲产品（直接人工）　18 900.00

管理费用　188 100.00

销售费用　250 800.00

在建工程金额　188 100.00

贷：制造费用（主营业务成本）　　　645 900.00

ABC制造公司内部审计机构编制的审计工作底稿，如下表所示。

生产成本 审计工作底稿

索引号：××××××

被审计单位	ABC制造公司		
审计事项	直接人工成本		
审计期间或截止日期	2019.1.1—2019.12.31		
审计人员	张某	编制日期	
审计结论或基本事实	该公司 2017 年度每月进行工资费用分配时，都将行政管理人员、专设销售人员和在建工程人员的工资 90 000.00 元，计提的工会经费 1 800.00 元，职工教育经费 2 250.00 元记入制造费用账户，违反了会计制度的规定。该公司每月管理人员的工资 15 000.00 元、专设销售人员的工资 20 000.00 元、在建工程人员的工资 15 000.00 元不应计入产品成本，应调整，同时工资附加费也应调整，经计算生产成本金额=35 000×12×（2%+2.5%）=18 900.00（元）；管理费用金额=15 000.00×12×（1+2%+2.5%）=188 100.00（元）；销售费用金额=20 000.00×12×（1+2%+2.5%）=250 800.00（元）；在建工程金额=15 000.00×12×（1+2%+2.5%）=188 100.00（元）。该公司的不当处理混淆了成本费用界限，虚增了当期产品成本，虚减了在建工程金额、销售费用和当期利润，影响了当期所得税费用。应予调整，调整分录如下。 借：生产成本——甲产品（直接人工）　　　18 900.00 　　管理费用　　　　　　　　　　　188 100.00 　　销售费用　　　　　　　　　　　250 800.00 　　在建工程　　　　　　　　　　　188 100.00 　　贷：制造费用（主营业务成本）　　　　645 900.00		
审计依据	《企业会计准则——存货》《企业会计准则——职工薪酬》		
复核意见			
复核人员		复核日期	

【想一想】以该案例为例，你认为还有哪些相关分录需要进行调整呢？

直接人工成本是指企业直接从事产品生产人员的各种报酬以及其他相关支出，包括职工在职期间和离职后提供的全部货币性薪酬和非货币性福利，企业提供给职工配偶、子女或其他被赡养人的福利等。直接人工成本审计应通过职工考勤表、职工工薪等级、工资计算表、工资费用分配表以及有关薪酬标准批文的审查进行，其主要内容如下。

① 执行分析程序，分析本年度与上年度、本年度各个月份人工费用发生额，如有异常，应查明原因。

② 抽查产品成本计算单，检查直接人工成本的计算是否正确，人工费用的分配标准与计算方法是否合理和恰当，是否与人工费用分配汇总表中该产品分摊的直接人工费用相符。

③ 结合应付职工薪酬的检查，抽查人工费用会计记录及会计处理是否正确。

（3）制造费用的审计

制造费用是企业为生产产品或提供劳务所发生的各项间接费用，即生产单位为组织和管理生产而发生的费用，包括分厂和车间管理人员的职工薪酬、折旧费、修理费、办公费、水电费、取暖费、租赁费、机物料消耗、低值易耗品摊销、劳动保护费、保险费、设计制图费、实验检验费、季节性和修理期间的停工损失等。制造费用审计一般从审阅制造费用明细账入手，抽查有关费用凭证，验证企业制造费用归集和分配是否真实合理。

【工作实例8-3】ABC制造公司审计人员张某、项某审查其2019年10月份制造费用明细账，发现一笔摘要注明"固定资产安装费"的记录，金额为25 000元。该笔业务的记账凭证和原始凭证，如下列所示。

记　账　凭　证

2019 年 10 月 25 日　　　　　　　　　　　　　　　　　　第 20 号

摘要	会计科目	明细科目	借方	贷方
固定资产安装费	制造费用	固定资产修理费	25 000.00	
	原材料	甲材料		25 000.00
合　计			25 000.00	25 000.00
附单据　1 张				

会计主管：韩刚　　　　　　　会计：周志亮　　　　　　　制证：吴越

领　料　单

领料单位：车间　　　　　　　　　　　　　　　　　　　　　　编号 024
用途：设备安装　　　　　　　2019 年 10 月 25 日　　　　　　仓库：

材料编号	材料名称及规格	计量单位	数　量		价　格		备注
			请领	实领	单价	金额	
	甲材料	公斤	250	250	100.00	25 000.00	

领料单位负责人：许士勇　　　　领料人：江琴　　　　发料人：李云　　　　制单：李云

经询问得知，该固定资产尚未交付使用。

【要求】 根据上述资料，分析该公司的会计处理是否正确。

解析： 不正确。该企业将应记入"在建工程"的费用 25 000.00 元记入了制造费用，违反了会计准则的规定，该企业这样处理使当期制造费用虚增 25 000.00 元，利润虚减 25 000.00 元，当期少缴所得税费用。建议调整企业的错误处理，调整分录如下。

借：在建工程　　　　　　　　　　　　　25 000.00
　　贷：制造费用——固定资产修理费　　　　　25 000.00

制造费用审计应重点审查制造费用的内容是否合法、合理，有无混淆制造费用与其他费用、支出的界限，如把投资支出、被没收的财物、罚款支出、违约金、技术改造支出等计入制造费用，或把属于制造费用的项目列入其他费用、支出。其主要内容如下。

① 执行分析程序，分析本年度与上年度、本年度各个月份制造费用发生额，如有异常，应查明原因。

② 审阅制造费用明细账，检查其核算内容及范围是否正确，并应注意是否存在异常交易事项，重点查明被审计单位有无将不应列入成本费用的支出（投资支出、被没收的财物、支付的罚款、违约金等）计入制造费用。

③ 制造费用归集和分配的审查。在核实制造费用合规性、真实性的基础上，审计人员通过复算等方法，对各项目进行加总，从而验证所归集的制造费用总额是否正确。审计人员对制造费用分配的审查，应查明分配方法是否符合企业生产经营的特点，是否体现受益原则，是否在相当时期内保持稳定，有无随意变更分配方法的情况；分配依据是否正确、前后一致；分配率和分配额的计算是否正确，有无以人为估计数代替实际分配数的情况。

④ 必要时，对制造费用实施截止测试，即检查资产负债表日前后若干天的制造费用明细账及其凭证，确定有无跨期入账的情况。

（4）在产品成本审计

在产品是指处于生产过程中尚未完工的产品，包括在制品、自制半成品以及尚留存在车间的半成品。在产品具有分散、流动性大、增减频繁的特点，加之在各个工序的加工程度不同，因而在数量、计价和成本核算上有一定的困难。因此，在产品常常成为某些企业任意增减调节成本、利润的工具。可见，在产品成本的审计也非常重要。

【工作实例 8-4】ABC 制造公司审计人员张某、项某审查 A 产品生产成本，审阅相关资料得知，该公司的成本计算采用品种法，而在产品成本计算则采用的是约当产量法。该公司 12 月份企业 A 产品的成本计算单，如下表所示。

产品成本计算单

完工产品：800 件　　　　　　　　在产品：400 件　　　　　　　　单位：元

摘　要	直接材料	直接人工	制造费用	合　计
月初在产品成本	37 800.00	16 500.00	8 250.00	62 550.00
本月生产费用	257 400.00	39 420.00	26 970.00	323 790.00
生产费用合计	295 200.00	55 920.00	35 220.00	386 340.00
完工产品成本	196 800.00	44 736.00	28 176.00	269 712.00
期末在产品成本	98 400.00	11 184.00	7 044.00	116 628.00

该企业原材料采用一次性投入，在产品完工程度为 80%。所做的会计处理，如下表所示。

记　账　凭　证

2019 年 12 月 31 日　　　　　　　　　　　　　　　　第 54 号

摘要	会计科目	明细科目	借方	贷方
结转完工产品成本	库存商品	A 产品	269 712.00	
	生产成本	A 产品		269 712.00
合　计			269 712.00	269 712.00
附单据　1 张				

会计主管：韩刚　　　　　　　会计：周志亮　　　　　　　制证：吴越

审计中除发现如下问题外，没有其他不真实的处理。

（1）该企业行政管理部门领用了价值 30 000.00 元的材料，会计处理，如下列所示。

记　账　凭　证

2019 年 12 月 10 日　　　　　　　　　　　　　　　　第 22 号

摘要	会计科目	明细科目	借方	贷方
领用甲材料	生产成本	A 产品（直接材料）	30 000.00	
	原材料	丁材料		30 000.00
合　计			30 000.00	30 000.00
附单据　1 张				

会计主管：韩刚　　　　　　　会计：周志亮　　　　　　　制证：吴越

领　料　单

领料单位：办公室　　　　　　　　　　　　　　　　　　　　　　　　　编号 016

用途：维修　　　　　　　　　　2019 年 12 月 10 日　　　　　　　　　　仓库：

| 材料编号 | 材料名称及规格 | 计量单位 | 数　量 | | 价　格 | | 备注 |
			请领	实领	单价	金额	
	丁材料	公斤	300	300	100.00	30 000.00	

领料单位负责人：许士勇　　　　领料人：江琴　　　　发料人：李云　　　　制单：李云

（2）专设销售机构人员的工资 5 700.00 元，如下列所示。

记　账　凭　证

2019 年 12 月 31 日　　　　　　　　　　　　　　　　第 35 号

摘要	会计科目	明细科目	借方	贷方
分配工资	生产成本	A 产品（直接人工）	5 700.00	
	应付职工薪酬	工资费用		5 700.00
合　计			5 700.00	5 700.00

附单据　1 张

会计主管：韩刚　　　　　　会计：周志亮　　　　　　制证：吴越

工资费用分配表

2019 年 12 月 31 日

部门	人员类别	生产成本	制造费用	管理费用	销售费用	在建工程	合计
销售部门	门市人员	5 700.00					5 700.00
合计							

（3）本年度 7 月份为生产 A 产品购入并投入使用一台价值 96 000.00 元的设备，已入账并审核无误。但企业一直未计提折旧，该设备预计使用年限为 10 年，残值率为 5%，该企业采用直线法计提折旧，如下表所示。

固定资产——生产设备明细账

| 2019 年 | | 凭证号 | 摘要 | 借方 | 贷方 | 余额 |
月	日					
7	18	银付字第 28 号	购设备	96 000.00		96 000.00

（4）经审查，该企业 12 月月末在产品应为 500 件，完工产品应为 700 件。

【要求】分析该企业 12 月份在产品成本的正确性，并编写内部审计工作底稿。

解析：根据企业会计准则的规定，行政管理部门领用材料应计入"管理费用"30 000.00 元；专设销售机构人员的工资及计提的福利费应计入"销售费用"5 700.00 元；企业 7 月份购入设备，应从 8 月份开始计提折旧，而企业一直未计提折旧，应补提。

$$年折旧率 = (1-5\%) \div 10 \times 100\% = 9.5\%$$

$$月折旧率 = (1-5\%) \div 10 \times 100\% \div 12 = 9.5\% \div 12$$

月折旧额=9.5%÷12×96 000.00=760.00（元）

补 5 个月的折旧额为 5×760=3 800.00（元），重新编制产品成本计算单，如下表所示。

产品成本计算单

完工产品：700 件　　　　　　　在产品：500 件　　　　　　　单位：元

摘要	直接材料	直接人工	制造费用	合计
月初在产品成本	37 800.00	16 500.00	8 250.00	62 550.00
本月生产费用	257 400.00-30 000.00 =227 400.00	39 420.00-5 700.00 =33 720.00	26 970.00+3 800.00 =30 770.00	291 890.00
生产费用合计	265 200.00	50 220.00	39 020.00	354 440.00
完工产品产量	700	700	700	
期末在产品约当产量	500	400	400	
产品约当产量	1 200	1 100	1 100	
单位成本	221.00	45.65	35.47	302.12
完工产品成本	154 700.00	31 955.00	24 829.00	211 484.00
期末在产品成本	110 500.00	18 265.00	14 191.00	142 956.00

该公司 2019 年 12 月多算完工产品成本 269 712.00-211 484.00=58 228.00（元），少算在产品成本 142 956.00-116 628.00=26 328.00（元）。建议该公司进行调整，调整分录如下。

　借：管理费用　　　　　　　　30 000.00
　　　销售费用　　　　　　　　 5 700.00
　　　生产成本　　　　　　　　26 328.00
　　　贷：累计折旧　　　　　　　　 3 800.00
　　　　　库存商品　　　　　　　　58 228.00

【学中做】试编写出在产品成本审计工作底稿。

在产品成本审计的主要内容包括以下几个方面。

（1）在产品数量的审查。

审查核实在产品的数量是正确划分完工产品成本与在产品成本的重要条件。所以，审查在产品的数量时，审计人员应通过审阅在产品盘存表、生产工序表和在产品明细账，核对各道工序的在产品品种和数量是否一致，然后采用重点抽查、调节测算的方法，来评价企业在产品数量的正确程度。

（2）在产品计价的审查。

① 审查计价方法的合理性和一贯性。在产品计价方法较多，主要有不计算在产品成本、按年初固定数计算在产品成本、按耗用的原材料成本计算在产品成本、按约当产量法确定在产品成本、按产成品成本计算在产品成本、按在产品定额成本计算在产品成本和按定额比例计算在产品成本等方法。审计人员应首先确认在产品计价方法是否合理。

企业如果变换了在产品成本的计算方法，则在产品成本、产成品成本、本期损益都会发生变化。因此，应当审查企业是否改变了在产品成本计算方法、是否对变换原因做了合理说明并计算该变换对本期损益的影响。

② 审查计算的准确性。如果企业不计算在产品成本，审计人员要审查是否真正不存在在产品；如果企业按年初固定数计算在产品，要审查年初、年末的在产品数量、成本是否

发生了较大变化，即企业是否按变化了的数额调整了在产品成本的固定数额；如果企业按照原材料成本计算在产品成本，要检查本期投入的人工、其他费用数额是否发生了较大变化，即企业是否依托变化了的数额调整了在产品成本；如果企业按约当产量法计算在产品成本，要审查在产品完工程度的计算是否正确、约当产量的计算是否准确，以及费用的分配是否合理；如果企业按完工产品成本计算在产品成本，或按定额成本、定额比例计算在产品成本，则主要审查成本计算是否正确、定额比例系数是否合理等。

任务二 管理费用审计

（一）任务基础

管理费用是指企业为组织和管理生产经营活动所发生的各种费用，包括工会经费、职工教育经费、业务招待费、开办费、公司经费、上缴上级管理费、劳动保险费、待业保险费、技术转让费、研究费用、排污费、无形资产摊销费用、董事会会费以及其他管理费用。

其中公司经费包括总部管理人员工资、职工福利费、差旅费、办公费、董事会会费，折旧费、修理费、物料消耗、低值易耗品摊销及其他公司经费。

劳动保险费指离退休职工的退休金、价格补贴、医药费（包括离退休人员参加的医疗保险基金）、异地安家费、职工退职金、职工死亡丧葬补助费、抚恤费、按规定支付给离休干部的各项经费以及实行社会统筹基金。

待业保险费指企业按照国家规定缴纳的待业保险基金。

董事会会费是指企业最高权力机构及其成员为执行职能而发生的各项费用，包括差旅费、会议费等。

业务招待费是指企业为业务经营的合理需要而支付的交际应酬费用，根据《企业所得税法实施条例》第四十三条规定：企业发生的与生产经营活动有关的业务招待费支出，按照发生额的60%扣除，但最高不得超过当年销售（营业）收入的5‰。

管理费用内容繁杂，项目众多，往往隐藏着一些错误、弊端，审计人员应特别关注。

（二）任务实施

1. 管理费用的审计目标

（1）确定管理费用是否已发生，且与被审计单位有关。

（2）确定管理费用记录是否完整。

（3）确定管理费用的分类、归属及会计处理是否正确。

（4）确定管理费用在财务报表中是否恰当列报。

2. 管理费用的内部控制

管理费用一般从费用预算、费用分析和费用考核三个方面进行控制。部分内容如下表所示。

管理费用内部控制调查表

被审计单位名称	××部门		日期		索引号	
审计项目名称	管理费用内部控制调查		编制人		×××	
会计期间或截止日	20××年度		复核人	×××	页次	
问题			是	否	不适用	备注
（1）是否每年制定管理费用预算						
（2）年度预算是否经公司审批						
（3）是否严格按预算目标执行管理费用控制						
（4）超过预算的费用报销单是否经过单位负责人审批						
（5）是否每月编制"月度预算执行情况分析表"分析差异及原因						
（6）是否将费用预算执行情况分析报告上交财务负责人和总经理						
（7）是否将预算完成情况作为单位负责人的考核标准						
审计结论：						

审计人员通过对管理费用内部控制的有效性进行测试，以进一步确定审计程序。

3. 管理费用审计

管理费用审计主要在于判定企业费用开支范围是否正常，列支标准是否符合规定，列支项目是否真实、有无虚假行为。由于管理费用项目多、金额大，又涉及企业内部管理制度的设置，因此在审计中会遇到很大的困难。在审计过程中，仍然应采取对明细账、总账进行核对以及分析近几年来管理费用是否有重大波动和异常情况的方法进行审计。

【工作实例 8-5】ABC 制造公司审计人员张某、项某在审查其管理费用时，审阅 2019年 6 月管理费用明细账，如下表所示。

管理费用明细账

2019 年 6 月 30 日　　　　　　　　　　　单位：元

2019 年 月	2019 年 日	凭证	摘要	职工薪酬	折旧费	差旅费	办公费	其他	合计
6	2	付2	支付驾驶员罚款					250.00	250.00
6	15	付3	支付税收滞纳金					450.00	450.00
6	20	转4	房屋改扩建领料					1 000.00	1 000.00
6	22	付5	支付广告费					12 000.00	12 000.00
6	30	转5	折旧分配表转来		5 000.00				5 000.00
6	30	转6	职工薪酬分配表	81 350.00					81 350.00
6	30	付8	报销差旅费			6 870.00			6 870.00
6	30	转7	短期借款利息					36 000.00	36 000.00
6	30	转8	材料非常损失					10 000.00	10 000.00
6	30	付X	根据付款凭证				9 000.00		9 000.00
6	30		合　计	81 350.00	5 000.00	6 870.00	9 000.00	59 700.00	161 920.00
6	30	转9	本月转出	81 350.00	5 000.00	6 870.00	9 000.00	59 700.00	161 920.00

审计人员调阅相关的记账凭证和原始凭证进行核对，与明细账记录一致。询问有关人员得知房屋改扩建还在进行中。

【要求】指出管理费用明细账中存在的问题，并编写内部审计工作底稿。

解析：按照会计准则的规定，驾驶员违章罚款 250.00 元应由个人负担；未按期缴纳税款的滞纳金 450.00 元应计入营业外支出，由税后利润列支；房屋改扩建领用水泥 1 000.00 元应计入在建工程；支付的广告费 12 000.00 元应计入销售费用；提取的短期借款利息 36 000.00 元应计入财务费用；非常损失毁损材料 10 000.00 元应计入营业外支出。该公司多计管理费用为 250.00+450.00+1 000.00+12 000.00+36 000.00+10 000.00=59 700.00（元），将使利润总额减少 250.00+1 000.00=1 250.00（元）。所得税影响额为（250.00+450.00+1 000.00）×25%=425.00（元）。建议调整错误处理，调整分录如下。

借：其他应收款　　　　　　　　　　250.00
　　营业外支出　　　　　　　　　10 450.00
　　在建工程　　　　　　　　　　 1 000.00
　　销售费用　　　　　　　　　　12 000.00
　　财务费用　　　　　　　　　　36 000.00
　　贷：管理费用　　　　　　　　59 700.00

ABC 制造公司内部审计机构编制的审计工作底稿，如下表所示。

管理费用 审计工作底稿

索引号：×××××

被审计单位	ABC 制造公司		
审计事项	管理费用		
审计期间或截止日期	2019.1.1—2019.12.31		
审计人员	张某	编制日期	
审计结论或 基本事实	该公司将驾驶员违章罚款 250.00 元，未按期缴纳税款的滞纳金 450.00 元，房屋改扩建领用水泥费用 1 000.00 元，支付的广告费 12 000.00 元，提取的短期借款利息 36 000.00 元和非常损失毁损材料 10 000.00 元记入当期管理费用。按照会计准则的规定，驾驶员违章罚款 250.00 元应由个人负担；未按期缴纳税款的滞纳金 450.00 元应计入营业外支出，由税后利润列支；房屋改扩建领用水泥 1 000.00 元应计入在建工程（假设工程未完工）；支付的广告费 12 000.00 元应计入销售费用；提取的短期借款利息 36 000.00 元应计入财务费用；非常损失毁损材料 10 000.00 元应计入营业外支出。该公司多计管理费用为 250.00+450.00+1 000.00+12 000.00+36 000.00+10 000.00=59 700.00（元），将使利润总额减少 250.00+1 000.00=1 250.00（元）。所得税少缴(250.00+450.00+1 000.00)×25%=425.00（元）。应予调整，调整分录如下。 借：其他应收款　　　　　　250.00 　　营业外支出　　　　　10 450.00 　　在建工程　　　　　　 1 000.00 　　销售费用　　　　　　12 000.00 　　财务费用　　　　　　36 000.00 　　贷：管理费用　　　　59 700.00		
审计依据	《企业会计准则——所得税》		
复核意见			
复核人员		复核日期	

管理费用审计的具体内容如下。

（1）取得或编制管理费用明细表，复核加计是否正确，与报表数、总账数及明细账合计数核对是否相符。

（2）检查管理费用明细项目的设置是否符合规定的核算内容与范围，结合成本费用的审计，检查是否存在费用分类错误。若有，应提请被审计单位调整。

（3）执行分析程序。

① 计算分析管理费用中各项目发生额及占费用总额的比率，将本期、上期管理费用各主要明细项目做比较分析，判断其变动的合理性。

② 将管理费用实际金额与预算金额进行比较。

③ 比较本期各月份管理费用，对有重大波动和异常情况的项目应查明原因，检查费用的开支是否符合有关规定，计算是否正确，原始凭证是否合法，会计处理是否正确，必要时做适当处理。

（4）将管理费用中的职工薪酬、无形资产摊销、长期待摊费用摊销额等项目与各有关账户进行核对，分析其勾稽关系的合理性，并做出相应记录。

（5）选择管理费用中的重要明细项目做重点检查，检查其原始凭证是否合法，会计处理是否正确。

（6）抽取资产负债表日前后若干天的一定数量的凭证，实施截止性测试，对于重大跨期项目，应做必要调整。

（7）审查管理费用的结转是否正确、合规，有无多转、少转或不转的管理费用，人为调节利润的情况。

任务训练

一、简答题

1. 成本费用核算岗位任务有哪些？
2. 生产成本核算的内部控制主要包括哪几项内容？
3. 生产成本审计的主要程序有哪些？
4. 管理费用的分析程序可以从哪几方面进行？
5. 在产品成本审计主要包括哪些内容？

二、单项选择题

1. 审计期末在产品成本是否正确所采用的主要审计方法是（　　）。
   A. 复算法　　　B. 函证法　　　C. 鉴定法　　　D. 详查法
2. 某企业制造费用年末累计贷方余额为 260 万元，被审计单位这一处理会导致（　　）。
   A. 生产成本虚减　　　　　B. 生产成本虚增
   C. 负债虚增　　　　　　　D. 利润虚增
3. 下列人员工资中，应计入产品成本中直接人工项目的是（　　）。
   A. 厂部管理人员的工资

    B. 车间管理人员的工资

    C. 专设销售机构人员的工资

    D. 在建工程人员的工资

4. 审计发现材料盘盈 230 万元，账面记录未做调整，审计人员应要求被审计单位进行调整，借记"待处理财产损溢"，贷记（　　　）。

    A. 存货　　　　　　　　　　　B. 原材料

    C. 管理费用　　　　　　　　　D. 营业外收入

5. 企业发出材料多分摊材料成本差异（节约差），会导致（　　　）。

    A. 虚增生产成本　　　　　　　B. 虚减利润

    C. 少计所得税费用　　　　　　D. 虚减生产成本

三、多项选择题

1. 产品生产成本审计包括（　　　）。

    A. 直接材料成本的审计　　　　B. 直接人工成本的审计

    C. 制造费用审计　　　　　　　D. 销售费用审计

2. 管理费用审查的内容包括（　　　）。

    A. 公司经费的审查　　　　　　B. 广告费的审查

    C. 借款利息的审查　　　　　　D. 业务招待费的审查

3. 以下项目中属于制造费用项目审计的内容有（　　　）。

    A. 生产车间办公费　　　　　　B. 生产车间水电费

    C. 机物料消耗　　　　　　　　D. 业务招待费

4. 在产品成本的审计包括（　　　）两方面。

    A. 在产品数量　　　　　　　　B. 在产品计价

    C. 产成品数量　　　　　　　　D. 产成品计价

5. 直接人工成本审计的原始凭证和资料有（　　　）。

    A. 职工考勤表

    B. 职工工薪等级

    C. 工资计算表

    D. 工资费用分配表及有关薪酬标准批文

四、判断题（正确的打"√"，错误的打"×"）

1. 企业发出材料多分摊超支差会导致当期利润虚减。　　　　　　　　　　（　　　）

2. 成本费用核算岗位的主要工作任务包括编制成本、费用计划。　　　　　（　　　）

3. 成本费用审查的重点是成本费用项目的合法性、成本费用形成的真实性的审查。

                                          （　　　）

4. 直接材料审计一般从审阅材料和生产成本明细账入手，抽查有关费用凭证，验证企业产品直接耗用材料的数量、计价和材料费用分配是否真实合理。　　　　（　　　）

5. 采用实际成本核算的企业，发出材料的计价可以采用后进先出法、加权平均法、移动加权平均法、个别认定法等。　　　　　　　　　　　　　　　　　　　　（　　　）

6. 制造费用审计应重点审查制造费用的内容是否合法、合理，有无混淆制造费用与其他费用、支出的界限。　　　　　　　　　　　　　　　　　　　　　　　（　　）

7. 企业如果变换了在产品成本的计算方法，产成品成本、本期损益不会发生变化。
　　　　　　　　　　　　　　　　　　　　　　　　　　　　　　　　　　（　　）

8. 直接人工成本审计应结合应付职工薪酬这一负债类账户的审查进行。　　（　　）

9. 管理费用是指企业为组织和管理生产经营活动所发生的各种费用，包括工会经费、职工教育经费、业务招待费、银行借款利息费用等。　　　　　　　　　　　　（　　）

10. 固定资产折旧费仅属于制造费用审计范畴。　　　　　　　　　　　　（　　）

技能训练

训练一：练习产品成本的审计

资料：ABC 制造公司审计人员张某、项某对其 2019 年 11 月甲产品的生产成本进行审查，该公司按约当产量法计算在产品成本，审计人员审阅基本生产成本明细账时，搜集到的有关资料如下。

（1）甲产品本月完工 200 件，月末在产品 100 件。

（2）甲产品的投料率为 90%，完工率为 50%。

（3）甲产品生产成本明细账，如下列所示。

生产成本明细账

产品名称：甲产品　　　　　　　　　　2019 年 11 月　　　　　　　　　　单位：元

2019 年		摘　　要	直接材料	直接人工	制造费用	合　计
月	日					
1	1	月初在产品成本	50 000.00	10 000.00	15 000.00	75 000.00
11	30	本月生产费用	220 000.00	30 000.00	65 000.00	315 000.00
11	30	生产费用合计	270 000.00	40 000.00	80 000.00	390 000.00
11	30	结转完工产品成本	210 000.00	33 000.00	70 000.00	313 000.00
11	30	月末在产品成本	60 000.00	7 000.00	10 000.00	77 000.00

所做的会计处理，如下表所示。

记　账　凭　证

2019 年 11 月 30 日　　　　　　　　　　　　　　　　　　　第 54 号

摘要	会计科目	明细科目	借方	贷方
产品完工入库	库存商品	A 产品	313 000.00	
	生产成本	A 产品		313 000.00
合　　计			313 000.00	313 000.00
附单据　1　张				

会计主管：韩刚　　　　　　　　会计：周志亮　　　　　　　　制证：吴越

　　根据上述资料，审计人员抽查了有关会计凭证，确认了本期生产费用无误，并与产品成本明细账进行了核对，确认了账证数额相符，也确认了盘点在产品实物数量符合实际，验证了投料率和完工率也符合实际情况。（分配率保留2位小数，金额取整）

　　【要求】指出存在的问题、提出处理意见并编制内部审计工作底稿。

　　训练二：练习制造费用的审计

　　资料：ABC制造公司审计人员张某、项某审查其2019年10月制造费用明细账时，有一笔业务摘要为车间领用计算机，审计人员调出该笔业务的记账凭证，如下表所示。

记 账 凭 证

2019 年 10 月 15 日　　　　　　　　　　　　　第 25 号

摘要	会计科目	明细科目	借方	贷方
车间领用计算机	制造费用		8 000.00	
	周转材料	低值易耗品		8 000.00
合　计			8 000.00	8 000.00

附单据　张

会计主管：韩刚　　　　　　会计：周志亮　　　　　　制证：吴越

　　审计人员随即调阅该计算机采购业务的记账凭证和原始凭证，如下表所示。

记 账 凭 证

2019 年 10 月 15 日　　　　　　　　　　　　　第 24 号

摘要	会计科目	明细科目	借方	贷方
购计算机	周转材料	低值易耗品	8 000.00	
	应交税金	应交增值税（进项税额）	1 040.00	
	银行存款			9 040.00
合　计			9 040.00	9 040.00

附单据 2 张

会计主管：韩刚　　　　　　会计：周志亮　　　　　　制证：吴越

中国工商银行转账支票存根

Ⅵ1102861396　附加信息＿＿＿＿＿＿＿

＿＿＿＿＿＿＿＿＿＿

出票日期 2019 年 10 月 15 日

收款人：甲科技公司	
金　额：¥9 040.00	
用　途：购计算机	
备　注：	

单位主管　　　韩刚　　　会计

370017×××× 　　　**山东增值税专用发票**　　　No 06588466

发票联　　　　　开票日期：2019 年 10 月 15 日

购买方	名　　称：ABC 制造公司	密码区	6+—〈2〉6）927+296+/ *　01446
	纳税人识别号：28511788113766××××		〈600375〈35〉〈4/ *　37009931410
	地址、电话：		2-2〈2051+24+2618〈7　07050445
	开户行及账号：工行烟台分行 520186533××××		/3-15〉〉09/5/—1〉〉〉 *2453729*4752

第三联：发票联　购买方记账凭证

货物或应税劳务名称	规格型号	单位	数量	单价	金　额	税率	税　额
计算机		件	1	8 000	8 000.00	13%	1 040.00
合　计					¥8 000.00		¥1 040.00

| 价税合计（大写） | ⊗玖仟零肆拾圆整　　　（小写）¥9 040.00 |

销售方	名　　称：甲科技公司	备注	36778912456588××××
	纳税人识别号：36778912456588××××		
	地址、电话：		发票专用章
	开户行及账号：工行烟台金泉支行 19972459××××		

收款人：　　　复核：　　　开票人：林强　　　销售方：（章）

【要求】分析该公司的处理是否正确，编制本项目的内部审计工作底稿。（该计算机预计使用 5 年，无残值，直线法计提折旧）

训练三：练习管理费用的审计

资料：ABC 制造公司审计人员张某、项某审查其 2019 年 8 月管理费用明细账时，发现本月计提的折旧费为 15 000 元，与以前月份有较大增长，审计人员决定进一步查证。首先调阅该笔业务的记账凭证和原始凭证，如下列所示。

记 账 凭 证

2019 年 8 月 31 日　　　　　　　　　　　　　第 46 号

摘要	会计科目	明细科目	借方	贷方
计提折旧	制造费用	折旧费	25 000.00	
	管理费用	折旧费	15 000.00	
	累计折旧			40 000.00
合　计			40 000.00	40 000.00

附单据 1 张

会计主管：韩刚　　　　　会计：周志亮　　　　　制证：吴越

固定资产折旧计算表

2019 年 8 月　　　　　　　　　　　　　　　　　单位：元

使用部门	固定资产类别	月初应计提折旧 固定资产原值	月分类折旧率	月折旧额
生产车间	房屋建筑物	625 000.00	0.8%	5 000.00
	设备	1 250 000.00	2.0%	25 000.00
	小计	1 875 000.00		30 000.00

使用部门	固定资产类别	月初应计提折旧 固定资产原值	月分类折旧率	月折旧额
管理部门	房屋建筑物	500 000.00	0.8%	4 000.00
	设备	300 000.00	2.0%	6 000.00
	小计	800 000.00		10 000.00
合　计		2 675 000.00		40 000.00

审计人员经询问相关人员和复算固定资产折旧计算表，确认折旧计算表无误。

【要求】分析该公司的处理是否正确，编制本项目的审计工作底稿。

项目九　资金管理核算岗位审计

任务目标

了解资金管理岗位的工作任务；了解内部控制及审查；掌握资金管理岗位主要账户的审计以及资金管理岗位其他账户的审计。

能力目标

能够掌握并运用观察法、询问法、函证法、调查表法、分析性复核法、内部控制评价法以及详查法和抽查法等审计方法，判断资金管理岗位管理方面是否存在漏洞；纠正会计处理错弊；熟练编写审计工作底稿；具有一定的案例分析能力。

任务内容

资金管理岗位核算基本知识；相关内部控制管理制度；短期借款、长期借款、应付债券、财务费用、实收资本、资本公积、盈余公积、未分配利润、长期股权投资、交易性金融资产、持有至到期投资等审计的主要程序和方法。

岗位任务

资金管理核算岗位由于职务不同，责任和工作任务有所不同。因此筹资交易岗位基本工作任务主要有以下几项。

（1）负责制定企业财务管理规章制度。

（2）制定财务规划、筹资预算和筹资方案。

（3）监督各项资金的使用情况，优化资金组合，提高资金使用效率。

（4）根据金融政策和行业政策分析筹资风险，进行资金需求预测。

（5）审核筹资会计，对筹资活动进行会计记录。

（6）计算并缴纳筹资应付的利息，或计算应发股利。

（7）审查筹资偿付的记账凭证。

（8）对资金使用效率进行分析。

投资交易岗位基本工作任务主要有以下几项。

（1）负责制定投资交易的各项内控制度。

（2）制定投资规划和投资方案。

（3）制定投资风险控制。

（4）制定投资效益分析制度。

（5）制定投资会计核算制度。

（6）投资的对外披露。

任务一 筹资与投资活动的内部控制审计

（一）任务基础

资金管理是指企业根据其生产经营、对外投资和调整资本结构的需要，通过筹资渠道和资本（金）市场，运用筹资方式，经济有效地筹集企业所需资本（金）的财务行为。筹资的方式主要有筹措股权资金和筹措债务资金两种。筹资管理的目的是满足公司资金需求、降低资金成本、减小相关风险。筹资活动对企业的生产经营及经营成果有重大影响，同时也是容易出现舞弊的环节，审计人员必须将其作为重点领域进行审计。

筹资活动的内部控制是指为了规范公司经营运作中的筹资行为，保证筹资活动符合国家法律法规的规定，为了降低资本成本、减少筹资风险、提高资金运作效益，依据相关规范并结合公司具体情况而制定的各项管理制度。筹资活动的内部控制主要包括筹资活动风险控制、筹资活动职位分工与职责权限的控制、筹资决策流程控制、筹资执行过程控制、资金使用效率控制、会计核算和资金结构控制。

投资活动的内部控制是指为了规范公司经营运作中的投资行为，保证投资活动符合国家法律法规的规定，为了优化资产配置、降低经营风险、提高资产使用效率、提高资产流动性，依据相关规范并结合公司具体情况而制定的各项管理制度。投资活动的内部控制主要包括投资资产的效益控制、投资活动风险控制、投资活动职位分工与职责权限的控制、投资决策流程控制、投资执行过程控制、投资会计核算控制、投资管理控制等。

审计人员通过上述问卷进行调查，可以了解被审计单位关于资金管理的内部控制制度是否完善，同时还要对资金管理的内部控制制度进行控制测试，看其是否有效且得到一贯遵守，然后对资金管理内部控制制度进行评价，评价其存在重大错报的风险程度，其中风险程度可用高、中、低来表示。审计人员在对资金管理的内部控制制度进行控制测试的过程中，要特别注意不相容岗位是否恰当分离，评价其出现舞弊行为的风险。如果出现重大错报和存在舞弊行为的风险较高，审计人员应特别关注，将其作为重点领域进行详细审计。

（二）任务实施

1. 资金管理活动内部控制审计目标

筹资活动的内部控制审计目标有如下几项。

（1）确定财务管理制度是否健全有效且得到一贯执行。

（2）确定是否编制资金需求计划。

（3）确定是否编制筹资方案和资金预算。

（4）确定是否建立资金使用情况分析、稽核与考核制度。

（5）确定是否设立搜集资本市场信息岗位，不相容职责是否分离。

投资活动内部控制审计目标有如下几项。

（1）投资活动的内部控制制度是否健全有效且得到一贯遵守。

（2）投资活动的内部控制是否保证投资合法、合规。

（3）投资活动的内部控制能否保证投资资产的安全、完整。

（4）投资活动的内部控制能否保证投资的相关信息真实、可靠。

（5）投资活动的内部控制能否保证提高资产利用效率。

（6）确定是否建立投资活动的稽核制度。

（7）确定是否设立搜集资本市场的信息岗位。

（8）确定是否建立投资效益分析制度。

（9）设置岗位时主要职责与不相容职责是否分开设置。

2. 资金管理活动的内部控制审计

资金管理活动的内部控制审计，首先应对资金管理内部控制制度进行调查、了解，然后进行控制测试，对资金管理的内部控制评价，应从资金管理的内部控制是否完善、有效且得到一贯遵守着手，找出存在风险的环节，确定审计重点。

【工作实例 9-1】甲食品加工有限公司审计人员对 2019 年资金管理的内部控制进行审计，审计采用问卷、调查、询问、测试等方法进行。具体程序如下。

第一步：获取资金管理的内部控制制度书面资料，审核发现，内部控制制度不完整，资金管理岗位大部分员工无岗位责任制。

第二步：问卷调查如下表所示。

筹资活动内部控制调查表

被审计单位名称	××部门	日期		索引号	
审计项目名称	筹资活动内部控制调查	编制人		×××	
会计期间或截止日	20××年度	复核人	×××	页次	
问题		是	否	不适用	备注
（1）是否制定财务管理制度		√			
（2）是否制定筹资授权批准制度		√			
（3）是否制定筹资活动具体业务操作规范和流程			√		
（4）是否制定财务规划		√			
（5）是否编制筹资预算			√		
（6）是否编制筹资计划			√		
（7）是否建立资金使用情况稽核制度			√		
（8）是否定期对资金使用效率进行分析			√		
（9）是否存在逾期未还借款的情况			√		
（10）不相容职责是否恰当分离		√			
（11）各岗位员工是否有岗位责任制		√			
（12）是否建立考核制度		√			
（13）是否定期对各岗位员工进行培训		√			
（14）是否进行资本市场调查		√			
（15）是否存储资本市场信息			√		
（16）是否建立完善的会计核算制度		√			
审计结论：调查发现筹资活动内部控制制度不完善，有的制度虽然制定但未能得到一贯遵守，针对调查中存在的问题，需采用实质性测试程序进一步确认					

第三步：对负债性融资和权益性融资的内部控制进行调查，发现该公司存在无借款计划、不按计划使用借款、借款合同编号不完整、未编制年度资本预算、投入资本的验证程序不完整、资本公积转增资本手续不完备等问题。

第四步：走访调查、询问，与部分员工座谈，进一步了解筹资活动内部控制制度有关情况。

第五步：约见有关负责人及有关人员，针对上述存在的问题交换意见。相关负责人表示：筹资活动发生的业务较少，虽然制度还不是很健全，但都是按照有关法律、法规、制度进行的，实际并不存在问题。

第六步：对筹资活动内部控制制度进行实质性测试，主要审计借款程序及使用情况、利息支付及偿还；对实收资本、资本公积和盈余公积的变动情况进行测试，如果本年度未发生，可考虑追溯以前年度。

第七步：与管理层交换意见，要求完善筹资活动内部控制制度，并对其进行后续审计。

通过对筹资活动的内部控制制度进行审计，审计人员发现该公司内部控制制度有很大缺陷，存在重大错报的风险，必须将其作为重点领域进行审计。审计工作底稿，如下表所示。

筹资活动内部控制 审计工作底稿

索引号：×××××××

被审计单位	甲食品加工有限公司		
审计事项	筹资活动内部控制		
审计期间或截止日期	2019.1.1—2019.12.31		
审计人员		编制日期	
审计结论或基本事实	该公司内部控制制度不完善，已经制定的制度大部分无效，也未能得到一贯遵守、执行，内控制度薄弱、存在诸多漏洞。具体表现为（1）无借款计划，不按计划使用借款、借款合同编号不完整。（2）未制定筹资活动具体业务操作规范和流程。（3）未建立资金使用情况稽核制度。（4）不定期对资金使用效率进行分析。（5）存在逾期未还借款。（6）未存储资本市场信息。（7）未编制年度资本预算。建议完善内部控制制度并监督执行、提出改进内部控制的意见和建议、对内部控制制度的执行情况进行后续审计。		
审计依据	《中华人民共和国公司法》《企业会计准则——借款费用》《内部审计具体准则——内部控制审计》		
复核意见			
复核人员		复核日期	

【工作实例 9-2】甲机械加工有限公司审计人员对 2019 年投资活动的内部控制进行审计，审计采用问卷、调查、询问、测试等方法进行。审计具体程序如下。

第一步：获取投资活动的内部控制制度书面资料，审核发现，内控制度不健全，投资活动岗位大部分员工无岗位责任制。

第二步：问卷调查，如下表所示。

投资活动内部控制调查表

被审计单位名称	××部门		日期		索引号	
审计项目名称	投资活动内部控制调查		编制人		×××	
会计期间或截止日	20××年度		复核人	×××	页次	
问题			是	否	不适用	备注

续表

（1）是否制定相应的财务管理制度	√		
（2）是否制定投资授权批准制度	√		
（3）是否制定投资活动的具体业务操作规范和流程		√	
（4）是否制定投资活动岗位责任制		√	
（5）是否制定投资活动不相容岗位分离制度		√	
（6）是否制定投资风险控制制度		√	
（7）是否建立投资效益分析制度		√	
（8）是否制定投资资产使用效率分析制度		√	
（9）是否制定投资资产定期盘点制度	√		
（10）是否建立投资资产限制接触制度		√	
（11）是否建立考核制度	√		
（12）是否定期对各岗位员工进行培训	√		
（13）是否进行资本市场调查		√	
（14）是否存储资本市场信息		√	
（15）是否建立完善的会计核算制度	√		
审计结论：调查发现投资活动内部控制制度不完善，有的制度虽然制定但不完善且未能得到一贯遵守，针对调查中存在的问题，需采用实质性测试程序进一步确认			

　　第三步：审计人员对投资活动的内部控制进行调查，发现该公司存在无投资活动的具体业务操作规范及流程、投资活动岗位责任制、投资风险控制制度、投资活动各岗位员工岗位责任制的情况。另外，存在没有对资本市场进行调查及市场信息进行储存等问题。

　　第四步：走访调查、询问，与部分员工座谈，进一步了解投资活动内部控制制度、执行等有关情况。

　　第五步：约见有关负责人及有关人员，针对上述存在的问题交换意见，负责人表示：投资活动发生的业务较少，虽然制度还不是很健全，但都是按照有关法律、法规、制度进行的，实际并不存在问题。

　　第六步：对投资活动内部控制制度进行实质性测试，主要审计股票投资、长期股权投资的内部控制制度以及应收股利的内部控制制度；对各项投资余额进行测试，如果本年度未发生，可考虑追溯以前年度。

　　第七步：与管理层交换意见，要求完善投资活动内部控制制度，并对其进行后续审计。

　　通过对投资活动的内部控制制度进行审计，发现该公司内部控制制度存在很大缺陷，有重大错报的风险，必须将其作为重点领域进行审计。具体案例将在以下各情境中介绍，其审计工作底稿，如下表所示。

投资活动内部控制 审计工作底稿

索引号：×××××

被审计单位	甲机械加工有限公司	
审计事项	投资活动内部控制	
审计期间或截止日期	2019.1.1—2019.12.31	
审计人员	编制日期	

审计结论或基本事实	该公司内部控制制度不完善，已经制定的制度大部分无效，也未能得到一贯遵守、执行，内控制度薄弱、存在诸多漏洞。具体表现为（1）未制定投资活动的具体业务操作规范和流程。（2）未制定投资活动岗位责任制。（3）未制定投资活动不相容岗位分离制度。（4）未制定投资风险控制制度。（5）未建立投资效益分析制度。（6）未制定投资资产使用效率分析制度。（7）未建立投资资产限制接触制度。（8）未进行资本市场调查。（9）未存储资本市场信息。建议完善内部控制制度并监督执行、提出改进内部控制的意见和建议、对内部控制制度的执行情况进行后续审计、针对内部控制存在的问题出具《管理建议书》。	
审计依据	《中华人民共和国公司法》《企业会计基础工作规范》《内部审计具体准则——内部控制审计》	
复核意见		
复核人员		复核日期	

任务二　债务资金审计

（一）任务基础

企业正常经营需要一定的资金，当资金不足时，可向银行或其他金融机构筹资，包括短期借款、长期借款和应付债券。一般情况下，企业不会高估负债，因此，在对短期借款审计时主要防止企业低估负债，低估负债既影响企业的财务状况，还会影响企业对财务成果的反映，所以，审计人员在执行债务资金审计业务时，应将被审计单位是否低估负债作为关注的重点。

（二）任务实施

1. 债务资金审计目标

（1）确定资产负债表中记录是否存在。

（2）确定资产负债表中记录是否完整。

（3）确定记录的债务资金是否是被审计单位应当履行的现实义务，会计处理是否正确。

（4）确定利息费用计算及会计处理是否正确，并记录于正确的会计期间。

（5）确定债务资金是否在财务报表中做出恰当列报。

2. 债务资金的审计

（1）短期借款审计

短期借款是指企业为了维持正常生产的经营而向银行或其他金融机构等借入的、还款期限在一年以下或者长于一年的、一个经营周期内的各种借款。主要包括经营周转借款、临时借款、结算借款、票据贴现借款、卖方信贷、预购定金借款和专项储备借款等。

【工作实例 9-3】甲食品加工有限公司审计人员对 2019 年短期借款进行审计，具体程序如下。

第一步：获取短期借款的内部控制制度书面资料，审核发现内控制度不完善，短期借款岗位大部分员工无岗位责任制。

第二步：问卷调查，如下表所示。

短期借款内部控制调查表

被审计单位名称	××部门		日期		索引号	
审计项目名称	短期借款内部控制调查		编制人		×××	
会计期间或截止日	20××年度		复核人	×××	页次	
问题			是	否	不适用	备注
（1）是否制定短期借款授权批准制度			√			
（2）短期借款的不相容职责是否分开				√		
（3）是否制定短期借款具体业务操作规范和流程				√		
（4）是否制订流动资金使用计划				√		
（5）是否编制流动资金预算				√		
（6）是否建立定期核对制度				√		
（7）是否建立短期借款使用情况稽核制度				√		
（8）是否定期对短期借款使用效率进行分析				√		
（9）是否存在逾期未还短期借款的问题			√			
（10）是否建立完善的账簿体系			√			
（11）是否建立严密的、完善的记录制度			√			
（12）各岗位员工是否有岗位责任制				√		
审计结论：内控制度不完善，存在薄弱环节，风险水平为中度						

第三步：获取或编制短期借款明细表，如下表所示，复核加计是否正确，并与总账和明细账合计数核对，与报表数核对是否相符，检查非记账本位币短期借款的折算汇率及折算是否正确。

短期借款明细表

贷款银行	借款期限		期初余额		本期增加			本期归还		期末余额		本期应计利息（万元）	本期实计利息（万元）	借款条件	借款用途
	借款日	约定还款日	利率	本金（百万）	日期	利率	本金	日期	本金（百万）	利率	本金（百万）				
A	2019 1.20	2019 7.19	5%	100				2019 7.19	100			2.5	2.5		
B	2019 7.1	2020 5.31	5.2%	200						5.2%	200	5.2	0		
C	2018 9.1	2019 3.31	5.1%	150				2019 9.1	150			5.1	4.905		

从获取的短期借款明细表中发现：从C银行借款150万元，本期少计提利息1 950.00元，从B银行借款2 000 000.00元，本期未计提借款利息52 000.00元。

第四步：检查被审计单位贷款卡，核实账面记录是否完整，对贷款卡上列示的信息与账面记录进行分析，关注对外担保信息；该公司未能出示贷款卡，理由是丢失。

第五步：对短期借款进行函证，函证内容包括已不使用的账户和余额为零的账户。通过函证发现，D银行借款1 800 000.00元在账簿上没有记录，借款时间为2019年2月1日，期限为1年，利率为4.95%；本期应计提利息81 675.00元。

回函发现，D银行借款额有差异，回函记录该公司有借款1 800 000.00元，审计人员与公司有关人员就这一问题交换意见，发现该公司将该借款列入了其他业务收入账户，该公司为了粉饰财务状况，使资产负债率、流动比率和速动比率指标变好而低估负债。

第六步：检查短期借款的增加，对年度内增加的短期借款，检查借款合同和审批，了解借款数额、借款条件、借款用途、借款日期、偿还日期、借款利率并与相关会计记录进行核对。本期短期借款增加了1 800 000.00元，但未记录于账簿中。

第七步：检查减少的短期借款，对年度内减少的短期借款，检查相关记录和原始凭证，核实还款数额，并与相关会计记录进行核对。本期减少的短期借款与明细表相符。该公司短期借款审计工作底稿，如下表所示。

<u>短期借款</u> 审计工作底稿

索引号：×××××

被审计单位	甲食品加工有限公司		
审计事项	短期借款		
审计期间或截止日期	2019.1.1—2019.12.31		
审计人员		编制日期	

审计结论或基本事实	该公司短期借款内部控制制度不完善、内控制度薄弱、存在诸多漏洞。业务处理方面：（1）由D银行借款1 800 000.00元列入其他业务收入账户中，利息81 675.00元未计提。（2）由B银行借款2 000 000.00元，本期应计提而未计提借款利息52 000.00元。（3）由C银行借款1 500 000.00元，本期少计提利息1 950.00元。
	
	以上会计处理，违背了《中华人民共和国企业所得税法》《企业会计准则》和《企业会计制度》的规定：（1）由D银行借款1 800 000.00元未计入账簿中，低估企业负债1 800 000.00元，高估其他业务收入1 800 000.00元；利息81 675.00元未计入财务费用，高估利润81 675.00元。（2）由B银行借款2 000 000.00元，本期应计提而未计提借款利息52 000.00元，高估本期利润52 000.00元。（3）由C银行借款1 500 000.00元，本期少计提利息1 950.00元，高估本期利润1 950.00元。应予调整，调整分录如下。
	
	借：其他业务收入 1 800 000.00
	    贷：短期借款——D银行 1 800 000.00
	借：财务费用 135 625.00
	    贷：应付利息——D银行 81 675.00
	    贷：应付利息——B银行 52 000.00
	    贷：应付利息——C银行 1 950.00
	
	提出改进内部控制的意见和建议，对内部控制制度的执行情况进行后续审计		

审计依据	《企业会计准则——借款费用》《内部审计具体准则——内部控制审计》		
复核意见			
复核人员		复核日期	

本表后附其他资料（略）

【想一想】如果审计时间已经截止，且该年度有利润，企业应当如何调整呢？（假设所得税率为25%）

（2）长期借款审计

一般情况下，企业不会高估负债。因此，审计人员在对长期借款审计时主要防止企业低估负债，低估负债不仅影响企业的财务状况，还会影响企业对财务成果的反映；同时，借款费用的资本化和费用化对企业的财务状况和经营成果也有很大影响。所以，审计人员在执行长期借款审计业务时，应将被审计单位是否低估负债以及借款费用资本化和费用化作为审计的重点。

【工作实例 9-4】甲食品加工有限公司审计人员对 2019 年长期借款的内部控制进行审计，审计采用问卷、调查、询问、测试、核对等方法进行。具体程序如下。

第一步：获取长期借款的内部控制制度书面资料，审核发现，内控制度不完善，长期借款岗位的大部分员工无岗位责任制。

第二步：进行问卷调查，得出的审计结论为内控制度不完善，存在薄弱环节，存在中度风险。

第三步：获取或编制长期借款明细表，如下表所示，复核加计是否正确，并与总账和明细账合计数核对，减去将于一年内偿还的长期借款后与报表数核对是否相符，检查非记账本位币长期借款的折算汇率及折算是否正确。

长期借款明细表（会计报表附注中披露）

贷款单位	金额（万元）	借款期限	年利率（%）	借款条件	用途
A 银行	1 200	2016.4.1—2019.5.30	8.45	担保借款	引进生产线（2016 年 10 月 31 日已完工）
B 银行	12 800	2018.8.1—2021.5.30	8.65	抵押借款	厂房改造（2018 年 8 月 1 日开工到 2019 年年底未完工）
C 银行	780	2018.7.1—2020.6.30	5.85	担保借款	补充资金

长期借款明细表　　　　　　　　　　金额：万元

贷款银行	借款期限		期初余额		本期增加			本期归还		期末余额		本期应计利息	本期实计利息	借款条件	借款条件	备注
	借款日	约定还款日	利率%	本金	日期	利率	本金	日期	本金	利率%	本金					
A	2016 4.1	2019 5.30	8.45	1 200				2019 5.30	1 200			42.25	42.25	担保	引进生产线	
B	2018 8.1	2021 5.30	8.65	12 800						8.65	12 800	1 107.2	1 107.2	抵押	厂房改造	
C	2018 7.1	2020 6.30	5.85	780						5.85	780	45.63	45.63	担保	补充资金	一年内到期
合计				14 780					1 200		13 580	1 195.08	1 195.08			

长期借款 2019 年年末账面余额为 13 580 万元，与本期财务报告中披露的金额一致，所有借款利息到期一个月内支付，本金到期一次偿还。

第四步：索取所有长期借款合同的原件，并对合同所载明的借款单位、借款金额、借款利率、借款期限、借入日期及借款用途，分别进行审阅后，计入审计工作底稿。

第五步：对长期借款项目所计入的利息按照合同规定的利率和实际介入日期、天数、计算确认其正确性；经查实借款合同都是按单利计算利息。本年应计利息：

1 200×8.45%×5÷12+12 800×8.65%+780×5.85%=1 195.08（万元）

第六步：检查一年内到期的长期借款是否已经转列为流动负债，本年列示的长期借款为 12 800 万元，与报表所列的 12 020 万元不符，经检查确认为公司向 C 银行借款 780 万元不足一年，而未转入"一年内到期的非流动负债"项目。

第七步：检查减少长期借款，对年度内减少的长期借款，检查相关记录和原始凭证，核实还款数额，并与相关会计记录进行核对。本期减少的长期借款与明细表相符。

第八步：检查在建工程，看其是否挪用长期借款。经检查发现，本年度对办公室和培训中心重新进行了装修，均使用厂房改造资金并计入厂房改造工程成本。经审查，发现办公室和培训中心装修共发生费用 185.5 万元，包括办公室装修费用 102.5 万元，培训中心装修费用 83 万元。审计人员建议冲减厂房改造工程成本，并将装修费用支出记入长期待摊费用，于受益期内摊销记入管理费用（假设 2017 年年底装修完工）。调整分录如下。

借：长期待摊费用　　　　　　　　1 855 000.00

　　贷：在建工程　　　　　　　　　　　1 855 000.00

（3）应付债券审计

企业对外发行债券所得资金一般只用于建设项目，它属于长期负债，其特点是期限长、数额大、到期无条件支付本息，发行长期债券是企业筹措长期资金的重要筹资方式之一。企业发行债券形成的溢价和折价，是整个债券存续期间对举债企业利息费用的一项调整。为了调整每期的利息费用，应将溢价、折价额逐期转作利息费用的增加额或减少额，称之为溢价、折价摊销。实际工作中存在着对债券溢价与折价的会计处理不正确的问题，即对溢价或折价在某一纳税期间内故意多摊销或少摊销或不摊销，人为地调节有关纳税期间的费用和利润。因此，审计人员应将折价和溢价的摊销作为审计的重点。

一般情况下，应付债券在审计年度内发生的业务较少，但每一笔金额可能较大，遗漏或不恰当地进行会计处理，将会导致重大错误，从而对会计报告的公允性产生较大影响，针对上述特点，在对应付债券进行审计时，如果审计年度发生的业务较少，可以采用详查的方法进行审计。

【工作实例 9-5】甲食品加工有限公司审计人员对 2019 年应付债券进行审计，审计采用问卷、调查、询问、测试、核对等方法进行。审计具体程序如下。

第一步：获取应付债券的内部控制制度书面资料，审核发现，由于应付债券业务不多，基本未制定内控制度。

第二步：获取或编制应付债券明细表，如下表所示，复核加计是否正确，并与总账和明细账合计数核对。经核对未发现异常。

应付债券明细表（会计报表附注中披露摘要）

项目	面值（万元）	发行价格（万元）	票面年利率（%）	借款期限	用途
A 债券	1 000	1 043.27	6	2018.1.1—2022.12.31	引进生产线（2018 年年末已完工）
B 债券	500	500	10	2018.4.1—2021.3.31	厂房改造（2019 年年末尚未完工）

第三步：索取债券契约、企业章程或有关协议，并对其所载明的还款、赎回、担保、流动资金比例限制等进行记录，计入审计工作底稿；索取公司债券登记簿，对其所载明的

债券总额、债券票面金额、利率、还本付息的期限和方式、发行日期等内容进行记录，计入审计工作底稿。

第四步：对应付债券向证券承销商或包销商函证（询证函略）。

第五步：对应付债券计提利息费用进行审核。经审查，该公司 2019 年 12 月 31 日的记账凭证，如下表所示。

记 账 凭 证

2019 年 12 月 31 日　　　　　　　　　　　　第 97 号

摘要	会计科目	明细科目	借方	贷方
计提 A 债券利息费用	财务费用		600 000.00	
	应付债券	应计利息		600 000.00
合　计			600 000.00	600 000.00
附单据　张				

会计主管：杨磊　　　　　　会计：张林　　　　　　　　制证：张林

记 账 凭 证

2019 年 12 月 31 日　　　　　　　　　　　　第 100 号

摘要	会计科目	明细科目	借方	贷方
计提 B 债券利息费用	在建工程	厂房改造	500 000.00	
	应付债券	应计利息		500 000.00
合　计			500 000.00	500 000.00
附单据　张				

会计主管：杨磊　　　　　　会计：张林　　　　　　　　制证：张林

上述两张记账凭证未附原始凭证。经审查，该公司发行的 A、B 债券，属于到期一次还本付息。B 债券的厂房改造工程 2019 年年末尚未完工。审计人员对于溢价发行的 A 债券（市场利率为 5%）重新编制利息费用一览表，如下表所示。

利息费用一览表

付息日期	支付利息（1）=面值×6%	利息费用（2）=期初（4）×5%	摊销的利息调整（3）=（1）-（2）	应付债券摊余成本期末（4）=期初（4）-（3）
2018.1.1				10 432 700.00
2018.12.31	600 000.00	521 635.00	78 365.00	10 354 335.00
2019.12.31	600 000.00	517 716.75	82 283.25	10 272 051.75
2020.12.31	600 000.00	513 602.59	86 397.41	10 185 654.34
2021.12.31	600 000.00	509 282.72	90 717.28	10 094 937.06
2022.12.31	600 000.00	505 062.94	94 937.06	10 000 000.00

则 2019 年年末 A 债券计息及溢价摊销的会计处理如下。

借：财务费用　　　　　　　517 716.75

　　应付债券——利息调整　 82 283.25

　　贷：应付债券——应计利息　 600 000.00

建议调整错误处理。调整分录如下。

借：应付债券——利息调整　　　82 283.25

　　贷：财务费用　　　　　　　　82 283.25

第六步：检查一年内到期的应付债券是否已经列入"一年内到期的非流动负债"。

第七步：检查应付债券的偿还，发现本期未发生偿还应付债券业务。

第八步：如发行债券时已作抵押或担保，应检查相关契约的履行情况。

第九步：检查在建工程或已完工工程，看其是否挪用应付债券所筹集的款项；经检查未发现挪用现象。

【学中做】试编写出应付债券审计工作底稿。

【想一想】如果审计期间已经截止，企业应如何进行账项调整呢？

（4）财务费用审计

财务费用是指企业为筹集生产经营所需资金等而发生的费用，包括利息支出（减利息收入）、汇兑损失（减汇兑收益）以及相关的手续费等，正确地确认和计量财务费用将对财务状况和经营成果有较大影响。例如，企业的长期借款和应付债券业务等发生的借款费用，应予资本化的而计入财务费用，应计入财务费用的而资本化，从而调整当期利润。又如对于银行存款金额较大的企业，其利息收入有较大的金额，可能产生贪污现象。因此，对财务费用进行审计时，要重点关注财务费用确认的正确性和利息收入的完整性。

【工作实例 9-6】甲食品加工有限公司审计人员对 2019 年财务费用进行审计，审计采用问卷、调查、询问、测试、核对、分析性复核等方法进行，审计具体程序如下。

第一步：获取财务费用内部控制制度书面资料，审核发现财务费用内控制度不健全，理由是被审计单位认为业务单一，无须建立健全的制度。

第二步：进行内部控制制度问卷调查（调查表略），结论是几乎没有内部控制制度，属于高风险。

第三步：获取或编制财务费用明细表，复核加计是否正确，与报表数、总账数和明细账合计数核对是否相符。

第四步：将本期、上期财务费用各明细项目进行比较分析，必要时比较本期各月的财务费用，如有重大波动和异常情况，应查明原因，扩大审计范围或增加测试量。

对财务费用进行分析性复核，发现本期短期借款未增加，而财务费用本期比上期增加 85 万元。随即检查在建工程和长期借款发现，本年 1 月 1 日发生长期借款 1 000 万元，期限 3 年，年利率 8.5%，与实际利率相同（按年付息），用于购进一条生产线，生产线正在建设中，其利息费用的处理，如下表所示。

记　账　凭　证

2019 年 12 月 31 日　　　　　　　　　　第 189 号

摘要	会计科目	明细科目	借方	贷方
计提长期借款利息费用	财务费用	利息费用	850 000.00	
	应付利息			850 000.00
合　计			850 000.00	850 000.00
附单据　张				

会计主管：杨磊　　　　　　会计：张林　　　　　　制证：张林

所附原始凭证（略）。

因生产线建设尚未完工，此利息费用应记入生产线成本中，建议调整错误处理。调整分录为。

借：在建工程　　　　850 000.00

　　贷：财务费用　　　　　850 000.00

第五步：检查利息支出明细账，确认利息支出的真实性及正确性，检查各项借款期末应计利息有无预计入账，注意检查现金折扣的会计处理是否正确。

审计人员审查利息收入时发现，本年各账户存款余额较大，平均每月余额合计在1 000万元以上，最高时达2 000多万元，却未发现利息收入。将银行对账单与银行日记账核对发现，每月均有一笔利息收入，1~12月合计为86 285.35元，而银行日记账未记录。12月22日从银行支取现金86 285.35元，作为差旅费，银行日记账和现金日记账均未记录，编制的各月末银行调节表均以未达账项列示。经过进一步审查，确认全年利息收入合计86 285.35元未入账，存入"小金库"，准备用于春节职工的福利支出。

建议调整错误处理。调整分录如下。

借：银行存款　　　86 285.35

　　贷：财务费用　　　86 285.35

第六步：检查汇兑损失明细账，检查汇兑损益计算方法是否正确，核对所用汇率是否正确、前后期是否一致。该企业本年度未发生外币业务。

第七步：检查"财务费用—其他"明细账，注意检查大额金融机构手续费的真实性与正确性。该企业本年未发生大额手续费支出。

第八步：审阅下期期初的财务费用明细账，检查财务费用各项目有无跨期入账的现象，对于重大跨期项目，应做必要调整。

【学中做】试编写财务费用审计工作底稿。

【想一想】如果审计时间已经截止，企业应当如何进行调整呢？如果上述金额为85.35元，应当怎样处理呢？

任务三　股权资金审计

（一）任务基础

所有者权益是指资产扣除负债后由所有者享有的剩余利益，即一个会计主体在一定时期所拥有或可控制的具有未来经济利益资源的净额，其金额等于企业全部资产减去全部负债后的余额，包括实收资本（股本）、资本公积、盈余公积和未分配利润。

根据"资产=负债+所有者权益"的平衡原理，所有者权益在数量上等于企业的全部资产减去全部负债后的余额，即企业净资产数额。如果审计人员能够对企业资产和负债进行充分的审计，证明两者的期初余额、期末余额和本期变动都是正确的，这就为所有者权益的期末余额和本期变动的正确性提供了有力证据。同时，由于所有者权益增减变动的业务较少、金额较大的特点，审计人员在审计了企业的资产和负债后，往往只花费相对较少的时间对所有者权益进行审计。尽管如此，在审计过程中，审计人员对所有者权益进行单独审计仍是十分必要的。

（二）任务实施

1. 股权资金审计目标

（1）确定股权资金是否存在。
（2）确定股权资金增减变动的合规性。
（3）确定股权资金记录的完整性。
（4）确定股权资金余额的正确性。
（5）确定股权资金已按照企业会计准则的规定在财务报告中恰当列报。

2. 股权资金的审计

（1）实收资本（股本）审计

实收资本是指投资者按照企业章程或合同、协议的约定而实际投入企业的资本，它是企业注册登记的法定资本总额的来源，它表明所有者对企业的基本产权关系。实收资本是企业永久性的资金来源，它是保证企业持续经营和偿还债务的最基本的物质基础。投资者一旦投入，在企业存续期内就不得抽回，同时其增减变化事项不多，在对会计报告进行公允性审计时可直接进行详细审计，不对内部控制进行测试；但对内部控制制度的关注是内部审计的重点，因此审计时必须对内部控制进行调查、了解、评价，并提出适当的改进意见。

实收资本（股本）的审计主要内容包括投资者投入企业的资本是否经过验资，有无中途抽走资本的行为，实收资本投入的比例结构是否合理、合法，实收资本的增减变动是否符合法律、法规、合同和章程的规定，记录是否完整、正确；账务处理是否合规，实收资本年末余额是否正确。

【工作实例 9-7】A 集团公司审计人员对集团控股的 M 食品公司的实收资本进行审计，审计是在对内部控制调查的基础上采用详细的审计方法的，具体程序如下。

第一步：获取实收资本的内部控制制度书面资料，审核发现，基本未制定内部控制制度。

第二步：问卷调查（调查表略）。审计结论：内控制度不完善，呈现中度风险。

第三步：检查投资者是否已按合同、协议、章程约定时间缴付出资额。其出资额是否已经中国注册会计师验证，已验资者的情况应查阅验资报告。检查发现：该公司于 2018 年 3 月 1 日登记设立，公司性质为有限责任公司，注册资本 800 万元，出资人 A 集团公司（出资比例为 65%）和 B 公司（出资比例为 35%）。按照公司章程的规定，B 公司以其房屋作为出资，截至 2019 年年末，B 公司没有将投入的资产房屋办理资产转移手续。2019 年 6 月 4 日，公司吸收新股东 C 公司，投入资本 280 万元，C 公司准备占有该企业注册资本的 20%。

第四步：编制或取得实收资本明细表，如下表所示。

实收资本明细表 （单位：万元）

投资人	摘要	期初余额	本期借方发生额	本期贷方发生额	出资方式	占出资比例（%）	期末余额	占出资比例（%）
A 集团公司	收到投资	520			货币资金	65	520	48.14
B 公司	收到投资	280			实物资产	35	280	25.93
C 公司	收到投资			280	实物、货币		280	25.93
合计		800				100	1 080	100

根据编制的实收资本（股本）明细表发现，C 公司占注册资本的比例是 25.93% 而不是 20%，原因是记入实收资本账户金额错误。

第五步：审查实收资本的存在性。取得实收资本投入有关的记录及文件等，应注意原始凭证所反映的内容。确定投入货币资金是否确实存入企业开户银行；对原材料和设备等实物资产应审核购货发票；对融资租入固定资产审核其租赁合同；对房地产等固定资产应审核其所有权或使用权证明文件；对投入的无形资产应审查是否办理了法律手续，有无合法的证明文件。

第六步：审查实收资本记录的完整性。将实收资本明细表与有关原始文件的记录进行核对，查明其是否一致，以确定实收资本的记录是否完整。如果不一致，应查明原因。经审查，实收资本明细表与有关原始文件的记录相符。

第七步：审查实收资本业务的合法性。审阅账册、凭证，查明注册资本是否符合《公司法》等法律要求；投入资本是否按时全部到位，有无违约情况；无形资产投入比例是否符合规定；非货币性资产投入时，资产评估是否合规、合法；有外商投资时，应索取商检报告，以确定投资业务的合法性；审查减资的合法性，查明有无抽逃资本等违法行为。按照公司章程的规定，B 公司以其房屋作为出资，截至 2019 年年末，B 公司没有将投入的资产房屋办理资产转移手续。

第八步：检查实收资本（股本）增减变动的原因。查阅其是否与董事会纪要补充合同、章程修正案、协议及其他有关法律文件的规定一致，逐笔追查原始凭证，检查会计处理是否正确。2019 年 6 月 4 日，公司吸收新股东 C 公司，投入资本 280 万元，C 公司准备占有该企业注册资本的 20%；其中投入一套生产设备，双方确认的价值为 180 万元，生产设备账面原值为 230 万元，累计折旧 35 万元，投入现金 100 万元；M 食品公司已收到生产设备，现金 100 万元已存入银行。该笔业务的记账凭证，如下表所示。

记 账 凭 证

2019 年 6 月 4 日   第 18 号

摘要	会计科目	明细科目	借方	贷方
	固定资产	生产设备	2 300 000.00	
	银行存款		1 000 000.00	
接受投资	实收资本	C 公司		2 800 000.00
	资本公积	资本溢价		150 000.00
	累计折旧			350 000.00
合 计			3 300 000.00	3 300 000.00

附单据 张

会计主管：杨磊   会计：张林   制证：张林

所附原始凭证（略）。

2019 年 5 月月末 M 食品公司列示的实收资本为 800 万元，盈余公积 90 万元，未分配利润 110 万元。

为了维护原有投资者的利益，新加入的投资者要付出大于原有投资者的出资额，才能取得与原有投资者相同的投资比例。其中，按投资比例计算的出资额部分，计入"实收资本"科目，大于部分应计入"资本公积"科目。

新投资者最低出资总额=（实收资本+留存收益）/（1-欲占注册资本比例）×欲占注册资本比例=(800+90+110)÷(1-20%)×20%=250（万元）

检查相关凭证得知账务处理错误：

① C 公司投资共 280 万元，应计入实收资本金额=(800+200)×20%=200（万元），资本溢价 80 万元；

② 固定资产入账价值与投资方账面价值无关，应当按照双方确认的价值 180 万元入账；

③ 资本公积入账金额错误。

建议调整错误处理。调整分录如下。

借：累计折旧　　　350 000.00

　　实收资本　　　800 000.00

　　贷：资本公积　　　650 000.00

　　　　固定资产　　　500 000.00

第九步：检查注册资本分类的合理性。主要包括审查实收资本账户及有关原始文件、凭证；查明企业是否根据不同的投资主体在"实收资本"（股本）明细科目中核算；有无错记、漏记和错弊行为，特别查明普通股与优先股是否分开记录；投入资本与借入资金的划分是否合理，有无将两者混淆记录的情况。

第十步：审查资本业务账务处理的准确性。审查投资者投入资本或股东入股的资产计价是否准确、合理，有无高估或低估资产价值；吸收外币投资时，审查投资的币种、汇率及折算差额的准确性；企业减资时，查明减资业务处理的准确性；核对实收资本明细账与总账余额、报表的一致性。

（2）资本公积审计

资本公积是企业收到投资者的超出其在企业注册资本（或股本）中所占份额的投资，以及直接计入所有者权益的利得和损失等。资本公积是所有者权益的组成部分，它的增加会直接导致企业净资产的增加，因此，资本公积信息对于投资者、债权人等的决策十分重要。同时在核算资本公积时，要将资本公积与收益项目区分清楚，因此，在对资本公积审计时要尤为关注。

资本公积的审计内容主要包括编制资本公积明细表，复核加计正确，并与明细表、总账和相关的凭证核对，检查其一致性；审查资本公积形成的合规性和真实性；审查资本公积使用的合规性和正确性、资本年末余额是否正确等。

【工作实例 9-8】A 集团公司审计人员对集团控股的 M 食品公司的资本公积进行审计，审计是在对内部控制调查的基础上采用详细的审计方法进行的，具体程序如下。

第一步：获取资本公积的内部控制制度书面资料，审核发现，基本未制定内控制度。

第二步：问卷调查（调查表略）。审计结论：内控制度不完善，属于中度风险。

第三步：编制或取得资本公积明细表，如下表所示。

资本公积明细表 单位：万元

项目	期初余额	本期借方发生额	本期贷方发生额	期末余额	备注
资本（股本）溢价	220	220		0	转增资本
其他资本公积	85		55	140	
合　计	305	220	55	140	

第四步：搜集与资本公积变动有关的股东（大）会决议，董事会会议纪要、资产评估报告等文件资料，更新永久性档案。首次接受委托的，应检查期初资本公积的原始发生依据。

第五步：根据资本公积明细账，对股本溢价、其他资本公积各明细账的发生额逐项进行审查。经审查发现，贷方发生额系从被投资单位分回的利润。

第六步：审查资本公积使用的合法性。审查资本公积明细账的借方发生额及有关凭证、账户的对应关系，查明资本公积使用及其变动的合法性。资本公积审计工作底稿，如下表所示。

资本公积 审计工作底稿

索引号：××××××

被审计单位		M食品公司	
审计事项		资本公积	
审计期间或截止日期		2019.1.1—2019.12.31	
审计人员		编制日期	
审计结论或基本事实		该公司将从被投资单位分回的应当计入投资收益的利润55万元，计入资本公积——其他资本公积，违反了企业会计准则的规定。应予调整，调整分录如下。 借：资本公积——其他资本公积　　550 000.00 　　贷：投资收益　　　　　　　　　　　550 000.00	
审计依据		《中华人民共和国公司法》《企业法人登记管理条例》 《中华人民共和国内部审计条例》《内部审计基本准则》	
复核意见			
复核人员		复核日期	

（3）盈余公积审计

盈余公积是指企业按照规定从净利润中提取的各种积累资金，主要用于弥补以前年度发生的亏损和按国家有关规定转增资本金。法定盈余公积是企业按国家规定的比例计算提取的盈余公积，按税后利润的10%提取，当企业的法定盈余公积超过其资本金总额的50%时，可不再提取。任意盈余公积是根据企业自身发展的需要，按公司章程或股东大会决议提取的盈余公积，任意盈余公积的提取比例按公司章程或股东大会确定的比例计算。企业用盈余公积转增资本时，转增资本金后留存于企业的盈余公积不得少于注册资金的25%。

在对盈余公积进行审计时，重点关注盈余公积的提取和使用。审计内容主要包括税后利润是否按规定提取盈余公积，数额是否正确；盈余公积的使用是否合法；盈余公积的核算是否正确；会计记录是否全面、完整等。

【工作实例 9-9】 A 集团公司审计人员对集团控股的 N 食品公司的盈余公积进行审计，审计是在对内部控制调查的基础上采用详细的审计方法进行的，具体程序如下。

第一步：获取盈余公积的内部控制制度书面资料，审核发现，基本未制定内部控制制度。

第二步：问卷调查（调查表略）。审计结论：内控制度不完善，属于中度风险。

第三步：编制或取得盈余公积明细表，如下表所示。

盈余公积明细表 单位：万元

序号	明细项目	期初余额	本期增加		本期减少		期末余额
			本期提取		转增资本		
1	法定盈余公积	485			300		185
2	任意盈余公积	85					85
	合计	570			300		270

第四步：对盈余公积各明细项目的发生额，逐项审查其原始凭证。本期减少 300 万元系转增资本。2019 年 6 月第 001 号记账凭证，如下表所示。

记 账 凭 证

2019 年 6 月 8 日 第 1 号

摘要	会计科目	明细科目	借方	贷方
转增资本	盈余公积	法定盈余公积	3 000 000.00	
	实收资本	股东明细略		3 000 000.00
合 计			3 000 000.00	3 000 000.00

附单据 张

会计主管：杨磊　　　　　会计：张林　　　　　制证：张林

所附原始凭证（略）。

第五步：检查盈余公积各明细项目的提取比例是否符合有关规定。本期末净利润 650 万元，未提取法定盈余公积和任意盈余公积；按照《中华人民共和国公司法》的规定，公司应当按净利润的 10% 提取法定盈余公积；公司章程规定，按净利润提取 8% 任意盈余公积，本年净利润 650 万元，未提取法定盈余公积，违背了《中华人民共和国公司法》的规定；未提取任意盈余公积，违背公司章程的规定。

建议调整错误处理，调整分录如下。

借：利润分配——提取盈余公积　　　1 170 000.00

　　贷：盈余公积——法定盈余公积　　　　　650 000.00

　　　　盈余公积——任意盈余公积　　　　　520 000.00

第六步：检查盈余公积减少数是否符合有关规定，会计处理是否正确。本期减少 300 万元系转增资本。按照《中华人民共和国公司法》的规定，法定盈余公积转为资本时，所留存的法定盈余公积不得少于转增前公司注册资本的 25%，该公司注册资本为 1 560 万元，转增前法定盈余公积为 485 万元，转增后至少留存 390 万元（1 560×25%），可用于转增资本的限额为 95 万元（485-390）。

建议调整错误处理，调整分录如下。

借：实收资本　　　　　　　　　　　2 050 000.00
　　贷：盈余公积——法定盈余公积　　　　2 050 000.00

【学中做】试编写出盈余公积审计工作底稿。

（4）未分配利润审计

未分配利润是指未做分配的净利润，即这部分利润没有分配给投资者，也未指定其他用途。未分配利润是企业当年税后利润在弥补以前年度亏损、提取盈余公积以后，加上上年年末未分配利润，再扣除向所有者分配的利润后的结余额，是企业留待以后年度分配的利润。它是企业历年积存的利润分配后的余额，也是所有者权益的一个重要组成部分。企业当年实现的利润总额在交完所得税后，其净利润可按以下顺序进行分配：① 弥补以前年度的亏损；② 提取法定盈余公积；③ 提取任意盈余公积；④ 向投资者分配利润。最后剩余即为年终未分配利润。因此未分配利润审计应结合利润及利润分配审计进行。审计时应重点查明增减变动数额，有无因漏缴或少缴所得税、漏计或少计利润而减少未分配利润的情况；审查确认利润分配比例是否符合合同、协议、章程以及董事会纪要的规定，利润分配额及年末未分配数额是否一致；查明资产负债表与利润分配表中未分配利润数的一致性，以及利润表中净利润的一致性。

（5）应付股利审计

应付股利是企业经董事会或股东大会，或类似机构决议确定分配的现金股利或利润。应付股利是企业实现的利润按照税法及有关法规规定交税、交费后，分配给投资者但尚未支付的那部分利润。企业能否向投资者分配利润，不在于本期赢利多少，而是取决于企业是否拥有和拥有多少可供分配的利润。企业分配给投资者的现金股利或利润，在实际未支付给投资者之前，形成了一笔负债。

对应付股利审计主要包括报表数、总账数及明细账合计数额核对相符，股利分配标准和发放方式是否符合有关规定并经法定程序批准，是否根据董事会或股东大会决定的利润分配方案进行分配，检查股利支付的原始凭证的内容、金额和会计处理是否正确，确定未付股利的真实性和完整性及应付股利的列报是否恰当等内容。

任务四　投资业务审计

（一）任务基础

投资活动是指企业以购买股票、债券等有价证券的方式或以现金、实物资产、无形资产等方式向企业以外的其他经济实体进行的投资。其目的是获取投资收益、分散经营风险、加强企业间的联合、控制或影响其他企业；优化资源配置，提高资产利用效率；优化投资组合，降低经营风险；稳定与客户的关系，扩大市场占有率；提高资产的流动性，增强企业的偿债能力。对外投资活动对企业的生产经营、经营成果及现金流量有重大影响，审计人员必须将其作为重点领域进行审计，同时也是容易出现舞弊行为的环节，审计时要特别关注。

（二）任务实施

1. 投资业务审计目标

（1）确定资产负债表中记录是否存在。

（2）确定资产负债表中记录是否完整。

（3）确定记录的投资是否确实为被审计单位所拥有，会计处理是否正确。

（4）确定投资计价是否正确。

（5）确定投资业务是否在财务报表中做出恰当列报。

2. 投资业务的审计

（1）长期股权投资审计

长期股权投资是指企业通过投资取得被投资单位的股份。企业对其他单位的股权投资，通常是为长期持有，以期通过股权投资达到控制被投资单位，或对被投资单位施加重大影响，或为了与被投资单位建立密切关系，保证原材料供应及销售渠道等，以分散经营风险。一般情况下，企业不会低估长期股权投资，因此，审计人员在对长期股权投资进行审计时主要关注高估长期股权投资。另外，对长期股权投资的核算方法（成本法和权益法）也要作为审计的重点。高估长期股权投资以及长期股权投资的核算方法的选用对企业的财务状况及经营成果都会产生重要影响。因此，审计人员应把是否高估长期股权投资以及核算方法的恰当选用作为审计的重点。

长期股权投资的审计，首先应对内部控制制度进行调查、了解，评价长期股权投资的内部控制是否完善、有效且得到一贯遵守，找出存在风险的环节，确定审计重点，然后进行实质性测试。

【工作实例9-10】A集团公司审计人员对所属机械加工有限公司2019年长期股权投资进行审计，审计采用问卷、调查、询问、测试、核对等方法进行，具体程序如下。

第一步：获取长期股权投资的内部控制制度书面资料，审核发现，内控制度不完善，长期股权投资岗位的大部分员工无岗位责任制，有的制度虽然制定了，但未能得到一贯遵守。

第二步：问卷调查。通过调查发现，该公司内控制度不完善，制定的制度也未得到一贯遵守；风险程度为中等。长期股权投资内部控制调查表，如下表所示。

第三步：获取或编制长期股权投资明细表，复核加计是否正确，并与总账和明细账合计数核对。

长期股权投资明细表

序号	被投资单位	注册资本（万元）	投资额（万元）	占注册资本的比例（%）	控制情况	核算方法
1	长江塑料制品有限公司	1 000	200	20	重大影响	权益法
2	黄河机械制造有限公司	2 000	1 500	60	实施控制	成本法
	合计		1 700			

从获取的长期股权投资明细表发现：被审计单位对两家公司投资，其占被投资单位的比例有很大差异，同时核算方法不同。因此，应将投资收益作为审计重点。

第四步：检查被审计单位分回利润的核算。

截至 2019 年 12 月 31 日，长江塑料制品有限公司本年净利润为 500 万元，公司决定将其中的 400 万元以现金形式向股东分配利润（本年 1 月 1 日投资，出资比例为 20%），如下表所示。

记 账 凭 证

2019 年 12 月 31 日　　　　　　　　　　　　　转字第 278 号

摘要	总账科目	明细科目	借方	贷方
确认投资收益	应收股利	长江塑料制品有限公司	800 000.00	
	投资收益			800 000.00
合计			800 000.00	800 000.00
附单据　张				

会计主管：李明　　　记账：邹立　　　复核：杨扬　　　出纳：张寒　　　制单：邹立

黄河机械制造有限公司净资产为 3 100 万元，本年净利润为 600 万元，公司决定，以以前年度未分配利润中的 300 万元和本年度净利润 600 万元，合计 900 万元，向股东以现金形式分配利润（出资比例为 60%），如下表所示。

记 账 凭 证

2019 年 12 月 31 日　　　　　　　　　　　　　转字第 279 号

摘要	总账科目	明细科目	借方	贷方
确认投资收益	应收股利	黄河机械制造有限公司	5 400 000.00	
	投资收益			3 600 000.00
	长期股权投资	黄河机械制造股份公司		1 800 000.00
合计			5 400 000.00	5 400 000.00
附单据　张				

会计主管：李明　　　记账：邹立　　　复核：杨扬　　　出纳：张寒　　　制单：邹立

所附原始凭证（略）。

第五步：对上述会计处理进行分析、确认。

① 投资于长江塑料制品有限公司 200 万元，占注册资本的 20%，对其有重大影响，采用权益法核算，符合《企业会计准则——长期股权投资》的规定，但会计核算错误。《企业会计准则——长期股权投资》第十条规定："投资企业取得长期股权投资后，应当按照应享有或应分担的被投资单位实现的净损益的份额，确认投资损益并调整长期股权投资的账面价值。投资企业按照被投资单位宣告分派的利润或现金股利计算应分得的部分，相应减少长期股权投资的账面价值。"

被投资单位本年实现净利润 500 万元，投资单位应按出资比例计算应享有的份额，即 500 万元×20%=100 万元，计入投资收益并调整长期股权投资账面价值；被投资单位宣告分派股利应分得的 80 万元也应减少长期股权投资账面价值。调整分录如下。

借：长期股权投资——长江塑料制品有限公司　　200 000.00

　　　贷：投资收益　　　　　　　　　　　　　　　　200 000.00

② 投资于黄河机械制造有限公司 1 500 万元，占注册资本的 60%，对其实施控制，采用成本法核算，符合《企业会计准则——长期股权投资》的规定，但会计核算错误。《企业会计准则解释》规定："采用成本法核算的长期股权投资，投资企业应当按照享有被投资单位宣告发放的现金股利或利润确认投资收益，不再划分是否属于投资前和投资后被投资单位实现的净利润。"

即投资分得利润 540 万元，全部计入投资收益。调整分录如下。

借：长期股权投资——黄河机械制造有限公司　　1 800 000.00

　　　贷：投资收益　　　　　　　　　　　　　　　　1 800 000.00

长期股权投资审计工作底稿，如下表所示。

长期股权投资 审计工作底稿

索引号：××××××

被审计单位	机械加工有限公司	
审计事项	长期股权投资	
审计期间或截止日期	2019.1.1—2019.12.31	
审计人员		编制日期	
审计结论或 基本事实	该公司对长期股权投资的会计核算错误。其一对长江塑料制品有限公司宣告分派利润 80 万元计入投资收益的会计处理，违背《企业会计准则——长期股权投资》第十条规定：应当按照应享有或应分担的被投资单位实现的净损益的份额，确认投资损益并调整长期股权投资的账面价值。投资企业按照被投资单位宣告分派的利润或现金股利计算应分得的部分，相应减少长期股权投资的账面价值。其二对黄河机械制造有限公司宣告分派利润 540 万元，将其中的 180 万元冲减长期股权投资成本的会计处理，违反了《企业会计准则解释》的规定，即"采用成本法核算的长期股权投资，投资企业应当按照享有被投资单位宣告发放的现金股利或利润确认投资收益，不再划分是否属于投资前和投资后被投资单位实现的净利润"。应予调整，调整分录如下。 　　借：长期股权投资——长江塑料制品有限公司　　200 000.00 　　　　贷：投资收益　　　　　　　　　　　　　　　200 000.00 　　借：长期股权投资——黄河机械制造有限公司　1 800 000.00 　　　　贷：投资收益　　　　　　　　　　　　　　　1 800 000.00	
审计依据	《企业会计准则——长期股权投资》《企业会计准则解释》	
复核意见		
复核人员		复核日期	

【想一想】如果审计时间已经截止，且该年度有利润，应当如何进行账项调整（假设所得税率为 25%）？

（2）交易性金融资产审计

交易性金融资产是指企业为了近期内出售其持有的金融资产，主要包括从二级市场购入的股票、债券和基金等。持有交易性金融资产是为了从事短期获利的活动。

【工作实例9-11】A 集团公司审计人员对所属机械加工有限公司 2019 年交易性金融资产的内部控制进行审计，审计采用问卷、调查、询问、测试、核对等方法进行。审计具体程序如下。

第一步：获取交易性金融资产及与之有关的内部控制制度书面资料，审核发现内部控制制度不完善，有些岗位和环节无内部控制制度。

第二步：问卷调查。通过调查发现，该公司内部控制制度不完善，需进一步改善。

第三步：获取股票、债券及基金等交易流水单及被审计单位证券投资部门的交易记录，与明细账核对，检查会计记录是否完整、会计处理是否正确。交易流水单显示：本年5月2日买入A股票10万股，金额77万元，手续费3850元；6月5日买入B股票5万股，金额55万元，手续费2750元。会计记录与交易流水单相符，会计处理正确，未发生其他交易记录。

审计人员认为，购买股票后约7个月没有发生交易很不正常的现象，所以重点关注被审计单位提供的交易流水单是否完整，是否存在交易未记录的情况；到交易所有关单位了解发现，本年7月5日发生2笔交易，7月20日发生3笔交易，扣除交易税，共获利11.5万元，与本年12月22日从账户中提出，以上账目均无记录。建议调整错误处理。审计调整分录如下。

借：银行存款　　　　　　　115 000.00
　　贷：投资收益　　　　　　　115 000.00

第四步：获取、编制交易性金融资产明细表，复核加计是否正确，并与报表数、总账数和明细账合计数核对是否相符。经核对相符。

第五步：对期末结存的相关交易性金融资产，向被审计单位核实其持有目的，检查本科目核算范围是否恰当。

第六步：监盘库存交易性金融资产，并与相关账户余额进行核对，如有差异，应查明原因，并做出记录或进行适当的调整。

第七步：向相关金融机构发函询证交易性金融资产期末数量以及是否存在变现限制。

第八步：审核交易性金融资产增减变动的相关凭证，检查其原始凭证是否完整合法，会计处理是否正确。

第九步：检查期末计量是否正确。经检查，本年12月31日，A股票市价为62万元；B股票为39万元，未按公允价值做账务处理。公允价值变动情况：A股票，77-62=15万元；B股票，55-39=16万元。建议调整错误处理。审计调整分录如下。

借：公允价值变动损益　　　　　　　　　310 000.00
　　贷：交易行金融资产——公允价值变动（A股票）　150 000.00
　　　　　　　　　　——公允价值变动（B股票）　160 000.00

【学中做】试编写出交易性金融资产审计工作底稿。

【想一想】如果审计时间已经截止，企业应如何进行账项调整呢？

（3）债权投资审计

债权投资的特点为到期日固定、回收金额固定或可确定，即相关合同明确了投资者在确定的期间内获得或收取现金流量（投资利息和本金等）的金额和时间；有明确的意图持有至到期，除非遇到一些企业所不能控制、预期不会重复发生且难以合理预计的独立事件，否则将持有至到期。如果企业持有目的发生变化或持有能力发生改变，不打算将其持有至到期，应当对其进行重分类为其他债权投资，并以公允价值进行后续计量。

一般情况下，债权投资在审计年度内发生的业务较少，不注重内部控制制度的建设，因此在会计核算上容易出现错误，从而对会计报告的公允性产生影响。针对上述特点，审计人员在对债权投资进行审计时，如果审计年度发生的业务较少，可以采用详查的方法进行审计，审计重点主要是取得投资的成本、溢价和折价的摊销、利息的核算及账务处理。

【工作实例9-12】A集团公司审计人员对所属机械加工有限公司2019年债权投资进行审计，主要采用问卷、调查、询问、测试、核对函证等方法进行，具体程序如下。

第一步：获取债权投资的内部控制制度书面资料，审核发现，由于债权投资业务不多，基本未制定内控制度。

第二步：问卷调查。

第三步：获取或编制债权投资明细表，如下表所示，复核加计是否正确，并与总账和明细账合计数核对。

债权投资明细表（会计报表附注中披露摘要）

债权投资	面值（万元）	发行（购买）价格（万元）	年利率（%）	期限	发行时间	购买时间
A债券	1 000	1 100	10	5	2018.1.1	2019.1.1
B债券	500	500	10	5	2019.7.1	2019.7.1

第四步：获取债权投资对账单，与明细账核对，并检查其会计处理是否正确。

审计人员在对债权投资业务进行审查时，了解到该公司于2019年7月1日以1 100万元的价格购买面值为1 000万元的五年期债券，票面利率为10%，到期一次还本按年支付利息；于2019年7月1日以500万元的价格购买面值为500万元的五年期债券，票面利率为10%，按每年末付利息。该公司2019年7月1日的第99号凭证，如下表所示（所附原始凭证略）。

记 账 凭 证

2019年7月1日　　　　　　　　　　　　第99号

摘要	会计科目	明细科目	借方	贷方
购买A债券	债权投资	成本	11 500 000.00	
	银行存款			11 500 000.00
合　计			11 500 000.00	11 500 000.00
附单据　张				

会计主管：杨磊　　　　　　会计：张林　　　　　　制证：张林

该公司2019年7月3日第189号凭证，如下表所示（所附原始凭证略）：

记 账 凭 证

2019年7月3日　　　　　　　　　　　　第189号

摘要	会计科目	明细科目	借方	贷方
购买B债券	债权投资	成本	5 000 000.00	
	银行存款			5 000 000.00
合　计			5 000 000.00	5 000 000.00
附单据　张				

会计主管：杨磊　　　　　　会计：张林　　　　　　制证：张林

第一笔会计处理错误，企业初始确认金融资产或金融负债，应当按照公允价值计量。购买价格与票面价值的差额 150 万元是支付的价款中包含的已到付息期但尚未领取的利息，应计入应收利息，公允价值为 1 000 万元。建议调整错误处理。审计调整分录如下。

借：债权投资——应计利息　　　　　　　　1 500 000.00
　　贷：债权投资——成本　　　　　　　　　　　　　1 500 000.00

第五步：检查库存债权投资并与账面余额进行核对，如有差异，应查明原因，并做出记录或进行适当调整。经核对无误。

第六步：对期末结存的债权投资资产，核实被审计单位持有的目的和能力，检查本科目核算范围是否恰当。经审核发现有持有能力。

第七步：结合投资收益科目，复核处置债权投资的损益计算是否准确，已计提的减值准备是否同时结转。经审核，A 债券年末计息的会计处理正确无误，而 B 债券年末未未计算利息也未计入投资收益。本年度无减值情况。

第八步：检查当持有目的改变时，债权投资划转为其他债权投资的会计处理是否正确。经检查未发现持有目的发生改变。

第九步：结合银行借款等科目，了解是否存在已用于债务担保的债权投资。如有，则应取证并做相应的记录，同时提请被审计单位做恰当披露。经检查，被审计单位用 B 债券为其关联单位长城塑料制品公司担保，此事项未在财务报告附注中披露。

第十步：确定债权投资的列报是否恰当，注意一年内到期的债权投资是否已重分类至一年内到期的非流动资产。经审查无一年内到期的债权投资。

（4）应收利息审计

一般情况下，除金融企业外，应收利息的业务量不大，审计时可结合交易性金融资产、其他债权投资和债权投资的审计一并进行，不需单独对其进行审计，审计的重点是应收利息的确认和计量以及利息调整的摊销。

（5）应收股利审计

应收股利是指企业因股权投资而应收取的现金股利及应收其他单位的利润，包括企业购入股票实际支付的款项中所包括的已宣告发放但尚未领取的现金股利和企业因对外投资应分得的现金股利或利润等，但不包括应收的股票股利。一般情况下，应收股利业务较少，审计可与长期股权投资、其他债权投资和交易性金融资产的审计一同进行。

任务训练

一、思考题

1. 筹资循环所涉及的主要内部控制有哪些？
2. 短期借款审计的要点有哪些？
3. 股权资金审计的内容包括哪些？
4. 投资循环的内控制一般包括哪些内容？
5. 应付债券的审计程序一般包括哪些内容？

6. 实收资本的审计程序通常包括哪些内容？

7. 交易性金融资产的审计程序包括哪些？

8. 应收股利的审计程序通常包括哪些？

二、单项选择题

1. 审查短期借款入账的完整性，无效的审计程序是（　　　）。

　　A. 审查各项借款的日期、利率、还款期限及其他条件

　　B. 向被审计单位开户银行或其他债权人询证

　　C. 编制借款明细表并与总账核对

　　D. 分析利息费用账户

2. 审计金融资产时，发现 Y 公司购入交易性金融资产时，支付的价款为 103 万元，其中包含已到期尚未领取的利息 3 万元，另支付交易费用 2 万元。则该项交易性金融资产的入账价值为（　　　）万元。

　　A. 103　　　　　　　　　　　　　B. 100

　　C. 102　　　　　　　　　　　　　D. 105

3. 以下项目中，不属于资金管理岗位审计项目的是（　　　）。

　　A. 应付债券　　　　　　　　　　B. 股本

　　C. 长期借款　　　　　　　　　　D. 主营业务收入

4. 函证"应付债券"账户期末余额。函证内容不包括（　　　）。

　　A. 应付债券的名称、发行日、到期日、利率

　　B. 已付利息期间、年内偿还的债券

　　C. 资产负债日尚未偿还的债权及内部审计人员认为应包括的其他重要事项

　　D. 公司的主要股东

5. 内部审计人员为确定"长期借款"账户余额的真实性，可以进行函证。函证的对象是（　　　）。

　　A. 金融监管机构　　　　　　　　B. 银行或其他有关债权人

　　C. 公司的主要股东　　　　　　　D. 公司的法人

三、多项选择题

1. 下列各项中，属于借款费用的有（　　　）。

　　A. 借款辅助费用

　　B. 借款利息

　　C. 发行公司股票的佣金

　　D. 发行公司债券所发生的折价本期摊销金额

　　E. 外币借款发生的汇兑差额

2. 下列各项收入中，应计入投资收益的有（　　　）。

　　A. 无形资产转让收入　　　　　　B. 企业债券利息收入

　　C. 转让股票收益　　　　　　　　D. 捐赠收入

　　E. 股息分红收入

3. 内部审计人员对 A 公司长期借款的实质控制进行测试，下列程序中不属于控制测试程序的是（　　）。

  A. 获取或编制借款明细表

  B. 函证应付债券的实有数

  C. 检查借款在资产负债表上的列报是否恰当

  D. 计算短期借款、长期借款在各月份的平均余额，并与财务费用核对

4. 属于筹资活动所涉及的主要凭证和会计记录的有（　　）。

  A. 股东名册

  B. 债券契约

  C. 承销或包销协议

  D. 投资协议

5. 关于借款的实质性测试程序中，（　　）属于短期借款与长期借款的公共程序。

  A. 向银行或其他债务人寄发询证函

  B. 检查采用的汇率是否正确

  C. 检查一年到期的长期借款是否转列为流动负债

  D. 评估被审计单位的信誉状况和融资能力

四、判断题（正确的打"√"，错误的打"×"）

1. 按照财政部《内部会计控制规范——投资》的要求，对于企业所拥有的投资资产，应由其内部审计人员或参与投资业务的有关人员进行定期盘点，并将盘点记录与账面记录相互核对，以确定账实的一致性。　　　　　　　　　　　　　　　　　　　（　　）

2. 内部审计人员在审查公开发行股票的公司已发行股票是否真实、是否已收到股款时，应向主要股东函证。　　　　　　　　　　　　　　　　　　　　　　　　　　（　　）

3. 投资活动的内部控制是指为了规范公司经营运作中的投资行为，保证投资活动符合国家法律法规的规定，优化资产配置，降低经营风险，提高资产使用效率，提高资产流动性，依据相关规范，结合公司具体情况而制定的各项管理制度。　　　　　　　　（　　）

4. 为了解债权投资期末数量注册会计师应主要采取对有价证券进行盘点。　（　　）

5. 向银行或其他债权人函证短期借款是审查短期借款的一个不可代替的主要程序。

                            （　　）

6. 某企业构建固定资产而取得专门借款支付的辅助费用应全部资本化。　（　　）

7. 对股本溢价，应取得董事会会议纪要，股东（大）会决议，有关合同、政府批文，追查至银行收款等原始凭证，结合相关科目的审计，检查会计处理是否正确。（　　）

8. 与长期股权投资、交易性金融资产、其他债权投资等相关项目的审计结合，才能验证确定应收股利的计算是否正确，会计处理是否正确。　　　　　　　　　　　（　　）

9. 由于筹资与投资循环中业务的数量少，而且每笔业务涉及的金额较大，为筹资业务与投资业务的增减变动均已登记入账，被审计单位应对有关业务凭证进行连续编号。

                            （　　）

10. 如果被审计单位低估或漏报负债，注册会计师对借款类项目实施函证程序对于确定借款的完整性来说是必要的。　　　　　　　　　　　　　　　　　　　　　　（　　）

技能训练

训练一：长期借款审计

资料：内部审计人员在对 ABC 有限公司 2019 年度会计报表的长期借款进行审计时，发现该公司 2017 年度有一笔长期借款 1 200 000 元，为了进一步审查该企业借款及使用情况的真实性和会计处理的正确性，审计人员审阅了借款的原始单据，如下表所示。

招商银行借款借据（收款通知）

申请日期：2017 年 10 月 10 日 　　　　　　　　放款日期：2017 年 11 月 1 日

借款单位名称	ABC 有限公司		放款账号				7-1356				
			结算账号				123-456				
借款金额币种：	（大写）壹佰贰拾万圆整		百	拾	万	千	百	十	元	角	分
			1	2	0	0	0	0	0	0	0
期限：	确认偿还日期	2017 年 11 月 1 日	利率：10%								
借款用途	用于办公楼的建造						2008.11.1				
	上列借款已校准发放，并已转入您企业账户 银行盖章										

办公楼已于 2018 年年底交付使用。2019 年度的借款利息处理，如下表所示。

利息费用计算表

2019 年 12 月 31 日

借款种类	本金	利率	利息
长期借款	1 200 000.00	10%	120 000.00
合 计	1 200 000.00	10%	120 000.00

记 账 凭 证

2019 年 12 月 31 日 　　　　　　　　　　　　　　第 66 号

摘要	总账科目	明细科目	借方	贷方
长期借款利息	在建工程 长期借款	办公楼 应计利息	120 000.00	120 000.00
合 计			120 000.00	120 000.00
附件 1 张				

会计主管：李明 　　　记账：邹立 　　　复核：杨扬 　　　出纳：张寒 　　　制单：邹立

【要求】根据上述情况，对该公司的长期借款存在的问题进行分析，并做出审计调整分录和会计调账分录。

训练二：应付债券审计

资料：内部审计人员李明于 2020 年 3 月 10 日审查甲股份有限公司 2019 年度应付债券

时，发现该公司为建造固定资产 2019 年年初以 10 432 700 元的价格发行面值为 10 000 000 元的 5 年期按年付息到期一次性还本的债券，票面利率为 6%，债券发行时的市场利率为 5%。年末计提利息费用，所做的会计处理如下表所示。（假设该固定资产尚未完工）

记 账 凭 证

2019 年 12 月 31 日   第 88 号

摘要	总账科目	明细科目	借方	贷方
发行债券利息	财务费用 应付利息	债券利息	600 000.00	600 000.00
合 计			600 000.00	600 000.00
附件 1 张				

会计主管：李明   记账：邹立   复核：杨扬   出纳：张寒   制单：邹立

【要求】（1）指出上述会计记录中存在的问题，并做出正确的会计分录。（2）编写内部审计工作底稿。

训练三：长期股权投资审计

资料：内部审计人员李明、助理审计人员陈刚于 2020 年 2 月 16 日审查甲股份有限公司 2019 年长期股权投资时发现，该公司 2019 年 7 月取得 B 公司 30% 的股权，支付价款 5 000 万元，取得投资时被投资单位净资产账面价值为 26 000 万元，公司所得税税率为 25%。所做的会计处理，如下列所示。

记 账 凭 证

2019 年 7 月 1 日   第 66 号

摘要	总账科目	明细科目	借方	贷方
进行长期股权投资	长期股权投资 银行存款	成本	50 000 000.00	50 000 000.00
合 计			50 000 000.00	50 000 000.00
附件 1 张				

会计主管：李明   记账：邹立   复核：杨扬   出纳：张寒   制单：邹立

支票号码 No. 37896××

签发日期 2019 年 7 月 1 日

收款人：甲有限公司
金额：1 000 000.00
用途：存出投资款
备注：

单位主管   会计   复核   记账

【要求】 指出上述会计处理中存在的问题，编制长期股权投资审计工作底稿。

训练四：债权投资训练

资料：内部审计人员李明于 2020 年 3 月 28 日审查甲有限公司 2019 年债券投资时，发现该公司 2019 年 7 月 1 日以 1 000 000 元购入 M 公司发行的 5 年期债券，票面利率为 4.72%，市场利率为 10%，面值 1 250 000 元，到期一次还本付息，所得税率为 25%。业务处理如下列所示。

ABC 证券营业部资金凭条

资金账号	22091968	姓 名	甲有限公司	流水号
发生金额	RMB1 000 000.00	大 写	壹佰万圆整	
上次余额	RMB0.00	本次余额	RMB1 000 000.00	
备注		用于买卖证券		

ABC 证券营业部成交过户通知单（证券买入）

客户姓名	××有限公司	成交日期	2019 年 7 月 1 日
股东账号		成交数量	10 000
资金账号	22091968	成交价格	100
资金余额		成交金额	1 000 000.00
债券代码	600481	发行日	2019 年 7 月 1 日
债券名称	M 公司债券	佣金	
申报编号		印花税	
申报时间		收付金额	1 000 000.00
		付息方式	到期一次还本付息

记 账 凭 证

2019 年 7 月 1 日 第 67 号

摘要	总账科目	明细科目	借方	贷方
购买债券长期持有	债权投资	成本	1 250 000.00	
	银行存款			1 000 000.00
	债权投资	利息调整		250 000.00
合 计			1 250 000.00	1 250 000.00
附件 3 张				

会计主管：李明　　　记账：邹立　　　复核：杨扬　　　出纳：张寒　　　制单：邹立

ABC 证券营业部成交过户通知单（债券利息入账）

客户姓名	甲有限公司	成交日期	2019 年 12 月 31 日
股东账号		成交数量	10 000
资金账号	22091968	成交价格	
资金余额		成交金额	29 500.00
债券代码	600481	佣金	
债券名称	M 公司债券	印花税	
申报编号		收付金额	29 500.00
申报时间			

记 账 凭 证

2019 年 12 月 31 日 第 68 号

摘要	总账科目	明细科目	借方	贷方
计算利息费用	债权投资	应计利息	29 500.00	
	投资收益			23 600.00
	债权投资	利息调整		5 900.00
合　计			29 500.00	29 500.00
附件　1 张				

会计主管：李明　　　记账：邹立　　　复核：杨扬　　　出纳：张寒　　　制单：邹立

【要求】指出上述会计记录中存在的问题并编写审计工作底稿。

训练五：交易性金融资产审计

资料：内部审计人员对 A 公司 2019 年度资产负债表中"交易性金融资产"项目进行审计，该公司仅持有 B 公司股票短期投资。该股票于 2019 年 10 月购入，计 50 000 股，每股面值 10.00 元，购买价为 15.00 元，支付佣金和手续费 10 000.00 元，实际付款 810 000.00元，其中包含已宣告尚未发放的现金股利 50 000.00 元。A 公司的账务处理，如下表所示。

记 账 凭 证

2019 年 10 月 12 日 第 68 号

摘要	总账科目	明细科目	借方	贷方
购入 B 公司股票	交易性金融资产	成本	760 000.00	
	投资收益		50 000.00	
	银行存款			810 000.00
合　计			810 000.00	810 000.00
附件　1 张				

会计主管：李明　　　记账：邹立　　　复核：杨扬　　　出纳：张寒　　　制单：邹立

2019 年年末，B 公司股票市价上升为每股 18 元，A 公司资产负债表中"交易性金融资产"列示数为 750 000 元，如下表所示。

中信证券营业部成交过户通知单（证券买入）

	A 公司	成交日期	2019 年 10 月 12 日
股东账号	1042581	成交数量	50 000
资金账号	22091968	成交价格	15.00
股票余额	0.00	成交金额	750 000.00
资金余额	900 000.00	已宣布股利，每股	1.00（3 月 20 日发放）
股票代码	737497	佣金	6 250.00
股票名称	B 股票	印花税	3 750.00
申报编号		收付金额	−810 000.00
申报时间			

要求：指出上述情况存在的问题，并提出调整意见。

项目十　销售核算岗位审计

任务目标

了解销售核算岗位的工作任务；了解内部控制及审查；掌握销售核算岗位主要账户的审计；掌握销售核算岗位其他账户的审计。

能力目标

能够掌握并运用审阅、核对、分析性复核、函证等审计方法判断销售核算岗位管理中存在的漏洞；发现并纠正会计处理错弊；熟练编写审计工作底稿；具有一定的案例分析能力。

任务内容

销售核算岗位基本知识；相关内部控制管理制度；主营业务收入、应收账款、预收账款、应收票据、主营业务成本、营业税金及附加、销售费用和其他业务收支审计的主要程序和方法。

岗位任务

销售核算岗位的主要工作任务有以下几项。

（1）编制收入计划。

（2）核对收入制证前各项票据、销售发票和发货通知单的审核盖章，并建立发货通知单备查簿，发现问题及时处理。

（3）会同有关部门定期对产成品进行盘点清查。

（4）登记销售岗位相关明细账和核算。

（5）按月进行营业收入、营业成本升降原因分析并及时提出建议和措施。

（6）办理销售款项结算业务，负责增值税专用发票票据认证工作并按月装订成册备查，普通发票的领购、申报、核销工作。

（7）核算销售费用。

任务一　营业收入审计

（一）任务基础

营业收入是指企业在从事销售商品、提供劳务和让渡资产使用权等日常经营业务过程中所形成的经济利益的总流入，包括销售商品收入、提供劳务收入和让渡资产使用权收入（出租固定资产、出租无形资产、出租包装物和商品）。按企业经营业务的主次分类，营业收入可以分为主营业务收入和其他业务收入。

营业收入的实现关系到企业生产活动的正常进行，加强营业收入管理可以使企业的各种耗费得到合理补偿，有利于再生产活动的顺利进行。同时营业收入是企业取得利润的重要保障，企业必须全面、真实、正确地反映所取得的收入，依法纳税。因此，加强营业收入审计，对于维护财经法纪，提高企业经济效益，有着十分重要的意义。

（二）任务实施

1. 营业收入审计目标

（1）确定营业收入记录是否真实。

（2）确定营业收入记录是否完整。

（3）确定与营业收入有关的金额及其他数据是否已恰当记录，包括对销售退回、销售折扣与折让的处理是否适当。

（4）确定营业收入是否已记录于正确的会计期间。

（5）确定营业收入在报表上的列报是否恰当。

2. 营业收入的内部控制

营业收入的内部控制主要包括岗位分工与授权批准、供货与发货、开具账单、记录销售、定期寄发对账单和监督检查等几方面，部分内容如下表所示。

营业收入内部控制调查表

被审计单位名称	××部门		日期		索引号	
审计项目名称	营业收入内部控制调查		编制人		×××	
会计期间或截止日	20××年度		复核人	×××	页次	
问题			是	否	不适用	备注
（1）顾客的订货单是否只有经管理层的授权批准后才能被接受						
（2）是否对每个新顾客进行信用调查						
（3）赊销批准是否由信用管理部门负责进行						
（4）仓储部门是否只有在收到经过批准的销售单时才能供货						
（5）仓库在装运商品的同时是否编制一式多联、连续编号的提货单						
（6）定期检查每一张装运凭证后是否附有相应的销售发票						
（7）是否对所有装运的货物都开了账单						
（8）是否按已授权的价格计价						
（9）是否定期独立检查应收账款明细账与其总账的一致性						
（10）是否定期向顾客寄送对账单						
审计结论：						

在对被审计单位的内部控制进行了必要的了解与测试之后，审计人员应当对内部控制做出评价，确定其可信赖程度，明确进一步审计程序的性质、时间和范围。同时对测试过

程中发现的内部控制的薄弱环节，应当在工作底稿中进行记录，并以适当的形式告知被审计单位的管理层。

3. 营业收入审计

（1）主营业务收入的审计

① 取得或编制主营业务收入明细表，如下表所示，复核加计是否正确，并与总账数、明细账合计数和报表项目核对是否相符。

主营业务收入明细表

被审计单位名称：甲公司　　　　审计人员：　　　　审计日期：　年　月　日

所属期间：2019 年　　　　　　复核人员：　　　　复核日期：　年　月　日　　　单位：元

月份	A 产品	B 产品	C 产品	D 产品	…	合计
1	2 800 000.00	1 900 000.00	3 800 000.00	…	…	10 000 000.00
2	3 000 000.00	2 100 000.00	3 900 000.00	…	…	12 000 000.00
3	2 900 000.00	2 200 000.00	4 000 000.00	…	…	9 000 000.00
…	…	…	…	…	…	…
12	5 800 000.00	2 500 000.00	4 100 000.00	…	…	10 000 000.00
合计	40 000 000.00	23 700 000.00	49 900 000.00	…	…	122 500 000.00

② 实施分析程序。审计人员应实施分析程序，检查主营业务收入是否有异常变动和重大波动，从而在总体上对主营业务收入的真实性做出初步判断。审计人员通常在以下几方面进行比较分析。

a. 将本期与上期的主营业务收入进行比较，分析产品销售的结构和价格的变动是否正常，如有异常，并分析异常变动的原因。例如，某企业 2018 年至 2019 年经营规模未变，但主营业务收入 2018 年年末为 1 000 万元，2019 年年末为 1 800 万元。这就要分析 2019 年收入大幅度上升的原因，到底是市场需求变化造成销售量上升，还是销售量没有大的变化，而是由于市场价格上升幅度较大，所以收入上升。如都不是，则应分析是否有虚报收入的情况，需进一步结合购进量、库存量、销售发票等情况进行审查，以查明真相。

b. 比较本期各月各种主营业务收入的波动情况，分析其变动趋势是否正常，并查明异常现象和重大波动的原因。例如，上表所示的 A 产品，1～11 月收入在 300 万元左右，而 12 月份猛增至 580 万元，何种原因造成？是否是为了完成 4 000 万元的收入目标而虚列收入？应进一步查明真相。

c. 计算本期重要产品的毛利率，分析比较本期与上期同类产品毛利率的变化情况，注意收入与成本是否配比，并查清重大波动和异常情况的原因。

d. 将本期重要产品的毛利率与同行业进行对比分析，检查是否存在异常。

e. 根据增值税发票或普通发票申报表，估算全年收入，与实际收入金额核对，检查是否存在虚开发票或已销售但未开发票的情况。

③ 检查主营业务收入的确认原则和计量是否正确。审计人员应当审查被审计单位是否遵循了企业会计准则有关收入确认时间与计量的规定。当企业与客户之间的合同同时

满足下列条件时，企业应当在客户取得相关商品控制权时确认收入：第一，合同各方已批准该合同并承诺将履行各自义务；第二，该合同明确了合同各方与所转让商品或提供劳务（以下简称"转让商品"）相关的权利和义务；第三，该合同有明确的与所转让商品相关的支付条款；第四，该合同具有商业实质，即履行该合同将改变企业未来现金流量的风险、时间分布或金额；第五，企业因向客户转让商品而有权取得的对价很可能收回。主营业务收入的确认时间，取决于产品销售方式和货款结算方式。因此，对主营业务收入确认时间的审计，应结合不同的产品销售方式和货款结算方式进行。具体来说，主要有如下几点。

a. 采用交款提货方式销售，以货款已经收到或取得收取货款的权利，同时发票账单和提货单已交给购货方时确认收入实现。审计人员应审查被审计单位是否收到货款或取得收取货款的权利，并已将发票账单和提货单交付购货单位。要特别注意有无扣压结算凭证，将当期收入转入下期入账，或者开假发票，将虚列的收入记账，在下期予以冲销的情况。

b. 采用预收款项方式销售，在商品已经发出时确认收入实现。审计人员应审查被审计单位是否收到了货款，是否在货物发出之后确认收入，是否存在开具虚假出库凭证，提前确认收入，或已发出商品的交易不入账，转为下期收入的情况。

c. 采用托收承付方式销售，在商品已经发出，并办妥托收手续时确认收入实现。审计人员应审查被审计单位是否发货，托收手续是否办妥，发运凭证是否真实，托收承付结算回单是否正确。

d. 采用委托其他单位代销方式销售，企业应在代销商品已经销售，并收到代销清单时确认收入实现。审计人员应查明有无编制虚假代销清单、虚增本期收入的情况。

e. 采用分期收款结算方式，应按本期收到价款或合同约定的本期收款日期分期确认收入。因此，审计人员应重点审查本期是否收到价款，查明合同约定的本期应收款日期是否真实，是否存在提前确认收入或收入不入账、少入账、缓入账的现象。

【工作实例10-1】A制造公司审计人员王亮审计时，发现其2019年8月24日的记账凭证内容，如下表所示。

记 账 凭 证

2019 年 8 月 24 日 第 33 号

摘要	会计科目	明细科目	借方	贷方
销售甲产品	银行存款		100 000.00	
	主营业务收入	甲产品		100 000.00
合　计			100 000.00	100 000.00
附单据　1 张				

会计主管：张莉　　　　　　会计：何明　　　　　　制证：计丹

所附原始凭证如下表所示。

中国工商银行信汇凭证（回单）

日期 2019 年 8 月 19 日　　　　　　　　　　第 1 号

<table>
<tr><td rowspan="4">汇款人</td><td>全称</td><td colspan="3">M 有限公司</td><td rowspan="4">收款人</td><td>全称</td><td colspan="3">A 制造公司</td><td rowspan="14">根据此联是汇出行给汇款人的回单</td></tr>
<tr><td>账号或住址</td><td colspan="3">6560186529</td><td>账号或住址</td><td colspan="3">90303102518</td></tr>
<tr><td>汇出地点</td><td>济南</td><td>汇出行名称</td><td>工商银行</td><td>汇入地点</td><td>烟台</td><td>汇入行名称</td><td>工商银行</td></tr>
</table>

<table>
<tr><td rowspan="2">金额</td><td rowspan="2">人民币（大写）壹拾万圆整</td><td>千</td><td>百</td><td>十</td><td>万</td><td>千</td><td>百</td><td>十</td><td>元</td><td>角</td><td>分</td></tr>
<tr><td></td><td>¥</td><td>1</td><td>0</td><td>0</td><td>0</td><td>0</td><td>0</td><td>0</td><td>0</td></tr>
</table>

汇款用途：预付货款

上列款项已根据委托办理，如需查询，请持此回单来行面洽

工商银行
转讫
汇出行盖章
2019 年 8 月 19 日

单位主管　　　会计　　　复核　　　记账

　　审计人员进一步审查库存商品和主营业务成本明细账，未发现有相应销售记录。通过询问有关人员得知，该笔款项为预收的销货款。

　　【要求】该公司的做法是否正确？你如何编写内部审计工作底稿？

　　解析：不正确。根据以预收账款销售方式销售产品时入账时间的规定，应在商品发出时，确认收入的实现。该公司提前确认收入，使当期主营业务收入虚增，影响会计报表的真实性。审计人员小王可以建议该公司做如下调整。

　　　　借：主营业务收入——甲产品　　　　100 000.00
　　　　　　贷：预收账款——M 有限公司　　　　　100 000.00

　　A 制造公司内部审计机构编制的审计工作底稿，如下表所示。

主营业务收入 审计工作底稿

索引号：××××××

<table>
<tr><td>被审计单位</td><td colspan="3">A 制造公司</td></tr>
<tr><td>审计事项</td><td colspan="3">主营业务收入</td></tr>
<tr><td>审计期间或截止日期</td><td colspan="3">2019.1.1—2019.12.31</td></tr>
<tr><td>审计人员</td><td>王亮</td><td>编制日期</td><td></td></tr>
<tr><td>审计结论或基本事实</td><td colspan="3">该公司于 8 月 24 日将预收产品货款 100 000.00 元作为主营业务收入入账，根据以预收账款销售方式销售产品时入账时间的规定，应在商品发出时，确认收入的实现。该公司提前确认收入，使当期主营业务收入和利润虚增，影响会计报表的真实性。应予调整，调整分录如下。

　　借：主营业务收入——甲产品　　　　100 000.00
　　　　贷：预收账款——M 有限公司　　　　100 000.00</td></tr>
<tr><td>审计依据</td><td colspan="3">《企业会计准则——收入》</td></tr>
<tr><td>复核意见</td><td colspan="3"></td></tr>
<tr><td>复核人员</td><td></td><td>复核日期</td><td></td></tr>
</table>

　　④ 审查相关凭证记录。

　　a. 审计人员应当获取产品价格目录，抽查售价是否符合价格政策，并注意销售给关联

方或关系密切的重要客户的产品价格是否合理，有无低价或高价结算以转移收入的现象。

b. 抽取一定数量的销售发票，检查开票、记账、发货日期是否相符，品名、数量、单价、金额等是否与发运凭证、销售合同或协议、记账凭证等一致。

c. 抽取一定数量的记账凭证，检查入账日期、品名、数量、单价、金额等是否与销售发票、发运凭证、销售合同或协议相一致。

⑤ 实施销售的截止测试。截止测试是实质性程序中常用的一种审计技术，被广泛应用于货币资金、往来款项、存货、主营业务收入和期间费用等诸多财务报表项目的审计中，尤其在主营业务收入项目中的运用更为典型。对主营业务收入实施截止测试，其目的主要在于确定被审计单位主营业务收入的会计记录归属期是否正确；应记入本期或下期的主营业务收入是否被推延至下期或提前至本期。

根据收入确认的基本原则，审计人员在审计中应该注意把握与主营业务收入确认有着密切关系的三个日期：一是发票开具日期（指开具增值税专用发票或普通发票的日期）或者收款日期；二是记账日期，指被审计单位确认收入实现并将该笔经济业务记入主营业务收入账户的日期；三是发货日期（服务业是提供劳务的日期），指仓库开具出库单并发出库存商品的日期。检查三者是否归属于同一适当的会计期间是营业收入截止测试的关键所在。

围绕上述三个重要日期，在审计实务中，审计人员可以考虑选择三条审计路线实施截止测试，具体内容如下表所示。

收入截止测试的三条审计路线

起　点	路　　　线	目　　的	优　点	缺　点
账簿记录	从报表日前后若干天的账簿记录查至记账凭证，检查发票存根与发货凭证	证实已入账收入是否在同一期间已开具发票发货，有无多记收入，防止高估营业收入	比较直观，容易追查至相关凭证记录	缺乏全面性和连贯性，只能查多记收入，无法查漏记收入
销售发票	从报表日前后若干天的发票存根查至发货凭证与账簿记录	确认已开具发票的货物是否已发货并于同一会计期间确认收入，防止低估收入	较全面、连贯，容易发现漏记收入	较费时、费力，尤其难以查找相应的发货及账簿记录，不易发现多记收入
发货凭证	从报表日前后若干天的发货凭证查至发票开具情况与账簿记录	确认收入是否已记入适当的会计期间，防止低估收入	较全面、连贯，容易发现漏记收入	较费时、费力，尤其难以查找相应的发货及账簿记录，不易发现多记收入

上述三条审计路线在实务中均被广泛采用，但它们并不是孤立的，审计人员可以在同一被审计单位财务报表审计中并用这三条路线。实际上，由于被审计单位具体情况不同，管理层意图不同，多记收入或少记收入的情况均有可能发生；因此，审计人员应当凭借专业经验和所掌握的信息做出正确判断，选择其中一条或两条审计路线实施有效的收入截止测试。

⑥ 结合应收账款的函证程序，选择主要客户函证本期销售额。

⑦ 检查销售折扣、销售退回与折让。

a. 检查销售折扣、销售退回与折让业务是否真实、合规，将销售退回、折让或折扣的账面金额与贷项通知单的记录进行核对。

b. 确定退回、折让、折扣的计算和会计记录是否合理。

c. 检查销售退回的商品是否已验收入库并登记入账。

【工作实例10-2】M制造公司审计人员王亮审计时发现，其2019年8月发生一笔销售折让业务，如下表所示。

记 账 凭 证

2019 年 8 月 5 日　　　　　　　　　　　　　　　　第 12 号

摘要	会计科目	明细科目	借方	贷方
销售甲产品	应收账款	A 公司	90 400.00	
	主营业务收入	甲产品		80 000.00
	应交税费	应交增值税（销项税额）		10 400.00
合　计			90 400.00	90 400.00
附单据　1 张				

会计主管：张莉　　　　　　会计：何明　　　　　　制证：计丹

 370017××××

山东增值税专用发票

No 05253686

此联不作报销、扣税凭证使用　　开票日期：2019 年 8 月 5 日

购买方	名　　称：A 公司 纳税人识别号：58015688125366×××× 地址、电话： 开户行及账号：工行烟台分行 298567574××××	密码区	6+-〈2〉6〉927+296+/* 01446 〈600375〈35〉〈4/* 37009931410 2-2〈2051+24+2618〈7 07050445 /3-15〉〉09/5/-1〉〉〉*26598134*568126

货物或应税劳务名称	规格型号	单位	数量	单价	金　额	税率	税　额
甲产品		件	100	800.00	80 000.00	13%	10 400.00
合　计					¥80 000.00		¥10 400.00

价税合计（大写）	⊗玖万零肆佰圆整　　　（小写）¥90 400.00

销售方	名　　称：M 制造公司 纳税人识别号：23033888866256×××× 地址、电话： 开户行及账号：工行历下支行 760184266××××	备注	23033888866256×××× 发票专用章

收款人：　　　　复核：　　　　开票人：林强　　　　销售方：（章）

第一联：记账联　销售方记账凭证

记 账 凭 证

2019 年 8 月 10 日　　　　　　　　　　　　　　　　第 12 号

摘要	会计科目	明细科目	借方	贷方
收款	银行存款		85 880.00	
	销售费用	销售折让	4 520.00	
	应收账款	A 公司		90 400.00
合　计			90 400.00	90 400.00
附单据　2 张				

会计主管：张莉　　　　　　会计：何明　　　　　　制证：计丹

5%的销售折让协议略。

中国工商银行进账单（回单或收账通知）

2019 年 8 月 10 日

付款人	全称	A 公司	收款人	全称	M 制造公司									此联是收款人开户行交给收款人的回单或收账通知
	账号	298567574××××		账号	760184266××××									
	开户银行	工行		开户银行	工行									
人民币（大写）		捌万伍仟捌佰捌拾圆整			百	十	万	千	百	十	元	角	分	
						¥	8	5	8	8	0	0	0	
票据种类		转账支票												
票据张数		1 张												
单位主管　会计　复核　记账														

工商银行 转讫

收款人开户行盖章

【要求】该公司的做法是否正确？如何编写内部审计工作底稿？（假设该企业未进行销售成本结转）

解析：不正确。销售折让是售出产品的质量不合格而在售价上给予的减让，销售折让在实际发生时应当冲减销售收入，如按规定允许扣减当期销项税额时，还应同时用红字冲减"应交税费——应交增值税"（销项税额），该企业将销售折让记为"销售费用"账户是错误的。审计人员王亮可以建议该公司做如下调整。

借：主营业务收入　　　　　　　　　　　　　　4 000.00
　　贷：销售费用　　　　　　　　　　　　　　　　4 520.00
　　　　应交税费——应交增值税（销项税额）　　　 520.00

M 制造公司内部审计机构编制的审计工作底稿略。

⑧ 检查有无特殊的销售行为。对于特殊的销售行为，如附有销售退回条件的商品销售、委托代销、售后回购、以旧换新、商品需要安装和检验的销售、出口销售、售后租回等，确定恰当的审计程序进行审核。

（2）其他业务收入审计

① 获取或编制其他业务收入明细表，复核加计是否正确，并与总账数和明细账合计数、报表数核对是否相符。② 执行分析程序，检查是否有重大波动，如有，应查明原因。③ 检查其他业务收入的内容是否真实、合法，收入确认原则及会计处理是否合规，需要抽查原始凭证予以核实。④ 对于异常项目，追查其入账依据及有关法律性文件是否充分。⑤ 抽查报表日前后一定数量的记账凭证，实施截止测试，追查至销售发票、收据等，确定截止期划分的恰当性。

【工作实例10-3】M 制造公司审计人员王亮审查其 2019 年的记账凭证，发现一张记账凭证，如下表所示。

记 账 凭 证

2019 年 7 月 1 日   第 5 号

摘要	会计科目	明细科目	借方	贷方
出租生产设备	固定资产 固定资产	租出固定资产 生产用固定资产	120 000.00	120 000.00
合 计			120 000.00	120 000.00

附单据 1 张

会计主管：张莉   会计：何明   制证：计丹

所附原始凭证为与 A 公司签订的一份租赁合同。合同规定，租期 3 年，月租金 600.00 元，每半年支付一次。

审计人员首先审阅核对固定资产及累计折旧明细账，得知该设备年折旧额为 12 000.00 元，于 2018 年 12 月购置并交付使用。接着审阅核对其他业务收入明细账，在当年未发现该固定资产的租金收入的账务处理，其他业务成本明细账和制造费用明细账在当年 7 月至 12 月也没有计提折旧的记录。（一般纳税人出租固定资产收入，按照 13%的增值税税率计算增值税）

【要求】该公司存在何种问题？你如何编写内部审计工作底稿？

解析：对于这项固定资产出租业务，出租原因可能存在不正常。因为企业一般不应将生产用固定资产对外出租；再有租金过低，因为该固定资产年折旧额为 12 000.00 元，而合同约定月租金为 600.00 元，即年租金为 7 200.00 元，大大低于年折旧额。还有当年未收到租金，租金收入和折旧也未做相应的账务处理，影响当期收入、成本、利润和增值税、所得税费用的真实性。因此审计人员应进一步询问固定资产出租合同的负责人，查明此项业务的合规性。审计人员王亮可以建议该公司做如下调整。

借：其他应收款——A 公司   3 600.00
     贷：其他业务收入——租金收入   3 185.84
            应交税费——应交增值税（销项税额）   414.16
借：其他业务成本——折旧费   6 000.00
     贷：累计折旧   6 000.00

【学中做】试编写出其他业务收入审计工作底稿。

任务二　营业成本审计

（一）任务基础

营业成本是指企业销售商品、提供劳务等经常性活动所产生的成本及主营业务活动之外的其他经营活动所发生的成本。营业成本主要包括主营业务成本、其他业务成本。主营业务成本是由期初库存商品产品成本加上本期入库商品产品成本，再减去期末库存商品产品成本求得的。其他业务成本是企业除主营业务成本以外的其他销售或其他业务所发生的成本，包括销售材料、提供劳务等发生的相关成本、费用，以及相关税金及附加。它是与主营业务成本相对应，与其他业务收入相配比的成本费用账户。营业成本是与营业收入直接相关的，已经确定了归属期和归属对象的各种直接费用。营业成本是否真实、正确、合法合规，直接影响当期利润和所得税的缴纳，因此审计人员也应重视营业成本的审计。

（二）任务实施

1. 营业成本审计目标

（1）确定营业成本记录是否真实。
（2）确定营业成本记录是否完整。
（3）确定营业成本已记录于正确的会计期间。
（4）确定营业成本的价值结转是否合理正确。
（5）确定营业成本在报表上的列报是否恰当。

2. 营业成本内部控制

营业成本的内部控制应结合存货和生产成本的内部控制来制定，部分内容如下表所示。

营业成本内部控制调查表

被审计单位名称	××部门		日期		索引号	
审计项目名称	营业成本内部控制调查		编制人		×××	
会计期间或截止日	20××年度		复核人	×××	页次	
问题			是	否	不适用	备注
（1）营业成本的计算方法前后各期是否一致						
（2）方法变更是否经过审批						
（3）已销产品成本是否及时结转，是否与收入配比						
（4）主营业务成本的重大调整是否有充分理由						
（5）是否存在已销产品成本不进行结转的情况						
（6）是否将其他销售成本作为产品销售成本进行结转						
审计结论：						

3. 营业成本审计

（1）主营业务成本的审计

① 执行分析程序。分析比较本年度与上年度主营业务成本总额，以及本年度各月份主营业务成本金额，查看有无重大波动和异常情况，若有，应分析查明原因。② 编制生产成本与主营业务成本表，并与总账核对。③ 审查主营业务成本计算方法是否前后一致。④ 审查主营业务成本结转数额是否正确，并审查主营业务成本与主营业务收入是否配比。包括审查品种和数量是否一致和审查主营业务成本结转的时间与主营业务收入的确认时间是否一致。⑤ 审查主营业务成本账户中重大调整事项（如销售退回、委托代销商品）是否有充分的理由。

【工作实例10-4】M制造公司审计人员王亮在审查其2019年财务报表时，利用利润表数据，计算该公司毛利率，如下表所示。

毛利率计算表 单位：元

年份	主营业务成本	主营业务收入	毛利率
2018 年	45 118 000.00	53 080 000.00	15%
2019 年	50 340 500.00	52 990 000.00	5%

利润表显示该公司利润下降幅度较大，但该公司该年度的收入水平却未下降。于是审计人员审查库存商品明细账，发现许多已销产品未按会计准则规定的方法结转成本。

【要求】假定近两年市场情况平稳，该公司的生产经营情况平稳，审计人员已合理确认 2019 年度主营业务收入的数额，请指出主营业务成本项目可能存在的问题，并编写内部审计工作底稿。

解析：毛利率符合行业规律及市场规律，是稳定的。利用 2018 年度的毛利率计算该公司 2019 年度的主营业务成本为 52 990 000.00×(1-15%)=45 041 500.00（元），则企业多结转主营业务成本为 50 340 500.00-45 041 500.00=5 299 000.00（元），导致当期利润和所得税费用虚减。审计人员王亮可以建议该公司做如下调整。

借：库存商品 5 299 000.00

贷：主营业务成本 5 299 000.00

M 制造公司内部审计机构编制的审计工作底稿，如下表所示。

主营业务成本 审计工作底稿

索引号：××××××

被审计单位	M 制造公司	
审计事项	主营业务成本	
审计期间或截止日期	2019.1.1—2019.12.31	
审计人员	王亮	编制日期
审计结论或基本事实	该公司 2019 年度的收入水平未下降的情况下，利润下降幅度较大，毛利率由往年的 15% 左右下降到 5%。审查库存商品明细账，发现许多已销产品未按会计准则规定的方法结转成本。毛利率符合行业规律及市场规律，是稳定的。利用 2018 年度的毛利率计算该公司 2019 年度的主营业务成本为 52 990 000.00×(1-15%)=45 041 500.00（元），则企业多结转主营业务成本为 50 340 500.00-45 041 500.00=5 299 000.00（元），导致当期利润和所得税费用虚减。应予调整，调整分录如下。 借：库存商品 5 299 000.00 贷：主营业务成本 5 299 000.00	
审计依据	《企业会计准则——收入》	
复核意见		
复核人员		复核日期

【想一想】以该案例为例，还有哪些相关分录需要进行调整？

（2）其他业务成本的审计

① 检查其他业务成本是否与相应的收入配比，并与上期其他业务收入、其他业务成本比较，检查是否有重大波动，如有，应查明原因。

② 检查其他业务成本内容是否真实，计算是否正确，配比是否恰当，并选择要抽查的

原始凭证予以核实。

③ 对异常项目，应追查入账依据及有关法律文件是否充分。

【工作实例10-5】M制造公司审计人员王亮在抽查其2019年记账凭证时，发现一张记账凭证，如下所示。

记 账 凭 证

2019 年 12 月 31 日　　　　　　　　　　　　　　第 58 号

摘要	会计科目	明细科目	借方	贷方
出租办公室	银行存款		44 400.00	
	累计折旧			7 200.00
	其他业务收入	租金收入		37 200.00
合　计			44 400.00	44 400.00
附单据　2 张				

会计主管：张莉　　　　　　会计：何明　　　　　　　　制证：计丹

所附原始凭证为租赁合同（合同约定年租金44 400元）和银行进账单，如下所示。

中国工商银行进账单（回单或收账通知）

2019 年 12 月 31 日　　　　　　　　　第　　号

付款人	全称	A 公司	收款人	全称	M 制造公司									此收联款是人收的款回人单开或户收行账交通给知
	账号	298567574		账号	760184266									
	开户银行	工行		开户银行	工行									
人民币（大写）		肆万肆仟肆佰圆整			百	十	万	千	百	十	元	角	分	
						¥4	4	4	0	0	0	0		
票据种类		转账支票			工商银行转讫									
票据张数		1 张												
单位主管　会计　复核　记账					收款人开户行盖章									

经审查该固定资产年折旧额为7 200.00元正确无误。但审计人员未发现该出租业务的其他会计处理。（该办公楼为2018年11月建成并投入使用，增值税率为9%）

【要求】该公司存在何种问题？你如何编写内部审计工作底稿？

解析：该公司对出租业务的账务处理不恰当，将折旧费用7 200.00元冲减其他业务收入，明显不符合配比原则，应将折旧费计入其他业务成本，同时计算本期的增值税销项税额为44 400÷1.09×9%=3 666.06（元）。该公司的处理导致当期其他业务收入、其他业务成本虚减，影响当期利润的计算和税金的缴纳。审计人员王亮可以建议该公司做如下调整。

借：其他业务成本　　　　　　　　　　7 200.00

贷：其他业务收入　　　　　　　　　　3 533.94

　　应交税费——应交增值税（销项税额）　　3 666.06

【学中做】试编写出其他业务成本审计工作底稿。

任务三　应收账款与坏账准备审计

（一）任务基础

　　企业的应收账款核算企业因销售商品、材料、提供劳务等，应向购货单位收取的款项，以及代垫运杂费和承兑到期而未能收到款的商业承兑汇票。应收账款是伴随企业的销售行为发生而形成的一项债权。因此，应收账款的确认与收入的确认密切相关。通常在确认收入的同时确认应收账款。坏账是指企业无法收回或收回的可能性极小的应收款项。企业会计准则规定，企业应在期末对应收款项进行检查，并预计可能产生的坏账损失。

　　应收账款是企业流动资产的重要组成部分。由于市场竞争激烈，企业为了扩大商品销量，增强企业的竞争力，常常采用赊销即发放信用的方式去争取客户，扩大市场占有率。很多企业故意拖欠账款，市场信用体制不健全，导致坏账的发生。应收账款没有实物形式，很容易成为某些单位或个人虚构业务从而进行各种舞弊活动的工具。这就需要审计人员运用相关方法对企业会计信息及相关资料进行审查，确定其经济业务是否合法，并分析违法违规的原因，将错账、假账进行更正和调整。

（二）任务实施

1. 应收账款和坏账准备的审计目标

（1）确定应收账款记录是否存在。

（2）确定应收账款增减变动的记录是否完整。

（3）确定记录的应收账款是否归被审计单位拥有或控制。

（4）确定应收账款是否可收回，坏账准备的计提方法和比例是否恰当，计提是否充分。

（5）确定应收账款及其坏账准备的期末余额是否正确。

（6）确定应收账款和坏账准备在报表上的列报是否恰当。

2. 应收账款和坏账准备的内部控制

　　应收账款和坏账准备的内部控制应结合销售业务的内部控制来制定，部分内容如下表所示。

应收账款和坏账准备内部控制调查表

被审计单位名称	××部门	日期		索引号	
审计项目名称	应收账款和坏账准备内部控制调查	编制人		×××	
会计期间或截止日	20××年度	复核人	×××	页次	
问题		是	否	不适用	备注

续表

（1）信用部门是否与销售部门分开				
（2）向顾客赊销商品是否得到信用部门的批准				
（3）应收账款的总账与明细账是否由专人定期核对				
（4）应收账款总账与明细账的差异是否由专人进行追查				
（5）是否定期编制应收账款账龄分析表				
（6）是否按期估计坏账损失				
（7）坏账准备的计提是否由授权人员审批				
（8）坏账的注销是否由授权人员审批				
（9）是否建立已注销坏账登记簿				
（10）过期应收账款是否及时催收				
（11）是否定期向顾客发送对账单				
审计结论：				

在对应收账款和坏账准备的内部控制进行了必要的了解与测试之后，审计人员应当做出评价，确定其可信赖程度，明确进一步审计程序的性质、时间和范围，并将测试过程中发现的内部控制的薄弱环节，以适当的形式告知被审计单位的管理层。

3. 应收账款和坏账准备的审计

（1）应收账款的审计

① 实施分析程序。在应收账款明细表与总账数和明细账合计数核对基础上，可将本期应收账款余额与本企业历史数据及同行业的平均水平进行比较或进行比率分析，计算本期应收账款周转率、应收账款与流动资产总额之比、坏账费用与赊销净额之比等并与企业的历史数据及同行业的平均水平进行比较。

② 分析应收账款账龄。审计人员可以通过应收账款账龄分析表来分析应收账款的账龄。审计人员应抽查核实表中顾客单位名称、余额及账龄是否正确，并将账龄分析表的合计数与应收账款总账余额核对，进行账龄分析可确定应收账款的欠款时间和收款效率，有助于判断应收账款的可收回性。

③ 应收账款函证。应收账款函证是审计人员直接发函给被审计单位的债务人，要求核实被审计单位应收账款的记录是否正确的一种审计方法。函证的目的是证实应收账款账户余额的真实性、正确性，防止或发现被审计单位及其有关人员在销售业务中发生的错报或舞弊行为。虽然函证需要花费大量的时间和精力，但在应收账款审查时审计人员必须执行这一程序，除非有充分证据表明应收账款对财务报表不重要或函证很可能无效。如果不对应收账款函证，审计人员应当在工作底稿中说明理由。

询证函可以由审计人员利用被审计单位提供的应收账款明细账户名称及地址编制，也可以委托被审计单位其他人员代替其编制，但询证函的寄发一定要由审计人员亲自进行。

a. 函证方式。审计人员可以采用积极的或消极的函证方式实施函证，也可将两种方式结合使用。

● 积极式函证，要求被询证者不论在何种情况下必须回函，确认询证函所列示信息是否正确，或填列询证函要求的信息。

当债务人符合下列情况时，宜采用积极式函证：相关的内部控制是无效的；预计的差错率较高；个别账户的欠款金额较大；有理由相信欠款可能存在争议、差错等问题。积极式函证参考格式，如下所示。

企业询证函

| ××（公司）: | | | 编号：115 |

本公司内部审计处正在对本公司所属单位××厂进行审计。按照内部审计准则的要求，应当询证本公司与贵公司的往来账项等事项。下列数据出自本公司账簿记录，如与贵公司记录相符，请在本函下端"信息证明无误"处签章证明；如有不符，请在"数据不符"处列明不符金额。回函请直接寄至本公司审计处。

回函地址：

邮编：　　　　　电话：　　　　　传真：　　　　　联系人：

（1）本公司与贵公司的往来账项列示如下：

单位：元

截止日期	贵公司欠	欠贵公司	备注

（2）其他事项

本函仅为复核账目之用，并非催款结算。若款项在上述日期之后已经付清，仍请及时函复为盼。

　　　　　　　　　　（公司盖章）　　　　　　　年　月　日

结论：（1）信息证明无误。

　　　　　　　　　　（公司盖章）　　　　　　　年　月　日

　　　　　　　　　　　　　　　　　　　　　　　经办人：

（2）数据不符，请列明不符金额。

　　　　　　　　　　（公司盖章）　　　　　　　年　月　日

　　　　　　　　　　　　　　　　　　　　　　　经办人：

● 消极式函证，只要求被询证者仅在不同意询证函列示信息的情况下才予以回函。

当同时存在下列情况时，宜采用消极函证方式：审计人员将重大错报风险评估为低水平，并已就与认定相关的控制的运行有效性获取充分、适当的审计证据；需要实施消极式函证程序的总体由大量的小额、同质的账户余额、交易或事项构成；预期不符事项的发生率很低；没有迹象表明接收询证函的人员或机构不认真对待函证。

有时候两种函证方式结合起来使用可能更适宜：对于大额账项采用积极式函证，对于小额账项则采用消极式函证。

b. 函证范围。审计人员一般应在全部应收账款中选取适当样本进行函证。影响审计人员确定应收账款函证样本量的因素主要有如下几个。

● 应收账款的重要性。如果应收账款在全部资产中所占的比重较大，则应选取较多样本。

● 被审计单位内部控制的强弱。

- 应收账款明细账户的数量。明细账户越多，应选取的样本也就越多。
- 内部控制系统的强弱。内部控制较弱，应选取较多样本。
- 以前年度的函证结果。以前年度函证时出现较大差异或未曾回函的账户，应选为本年重点函证的样本。
- 检查风险对函证样本量的影响。如检查风险较小，应选取较多的样本进行函证。
- 所采用函证的类型。采用消极式函证所需的样本量通常比采用积极式函证时要多。

c. 函证对象。

- 金额较大的项目。
- 账龄较长的项目。
- 交易频繁但期末余额较小的项目。
- 重大关联方交易。
- 重大或异常的交易。
- 可能产生争议以及产生重大舞弊或错误的交易。

d. 函证时间。为了充分发挥函证的作用，审计人员应在充分考虑对方回函时间的前提下，选择好函证发送时间。最佳时间应是资产负债表日后接近的时间，以确保在审计工作结束前取得函证的全部资料。

e. 函证实施和控制。当实施函证时，审计人员应当对选择被询证者设计询证函以及发出和收回询证函进行控制。

- 将被询证者的名称、地址与被审计单位有关记录核对。
- 将询证函中列示的账户余额或其他信息与被审计单位有关资料核对。
- 在询证函中指明直接向内部审计机构回函。
- 询证函经被审计单位盖章后，由审计人员直接发出。
- 将发出询证函的情况形成审计工作记录。
- 将收到的回函形成审计工作记录，并汇总统计函证结果。

函证结果汇总表，如下表所示。

应收账款函证结果汇总表

被审计单位名称：　　　　　　　　　　制表：　　　　　　　　日期：

结账日：　　年　　月　　日　　　　　复核：　　　　　　　　日期：

询证函编号	债务人名称	债务人地址及联系方式	函证方式	函证日期		回函日期	账面余额	函证结果	差异金额及说明	审定金额
				第一次	第二次					
合计										

在实务中，审计人员经常会遇到被询证者以传真、电子邮件等方式回函的情况。这些方式确实能使审计人员及时得到回函信息，但由于这些方式易使回函信息被截留、篡改或难以确定回函者的真实身份，因此，审计人员应当直接接收，并要求被询证者及时寄回询证函原件。

如果采用积极的函证方式实施函证未收到回函的，审计人员应当考虑与被询证者联系，查明是由于被询证者地址迁移、差错而致信函无法投递，还是这笔应收账款本来就是一笔假账。一般来说应发送第二封询证函，如果仍得不到答复，审计人员应考虑采用必要的替代审计程序。替代审计程序应当能够提供实施函证所能够提供的同样效果的审计证据，例如，检查与销售有关的文件，包括销售合同、销售订单、销售发票副本及发运凭证等，以获取具有同等证明效力的审计证据。

如果实施函证和替代审计程序都不能提供财务报表有关认定的充分、适当的审计证据，审计人员应当实施追加的审计程序。

f. 函证结果差异的分析。审计人员从被询证者处收回询证函后，应对函证结果进行分析和评价。一般情况下函证结果有三种情况。

● 审计人员认为函证结果是可靠的，并且得到了对方的确认。

● 有迹象表明收回的询证函不可靠，此时审计人员应当采取适当的审计程序予以证实或消除疑虑。

● 询证函中的有关内容并没有得到对方的确认。

上述情况的后两种应引起审计人员的高度重视，对所怀疑的不符事项进行进一步分析，看其是否构成错报及其对财务报表可能产生的影响，并将结果记录于审计工作底稿。如果不符事项构成错报，审计人员应当重新考虑所实施审计程序的性质、时间和范围。

值得指出的是，由于双方记录业务的时间不同也可能产生不符事项，主要表现如下。

● 询证函发出时，债务人已经付款，而被审计单位尚未收到款项。

● 询证函发出时，被审计单位已经发出货物，并已经做了销售记录，但货物仍在运输途中，债务人尚未收到货物。

● 债务人由于种种原因已将货物退回，而被审计单位尚未收到货物。

● 债务人对收到的货物数量、质量和价格等不满意而全部或部分拒付等。

g. 对函证结果的总结和评价。审计人员应将函证的过程和情况记录在审计工作底稿中，并据以总结和评价应收账款情况。审计人员对函证结果可进行如下评价。

● 重新考虑过去对内部控制的评价是否适当，控制测试的结果是否适当，分析程序的结果是否适当，相关的风险评价是否适当等。

● 如果函证结果表明没有审计差异，则可以合理地推论，全部应收账款总体是正确的。

● 如果函证结果表明存在审计差异，则应当估算应收账款总额中可能出现的累计差错是多少，估算未被选中进行函证的应收账款的累计差错是多少。为取得对应收账款累计差错更加准确的估计，也可以进一步扩大函证范围。

【工作实例 10-6】M 制造公司审计人员王亮审查其 2019 年的应收账款项目，获取部分明细资料如下表所示。

应收账款账龄分析表

2019 年 12 月 31 日　　　　　　　　　　　　　　　　　　　　　单位：元

债务人名称	期末余额	账　　龄			
		1 年以内	1～2 年	2～3 年	3 年以上
A 公司	2 553 000.00	5 个月			
B 公司	380 000.00	3 个月			

续表

债务人名称	期末余额	账龄			
		1年以内	1~2年	2~3年	3年以上
C公司	68 000.00			2年半	
D公司	490 000.00	2个月			
E公司	225 000.00		2年		
F公司	5 123 000.00	8个月			
...	...				
合　计	25 267 000.00				

【要求】如果注册会计师决定对上述债务人进行函证，但准备采用积极式函证和消极式函证两种方法。上述账户哪些适用积极式函证，哪些适用消极式函证，并简要说明理由。

解析：对A公司、C公司、E公司和F公司应采用积极式函证，原因为该债务人符合积极式函证的条件，即个别账户的欠款金额较大或有理由相信欠款可能存在争议、差错等问题。A公司和F公司所欠债务金额较大；C公司和E公司账龄超过一年，可能存在争议。对B公司和D公司应采用消极式函证，原因为该债务人欠款金额相对较小，且账龄较短。

【工作实例10-7】甲制造公司审计人员王亮采用函证法审查其2019年12月31日的应收账款，并于2020年1月10日采用积极式函证方式对所有重要客户寄发了询证函。王亮将与函证结果相关的重要异常情况汇总，如下表所示。

函证结果差异汇总表

异常情况	函证编号	客户名称	询证金额（元）	回函日期	回函内容
（1）	16	H公司	500 000.00	2020年1月18日	购买甲制造公司500 000.00元的货物属实，但款项已于2019年12月20日用支票支付
（2）	38	I公司	658 000.00	2020年1月22日	因产品质量不符合要求，根据购货合同，于2019年12月25日将货物退回
（3）	57	J公司	856 000.00	2020年1月16日	2019年12月22日收到甲制造公司委托本公司代销的货物856 000.00元，尚未销售
（4）	79	K公司	600 000.00	2020年1月21日	采用分期付款方式购货600 000.00元，根据购货合同，已于2019年12月20日首付200 000.00元
（5）	99	L公司	1 000 000.00	未收到回函	——

【要求】针对上述各种异常情况，分析王亮应分别实施哪些审计程序？

解析：对于异常情况（1），审计人员应检查银行存款日记账、收款凭证及银行对账单，查明是否收到该金额，以及如何进行会计处理等。

对于异常情况（2），审计人员应检查销售合同及与销售退回相关的增值税发票、入库单，查明退回货物是否已验收入库等。

对于异常情况（3），审计人员应检查代销合同和代销清单，查明是否存在编制虚假代销清单、虚增本期收入和应收账款的情况。

对于异常情况（4），审计人员应检查分期销售合同、发运凭证、银行存款日记账、收款凭证及银行对账单，查明本期是否收到货款，是否存在提前确认收入和应收账款的情况。

对于异常情况（5），审计人员应采用替代程序，审查与销售有关的文件，包括销售合同、销售订单、销售发票副本及发运凭证等，以验证这些应收账款的真实性。

④ 审查未函证的应收账款。由于审计人员不可能对所有应收账款进行函证，因此，对于未函证的应收账款，审计人员应抽查有关原始凭据，如销售合同、销售订单、销售发票副本及发运凭证等，以验证与其相关的应收账款的真实性。

⑤ 审查有无不属于结算业务的债权。不属于结算业务的债权，不应在应收账款中进行核算。因此，审计人员应抽查应收账款明细账，并追查有关原始凭证，查证有无不属于结算业务的债权。如有，应建议被审计单位进行适当调整。

⑥ 结合坏账准备的审计检查坏账的确认和处理。

⑦ 分析应收账款明细账余额。

应收账款明细账的余额一般在借方，审计人员在分析应收账款明细账余额时，如果发现应收账款贷方余额，应查明原因，必要时建议做重分类调整。应收账款明细账出现贷方余额，属于债务要素，应列入"预收款项"项目。需编制重分类分录调整，借记应收账款，贷记预收款项。

⑧ 确定应收账款在资产负债中是否已恰当披露。

如果被审计单位为上市公司，则其财务报表附注通常应披露应收账款期初、期末余额的账龄分析，期末欠款金额较大的单位账款，以及持有 5%以上（含 5%）股份的股东单位账款等情况。

（2）坏账准备的审计

① 执行分析程序。比较本期和前期坏账准备计提数和实际发生数；也可计算坏账准备余额占应收款项余额的比例，并和以前期间的相关比例核对，检查分析其重大差异，以发现有重要问题的审计领域。

② 将应收账款坏账准备本期计提数与资产减值损失相应明细账目的发生数核对是否相符。

③ 审查坏账准备的计提。审计人员应查明坏账准备的计提方法和比例是否符合会计准则规定，计提的数额是否恰当，会计处理是否正确，前后期是否一致。

企业通常应采用备抵法按期估计坏账损失，计提坏账损失的具体方法由企业自行确定。企业应当列出目录，具体注明计提坏账准备的范围、提取方法、账龄的划分和提取比例，按照管理权限，经股东大会或董事会、经理会议或类似机构批准，并按照法律、行政法规的规定报有关各方备案。坏账准备提取方法一经确定，不得随意变更；如需变更，仍然应按上述程序经批准后报有关各方备案，并在财务报表附注中说明变更的内容和理由、变更的影响等。

估计坏账损失的方法主要有账龄分析法、余额百分比法等，如果某项应收账款的可回收性与其他各项应收账款存在明显差别，可对其采用个别认定法计提坏账准备。企业应根据所持应收款项的实际可回收情况，合理计提坏账准备，不得多提或少提。

在确定坏账准备的计提比例时，企业应当根据以往的经验、债务单位的实际财务状况和现金流量的情况，以及其他的相关信息合理估计。除有确凿证据表明该项应收账款不能收回，或收回的可能性不大时，下列情况一般不能全额计提坏账准备：当年发生的应收账款，以及未到期的应收账款；计划对应收账款进行重组；与关联方发生的应收账款；其他已逾期，但无确凿证据证明不能收回的应收账款。

④ 审查坏账损失。对于被审计期间内发生的坏账损失，审计人员应检查坏账损失原因是否清楚，是否符合有关规定，有无授权批准，有无已做坏账损失处理后又重新收回的应收款项，相应的会计处理是否正确。

【工作实例 10-8】 M 制造公司审计人员王亮审查其 2019 年的坏账准备项目，获取该公司 2019 年 12 月 31 日应收款项账簿资料，如下表所示。

应收款项账簿资料　　　　　　　　　　　　　　　　单位：元

账户名称	总账余额	明细账余额	
		借方	贷方
应收账款	借 20 000 000.00	21 000 000.00	
			1 000 000.00
预收账款	贷 3 300 000.00		6 300 000.00
		3 000 000.00	

经审计，上述表格内容无误。该公司采用余额百分比法计提坏账准备，计提比例为 1%，计提金额为 200 000 元。坏账准备的账户记录，如下表所示。

坏账准备明细账　　　　　　　　　　　　　　　　单位：元

2019 年		凭证字号	摘要	借方	贷方	余额
月	日					
1	1		上年结转			100 000.00
5	31	转字 66	核销坏账	50 000.00		50 000.00
7	28	转字 87	核销坏账	60 000.00		-10 000.00
12	31	转字 98	计提本年的坏账准备		200 000.00	190 000.00

审计人员调阅转字 66 号和转字 87 号记账凭证及所附原始凭证，审核无误。

【要求】 该公司年末计提的坏账准备是否正确？你如何编写内部审计工作底稿？

解析： 该公司坏账准备的计提金额有误。首先，对于应收账款明细账中有贷方余额的不应计提坏账准备，因其相当于预收账款，应该对其进行重新分类。其次，预收账款明细账中有借方余额，视同应收账款，应该对其进行重新分类，与应收账款一起计提坏账准备。则年末计提坏账准备的基数为

21 000 000.00+3 000 000.00=24 000 000.00（元）

当年应提取坏账准备：24 000 000.00×1%-(-10 000.00)=250 000.00（元）

该公司少提 50 000 元坏账准备，导致当期利润虚增，影响所得税费用的缴纳。审计人员应建议被审计单位进行调整。调整分录如下。

借：信用减值损失　　　　　　　　50 000.00

贷：坏账准备　　　　　　　　　　50 000.00

【学中做】 试编写出坏账准备审计工作底稿。

任务四　其他相关账户审计

（一）任务基础

销售核算岗位审计除主要账户的审计外，还涉及应收票据账户、预收账款账户、销售费用账户及营业税金及附加账户的审计。这些账户所反映的会计信息是否真实、完整、合法合规，都与企业的营业收入、利润及所得税费用密切相关，进而影响到企业资产负债表和利润表等报表信息的真实性、合法性和公允性。因此，审计人员在进行销售核算岗位审计时，除了重视该岗位所涉及的主要账户审计，还要关注这些相关账户的审计。

（二）任务实施

1. 应收票据的审计

应收票据是指企业持有的还没有到期、尚未兑现的商业汇票。应收票据是企业未来收取货款的权利，这种权利和将来应收取的货款金额以书面文件形式约定下来，因此它受到法律的保护，具有法律上的约束力，是一种债权凭证。应收票据审计的主要内容如下：

（1）监盘库存票据，并与"应收票据备查簿"核对

监盘时，应注意票据的种类、号数、签收的日期、到期日、票面金额、合同交易号、付款人、承兑人、背书人姓名或单位名称、利率、贴现率、收款日期、收回金额等是否与应收票据备查簿的记录相符，是否存在已作抵押的票据和银行退回的票据。

（2）函证应收票据

审计人员认为必要时，抽取部分票据向出票人函证，以证实应收票据的存在性和可收回性，并编制函证结果汇总表。

（3）审查应收票据的利息收入

审计人员复核利息计算的正确性，注意逾期应收票据是否已按规定停止计提利息，并检查其会计处理是否正确。

（4）审查已贴现应收票据

对于已贴现的应收票据，审计人员应审查其贴现额与贴现息的计算是否正确，会计处理方法是否适当。

（5）审查与应收票据相关的坏账准备

【工作实例10-9】M制造公司审计人员王亮审查其2019年的应收票据项目，发现一张记账凭证，如下表所示。

记 账 凭 证

2019 年 12 月 31 日   第 55 号

摘要	会计科目	明细科目	借方	贷方
计提票据利息	应收票据 财务费用	甲公司 利息收入	90 000.00	90 000.00
合　计			90 000.00	90 000.00
附单据　张				

会计主管：张莉　　　　　　会计：何明　　　　　　制证：计丹

记账凭证后未附任何原始凭证。于是审计人员查阅该公司的应收票据备查簿，发现记录的该票据部分内容，如下表所示。

应收票据备查簿

编制单位：M 制造公司　　　　　　　　　　　　　　　　　　　　单位：元

种类	票号	出票日期	到期日	票面金额	票面利率	合同交易号	出票人
商业承兑	略	2019 年 7 月 1 日	2019 年 12 月 1 日	5 000 000.00	月息 0.3%	略	甲公司
…	…	…	…	…	…	…	…

审计人员又查阅了该票据发生时的记账凭证和原始凭证，审核无误。审阅 2019 年 12 月 1 日该票据到期时应该涉及的银行存款日记账、应收票据明细账、应收账款明细账、财务费用明细账等，未发现任何会计处理。

【要求】该公司的处理是否正确？你如何编写内部审计工作底稿？

解析：不正确。根据会计准则规定，到期不能收回的带息的应收票据，转入应收账款核算，中期期末或年度终了时不再计提利息。该公司在票据到期时未能收款，应将其面值 5 000 000.00 元和利息 5 000 000.00×0.3%×5=75 000.00（元）转入应收账款核算。该公司不仅未将其转入应收账款，而且多计提了 1 个月的利息收入 15 000.00 元，导致当期利润虚增，影响所得税费用缴纳。审计人员应建议被审计单位进行调整。调整分录如下。

借：应收账款——甲公司　　　5 075 000.00
　　财务费用——利息收入　　　 15 000.00
　　　贷：应收票据　　　　　　　　 5 090 000.00

【学中做】试编写出 M 制造公司内部审计机构编制的审计工作底稿。

【想一想】以该案例为例，你认为还有哪些相关分录需要进行调整？

2. 预收账款的审计

预收账款是买卖双方协议商定，由购货方预先支付一部分货款给供应方而发生的一项负债。如果企业预收账款不多，可以不设置"预收账款"科目，直接记入"应收账款"科目的贷方。预收账款审计的主要内容如下。

（1）抽查与预收款项有关的销售合同、仓库发运凭证、收款凭证，检查已实现销售的商品是否及时转销预收款项，确定预收款项期末余额的正确性和合理性。

（2）必要时，选择预收款项的若干重大项目函证，根据回函情况编制函证结果汇总表。

（3）检查预收款项是否存在借方余额，必要时建议做重分类调整。

（4）检查预收款项长期挂账的原因，并做出记录，必要时提请被审计单位予以调整。

【工作实例 10-10】 M 制造公司审计人员王亮审查其 2019 年的预收账款项目，发现一张记账凭证，如下表所示。

记 账 凭 证

2019 年 10 月 18 日 　　　　　　　　　　　　第 26 号

摘要	会计科目	明细科目	借方	贷方
预收销货款	银行存款		226 000.00	
	预收账款	A 公司		226 000.00
合　计			226 000.00	226 000.00
附单据　2 张				

会计主管：张莉　　　　　　会计：何明　　　　　　制证：计丹

所附原始凭证如下所示。

370017××××　　**山东增值税专用发票**　　　　№ 05253534

此联不作报销、扣税凭证使用　开票日期：2019 年 10 月 18 日

购买方	名　　称：A 公司 纳税人识别号：58015688125366×××× 地址、电话： 开户行及账号：工行烟台分行 298567574××××	密码区	6+-〈2〉6〉927+296+/ * 01446 〈600375〈35〉〈4/ * 37009931410 2-2〈2051+24+2618〈7　07050445 /3-15〉〉09/5/-1〉〉〉 *26256549*375261
货物或应税劳务名称 甲产品	规格型号	单位 件	数量 250	单价 800	金　额 200 000.00	税率 13%	税　额 26 000.00

合　计					¥200 000.00		¥26 000.00
价税合计（大写）	⊗贰拾贰万陆仟圆整				（小写）¥226 000.00		

销售方	名　　称：M 制造公司 纳税人识别号：23033888866256×××× 地址、电话： 开户行及账号：工行历下支行 760184266××××	备注	23033888866256×××× 发票专用章

收款人：　　　　复核：　　　　开票人：林强　　　　销售方：（章）

第一联：记账联 销售方记账凭证

中国工商银行进账单（回单或收账通知）

2019 年 10 月 18 日 　　　　　　　　　　　　第　号

付款人	全称	A 公司	收款人	全称	M 制造公司										此收联款是人收的款回人单开或户收行账交通给知
	账号	298567574××××		账号	760184266××××										
	开户银行	工行		开户银行	工行										
人民币 （大写）		贰拾贰万陆仟圆整				百	十	万	千	百	十	元	角	分	
						¥	2	2	6	0	0	0	0	0	
票据种类		转账支票													
票据张数		1 张													
单位主管　会计　复核　记账							收款人开户行盖章								

审计人员未发现预收款协议。假定该批产品成本为150 000.00元未结转。

【要求】该公司的处理是否正确？你如何编写内部审计工作底稿？

解析：不正确。该笔业务应该属于销售实现业务而非预收款业务。该公司利用预收账款账户来隐瞒收入，偷漏税金。审计人员应建议被审计单位进行调整。调整分录如下。

借：预收账款——A公司   226 000.00
  贷：主营业务收入——甲产品   200 000.00
    应交税费——应交增值税（销项税额） 26 000.00
借：主营业务成本——甲产品   150 000.00
  贷：库存商品——甲产品   150 000.00

【学中做】试编写M制造公司内部审计机构编制的预收账款审计工作底稿。

3. 销售费用的审计

销售费用是企业在销售产品、自制半成品和提供劳务等过程中发生的费用，包括由企业负担的包装费、运输费、广告费、装卸费、保险费、展览费、销售服务费、销售部门人员工资、职工福利费等。销售费用审计的主要内容如下。

（1）执行分析程序。将本期销售费用与上期销售费用进行比较，并将本期各月的销售费用进行比较，如有重大波动和异常情况应查明原因，并进行适当处理。

（2）检查销售费用的项目设置和开支标准是否符合有关规定，查明其项目设置是否划清了销售费用与其他费用的界限，有关费用支出是否按规定标准列支。

（3）选择重要或异常的销售费用，检查其原始凭证是否合法，会计处理是否正确，必要时，对销售费用实施截止测试，检查有无跨期入账的现象，对于重大跨期项目应建议进行必要调整。

（4）核对有关费用项目与累计折旧、应付职工薪酬等项目的勾稽关系，进行交叉索引。

（5）检查销售费用的结转是否正确、合规，查明有无多转、少转或不转销售费用，以及人为调节利润的情况。

【工作实例10-11】M制造公司审计人员王亮对其销售费用进行审计，抽查记账凭证时发现2019年12月20日的一张记账凭证，如下表所示。

记 账 凭 证

2019年12月20日   第34号

摘　要	会 计 科 目	明 细 科 目	借　方	贷　方
支付专设销售机构房屋租赁费	销售费用		240 000.00	
	应交税费	增值税（进项税）	21 600.00	
	银行存款			261 600.00
合　计			261 600.00	261 600.00
附单据 3 张				

会计主管：张莉   会计：何明   制证：计丹

所附原始凭证为一份房屋租赁协议，协议表明需一次性支付以后两个年度的销售机构房屋租赁费，该房屋在本市于2019年6月建造完工并交付使用，另有增值税专用发票和转账支票存根审核无误。（增值税率为9%）

【要求】该公司的处理是否正确？你如何编写内部审计工作底稿？

解析：不正确。根据权责发生制原则，一次性支付以后两个年度的销售机构的房屋租赁费不能作为当期费用处理，应作为长期待摊费用，在受益期内进行摊销。该公司的处理导致当期费用虚增，利润和所得税费用虚减。审计人员应建议被审计单位进行调整。调整分录如下。

借：长期待摊费用　　　　　　240 000.00

　　贷：销售费用　　　　　　　　240 000.00

【学中做】编写 M 制造公司内部审计机构编制的销售费用审计工作底稿。

任务训练

一、简答题

1. 销售核算岗位任务有哪些？
2. 主营业务收入审计主要包括哪几项内容？
3. 如何选择应收账款函证对象？
4. 当应收账款函证没有得到回函时，应采用哪些替代程序？
5. 如何对营业收入进行截止测试？
6. 应收账款函证和应付账款函证的异同有哪些？

二、单项选择题

1. 检查预收账款是否存在借方余额，如有应进行重分类调整，列示在（　　　）项目。

   A. 应收账款　　　　　　　　　　B. 应付账款

   C. 预付账款　　　　　　　　　　D. 应收票据

2. （　　　）是证实销售业务存在或发生的最有力证明。

   A. 顾客订货单　　　　　　　　　B. 销售单

   C. 发运凭证　　　　　　　　　　D. 销售发票

3. 分析应收款项账龄有助于判断（　　　）。

   A. 应收账款的完整性　　　　　　B. 赊销业务的审批情况

   C. 应收账款的可收回性　　　　　D. 应收账款的估价

4. 为了提高函证应收账款所得证据的可靠性，函证的时间最好安排在（　　　）。

   A. 被审计年度的年中　　　　　　B. 资产负债表日后适当时间

   C. 被审计年度的年初　　　　　　D. 外勤工作结束日

5. 实施消极式函证需要满足的条件不包括（　　　）。

   A. 个别账户的欠款金额较大

   B. 欠款金额小的债务人数量很多

   C. 预期不符事项的发生率很低

   D. 相关的内部控制是有效的

三、多项选择题

1. 在对收入及其结算情况审计时，一般要结合（　　）进行。
   　　A. 应收账款　　　　　B. 应付账款　　　　　C. 预付账款　　　　　D. 预收账款
2. 确定主营业务收入归属期是否正确，应重点审查的日期是（　　）。
   　　A. 发票开具日期或收款日期　　　　　B. 寄对账单日期
   　　C. 发货日期　　　　　　　　　　　　D. 记账日期
3. 审计人员采用积极式函证较好的情形是债务人符合（　　）。
   　　A. 欠款可能存在争议　　　　　　　　B. 预计的差错率低
   　　C. 相关的内部控制有效　　　　　　　D. 个别账户的欠款金额较大
4. 在审计实务中，注册会计师实施营业收入的截止测试的起点有（　　）。
   　　A. 以销售发票为起点　　　　　　　　B. 以账簿记录为起点
   　　C. 以报表为起点　　　　　　　　　　D. 以发运凭证为起点

四、判断题（正确的打"√"，错误的打"×"）

1. 审计人员认为必要时，抽取部分票据向出票人函证，以证实应收票据的存在性和可收回性。　　　　　　　　　　　　　　　　　　　　　　　　　　　　　　（　　）
2. 在销售的截止测试中，审计人员可以考虑采用以账簿记录为起点的审计路线，以防止少计收入。　　　　　　　　　　　　　　　　　　　　　　　　　　　　　（　　）
3. 应收账款的账龄分析将有助于了解坏账准备的计提是否正确。　　　　　（　　）
4. 对于大额应收账款余额，审计人员必须采用积极式函证予以证实。　　（　　）
5. 应收账款询证函的编制和寄发均由审计人员亲自进行。　　　　　　　（　　）
6. 采用委托其他单位代销产品的被审计单位，审计人员应提请其在代销产品销售时确认收入的实现。　　　　　　　　　　　　　　　　　　　　　　　　　　　　（　　）
7. 批准赊销应与销售独立，以防止信用风险。　　　　　　　　　　　　（　　）
8. 由出纳定期向客户寄出对账单，促使客户履行合约。　　　　　　　　（　　）
9. 审查坏账准备提取是否正确，仅关系到资产负债表的正确性。　　　　（　　）
10. 积极式函证方式没有得到复函的，应考虑采用必要的替代审计程序。　（　　）

技能训练

训练一：练习应收账款函证

资料：M制造公司审计人员张昊采用函证法审查其2019年的应收账款，该公司应收账款余额总计5 000 000.00元，有35个明细账。张昊于2020年1月10日抽取了20个欠款金额大或账龄长的客户寄发积极式询证函，且除一份退回外都得到回函。向15个欠款金额小的客户寄发消极式询证函，未收到回函。张昊将与函证结果相关的重要异常情况汇总，如下表所示。

函证结果差异汇总表

异常情况	函证编号	客户名称	询证金额（元）	回函日期	回函内容
1	5	甲公司	580 000.00	2020 年 1 月 16 日	购买货物属实，已于 2019 年 12 月 30 日由银行汇出 580 000.00 元
2	8	乙公司	600 000.00	2020 年 1 月 18 日	于 2019 年 12 月 5 日预付 60 000.00 元
3	12	丙公司	300 000.00	2020 年 1 月 16 日	未收到所购货物
4	15	丁公司	250 000.00	因地址错误被邮局退回	

要求：针对上述各种异常情况，分析张昊应如何实施审计程序验证。

训练二：练习坏账准备的审计

资料：M 制造公司审计人员张昊审查其 2019 年的坏账准备，获取该公司 2019 年 12 月 31 日应收款项账簿资料，如下表所示。

应收款项账簿资料 单位：元

账户名称	总账余额	明细账余额	
		借方	贷方
应收账款	借 4 000 000.00	4 500 000.00	
			500 000.00
预收账款	贷 2 500 000.00		3 000 000.00
		500 000.00	
其他应收款	借 500 000.00	500 000.00	

经审计，上述表格内容无误。该公司采用余额百分比法计提坏账准备，计提比例为 0.5%，计提金额为 4 000 000×0.5%=20 000（元）。坏账准备的账户记录，如下表所示。

坏账准备明细账 单位：元

2019 年		凭证字号	摘要	借方	贷方	余额
月	日					
1	1		上年结转			50 000.00
7	30	转字 25	核销坏账	20 000.00		30 000.00
12	31	转字 33	计提本年的坏账准备		20 000.00	50 000.00

审计人员调阅转字 25 号记账凭证及所附原始凭证，审核无误。

请问：该公司年末计提的坏账准备是否正确？你如何编写内部审计工作底稿？

训练三：练习营业收入和营业成本的审计

资料：M 制造公司审计人员张昊审查其主营业务收入总账，如下表所示。

主营业务收入总账

2019 年		凭证号	摘要	借方	贷方	余额
月	日					
10	8	18	销售甲商品		500 000.00	500 000.00
10	20	35	销售 C 材料		10 000.00	10 000.00
10	25	42	销售丙商品		887 000.00	887 000.00
10	28	50	销售乙商品		500 000.00	500 000.00
10	31	66	结转本月	1 897 000.00		0.00
10	31		本月合计	1 897 000.00	1 897 000.00	0.00

审计过程如下：

（1）账证核对 10 月 20 日第 35 号记账凭证及所附原始凭证，如下所示。

记 账 凭 证

2019 年 10 月 20 日   第 35 号

摘要	会计科目	明细科目	借方	贷方
销售 C 材料	应收账款	A 公司	11 300.00	
	主营业务收入			10 000.00
	应交税费	应交增值税（销项税额）		1 300.00
合　计			11 300.00	11 300.00

附单据　2 张

会计主管：张莉　　　　　　　会计：何明　　　　　　　制证：计丹

370017××××   **山东增值税专用发票**   No 05253537

此联不作报销、扣税凭证使用 开票日期：2019 年 10 月 20 日

购买方	名　　　称：A 公司 纳税人识别号：58015688125366×××× 地址、电话： 开户行及账号：工行烟台分行 298567574××××	密码区	6+-〈2〉6〉927+296+/ * 01446 〈600375〈35〉〈4/ * 37009931410 2-2〈2051+24+2618〈7 07050445 /3-15〉〉09/5/-1〉〉〉 *265213449*375

货物或应税劳务名称	规格型号	单位	数量	单价	金　额	税率	税　额
C 材料		千克	100	100.00	10 000.00	13%	1 300.00
合　　计					¥10 000.00		¥1 300.00

价税合计（大写）	⊗壹万壹仟叁佰圆整	（小写）¥11 300.00

销售方	名　　　称：M 制造公司 纳税人识别号：23033888866256×××× 地址、电话： 开户行及账号：工行历下支行 760184266××××	备注	23033888866256×××× 发票专用章

收款人：　　　　复核：　　　　开票人：林强　　　　销售方：（章）

第一联：记账联 销售方记账凭证

领　料　单

领料单位：　　　　　　　　　　　　　　　　　　　　　　　　　　　　　　　编号 028

用途：销售　　　　　　　　　2019 年 10 月 20 日　　　　　　　　　　　　仓库：

材料编号	材料名称及规格	计量单位	数　量		价　格		备注
			请领	实领	单价	金额	
	C 材料	千克	1 00	1 00	80.00	8 000.00	

领料单位负责人：许士勇　　　　　领料人：江琴　　　　　发料人：李云　　　　　制单：李云

（2）账证核对 10 月 25 日第 42 号记账凭证及所附属原始凭证，如下所示。

记　账　凭　证

2019 年 10 月 25 日　　　　　　　　　　　　　　　　　　　　第 42 号

摘要	会计科目	明细科目	借方	贷方
销售丙产品	应收账款	A 公司	1 002 310.00	
	主营业务收入	丙产品		887 000.00
	应交税费	应交增值税（销项税额）		115 310.00
合　计			1 002 310.00	1 002 310.00

附单据　1 张

会计主管：张莉　　　　　　　　　会计：何明　　　　　　　　　制证：计丹

3. 审计人员调阅上笔业务成本结转的记账凭证和原始凭证，如下所示。

记 账 凭 证

2019 年 10 月 25 日　　　　　　　　　　　　　　　　第 42 号

摘要	会计科目	明细科目	借方	贷方
结转已销产品成本	主营业务成本	丙产品	700 000.00	
	销售费用		5 000.00	
	库存商品	丙产品		700 000.00
	周转材料	包装物		5 000.00
合　计			705 000.00	705 000.00
附单据 2 张				

会计主管：张莉　　　　　　　　会计：何明　　　　　　　　制证：计丹

出 库 单

购货单位：A 公司　　　　　　2019 年 10 月 25 日　　　　　　　　编 号：

产品编号	产品名称	规格型号	计量单位	数量	成本（元）	备注
	丙产品		件	1 000	700 000.00	

销售部门负责人：欧阳渝　　　发货人：　　　　提货人：官名娟　　　　制单：

出 库 单

购货单位：A 公司　　　　　　2019 年 10 月 25 日　　　　　　　　编 号：

产品编号	产品名称	规格型号	计量单位	数量	成本（元）	备注
	包装箱		件	100	5 000.00	

销售部门负责人：欧阳渝　　　发货人：　　　　提货人：官名娟　　　　制单：

经审计，主营业务收入总账上的其他记录无误。

请问：该公司的会计处理是否正确？你如何编写内部审计工作底稿？

项目十一 财务成果核算岗位审计

 **任务目标**

了解财务成果核算岗位工作任务；了解利润形成、利润分配的审计目标、审计范围；理解利润形成的内容和公式、利润分配的顺序；掌握利润形成、利润分配的审查。

能力目标

能够掌握并运用核对、分析性复核、复算等审计方法判断财务成果核算岗位在管理上的漏洞、发现并纠正会计处理错弊；熟练编写审计工作底稿；具有一定的案例分析能力。

 **任务内容**

财务成果核算岗位基本知识；相关内部控制制度；利润形成、利润分配主要程序和方法。

岗位任务

财务成果核算岗位主要工作任务有以下几项。

（1）与会计主管共同核实利润计算是否正确。

（2）按国家规定的利润分配程序分配利润并通知会计转账。

（3）审查利润表，并编制销售利润计划。

（4）参与应付利润（股利）的分配会议。

（5）协同会计主管分析利润增减的原因及应采取的对策。

任务一 利润形成审计

（一）任务基础

利润是指企业在一定会计期间的经营成果，它是企业在一定会计期间内实现的收入减去费用后的余额。利润可以及时反映企业一定期间的经营业绩和获利能力，反映企业的投入产出效率和经济效益，有助于企业投资者和债权人据此进行盈利预测，评价企业的经营绩效，做出正确的决策。利润作为利润表中的主要项目，是企业全部收入与费用配比的结果。利润的形成取决于收入与费用的配比方式，它主要包括营业利润、利润总额和净利润。净利润是通过"本年利润"账户来核算的，与期末转入"本年利润"账户的主营业务收入、其他业务收入、其他收益、资产处置收益、投资收益、营业外收入、主营业务成本、税金及附加、其他业务成本、销售费用、管理费用、财务费用、资产减值损失、信用减值损失、营业外支出和所得税费用等账户有关。因此，利润形成审计的范围包括构成利润的各项收入、各项费用支出要素、利润形成的计算、结转过程和利润构成各要素在利润表上披露情况的审计等内容。

开展利润审计，可以综合评价企业的经营状况和财务成果，促使企业正确反映利润的形成情况，正确计算和分配财务成果，正确处理企业与各方面的经济利益关系，对于保护投资人和债权人的利益，都具有十分重要的意义。

（二）任务实施

1. 利润形成的审计目标

（1）查明企业利润内部控制制度是否健全、合理、有效。

（2）查明利润形成的真实性、合法合规性，计算是否正确。

（3）查明利润变动的因素对净利润的影响程度，揭示利润表上净利润列示的公允性与合法性。

2. 利润形成的内部控制

企业利润内部控制制度主要涉及产品销售业务管理制度、企业行政管理制度、货款结算管理制度、商品产品发出管理制度、对外投资管理制度、利润核算管理制度等。

3. 利润形成的审查

（1）营业利润的审查

营业利润是营业收入与营业费用配比的结果，是利润总额的主要组成部分。制造业企业的营业利润可用下列公式表示。

营业利润=营业收入-营业成本-税金及附加-销售费用-管理费用-财务费用-信用减值损失-
    资产减值损失+公允价值变动收益（-公允价值变动损失）+投资收益（-投资损失）+
    其他收益+资产处置收益（-资产处置损失）

其中，营业收入是指企业经营业务所确认的收入总额，包括主营业务收入和其他业务收入；营业成本是指企业经营业务所发生的实际成本总额，包括主营业务成本和其他业务成本；资产减值损失是指企业计提各项资产减值准备所形成的损失；公允价值变动收益（或损失）是指企业所持有的交易性金融资产等的公允价值变动形成的应计入当期损益的利得（或损失）；投资收益（或损失）是指企业以各种方式对外投资所取得的收益（或发生的损失）。其他收益主要是指与企业日常活动相关，除冲减相关成本费用以外的政府补助。资产处置收益（或损失）主要是指企业出售或处置划分为持有待售的非流动资产（金融工具、长期股权投资和投资性房地产除外）时确认的处置利得或损失，以及处置未划分为持有待售的固定资产、在建工程、生产性生物资产及无形资产而产生的处置利得或损失，还包括债务重组中因处置非流动资产产生的利得或损失和非货币资产交换产生的利得或损失。

营业利润审计要点如下。

① 审查形成营业利润的各项营业收入与销售费用是否真实、可靠。从上面营业利润的公式中可以看出，对营业利润的审查，主要包括对主营业务收入、主营业务成本、税金及附加，其他业务收入、其他业务成本、销售费用、管理费用、财务费用、信用减值损失、

资产减值损失、公允价值变动损益、其他收益、资产处置收益等的审查。这些收入与费用、损益项目的审计已在其他项目里介绍。

②投资收益的审查。审查投资收益时应结合具体的投资业务，即结合"交易性金融资产""债权投资""其他债权投资""长期股权投资"等账户记录，以及相应的项目投资协议、合同、投资审批文件、相关的原始凭证等资料进行审计，其审计要点如下。

a. 审查投资收益取得的合法性、合理性。

审计人员应查明投资收益的来源是否符合国家有关财经制度和管理制度的规定，对外投资资产的所有权是否确实归属于企业，企业是否聘请专业机构对投出资产进行了评估作价，投资协议和收益分配方案是否符合国家法律规定，企业有无损害国家利益的行为，取得投资收益是否有完备的凭证手续，企业有无转移投资收益甚至贪污收益等行为。

b. 审查投资收益入账金额的正确性、及时性。

与"交易性金融资产""债权投资""其他债权投资""长期股权投资"等相关账户的审计结合，验证确定投资收益的记录是否正确、及时，确定投资收益被计入正确的会计期间。

c. 审查投资收益的账务处理是否正确。

审计人员应审查企业对外投资业务所发生的各项收益和损失是否都已记入了"投资收益"账户，有无漏记或多记现象。期末"投资收益"账户是否全额转入"本年利润"账户，有无留有余额、随意调节利润的情况。

d. 审查投资收益是否在会计报表上恰当披露。

③审查营业利润期末账务结转的会计记录是否正确、完整。企业的营业利润不设立单独的账户进行核算。对于营业利润的确定，企业一般于月终将各项营业收入和营业费用转入"本年利润"账户进行直接配比，从而确定当月利润及本年累计营业利润。"本年利润"账户平时如为贷方余额，表示盈利，如为借方余额，则表示亏损。如果是审查年末的营业利润，年终结账后"本年利润"账户借贷两方收支相抵后的差额应全部转入"利润分配——未分配利润"账户，因此，"本年利润"账户在年末结转后应无余额。审计人员应重点审查企业本期的所有收入和费用是否全部结转，有无虚增虚减、隐瞒、遗漏、错误及其他违法现象，除此之外，还应审查企业是否按规定结账，结账是否及时、正确、完整，账务处理是否正确。

④审查营业利润在报表上的列示是否恰当、充分。审计人员可运用审阅法、核对法，确定利润表上"营业收入""营业成本""税金及附加""销售费用""管理费用""财务费用""资产减值损失""信用减值损失""其他收益""投资收益""资产处置收益""公允价值变动损益"等项目的填列与计算是否正确、恰当。

（2）营业外收支净额的审查

营业外收支净额是指与企业生产经营活动没有直接联系的各项收入与支出相抵扣后的差额。公式：营业外收支净额=营业外收入-营业外支出。其中，营业外收入包括盘盈利得、非流动资产毁损报废收益、罚没利得、捐赠利得、确实无法支付而按规定程序经批准后转做营业外收入的应付款项、非货币性资产交换利得、债务重组利得等。营业外支出包括盘亏损失、非流动资产毁损报废损失、罚款支出、公益性捐赠支出、非常损失、非货币性资产交换损失、债务重组损失等。营业外收支净额是利润形成的重要内容，审计时应结合"营业外收入"和"营业外支出"明细账，以及相关资产、负债类账户进行审计，必要时还应向有关单位、部门、个人询问，以查明事情的真相。其具体审计要点如下：

① 审查营业外收支的范围是否合规。

国家对营业外收支的范围都有明确的规定，不得将营业外收支的内容任意扩大或缩小，也不能混淆营业外收支与其他业务收入、支出的界限，应查明企业有无利用营业外收支调节成本的现象。

② 审查营业外收支的账务处理是否正确、及时。

审查企业发生的营业外收支项目是否及时、足额地记入"营业外收入"和"营业外支出"账户，期末是否将"营业外收入"和"营业外支出"全部转入"本年利润"账户，有无保留余额用以调节利润的情况。

③ 审查营业外收支项目是否在会计报表上恰当披露。

【工作实例 11-1】 内部审计人员王红、李平 2020 年 3 月 1 日对 ABC 公司 2019 年度会计报表审计时，发现如下记账凭证和原始单据（残料变价收入 1 130 元，收到现金被出纳挪用）。

记 账 凭 证

2019 年 12 月 1 日　　　　　　　　　　　　　　　第 30 号

摘要	总账科目	明细科目	借方	贷方
支付清理费	管理费用	其他	5 000.00	
	应交税费	应交增值税（进项税额）	300.00	
	银行存款			5 300.00
合计			5 300.00	5 300.00
附件　2 张				

会计主管：李明　　　记账：邹立　　　复核：杨扬　　　出纳：张寒　　　制单：邹立

记 账 凭 证

2019 年 12 月 1 日　　　　　　　　　　　　　　　第 31 号

摘要	总账科目	明细科目	借方	贷方
报废设备	累计折旧		550 000.00	
	营业外支出		50 000.00	
	固定资产			600 000.00
合计			600 000.00	600 000.00
附件　3 张				

会计主管：李明　　　记账：邹立　　　复核：杨扬　　　出纳：张寒　　　制单：邹立

固定资产报废单

2019 年 12 月 1 日　　　　　　　　签发　　编号：5

主管部门：				使用单位：机加工车间				
名称及型号	单位	数量	原值	已提折旧	预计使用年限	实际使用年限	支付清理费	残值收入
刨床	台	1	600 000.00	550 000.00			5 300.00	1 130.00
建造单位	甲机械厂			出厂号（略）报废原因：火灾毁损				

单位公章　　　　　　　　　　主管人　　　　　　　　　　（盖章）

370017××××

山东增值税专用发票
发票联

№ 07312345

开票日期：2019 年 12 月 1 日

第三联：发票联　购买方记账凭证

购买方	名　　称：ABC 公司		密码区		略		
	纳税人识别号：370605396××××××××××						
	地址、电话：						
	开户行及账号：工行迎春支行 16060205091111111113						
货物或应税劳务名称	规格型号	单位	数量	单价	金　额	税率	税　额
刨床清理费					5 000.00	6%	300.00
合　　计					¥5 000.00		¥300.00
价税合计（大写）		人民币伍仟叁佰圆整			（小写）¥5 300.00		
销售方	名　　称：EF 安装维修公司		备注				
	纳税人识别号：370504356××××××××××						
	地址、电话：						
	开户行及账号：工行迎春支行 16060205095543216789						

EF 安装维修公司
370504356××
发票专用章

收款人：　　　　　复核：　　　　　开票人：林强　　　　　销售方：（章）

中国工商银行转账支票存根

支票号码　　No. 37896××

附加信息＿＿＿＿＿＿＿＿

签发日期 2019 年 12 月 1 日

收款人：某某安装维修公司
金额：¥5 300.00
用途：支付清理费用款
备注：

单位主管　　　　　会计

复核　　　　　　　记账

收　款　收　据

2019 年 12 月 1 日

No. 098653××

今收到　ABC 公司

摘　要　收购废旧物资款

人民币壹仟壹佰叁拾圆整（¥1 130.00）

此　据

单位盖章　　　　经手人盖章：孙刚

现金收讫

一存根（红）三记账（绿）二收据

负责人：　　　　会计：　　　　出纳：张寒　　　　记账

370017×××× 　　山东增值税专用发票　　№ 0000089××

此联不作报销、扣税凭证使用　开票日期：2019 年 12 月 1 日

购买方	名称：某某物资回收公司 纳税人识别号：3786150337××××××× 地址、电话： 开户行及账号：工行迎春支行 1606020509111111119				密码区		略		第一联：记账联，销售方记账凭证
货物或应税劳务名称	规格型号	单位	数量	单价	金 额	税率	税 额	
废旧物资					1 000.00	13%	130.00	
合　计					¥1 000.00		¥130.00	
价税合计（大写）	人民币壹仟壹佰叁拾圆整				（小写）¥1 130.00			
销售方	名称：ABC 公司 纳税人识别号：370605396××××××××× 地址、电话： 开户行及账号：工行迎春支行 1606020509111111113				备注			

收款人：　　　　复核：　　　　开票人：林强　　　　销售方：（章）

【要求】指出存在的问题，并做相应的调整分录。

解析：存在的问题如下。处置固定资产账务处理错误，且出售残值收入没有账务处理，是否存在被出纳挪用的情况，应查明原因，并予以追回。审计调整分录如下。

　　借：其他应收款——出纳　　　　　　　1 130.00
　　　　营业外支出　　　　　　　　　　　4 000.00
　　　贷：管理费用　　　　　　　　　　　　　　5 000.00
　　　　　应交税费——应交增值税（销项税额）130.00

记录营业外支出审计工作底稿，如下表所示。

营业外支出审计工作底稿

索引号：ZNS-00××

被审计单位	ABC 公司		
审计事项	2019 年度会计报表审计		
审计期间或截止日期	2019 年 12 月 31 日		
审计人员	王红、李平	编制日期	2020 年 4 月 30 日
审计结论或基本事实	按《企业会计准则——固定资产》的规定，处置固定资产账务处理错误，影响当期损益的计算。出售收入被出纳挪用，应追回。		
审计依据	《企业会计准则——固定资产》		
复核意见	予以调整，审计调整分录如下。 　借：其他应收款——出纳　　　　　　1 130.00 　　　营业外支出　　　　　　　　　　4 000.00 　　贷：管理费用　　　　　　　　　　　　　5 000.00 　　　　应交税费——应交增值税（销项税额）　130.00		
复核人员	杨扬	复核日期	2020 年 4 月 30 日

【想一想】以该案例为例，你认为还有哪些相关账项需要进行调整？

任务二　利润分配审计

（一）任务基础

企业利润分配的对象是企业缴纳所得税后的净利润，这些利润是企业的权益，企业有权自主分配。国家有关法律、法规对企业利润分配的基本原则、一般次序和重大比例也做了较为明确的规定，其目的是保障企业利润分配的有序进行，维护企业和所有者、债权人以及职工的合法权益，促使企业增加积累，增强风险防范能力。企业在利润分配中必须切实执行有关法律、法规。利润分配在企业内部属于重大事项，企业的章程必须在不违背国家有关规定的前提下，对本企业利润分配的原则、方法、决策程序等内容做出具体而又明确的规定，企业在利润分配中也必须按规定办事。

（二）任务实施

1. 利润分配的审计目标

（1）利润分配内部控制制度是否健全、合理、有效。

（2）利润分配的账务记录是否正确、完整。

（3）利润分配是否符合法律、法规、章程及协议。

（4）利润分配的计算是否正确。

（5）利润分配是否在会计报表上恰当披露。

2. 利润分配的内部控制

利润分配的内部控制部分内容，如下表所示。

利润分配内部控制调查表

被审计单位名称		日期		索引号	
审计项目名称		编制人			
会计期间或截止日		复核人		页次	
问题		是	否	不适用	备注
（1）企业是否有利润分配的管理制度					
（2）企业利润分配的管理制度是否有效					
（3）企业是否由董事会制定利润分配的方针					
（4）企业是否遵守投资协议或企业章程的规定					
（5）企业是否按照规定的审批手续办理利润分配的业务					
（6）企业是否有利润分配的审批文件					
（7）企业的财会部门是否对利润分配建立了完善的记录和决算制度					
审计结论：					

3. 利润分配的审查

对企业的利润分配进行审查，可以从利润分配的形成过程和利润分配的去向来审计。利润分配的形成过程是指将本年净利润（或亏损）与年初未分配利润（或亏损）合并，计算出可供分配的利润。如果可供分配的利润为负数（即亏损），则不能进行后续分配；如果可供分配利润为正数（即本年累计盈利），则进行后续分配。其公式如下：

可供分配利润=本年度实现净利润+年初未分配利润+其他转入

（1）可供分配利润实有额的审查

通过审查利润总额和所得税的正确性，从而确定本年实现净利润是否真实、正确；然后再审阅、核对原始凭证和记账凭证，以确定年初未分配利润和其他转入数额是否真实、正确。

（2）利润分配顺序的审查

根据相关法律的规定，公司应当按照如下顺序进行利润分配。

① 弥补以前年度的亏损，但不得超过税法规定的弥补期限。

② 交纳所得税，即企业所得税。

③ 弥补在税前利润弥补亏损之后仍存在的亏损。

④ 提取法定盈余公积。在不存在年初累计亏损的前提下，法定盈余公积按照税后净利润的10%提取。法定盈余公积已达注册资本的50%时可不再提取。提取的法定盈余公积用于弥补以前年度亏损或转增资本金。但转增资本金后留存的法定盈余公积不得低于注册资本的25%。

⑤ 提取任意盈余公积。任意盈余公积计提标准由股东大会确定。如确因需要，经股东大会同意后，也可用于分配。

⑥ 向股东分配利润。企业以前年度未分配的利润，可以并入本年度分配。

公司弥补亏损和提取盈余公积后所余税后利润，有限责任公司按照股东实缴的出资比例分配，但全体股东约定不按照出资比例分配的除外；股份有限公司按照股东持有的股份分配，但股份有限公司章程规定不按持股比例分配的除外。公司股东会、股东大会或者董事会违反规定，在公司弥补亏损和提取法定盈余公积之前向股东分配利润的，股东必须将违反规定分配的利润退还公司。公司持有的本公司股份不得分配利润。审计人员在进行审计时，应注意企业实际分配顺序与上述规定顺序是否相符，有无违反规定随意分配的现象。

（3）利润分配数额的审查

① 提取法定盈余公积和任意盈余公积的审查。按照有关规定，公司制企业应按照净利润（弥补以前年度亏损）的10%提取法定盈余公积，非公司制企业法定盈余公积的提取比例可超过净利润的10%。法定盈余公积累计额已达注册资本的50%时可以不再提取。值得注意的是，在计算提取法定盈余公积的基数时，不应包括企业年初未分配利润。

审查时应注意其提取比例、提取顺序及使用是否符合规定。

② 向投资者分配利润的审查。企业在缴纳了所得税、提取了盈余公积之后，如果仍有余额，就可以向投资者分配利润。其中，股份有限公司当年无利润时，原则上不得分配股

利，但在用盈余公积弥补亏损后，经股东大会特别决议可按不超过股票面值 6% 的比例，用盈余公积分配股利，在分配后法定盈余公积不得低于注册资本的 25%。给投资者分配利润，应遵守企业章程或董事会的决议，一般在年度终了后进行，由董事会根据企业的资产和盈利情况提出分配原则和方案。审查时应结合"实收资本"（或"股本"）、"本年利润"、"利润分配——应付现金股利或利润"、"盈余公积补亏"等明细账户进行。

【工作实例 11-2】内部审计人员王红、李平于 2020 年 3 月 6 日审查甲股份有限公司 2019 年的利润时，发现利润总额为 500 万元，适用的企业所得税率为 25%。按税法规定本年度准予抵扣的业务招待费为 20 万元，有关记账凭证和原始单据，如下表所示。

债权投资利息收益计算表

2019 年 12 月 31 日　　　　　　　　　　　　　　　　　单位：元

债券名称	发行日期	到期日期	票面价值	单利率	偿还方式	购买日期	购买份数	购买成本	投资收益
国债	2017.1.1	2020.1.1	100	5%	到期还本每年付息	2017.1.1	40 000	4 000 000.00	200 000.00

法定盈余公积和任意盈余公积计提表

2019 年度　　　　　　　　　　　　　　　　　　　　单位：万元

税前利润总额	可调整额	应纳税所得额	应纳所得税额	计提基数	法定盈余公积		任意盈余公积	
					比例%	金额	比例%	金额
1	2	3	4	5	6	7	8	9
500	20	480	120	380	10	38	10	38

说明：20 万元为购买国债利息收入。

应付利润计算表

2019 年度 单位：万元

上年未分配利润	本年可分配利润	可分配利润合计	扣除计提的盈余公积	分配比例	应付利润总额
0	380.00	380.00	76.00	20%	60.80

记 账 凭 证

2019 年 12 月 31 日 转字第 151 号

摘要	总账科目	明细科目	借方	贷方
计算所得税	所得税费用		1 200 000.00	
	应交税费	所得税		1 200 000.00
合计			1 200 000.00	1 200 000.00

附件 1 张

会计主管：李明 记账：邹立 复核：杨扬 制单：邹立

记 账 凭 证

2019 年 12 月 31 日 转字第 152 号

摘要	总账科目	明细科目	借方	贷方
结转所得税	本年利润		1 200 000.00	
	所得税费用			1 200 000.00
合计			1 200 000.00	1 200 000.00

附件 1 张

会计主管：李明 记账：邹立 复核：杨扬 制单：邹立

记 账 凭 证

2019 年 12 月 31 日 转字第 153 号

摘要	总账科目	明细科目	借方	贷方
结转本年利润	本年利润		3 800 000.00	
	利润分配	未分配利润		3 800 000.00
合计			3 800 000.00	3 800 000.00

附件 1 张

会计主管：李明 记账：邹立 复核：杨扬 制单：邹立

记 账 凭 证

2019 年 12 月 31 日 转字第 154 号

摘要	总账科目	明细科目	借方	贷方
提盈余公积	利润分配	提取法定盈余公积	380 000.00	
		提取任意盈余公积	380 000.00	
	盈余公积	法定盈余公积		380 000.00
		任意盈余公积		380 000.00
合计			760 000.00	760 000.00

附件 1 张

会计主管：李明 记账：邹立 复核：杨扬 制单：邹立

记　账　凭　证

2019 年 12 月 31 日　　　　　　　　　　　　　转字第 155 号

摘要	总账科目	明细科目	借方	贷方
应付股利	利润分配	应付现金股利	608 000.00	
	应付股利			608 000.00
合计			608 000.00	608 000.00

附件　1 张

会计主管：李明　　　　　记账：邹立　　　　　复核：杨扬　　　　　制单：邹立

记　账　凭　证

2019 年 12 月 31 日　　　　　　　　　　　　　转字第 156 号

摘要	总账科目	明细科目	借方	贷方
结平未分配利润	利润分配	未分配利润	1 368 000.00	
	利润分配	应付现金股利		608 000.00
		提取法定盈余公积		380 000.00
		提取任意盈余公积		380 000.00
合计			1 368 000.00	1 368 000.00

附件　1 张

会计主管：李明　　　　　记账：邹立　　　　　复核：杨扬　　　　　制单：邹立

【要求】

（1）指出上述会计记录存在的问题；（2）做出审计调整分录。

解析：

（1）公司违背税法的规定，业务招待费超过允许抵扣数额 10 万元应予纳税，调整后的应纳税所得额为 490 万元。即

应交所得税=(480+10)×25%=122.5（万元）

应调增所得税=1 225 000-1 200 000=25 000（元）

应提法定盈余公积=（5 000 000-1 225 000）×10%=377 500（元）

应调减法定盈余公积=380 000-377 500=2 500（元）

应提任意盈余公积=(5 000 000-1 225 000)×10%=377 500（元）

应调减任意盈余公积=380 000-377 500=2 500（元）

应付利润=[(5 000 000-1 225 000)-(5 000 000-1 225 000)×10%×2]×20%=604 000（元）

应调减应付利润 608 000-604 000=4 000（元）

（2）内部审计人员做出审计调整分录如下。

借：所得税费用　　　　　　　　25 000.00

　　贷：应交税费——应交所得税　　　　25 000.00

借：盈余公积——法定盈余公积　2 500.00

　　　　——任意盈余公积　　　2 500.00

　　贷：利润分配——法定盈余公积　　　2 500.00

　　　　——任意盈余公积　　　　2 500.00

借：应付股利　　　　　　　　　4 000.00

  贷：利润分配——应付现金股利   4 000.00

  记录利润分配审计工作底稿，如下表所示。

利润分配审计工作底稿

索引号：ZNS-00××

被审计单位	甲股份有限公司		
审计事项	利润分配审计		
审计期间或截止日期	2019 年 12 月 31 日		
审计人员	王红、李平	编制日期	2020 年 4 月 30 日
审计结论或基本事实	该企业违反税法的规定，在计算应纳税所得额时多抵扣业务招待费 10 万元，导致企业确认的所得税费用、计提的盈余公积和向投资者分配的利润错误。		
审计依据	《企业会计准则——所得税》《中华人民共和国企业所得税法》		

复核意见	予以调整，审计调整分录如下。
	借：所得税费用 25 000.00
	  贷：应交税费——应交所得税 25 000.00
	借：盈余公积——法定盈余公积 2 500.00
	    ——任意盈余公积 2 500.00
	  贷：利润分配 ——法定盈余公积 2 500.00
	     ——任意盈余公积 2 500.00
	借：应付股利 4 000.00
	  贷：利润分配——应付现金股利 4 000.00		

复核人员	杨扬	复核日期	2020 年 4 月 30 日

【想一想】以该案例为例，你认为还有哪些相关分录需要进行调整？

任务训练

一、简答题

1. 利润形成审计的目标有哪些？
2. 对法定盈余公积、任意盈余公积的审查应注意哪些问题？
3. 如何审查投资收益？
4. 营业外收支净额包括哪些内容？应如何审查？
5. 计算所得税时，有哪些纳税调整项目？
6. 利润分配的审计目标是什么？
7. 净利润的分配顺序是什么？
8. 向投资者分配利润时应注意哪些问题？

二、单项选择题

1. 审查营业外收支净额时，下列项目中按规定可列入营业外支出的有（ ）。
  A. 汇兑净损失   B. 无形资产转让支出

    C. 职工退休金　　　　　　　　　　　　D. 固定资产出售净损失

2. 某企业因失火毁损价值 35 000 元的机器设备一台，累计折旧 8 000 元，并支付善后清理费 1 000 元，保险赔偿 8 000 元，则营业外支出为（　　　）。

    A. 11 000 元　　　　　B. 10 000 元　　　　　C. 18 000 元　　　　　D. 20 000 元

3. 某被审计单位将提前报废固定资产发生的净损失按预计使用年限分月补提折旧，审计人员应（　　　）。

    A. 要求企业改由"营业外支出"列支　　B. 要求企业冲减"资本公积"

    C. 予以认可上述企业做法　　　　　　D. 要求企业改由"管理费用"列支

4. 为了掩饰盗窃资产，最可能使用的虚假分录是（　　　）。

    A. 借记费用，贷记资产　　　　　　　B. 借记该资产，贷记其他资产

    C. 借记收入，贷记资产　　　　　　　D. 借记其他资产，贷记该资产

三、多项选择题

1. 下列项目中，组成利润总额的有（　　　）。

    A. 主营业务利润　　　　　　　　　　B. 其他业务利润

    C. 投资净收益　　　　　　　　　　　D. 营业外收支净额

    E. 所得税

2. 审查其他业务利润时，不应包括的内容有（　　　）。

    A. 固定资产出售净收入　　　　　　　B. 固定资产出租收入

    C. 代制品代修品收入　　　　　　　　D. 半成品销售收入

3. 提取盈余公积的审查，主要应查明（　　　）。

    A. 计提基数是否正确　　　　　　　　B. 计提比例是否符合规定

    C. 计提金额的计算是否正确　　　　　D. 提取资金的使用是否合理

4. 下列交易或事项，应计入营业外支出的有（　　　）。

    A. 公益性捐赠支出　　　　　　　　　B. 无形资产出售损失

    C. 固定资产盘亏损失　　　　　　　　D. 固定资产减值损失

5. 下列各项中，影响营业利润的有（　　　）。

    A. 已销商品成本　　　　　　　　　　B. 原材料销售收入

    C. 出售固定资产净收益　　　　　　　D. 对外捐赠支出

四、判断题（正确的打"√"，错误的打"×"）

1. 企业以前年度亏损，应当用税前利润弥补。　　　　　　　　　　　　　（　　　）

2. 由于所有者权益增减变动的业务较少、金额较大，审计人员在审计了企业的资产和负债后，往往不必再对所有者权益进行单独审计。　　　　　　　　　　　　（　　　）

3. 审查投资收益时，仅与"长期股权投资"和"交易性金融资产"有关。　（　　　）

4. 在弥补亏损的审计中，应注意盈余公积、资本公积均不可用于弥补亏损。（　　　）

5. 出于某种不正常的目的和动机，被审计单位或其职员有可能虚列或乱列营业外支出。

    （　　　）

6. 审计人员对企业未分配利润的审计，实质上包含了对利润形成和利润分配全部有关

业务及会计记录的审计。   （   ）

7. 审查税后利润，应侧重其分配程序是否合规，分配数额是否正确。   （   ）

8. 检查与利润分配有关的合同、协议、公司章程和股东大会、董事会会议纪要，结合国家有关法律的规定，可以确定利润分配有关计算的准确性。   （   ）

9. 对营业利润的审计，包括对营业收入和成本、期间费用以及营业外收支的审计。   （   ）

10. 从政府无偿取得的货币性资产和非货币性资产应计入其他业务收入。   （   ）

技能训练

训练一：利润形成的审计

资料：审计人员审查甲制造公司 2019 年度财务决算时，得知税前会计利润总额为 400 000 元。正常情况下，年初产成品余额多计 20 000 元。审计中发现有未完工的借款利息 12 000 元；2019 年 12 月 31 日有一笔销售款项退回，该公司未做任何处理；业务招待费超过税法规定标准 10 000 元；通过红十字会向灾区捐赠 68 000 元。相关原始单据和记账凭证如下所示。

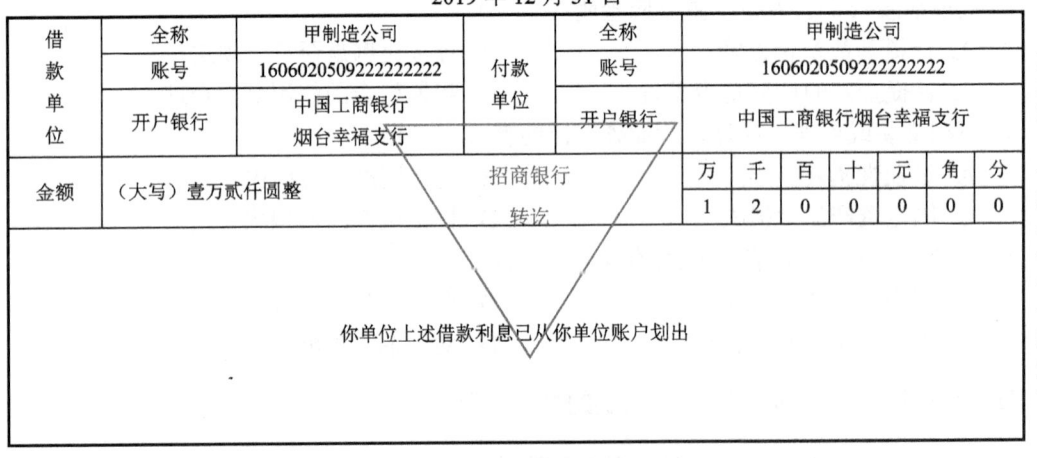

招商银行利息付出凭证（付款通知）

2019 年 12 月 31 日

借款单位	全称	甲制造公司	付款单位	全称	甲制造公司								第三联：付款单位作记账凭证
	账号	16060205092222222		账号	16060205092222222								
	开户银行	中国工商银行烟台幸福支行		开户银行	中国工商银行烟台幸福支行								
金额	（大写）壹万贰仟圆整					万	千	百	十	元	角	分	
						1	2	0	0	0	0	0	
你单位上述借款利息已从你单位账户划出													

记 账 凭 证

2019 年 12 月 31 日   第 22 号

摘要	总账科目	明细科目	借方	贷方
工程建造利息	财务费用	利息	12 000.00	
	银行存款			12 000.00
合计			12 000.00	12 000.00
附件 4 张				

会计主管：李明   记账：邹立   复核：杨扬   出纳：张寒   制单：邹立

企业进货退出及索取折让证明单

第 123 号

销货单位	全称	甲制造公司			
	税务登记号	150337××			
进货退出	货物名称	单价	数量	价款	税额
	加湿器	200.00	5	1 000.00	130.00
索取折让	货物名称	价款	税额	要求：退货	
				折让金额	折让税额
退货及索取折让理由	质量不合格 经办： 单位印章： 2019 年 12 月 31 日		税务机关印章	经办： 单位印章： 2019 年 12 月 31 日	
购货单位	全称	AB 商厦			
	税务登记号	107681××			

交 库 单

交库原因：销售退回　　　　　2019 年 12 月 31 日　　　　　类别：家用电器

产品编号	产品名称	规格型号	计量单位	数量	单位成本（元）	金额（元）	备注
	加湿器		件	5	160.00	800.00	
	合计			5	160.00	800.00	

记账：王云　　　　　交库：刘利　　　　　制单：马东

370017××××　销项负数

山东增值税专用发票

此联不作报销、扣税凭证使用　开票日期：2019 年 12 月 31 日

No 07356789

购买方	名　称：AB 商厦 纳税人识别号：913706000604415678 地址、电话：　山东烟台红旗路 1 号 666888 开户行及账号：工行迎春支行 1606020509156658758K	密码区	（省略）

货物或应税劳务、服务名称	规格型号	单位	数量	单价	金额	税率	税额
加湿器		件	-5	200.00	-1000.00	13%	-130.00
合　计					¥-1000.00		¥-130.00

价税合计（大写）　⊗（负数）壹仟壹佰叁拾圆整　　　（小写）¥-1130.00

销售方	名　称：甲制造公司 纳税人识别号：92370600AN3BQ52M7D 地址、电话：　烟台市解放路 108 号 66603XL 开户行及账号：中国工商银行烟台幸福支行 1606020509222222222	备注	92370600AN3BQ52M7D 发票专用章

收款人：　　　复核：　　　开票：林强　　　销售方：（章）

中国工商银行转账支票存根

支票号码

附加信息＿＿＿＿＿＿＿＿＿＿＿

＿＿＿＿＿＿＿＿＿＿＿＿＿＿＿

出票日期 2019 年 12 月 31 日

| 收款人：AB 商厦 |
| 金　　额：¥1 130.00 |
| 用　　途：退款 |
| 备　　注： |

单位主管　　　　　　会计

中国工商银行转账支票存根

支票号码：No.22121××

科　　目：

对方科目：

签发日期：2019 年 12 月 31 日

| 收款人：山东 MN 饮食公司 |
| 金　　额：¥50 000.00 |
| 用　　途：业务招待费 |
| 备　　注： |

单位主管：　　　　会计：

复　　核：　　　　记账：

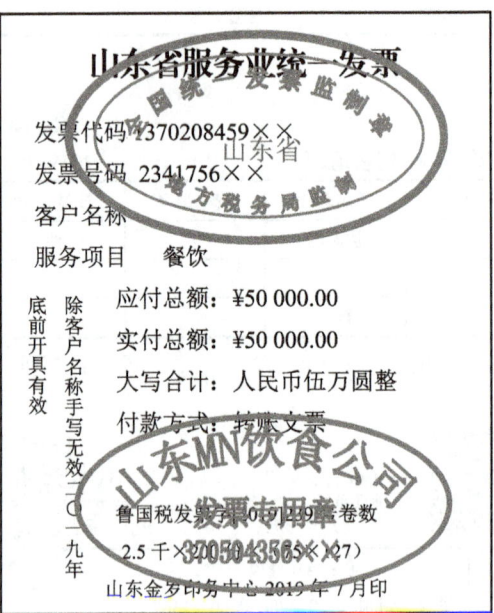

山东省服务业统一发票

发票代码 370208459××

发票号码 2341756××

客户名称

服务项目　　餐饮

应付总额：¥50 000.00

实付总额：¥50 000.00

大写合计：人民币伍万圆整

付款方式：转账支票

底前开具有效　除客户名称手写无效二〇一九年

鲁国税发票所[2019]239 卷数
2.5 千×25(200504356××27)

山东金多印务中心 2019 年 7 月印

记 账 凭 证

2019 年 12 月 31 日　　　　　　　　　第 23 号

摘要	总账科目	明细科目	借方	贷方
付招待费	管理费用	招待费	50 000.00	
	银行存款			50 000.00
合计			50 000.00	50 000.00
附件 2 张				

会计主管：李明　　记账：邹立　　复核：杨扬　　出纳：张寒　　制单：邹立

<table>
<tr><td colspan="2">

中国工商银行转账支票存根

支票号码：No.22121××

科　　目：

对方科目：

签发日期：2019 年 12 月 31 日

| 收款人：山东省红十字会 |
| 金　额：¥68 000.00 |
| 用　途：无偿捐赠 |
| 备　注： |

单位主管：　　　　会计：

复　核：　　　　　记账：

</td><td>

本收据不准携带外地使用

</td></tr>
</table>

收　据

今收到　甲制造公司

交来　　转账支票

人民币（大写）陆万捌千圆整

¥68 000.00

系付　　　　捐赠款

单位盖章　会计　出纳　经手人

第二联　交款（不准代替发票使用）

记 账 凭 证

2019 年 12 月 31 日　　　　　　　　第 24 号

摘要	总账科目	明细科目	借方	贷方
对外捐赠	营业外支出 银行存款	捐赠	68 000.00	 68 000.00
合计			68 000.00	68 000.00
附件 2 张				

会计主管：李明　　记账：邹立　　复核：杨扬　　出纳：张寒　　制单：邹立

【要求】指出该企业处理存在的问题，并计算该企业 2017 年度的应纳税所得额和应纳所得税额。

训练二：利润形成的审计

资料：内部审计人员对甲公司 2019 年度利润形成进行审计，该公司适用的所得税税率为 25%，2019 年产销形势与上年度相当，且未发生债务重组行为。该公司 2019 年度未审利润表及 2018 年度已审利润表如下表所示。

利 润 表

编制单位：甲公司　　　　　　　　2019 年度　　　　　　　　单位：万元

项　　　目	2019 年度（未审数）	2018 年度（已审数）
一、营业收入	33 670.00	24 068.00
减：营业成本	26 200.00	20 400.00
税金及附加	172.00	120.00
销售费用	20.00	16.00
管理费用	1 197.00	900.00
研发费用	0.00	0.00
财务费用	320.00	280.00

续表

项　目	2019 年度（未审数）	2018 年度（已审数）
资产减值损失	306.00	297.00
信用减值损失	0.00	0.00
加：其他收益	0.00	0.00
资产处置收益（损失以"-"号填列）	0.00	0.00
公允价值变动收益（损失以"-"号填列）	65.00	48.00
投资收益（损失以"-"号填列）	250.00	230.00
二、营业利润（亏损以"-"号填列）	5 770.00	2 333.00
加：营业外收入	99.00	96.00
减：营业外支出	95.00	93.00
三、利润总额（亏损总额以"-"号填列）	5 774.00	2 336.00
减：所得税费用	577.40	584.00
四、净利润（净亏损以"-"号填列）	5 196.60	1 752.00
五、其他综合收益的税后净额		
（一）不能重分类进损益的其他综合收益（略）		
（二）将重分类进损益的其他综合收益（略）		
六、综合收益总额		
七、每股收益		
（一）基本每股收益		
（二）稀释每股收益		

【要求】为确定重点审计领域，内部审计人员拟实施分析程序。请对上述资料进行分析后，指出利润形成中的重点审计领域，并简要说明理由。

项目十二 会计主管总账报表核算岗位审计

任务目标

了解会计报表岗位的工作任务；了解内部控制及审查；熟悉资产负债表、利润表和现金流量表等报表审计的基本知识。

能力目标

能够掌握并运用核对、分析性复核、验算、计算、函证等审计方法；判断企业财务状况；具有一定的案例分析能力。

任务内容

熟悉各种会计报表形式的审查；掌握各种会计报表内容的实质性审查。

岗位任务

会计报表岗位的主要工作任务有以下几项。

（1）设置总账账户，并负责登记总账，同时组织各会计岗位及时传递会计凭证，督促其他会计人员及时登记明细账；利用会计账户之间的勾稽关系进行账账核对、账证核对。

（2）编制资产负债表、利润表、现金流量表和所有者权益变动表以及相关附注，并综合全套财务会计报告进行核对；利用会计账户之间的勾稽关系进行账表核对。

（3）管理会计凭证、账簿、报表等会计档案；调阅会计档案，进行相关资料的查询。

（4）综合分析企业财务状况和经营成果，进行财务预测，提供财务决策资料等。

任务一 财务报表的内部控制

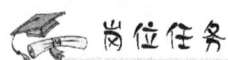

（一）任务基础

财务报表是对企业财务状况、经营成果和现金流量的结构性表述。财务报表至少应当包括下列组成部分：① 资产负债表；② 利润表；③ 现金流量表；④ 所有者权益（或股东权益）变动表；⑤ 附注。

资产负债表、利润表与现金流量表是企业的主要会计报表，其作用在于向报表的使用者提供财务信息。为了确保会计报表所披露信息的真实性、正确性和合法性，客观上就需要审计人员对会计报表进行审计。会计报表审计就是审计组织及其人员依法或受托对被审计单位的会计报表的合法性、真实性、正确性进行审核与监督。可见，会计报表审计已成为我国民间审计的一项重要业务。无论对于债权人、投资者及管理者，还是对于财政部门、税务部门、银行等，会计报表审计都非常重要。进行会计报表审计，对于为国家进行宏观调控提供可靠的决策信息，保护投资者和债权人的合法权益，促进企业加强经营管理，以及确定下一步审计工作重点等，均有着十分重要的意义。

（二）任务实施

1. 会计报表审计的目标

会计报表审计的目标，是审计人员处于公正、中立的立场，对被审计单位会计报表发表客观的审计意见。具体包括以下几项。

（1）合法性和合规性。审计人员经过适当的审计程序，判明被审计单位会计报表的编制是否符合会计准则和相关会计制度的规定；是否随意改变确认标准或计量方法，随意调整计算与分配方法；有无推迟或提前确认收入等违法行为。会计报表的编制直接影响到单位财产的安全和完整，从而决定其财务状况、经营成果及资金变动情况披露的真实性与公允性，进而影响或决定会计资料对经济决策的可靠程度。

（2）真实性和公允性。审计人员审查会计报表是否是根据核实无误的账簿及相关资料编制的，即会计报表各项目的数据必须是建立在真实可靠的基础上，不得以任何方式弄虚作假，在所有重大方面要真实地、公允地反映被审计单位的财务状况、经营成果和资金变动情况。

（3）正确性。审计人员应当判明被审计单位会计处理方法的选用是否正确，是否符合一贯性原则，有无随意变更前后各期的会计处理方法。在审计过程中，审计人员如发现被审计单位会计处理方法的选用不符合一贯性原则，则应在其审计意见中予以揭示。

2. 会计报表审计的内部控制

会计报表审计的内部控制主要包括会计凭证、科目汇总、试算平衡、总账与明细账的核对、不相容职务的分离等职能，具体内容如下表所示。

会计报表内部控制调查表

被审计单位名称			日期		索引号	
审计项目名称			编制人			
会计期间或截止日	20××年度		复核人	××	页次	
问题			是	否	不适用	备注
1. 会计凭证问题调查 （1）凭证是否预先连续编号 （2）凭证的编制是否及时 （3）凭证设置是否一式多联，一次复写填制？报废凭证各联是否注明报废字样并妥善保管 （4）是否建立定期的复核制度，定期对凭证的填制、记账、过账和报表编制的工作进行复核						

续表

2. 总账与明细账的核对问题调查				
（1）是否由专人分别保管并登记总账与明细账				
（2）是否建立总账与日记账、总账与明细账的定期核对制度				
（3）是否根据总账或明细账之和编制相关的会计报表				
3. 科目汇总问题调查				
（1）编制报表前是否进行科目汇总				
（2）科目汇总有无错弊				
4. 试算平衡问题调查				
（1）是否根据科目汇总的结果进行试算平衡				
（2）试算平衡有无错处				
5. 不相容职务的分离问题调查				
（1）记录总账与记录日记账的人员是否分离				
（2）记录总账与记录明细账的人员是否分离				
（3）出纳与会计人员是否分离				
审计结论：				

3. 会计报表审计的内容

会计报表审计主要是对反映企业财务状况和经营盈亏的各种会计报表的公允性与合法合规性进行审计。审计时多采用逆查法，从会计报表审计入手，针对表内某些重点项目及审计中所发现的疑点，再倒转来对有关会计账目和凭证做进一步审查，并对审查结果做出评价。

4. 会计报表审计的程序与方法

（1）会计报表审计程序

对于会计报表的审计，要从技术性和实质性两个方面进行。一般的审计程序如下。

① 测试财务会计内部控制制度。进行会计报表具体内容审计之前，首先要对被审计单位的有关财务会计工作内部控制制度的健全情况和有效程度进行测试。在此基础上，再确定审计的具体内容、程序与方法。

② 检查报表编制的合法合规性与正确性。企业会计准则对企业会计报表的种类、格式、项目、指标和填制方法等，均有具体明确的规定。审计人员应按照规定的要求，检查会计报表编制的合法性与正确性。

③ 验证报表数据的真实性。企业的报表应当根据登记完整、核对无误的账簿记录和其他有关资料编制，做到数字真实、计算准确、内容完整。审计人员应审查验证表内各项目数据的来源及有关数据之间的计算关系，以及各报表之间有关数据的勾稽关系是否真实、正确。

④ 综合审计结果。在完成以上技术性和实质性审计之后，应对被审计单位会计报表的合法合规性、真实性和正确性做出全面的评价，为最终编写审计报表提供依据，也为下一步审计工作的方向和重点提供线索。

（2）会计报表审计的方法

内部审计人员在财务报表审计过程中，一般采用审计抽样的方法，也可以采用详细审计的方法，通过检查、监盘、观察、查询、验算、查询与函证、计算核对、分析性复核等方法以取得形成审计意见的充分的审计证据。内部审计人员在采用审计抽样方法时，应根据企业规模大小、企业内部控制制度的健全程度，从总体中选取一定数量的样本进行测试。审计人员对样本的选取应慎重考虑因抽样而引起的抽样风险及其他因素引起的非抽样风险，并根据测试结果推断总体特征，以确定证据是否足以证实审计对象总体的特征。如果审计人员推断的总体误差超过或接近可容忍误差时，应考虑增加样本量或执行替代审计程序。

任务二　资产负债表审计

（一）任务基础

资产负债表主要提供有关企业财务状况方面的信息，即某一特定日期关于企业资产、负债、所有者权益及其相互关系。资产负债表的作用如下。第一，可以提供某一日期资产的总额及其结构，表明企业拥有或控制的资源及其分布情况，使用者可以一目了然地从资产负债表上了解企业在某一特定日期所拥有的资产总量及其结构；第二，可以提供某一日期的负债总额及其结构，表明企业未来需要用多少资产或劳务清偿债务以及清偿时间；第三，可以反映所有者所拥有的权益，据以判断资本保值、增值的情况以及对负债的保障程度。

通过会计报表审计，可以验证该表所列各项资产、负债及所有者权益的公允性和合法性，以保护投资者和债权人的合法权益；同时，通过对资产负债表的审查分析，为报表使用者进行财务决策提供真实可靠的信息。

（二）任务实施

1. 资产负债表形式的审查

（1）报表编制的合规性审查。我国的资产负债表是根据变现能力由强到弱和流动性由大到小进行排列的。主要查明：资产负债表基本结构和形式是否与会计准则、会计制度的要求相符，表内各项目分类与排列是否符合制度规定，是否齐全，有无漏填、错行、错格等情况；资产合计与负债及所有者权益合计是否相等；表外应附注的项目是否齐全；账表的编制依据是否正确，来源是否可靠；编制技术是否合规，会计处理方法是否遵循一贯性原则。

对资产负债表外观形式和编制技术审计主要是利用核对法并结合审阅法进行的。

（2）报表有关项目数额勾稽关系审查。对资产负债表勾稽关系的审查，应从以下几个方面进行。

① 表内勾稽关系的审查。

资产负债表内各项目的勾稽关系主要有

资产总计=负债总计+所有者权益（或股东权益）总计，

资产总计=流动资产+非流动资产，

所有者权益（或股东权益）总计=实收资本（或股本）+资本公积+盈余公积+未分配利润。

审查时可通过核对、复算等方法，验证相关项目数额是否相符。

② 与其他报表勾稽关系的审查。

资产负债表与利润表、现金流量表之间存在勾稽关系。如果在编表过程中出现技术性差错，表与表之间的数额就会不平衡，这种勾稽关系也就会出现矛盾。审查时，应将资产负债表与利润表、现金流量表的各有关项目核对，看有关的勾稽关系是否相符。具体审查内容如下。

a. 将年末的资产负债表中的"未分配利润"的增加数和所有者权益变动表中的"净利润""利润分配"相核对，看其是否相符，如不相符，即说明报表编制出现了差错，应进一步查明原因。

b. 资产负债表和现金流量表从不同的角度来反映企业的会计信息。资产负债表是从企业拥有的经济资源及其要求权的角度全面反映企业在某个特定日期的静态财务状况信息；而现金流量表是从企业全部业务活动和其他活动获取现金、支付现金的角度反映企业某个期间的动态财务状况。审查二者的勾稽关系，首先，应将现金流量表中的"现金及现金等价物净增加额"与"资产负债表"中年初、年末现金及现金等价物的差额进行核对，看二者是否相等。其次，应将现金流量表补充资料部分的"现金的期末余额"与资产负债表的"货币资金"项目核对，看其是否相符。以上两方面如不相符，就可能存在技术性差错，应进一步追查原因。

（3）与上期报表勾稽关系的审查。

资产负债表各项目本期期初数与上期该表各项目期末数有勾稽关系，数额应一致。审查时，应注意验证其是否正确、一致。如不相符，则应审查以下内容。一是项目的变动是否合规，即查明是否是由于会计制度的变动引起的变动，或是企业根据实际需要，在会计制度允许的范围内进行变动。二是项目变动后，是否按变动后项目的性质对上期期末的有关数据做了调整，调整的结果是否正确。

2. 资产负债表主要内容的审查

（1）报表项目数据正确性审查

资产负债表的"期末数"栏主要是通过本会计期间的会计核算记录的数据加以归集、整理而成，其资料来源不同，填列的方法不同，对其审查的方法也就不完全相同，下面分别予以说明。

① 根据总账科目期末余额填列的项目的审查。资产负债表中的有些项目，可直接根据有关总账科目的期末余额填列，要审查这些项目的正确性，可直接将这些项目所列数据与有关账户期末余额进行核对。这些项目主要有"短期借款""资本公积"等。有些项目则需根据几个总账科目的期末余额计算填列，审查这些项目所列数据的正确性，就应与相应的几个总账科目期末余额进行加减复算和核对。这样的项目主要包括"货币资金"项目，其数额根据"库存现金""银行存款""其他货币资金"三个账户期末余额相加数填列。

② 根据明细账科目余额计算填列的项目的审查。资产负债表中有些项目，不能根据总账科目的期末余额，或几个总账科目的期末余额计算填列，需要根据有关科目所属的

相关明细账科目的期末余额来计算填列。审查这些项目所列数据的正确性，就应通过有关账户分析计算出应填列的数额，然后同报表中该项目数据核对。如"应付票据及应付账款"项目，需要根据"应付账款"、"应付票据"和"预付账款"三个账户分别所属相关明细账户期末余额贷方余额计算填列。"应收票据及应收账款"项目，需要根据"应收票据"和"应收账款"科目的期末余额，减去"坏账准备"科目中相关坏账准备期末余额后的金额填列；"预付款项"项目，需要根据"应付账款"科目借方余额和"预付账款"科目借方余额减去与"预付账款"有关的坏账准备贷方余额计算填列；"预收款项"项目，需要根据"应收账款"科目贷方余额和"预收账款"科目贷方余额计算填列；"开发支出"项目，需要根据"研发支出"科目中所属的"资本化支出"明细科目期末余额计算填列；"应付职工薪酬"项目，需要根据"应付职工薪酬"科目的明细科目期末余额计算填列；"一年内到期的非流动资产""一年内到期的非流动负债"项目，需要根据有关非流动资产和非流动负债项目的明细科目余额计算填列；"未分配利润"项目，需要根据"利润分配"科目中所属的"未分配利润"明细科目期末余额填列。

③ 根据总账科目和明细账科目余额分析计算填列的项目的审查。资产负债表中还有许多项目，或无直接的对应账户，或不能直接根据账户余额填列，而是根据总账科目和明细账科目两者的余额分析计算填列。审查这些项目的内容，要进行分析，然后决定列入哪一个项目。如"长期借款"项目，应根据"长期借款"账户期末余额扣除"长期借款"账户中所属的明细科目中"将在一年内到期且企业不能自主地将清偿义务展期的长期借款"后的金额计算填列；"其他非流动资产"项目，应根据有关科目的期末余额减去将于一年内（含一年）收回数后的金额计算填列；"其他非流动负债"项目，应根据有关科目的期末余额减去将于一年内（含一年）到期偿还数后的金额计算填列。

④ 根据有关科目余额减去备抵项目后的净额填列的项目的审查。资产负债表中有些项目，如"应收票据及应收账款""债权投资""长期股权投资"等项目，应根据"应收票据""应收账款""债权投资""长期股权投资"的期末余额，减去"坏账准备""债权投资减值准备""长期股权投资减值准备"等账户余额后的净额填列。又如，"无形资产"项目应根据"无形资产"账户的期末余额，减去"无形资产减值准备"和"累计摊销"账户余额后的净额填列；"固定资产"项目应根据"固定资产"账户的期末余额，减去"固定资产减值准备"、"累计折旧"以及"固定资产清理"账户余额后的净额填列。

⑤ 综合运用上述填列方法分析填列的项目的审查。如资产负债表中"存货"项目，其数额根据"材料采购"或"在途物资""原材料""商品进销差价""自制半成品""材料成本差异""库存商品""发出商品""委托加工物资""周转材料""生产成本"等账户的期末余额合计，再减去"存货跌价准备"账户期末余额后的净额填列。

（2）报表项目数据可靠性审查

报表项目内容可靠性审查，主要是通过审阅、核对、查询、函证、盘点等方法，查明账簿记录的资产、负债、所有者权益的数额与会计凭证以及经济业务事实是否一致，会计凭证所载经济事项是否真实、合法，各项资产是否存在。报表项目内容可靠性审查是资产负债表审计的深入和延续。

此外，还要查明表中的重点项目有无异常或可疑之处，如果发现某些项目与前期有大的变化，或者比重偏大或偏小，或者与企业的生产经营活动不相符合等情况，就应把这些项目作为下一步审查的重点。

【工作实例12-1】内部审计人员对甲股份有限责任公司 2019 年度的财务报表进行审计。甲股份有限责任公司的内控制度比较健全有效。该股份公司资产负债表如下表所示。（注：累计折旧期初余额 400 000 元，期末余额 170 000 元）

资产负债表（部分项目）　　　　　　　会企 01 表

编制单位：甲股份有限责任公司　　　　　　2019 年 12 月 31 日　　　　　　单位：元

资　　产	年初数	期末数	负债和股东权益	年初数	期末数
流动资产：			流动负债：		
货币资金	1 406 300.00	820 745.00	短期借款	300 000.00	50 000.00
交易性金融资产	15 000.00		应付票据及应付账款	1 153 800.00	1 053 800.00
应收票据及应收账款	545 100.00	644 200.00	应付职工薪酬	100 000.00	100 000.00
预付款项	100 000.00	100 000.00	应交税费	30 000.00	205 344.00
其他应收款	105 000.00	5 000.00	其他应付款	67 600.00	136 600.00
存货	2 580 000.00	2 574 700.00	一年内到期的非流动负债	1 000 000.00	
流动资产合计	4 751 400.00	4 144 645.00	流动负债合计	2 651 400.00	1 545 744.00
非流动资产：			非流动负债：		
长期股权投资	250 000.00	250 000.00	长期借款	600 000.00	1 160 000.00
固定资产	1 100 000.00	2 231 000.00	非流动负债合计	600 000.00	1 160 000.00
在建工程	1 500 000.00	728 000.00	负债合计	3 251 400.00	2 705 744.00
无形资产	600 000.00	540 000.00	股东权益：		
长期待摊费用	200 000.00	200 000.00	股本	5 000 000.00	5 000 000.00
非流动资产合计	3 650 000.00	3 949 000.00	盈余公积	150 000.00	185 685.00
			未分配利润		202 216.00
			所有者权益合计	5 150 000.00	5 387 901.00
资产合计	8 401 400.00	8 093 645.00	负债和所有者权益总计	8 401 400.00	8 093 645.00

【审查要点】

（1）审查资产负债表整体结构的合理性，即是否符合现行会计准则和会计制度的规定，报表项目填列是否齐全。

（2）审查资产负债表主要项目填报的合规性。

资产负债表项目的审计，除考虑各项目的自身特性外，还应充分运用分析性复核的方法，审查有关项目期末数与年初数差异变动是否异常。

（3）对于资产负债表中的疑点项目，进一步追踪审查相关账簿、凭证，以取得相关的审计证据。

【审计分析】

（1）通过对甲股份有限责任公司资产负债表的审阅，可以看出该公司所编报的资产负债表，其结构符合现行会计准则和会计制度的规定，各项目填列齐全。

（2）重要性项目的分析。

① "应收票据及应收账款"项目。应收票据及应收账款期末数为 644 200 元，年初数为 545 100 元，差异数为+99 100 元。应进一步审阅应收账款明细账和预收账款明细账，并采用函询的方法证实其真实性，有无通过虚构该项目以虚增利润的现象。另外，还应审查

该股份公司销售策略的合理性，有无盲目赊销现象。

②　"预付款项"项目。预付款项期末数为 100 000 元，年初数为 100 000 元，差异数为 0。应进一步审阅预付账款明细账和应付账款明细账，并采用函询的方法证实其真实性，尤其应注意年初至期末一直未发生增减变动的合理性，是否与对方单位存在纠纷，还是人为的虚挂。

③　"存货"项目。存货期末数为 2 574 700 元，年初数为 2 580 000 元，差异数为-5 300 元。尽管存货期末较年初的资金占用额减少 5 300 元，但是总体数额还是非常高的，因此，应进一步审查库存商品、材料等项目，审查其储备数额的合理性，是否存在超储积压现象。

④　"长期股权投资"项目。长期股权投资期末数为 250 000 元，年初数为 250 000 元，差异数为 0。对于该项目的审查，主要应从核算方法入手，审查各投资项目是否对被投资单位实施共同控制或重大影响，若存在实施共同控制或重大影响，应采用权益法核算，反之，则宜采用成本法核算。只有遵循这一审查思路，运用复算、审阅等方法，才能证实期末数的合规性。

⑤　"固定资产"项目。固定资产期末数为 2 231 000 元，年初数为 1 100 000 元，差异数为+1 131 000 元。对于 1 131 000 元的增加额，应重点审阅固定资产明细账，以证实增减变动的真实性、合规性、合法性及合理性，是否存在违规、违法以及盲目购建固定资产现象。

⑥　"累计折旧"项目。累计折旧期末数为 170 000 元，年初数为 400 000 元，差异数为-230 000 元。累计折旧是固定资产的抵减项目，二者是相互依存的。但是，该公司"固定资产"项目的变动差异数为+1 131 000 元，而"累计折旧"项目的变动差异数为-230 000 元，这显然是一种不正常的现象。因此，应重点从以下两方面加以审查。一方面，审查本年度运用折旧方法的合规性，是否是上年度一些固定资产采用了加速折旧法，而本年度采用了平均年限法。另一方面，审查折旧基数和折旧率运用的合规性。固定资产的折旧基数为固定资产期初账面原值，所以，若该股份公司所增加的固定资产在 2019 年 12 月份，上年度减少的固定资产在 2019 年 1—11 月份，那么，该类业务是形成上述结果的正常因素。此外，若该股份公司采用分类折旧率或综合折旧率，其变动也会对累计折旧造成影响。

⑦　"长期待摊费用"项目。长期待摊费用期末数为 200 000 元，年初数为 200 000 元，差异数为 0。该项目的审查思路也应从其明细账入手，证实其是否遵循了权责发生制原则，是否存在为虚增利润而长期挂账现象。

⑧　"应付职工薪酬"项目。应付职工薪酬期末数为 100 000 元，年初数为 100 000 元，差异数为 0。应付职工薪酬期末数与年初数的差异为 0，显然也是一种不正常的现象，对此应进一步审查应付职工薪酬明细账以及工资结算单，以证实工资核算的合规性，有无长期拖欠工资的现象。

⑨　"应交税费"项目。应交税费期末数为 205 344 元，年初数为 30 000 元，差异数为+175 344 元。应交税费项目的审查重点在各明细账上。尤其是增值税、消费税、所得税等税种的审查。应查证企业欠税的原因，有无长期欠税的现象。

⑩　"长期借款"项目。长期借款期末数为 1 160 000 元，年初数为 600 000 元，差异数为+560 000 元。该项目的审查应以其明细账为重点，从如下几个方面加以审查。一方面，审查借款的合规性。例如，基建项目长期借款的条件一般为：投资项目用地和设备已有妥善规划，生产所需资源已经落实，产品的工艺经论证已经过关等。另一方面，审查借款的合

理性。查证企业取得借款前是否进行了充分的可行性分析，是否存在盲目借款，挪作他用的现象。此外，应查明借款本息偿还的及时性，有无长期拖欠借款本息的现象。

任务三　利润表审计

（一）任务基础

利润表是反映企业一定会计期间经营成果的主要报表。该报表是按照各项收入、费用以及构成利润的各个项目分类分项编制而成的。

因为利润表集中反映了企业的经营损益情况，所以各方报表使用者对利润表都很重视和关心。通过利润表审计，人们可以验证企业在该时期内经营成果及其分配情况的真实性、正确性，为报表各方使用者提供真实、可靠的信息；可以了解投资者投入资本的保值增值情况；可以了解企业经营计划与目标的完成情况；还可以了解完成利润目标或发生亏损的原因，分析评价企业的获利能力与发展趋势，为报表使用者进行经营决策和投资决策提供依据。

（二）任务实施

1. 利润表审计的程序

（1）报表编制的合规性审查

我国企业的利润表采用多步式结构，即上下加减的报告式结构。对利润表合规性的审查，多是从外观与编制技术的方面进行，主要审查：报表的格式、项目分类与排列、填列内容是否齐备，表示是否正确；有无漏列、错列等方面，与财务会计制度要求进行对照，验证报表编制是否符合规定。审查主要运用审阅法、复核法、核对法和分析法。

（2）报表有关项目勾稽关系的审查

利润表勾稽关系的审查，包括该表内具有勾稽关系指标的审查以及该表与其他报表有关指标勾稽关系的审查。审查时，应用具有勾稽关系的指标数额进行复算、核对，以检查其正确性。

① 审查表内项目的勾稽关系。利润表内项目的勾稽关系体现在利润构成三个部分的内容与金额的计算上，通过公式计算各项目是否正确，经过验算、核对，如果发现有误，就应查明原因，予以纠正或调整。

② 审查利润表与其他表格项目的勾稽关系。

在对利润表进行技术性审查时，也应当审查这种相互联系的勾稽关系。审查方法和主要内容如下：

a. 将利润表中的"净利润"项目与资产负债表中的"未分配利润"项目、所有者权益变动表中的有关项目进行核对，看其是否相符。其中，利润表中的"净利润"项目数额，应与资产负债表中的"未分配利润"加上所有者权益变动表中的"提取盈余公积"和"对所有者（或股东）的分配"并扣减"上年金额"中的"未分配利润"后的数额相等。如不相等，则可能出现了技术性差错，需进一步查明原因。

b. 将年终利润表中"净利润"项目与所有者权益变动表中的"净利润"项目、现金流量表中的"净利润"进行核对，看三者数额是否一致。如不一致，也可能出现了技术性差错，需进一步查明原因。

2. 利润表内容的审查

（1）报表项目数据正确性审查

审查利润表中数据来源正确与否，主要从以下几个方面进行：

① "营业收入"项目是否是根据"主营业务收入""其他业务收入"账户本期发生额合计数填列；"营业成本"项目是否是根据"主营业务成本""其他业务成本"账户本期发生额合计数填列，并验算核对其是否正确。

② "税金及附加""销售费用""管理费用""研发费用""财务费用""资产减值损失""信用减值损失""其他收益""投资收益""营业外收入"和"营业外支出""所得税费用"项目等，是否根据同名称账户本期发生额合计数直接分析填列的。

③ "投资收益"项目是否是根据"投资收益"账户的发生额分析填列，要注意如有投资损失，本项目是否以"－"填列。

④ "利润总额""净利润"项目反映的金额是否真实，也要注意如有亏损，则以"－"号在本项目填列。

通过以上核对，如果发现账表数额不符或项目数额变化异常，则应进一步查明原因。

（2）报表项目数据可靠性审查

对利润表中项目内容的真实性审查，主要是通过账证核对、调查询问等方法，查明收入、成本、费用及经营成果是否以客观的事实为依据，与会计凭证以及经济业务事实是否一致，有无可靠的凭证，会计凭证所在经济业务事实是否真实、合法。审查成本费用计算、归集是否正确，有无虚列或漏列收益以达到虚夸经营成果的现象。

【工作实例12-2】 ABC制造公司2019年度编制的利润表如下表所示。

利　润　表

会企02表

编制单位：ABC制造公司　　　　　　　　　2019年12月　　　　　　　　　单位：元

项　　目	本期金额	上期金额
一、营业收入	130 000.00	
减：营业成本	75 000.00	
税金及附加	15 000.00	
销售费用	12 000.00	
管理费用	8 000.00	
研发费用		
财务费用	2 000.00	
资产减值损失		
信用减值损失		
加：其他收益		
投资收益（损失以"－"号填列）	17 000.00	
公允价值变动收益（损失以"－"号填列）		

续表

项　　　目	本期金额	上期金额
资产处置收益		
二、营业利润（亏损以"－"号填列）	35 000.00	
加：营业外收入	6 000.00	
减：营业外支出	1 500.00	
三、利润总额（亏损总额以"－"号填列）	39 500.00	
减：所得税费用	9 875.00	
四、净利润（亏损以"－"号填列）	29 625.00	
五、其他综合收益的税后净额		
（一）不能重分类进损益的其他综合收益（略）		
（二）将重分类进损益的其他综合收益（略）		
六、综合收益总额	29 625.00	
七、每股收益（略）		

审计人员对利润的真实性和合法性进行审计后，发现以下情况：

（1）2019 年 12 月 19 日售给甲公司甲产品，但企业未做任何处理，具体单据如下所示。

 370017××××

山东增值税专用发票

此联不作报销、扣税凭证使用　　开票日期：2019 年 12 月 19 日

No 07329113

第一联：记账联　销售方记账凭证

购买方	名　　称：甲公司				密码区	略		
	纳税人识别号：13310768135××							
	地址、电话：							
	开户行及账号：工行迎春支行 1606020509123456789							
货物或应税劳务名称	规格型号	单位	数量	单价	金额		税率	税额
甲产品		件	500	100	50 000.00		13%	6 500.00
合　　计					¥50 000.00			¥6 500.00
价税合计（大写）	人民币伍万陆仟伍佰圆整			（小写）¥56 500.00				
销售方	名　　称：ABC 制造公司				备注			
	纳税人识别号：××××××××××××××××××							
	地址、电话：烟台市解放路××号 66603××							
	开户行及账号：工行迎春支行 1606020509123459876							

税号×××××××××××
ABC 制造公司
发票专用章

中国工商银行进账单（收账通知）

2019 年 12 月 19 日

3

出票人	全　称	甲公司		收款人	全称	ABC 制造公司										
	账　号	1606020509123456789			账号	1606020509123459876										
	开户银行	工商银行幸福支行			开户银行	工商银行幸福支行										
金额	人民币（大写）	伍万陆仟伍佰圆整				亿	千	百	十	万	千	百	十	元	角	分
									¥	5	6	5	0	0	0	0
票据种类	转账支票	票据张数	1 张	收款单位开户行签章												
票据号码		672314××														
复核		记账														

此联是收款人的收账通知　收款人的收账通知　此联是收款人开户行给收

出　库　单

购货单位：甲公司　　　　　　　2019 年 12 月 19 日　　　　　　　编号：78

产品编号	产品名称	规格型号	计量单位	数量	成本（元）	金额（元）	备注
KB123	甲产品		件	500	70	35 000.00	
合计	甲产品		件	500	70	35 000.00	

销售部门负责人：李玉真　　　发货人：　　　提货人：高琴　　　　　制单：

（2）12 月 31 日将甲产品作为福利分给个人，如下表所示。

出　库　单

购货单位：ABC 制造公司　　　　2019 年 12 月 31 日　　　　　　　编号：79

产品编号	产品名称	规格型号	计量单位	数量	成本（元）	金额（元）	备注
KB123	甲产品		件	20	70	1 400.00	发放
合计	甲产品		件	20	70	1 400.00	

销售部门负责人：李玉真　　　发货人：　　　提货人：高琴　　　　　制单：

公司所做的记账凭证，如下表所示。

记　账　凭　证

2019 年 12 月 31 日　　　　　　　第 67 号

摘要	总账科目	明细科目	借方	贷方
发放产品	主营业务成本	甲产品	1 400.00	
	库存商品	甲产品		1 400.00
合计			¥1 400.00	¥1 400.00

附件　1 张

会计主管：李明　　　记账：邹立　　　复核：杨扬　　　制单：邹立

（3）2019 年盘点存货，乙材料盘盈 1 000 千克，价值 20 000 元，公司记账，如下表所示。

记　账　凭　证

2019 年 12 月 31 日　　　　　　　第 68 号

摘要	总账科目	明细科目	借方	贷方
存货盘盈	原材料	乙材料	20 000.00	
	资本公积			20 000.00
合计			¥20 000.00	¥20 000.00

附件　1 张

会计主管：李明　　　记账：邹立　　　复核：杨扬　　　制单：邹立

（4）由于火灾造成一台设备净损失 10 000 元，公司记账，如下表所示。

记　账　凭　证

2019 年 12 月 31 日　　　　　　　转字第 69 号

摘要	总账科目	明细科目	借方	贷方
火灾损失	盈余公积	丙设备	10 000.00	
	固定资产清理			10 000.00
合计			¥10 000.00	¥10 000.00

附单据　4 张

会计主管：李明　　　记账：邹立　　　复核：杨扬　　　制单：邹立

（5）支付违反税法的滞纳金360元，列入营业外支出，如下所示。

中华人民共和国
税收通用缴款书

隶属关系：

注册类型：有限公司　　　　　　填发日期：2019 年 12 月 8 日　　征收机关：烟台国税×局

缴款单位	代码			预算科目	编码	1010101××	
	全称	ABC 制造公司			名称	增值税税款滞纳金收入	
	开户银行	工行迎春支行			级次		
	账号	1606020509123459876		收缴国库　中央75%，地方25%			
税款所属时期				税款限缴日期		年 月 日	
	品目名称	课税数量	计税金额或收入	税率或单位税额	已缴或扣除额	实缴金额	
税款滞纳金、罚款收入		720 000	0.05%			¥360.00	
金额合计（大写）叁佰陆拾圆整							
交款单位（人）盖章 经办人（章）	税务机关 盖章 开票人（章）		上列款项已收妥入账，并划转收款单位账户 国库（银行）盖章 年 月 日			备注：3057×× 办税服务股	

（建设银行 ×××分理处 2019.12.08 转讫）

记　账　凭　证

2019 年 12 月 31 日　　　　　　　　　　　　　　　转字第 70 号

摘要	总账科目	明细科目	借方	贷方
滞纳金	营业外支出	滞纳金	360.00	
合计			¥360.00	¥360.00
附单据　2 张				

会计主管：李明　　记账：邹立　　复核：杨扬　　出纳：张寒　　制单：邹立

（6）当年利润总额中有收到的国债利息收入 10 000 元，如下所示。

债权投资利息收益计算表

2019 年 12 月 31 日

债券名称	发行日期	到期日期	票面价值	单利率	偿还方式	购买日期	购买份数	购买成本	投资收益
国债	2017.01.01	2019.01.01	100	5%	到期还本 每年付息	2017.01.01	2 000	200 000.00	10 000.00

记　账　凭　证

2019 年 12 月 31 日　　　　　　　　　　　　　　　转字第 71 号

摘要	总账科目	明细科目	借方	贷方
国债利息	银行存款		10 000.00	
合计			¥10 000.00	¥10 000.00
附单据　2 张				

会计主管：李明　　记账：邹立　　复核：杨扬　　出纳：张寒　　制单：邹立

【要求】

（1）以上情况对利润总额有何影响？

（2）计算调整后 2019 年度的利润总额、所得税和净利润。

解析：

（1）影响：① 导致利润减少 15 000 元；② 导致利润减少 2 000 元；①和②两项合计少计税金及附加 676 元，即[(6 500+2 000×13%)×(7%+3%)]=676（元）。即利润多计 676 元；（假设城市维护建设税率为 7%、教育费附加为 3%）③ 导致利润减少 20 000 元；④ 导致利润多记 10 000 元；⑤ 不影响利润总额，但应调增应纳税所得额 360 元；⑥ 不影响利润总额，但应调减应纳税所得额 10 000 元。

（2）重新计算出的利润总额=379 000+15 000+2 000-676+20 000-10 000=405 324（元），应纳税所得额为 405 324+360-10 000=395 684（元），所得税为 395 684×25%=98 921（元），净利润为 306 403 元。

任务四 现金流量表审计

（一）任务基础

现金流量表是反映企业在一定期间现金和现金等价物流入和流出的报表。它反映企业在一定会计期间的经营活动、投资活动和筹资活动所产生的现金流入和流出信息，是以现金为基础编制的财务状况变动的动态报表。现金流量表能够说明现金流入和流出的原因，反映企业的偿债能力；同时有助于分析企业未来获取现金的能力，分析企业投资和理财活动对经营成果和财务状况的影响。它起着资产负债表、利润表等其他会计报表无法替代的作用，是投资者及有关各方重视的会计报表。

（二）任务实施

1. 现金流量表审计目标

（1）确定现金流量表的内容、性质和数据是否正确、合理、完整。

（2）确定现金流量表有关项目数额与其他报表及附注的勾稽关系是否正确。

（3）确定现金流量表各项目的披露是否正确。

2. 现金流量表审计程序

基于上述审计目标，审计人员对现金流量表的审计程序如下。

（1）获取编制现金流量表的基础资料。

① 取得相关项目有关现金流量资料，复核加计现金流量表中各项目的金额是否正确。

② 将基础资料中的有关数据和会计报表及其附注、账册凭证、辅助账簿、审计工作底稿等核对，看是否相符，并进行详细分析，检查数额是否正确、完整，现金流量分类是否合理。

③ 根据审计调整分录，对基础资料的有关数额做出相应调整。

（2）检查对现金及现金等价物的界定是否合规，界定范围在前后会计期间是否保持一致。

（3）检查现金流量表的编制方法。

了解现金流量表（包括合并现金流量表）的编制方法，取得现金流量表编制底稿，同时关注对有关特殊事项的处理是否正确。如：以非货币性资产对外投资，处置其子公司，融资租赁固定资产，以承担债务形式购置资产等。

（4）对现金流量表进行分析性复核，并检查主表与补充资料的勾稽关系是否合理。

（5）检查现金流量表补充资料中不涉及现金收支的投资和筹资活动各项目金额是否正确、合理、完整。

（6）检查现金流量表各项目的披露是否恰当。

3. 现金流量表内容的审计

现金流量表审计一般是在资产负债表和利润表审计的基础上进行的。只要资产负债表与利润表不存在重大错报或漏报，审计人员就可以在完成针对现金流量表审计的基础工作后，直接对现金流量表进行实质性测试，包括分析性测试与详细测试。测试的目的有两个：一是为了证明现金流量表编制的正确性；二是为了发现在资产负债表和利润表审计中未能发现的重大错报或漏报，以验证资产负债表和利润表审计结论的正确性。

（1）现金流量表的分析性测试

对现金流量表进行分析性测试的目的是为详细测试提供有益的方向性指导。

① 现金流量表的总体分析。

a. 审查现金流量表的结构形式。审查企业所编制的现金流量表的内容、结构、格式列示方式是否符合会计制度和会计准则的要求，审查填报日期、盖章签字有无遗漏。

b. 审查现金流量表内各项目的总体平衡关系。

• 现金流量表中三大类项目均有"现金流量净额 = 现金流入-现金流出"的关系。

• 现金流量表中的"现金及现金等价物净增加额"= 现金流量表补充资料中的"现金及现金等价物净增加额"。

• 现金流量表中的"现金及现金等价物净增加额"="经营活动产生的现金流量净额"+"投资活动产生的现金流量净额"+"筹资活动产生的现金流量净额"+"汇率变动对现金流量的影响"。

• 现金流量表中的"经营活动产生的现金流量净额"= 现金流量表补充资料中利用净利润调节而成的"经营活动产生的现金流量净额"。

c. 审查现金流量表与资产负债表、利润表的勾稽关系。

• 现金流量表中的"现金及现金等价物净增加额"=现金流量表补充资料中的"现金及现金等价物净增加额"= 资产负债表中的"货币资金（年末数-年初数）"。

• 现金流量表补充资料中的"净利润"= 利润表中的"净利润"。

• 查阅现金流量表工作底稿或 T 形账户，确定现金流量表项目与利润表、资产负债表项目的对应关系的正确性。

d. 判断企业所处的生命周期阶段，确定其现金流量方向。

企业的生命周期可划分为四个阶段，即导入期、成长期、成熟期和衰退期。在导入期（即创建期），企业经营活动尚未完全展开，经营活动以及投资活动的现金流量常为负，筹资活动现金流量为正。在成长期，经营活动现金流量转变为正，但由于其很可能不能满足企业扩充所需资金，筹资活动现金流量可能继续为正。在成熟期，企业的生产经营及其利润规模趋于稳定，经营活动现金流量为正，此时企业也进入了投资回收期，投资活动现金流量转变为正；同时，企业可以用自身经营及投资收回的现金偿还债务，使得筹资活动现金流量为负。在衰退期，经营活动和投资活动现金流量开始为负。

企业的现金流量与其所处的生命周期阶段有着密切的关系，结合企业在各生命周期阶段现金流入流出的方向，确定审计重点项目。同时通过判断企业所处的生命周期阶段，也可了解经营活动现金流量与净利润之间的关系是否正常，从而进一步验证现金流量表的正确性。

② 现金流量表的分析性复核。

对现金流量表进行分析性复核的目的是检查企业各项现金流量的结构是否合理、变化发展是否正常，分析企业偿债能力、支付能力、获取现金能力和财务弹性，寻找进一步的审查线索和重点。主要复核内容如下。

a. 比较本年度与上年度的"现金及现金等价物净增加额"。

b. 分析现金流量表中经营活动产生的现金流量各项目的现金流入流出情况，看经营活动产生的现金流量是否处于良好的运转状态。

c. 分析现金流量表中投资活动产生的现金流量各项目的现金流入流出情况，掌握企业的投资政策。

d. 分析现金流量表中筹资活动产生的现金流量各项目的现金流入流出情况，掌握企业的融资政策、原因和方式。

e. 分析现金流量表中经营活动、投资活动、筹资活动产生的现金流量净额各占现金及现金等价物净增加额的比例。

f. 分析企业的偿债能力，看企业本期取得的现金收入在满足经营活动的支出后是否还有足额的部分偿还本期到期债务。

g. 分析企业的现金支付能力。

h. 对现金流量表进行比率分析，真实、直观地审核企业的偿债能力、财务弹性、获利能力和现金流量结构。

（2）现金流量表的详细测试

现金流量共分为三类，即经营活动产生的现金流量、投资活动产生的现金流量、筹资活动产生的现金流量等，并且分别按现金流入和现金流出反映。所以，应区分三类现金流量进行审查。

① 经营活动产生的现金流量的审查。

对经营活动的现金流量，重点审查两个方面。第一，审查现金流入和现金流出范围的正确性。审查时应以企业当期实现的营业收支为基础，结合对库存现金、银行存款等账户记载的分析，确认其现金流量范围的正确性。第二，分析经营活动产生的现金流量的构成，证实企业资产的流动性和偿债能力。在查证确认现金流入和流出数额正确的基础上，首先分析销售产品或提供劳务收到现金在现金流入中占的比重，其次分析增值税销项税额的现金流入，最后确定经营活动产生的现金净额对现金流量净增加额的影响。

对每个项目均进行详细测试所花的时间和成本比较多，审计人员在进行测试时要衡量审计风险和审计成本，对分析性测试所确定的重点审计项目尽可能重点审查。以"销售商品、提供劳务收到的现金"为例说明具体的审计方法。通过分析"应收账款""应收票据""预收账款""主营业务收入""其他业务收入"和"应交税费——应交增值税（销项税额）"等科目，确认"销售商品、提供劳务收到的现金"。如果计算出的金额与报表反映的金额有较大差异，该差异超过重要性水平，则应提请企业调整或扩大审计程序，并在审计工作底稿中进行适当记录。

② 投资活动产生的现金流量的审查。审查投资活动的现金流量，首先确认现金流量包括的范围是否正确，然后分析投资活动现金流量的变动情况。

③ 筹资活动产生的现金流量的审查。审查筹资活动的现金流量，首先以本期现金流量与上期现金流量进行对比。若本期比上期增加，意味着企业筹资能力强；反之，则相反，然后以筹资现金流量与现金流量净增加额进行对比。

4. 现金流量表审计工作实例

【工作实例12-3】2020年3月20日审计人员王红、李平在审查丙公司2019年度现金流量表时，首先取得相关资料，检查对现金及现金等价物的界定是否符合规定、前后会计期间是否保持一致；复核加计现金流量表中各项目的金额是否正确，同时对现金流量表进行分析性复核，发现作为以电力自动化设备制造为主业的工业企业，年报中主营业务收入37 500万元，相应的"销售商品、提供劳务收到的现金"高达67 094万元；"收回投资所收到的现金"为90 000万元；"取得投资收益所收到的现金"为944万元。

（1）审计人员已审定的资产负债表和利润表相关项目，如下表所示。

已审定的资产负债表和利润表相关项目

资产负债表项目	期初余额	期末余额	利润表项目	本期借方发生额	本期贷方发生额
流动资产：			营业收入		37 500.00
应收票据	200.00	239.00	投资收益		40 944.00
应收账款	19 438.00	17 742.00	净利润		47 296.00
流动负债：					
预收账款	3 760.00	2 635.00			

（2）说明如下。

① 上述资料中，单位均为万元。

② 应收账款、应收票据和预收账款的增减变动均为产品销售所引起的，且以银行存款结算。

③ 本期应收账款计提坏账210万元。

④ 本期销售商品、提供劳务产生的销项税额为6 375万元。

⑤ 投资收益包括收到股息收入944万元、处置交易性金融资产投资收益40 000万元，该交易性股票投资本金90 000万元。（没有收回其他投资）。

请分析，该公司的现金流量表中"销售商品、提供劳务收到的现金""收回投资所收到的现金"所列金额是否正确，如何编写内部审计工作底稿？

　　解析：不正确。根据《企业会计准则——现金流量表》的规定，"销售商品、提供劳务收到的现金"=主营业务收入+应交税费(应交增值税-销项税额)+(应收票据期初余额-应收票据期末余额)+(应收账款期初余额-应收账款期末余额)+(预收账款期末余额-预收账款期初余额)-当期计提的坏账准备-票据贴现的利息= 37 500+ 6 375+(200-239)+(19 438-17 742)+(2 635-3 760)-210= 37 500+ 6 375-39 + 1 696-1 125-210 = 44 197（万元）。

　　"收回投资所收到的现金"= 交易性金融资产贷方发生额+与交易性金融资产一起收回的投资收益= 90 000 + 40 000 = 130 000（万元）。

　　企业将非经营活动所得 40 000 万元计入销售收现，结果导致经营活动产生的现金流量增加 40 000 万元，而投资活动产生的现金流量减少 40 000 万元。内部审计机构编制了审计工作底稿，如下表所示。

现金流量表审计工作底稿

索引号：ZNS-××

被审计单位	丙公司		
审计事项	现金流量表审计		
审计期间或截止日期	2019 年 12 月 31 日		
审计人员	王红、李平	编制日期	2020 年 4 月 30 日
审计结论或基本事实	"销售商品、提供劳务收到的现金" = 37 500+ 6 375+(200-239)+(19 438-17 742)+(2 635-3 760)-210= 44 197（万元） "收回投资所收到的现金" =90 000+40 000=130 000（万元） 企业为避免主营业务收入缺乏而粉饰销售收现能力，将非经营活动投资所得 40 000 万元计入销售收现，结果导致经营活动产生的现金流量增加 40 000 万元，而投资活动产生的现金流量减少 40 000 万元		
审计依据	《企业会计准则——现金流量表》		
复核意见	建议调整现金流量表中相关项目的金额： "销售商品、提供劳务收到的现金"项目金额调整为 44 197 万元 "收回投资所收到的现金"为 130 000 万元，相应的经营活动和投资活动的现金流量相关项目应同时进行调整		
复核人员	杨扬	复核日期	2020 年 4 月 30 日

任务训练

一、简答题

1. 简述企业会计报表审计的范围。
2. 简述企业会计报表审计的方法。
3. 简述企业会计报表审计的目的。
4. 简述我国对企业会计报表审计的意义。

二、单项选择题

1. 财务报表分析的基本目的是为（　　）服务。
   A. 管理决策　　　　　　　　　　　B. 监督评价
   C. 管理决策和监督评价　　　　　　D. 业绩考核

2. 下列各项税金中，应在利润表中的"税金及附加"项目下反映的是（　　）。
   A. 车船税　　　　B. 城市维护建设税　　C. 印花税　　　　D. 房产税

3. 下列各项中，不应在资产负债表"存货"项目下反映的是（　　）。
   A. 存货跌价准备　　B. 发出商品　　　　C. 材料采购　　　D. 工程物资

4. 企业会计报表审计是（　　）的一项基本业务。
   A. 财务审计　　　　B. 财经法纪审计　　C. 经济效益审计　　D. 民间审计

5. 对于股份有限公司企业和发行债券的企业来说，企业的中期会计报表经审计后才具有（　　）。
   A. 法律效力　　　B. 社会权威性　　　C. 强制性　　　　D. 证明力

三、多项选择题

1. 下列各项中，应列入利润表"资产减值损失"项目的有（　　）。
   A. 原材料盘亏损失　　　　　　　　B. 固定资产减值损失
   C. 应收账款减值损失　　　　　　　D. 无形资产处置净损失

2. 下列各项中，应列入利润表中的"营业成本"项目的有（　　）。
   A. 销售材料成本　　　　　　　　　B. 无形资产处置净损失
   C. 固定资产盘亏净损失　　　　　　D. 经营出租固定资产折旧费

3. 企业会计报表审计的目的，就是为了便于企业的利害关系人，包括（　　），做出正确的决策。
   A. 投资者　　　　　　　　　　　　B. 债权人
   C. 潜在投资者　　　　　　　　　　D. 政府的有关部门
   E. 企业管理当局

4. 企业会计报表的审计，就是对（　　）的审计。
   A. 资产负债表　　B. 利润分配表　　C. 利润表　　　D. 所有者权益变动表
   E. 主营业务收支明细表

5. 资产负债表项目的公允性、合法性审计，通常是在外观形式和编制技术审计的基础上，着重对重点的某些（　　）项目做进一步的审计。
   A. 利润　　　　　B. 资产　　　　　C. 费用　　　　D. 负债
   E. 所有者权益

四、判断题（正确的打"√"，错误的打"×"）

1. 企业出售固定资产应交的增值税，应列入利润表的"税金及附加"项目。（　　）

2. 企业年末资产负债表中的未分配利润的金额一定等于"利润分配"账户的年末余额。
（　　）

3. 资产负债表中的"长期待摊费用"项目应根据"长期待摊费用"科目的余额直接填列。（　　）

4. 上市公司年度会计报表审计属于任意审计。（　　）

5. 内部审计人员在 2020 年 2 月对被审计单位 2019 年会计报表进行审计，发现 2019 年一张已贴现的应收票据，对方单位已无力兑付，银行于 2020 年 1 月份从被审计单位银行存款账上划出，内部审计人员认为这笔业务的处理应体现在 2019 年的会计报表上。（　　）

6. 企业会计报表审计的目的，主要是为了便于税务机关进行纳税。（　　）

7. 会计报表审计的主要目的是为了揭露会计工作中的所有舞弊行为和工作差错。（　　）

8. 对利润表项目的公允性、合法性审计，主要应对企业上缴税金的公允性和合法性进行审计。（　　）

9. 如果资产负债表或利润表审计中存在错弊，现金流量表也应随之调整。（　　）

10. 企业会计报表中即使存在一定的错弊行为，但对会计报表的可靠性影响很小，民间审计人员仍可认为企业会计报表是可以信赖的。（　　）

技能训练

训练一：资产负债表的审查

已知 ABC 有限责任公司 2019 年 6 月 30 日总分类账户及明细分类账户余额，如下所示。

总分类账户余额

科目	借方余额	贷方余额
库存现金	7 000.00	
银行存款	60 000.00	
应收票据	30 000.00	
应收账款	80 000.00	
预付账款		30 000.00
坏账准备——应收账款		5 000.00
原材料	70 000.00	
周转材料	10 000.00	
发出商品	90 000.00	
材料成本差异		55 000.00
库存商品	100 000.00	
交易性金融资产	22 000.00	
固定资产	800 000.00	
累计折旧		300 000.00
在建工程	70 000.00	
无形资产	130 000.00	

续表

科目	借方余额	贷方余额
短期借款		20 000.00
应付账款		70 000.00
预收账款		10 000.00
应付职工薪酬	4 000.00	
应交税费		3 000.00
长期借款		180 000.00
实收资本		400 000.00
资本公积		100 000.00
盈余公积		100 000.00
未分配利润		200 000.00
合计	1 473 000.00	1 473 000.00

明细分类账户余额

总账账户	明细账户	余额	
		借方	贷方
应收账款	宏达商场	100 000.00	
	华联商厦		20 000.00
预付账款	大同公司	20 000.00	
	方红公司		50 000.00
应付账款	黄海公司		100 000.00
	长江公司	30 000.00	
预收账款	南方商场		40 000.00
	北方企业	30 000.00	

【要求】核实并纠正 ABC 有限责任公司编制的资产负债表项目错误金额，如下表所示，并说明理由。

资产负债表（部分项目）　　　　　　　　　　　　　　　　会企 01 表

ABC 有限责任公司　　　　　　　　2019 年 6 月 30 日　　　　　　　　单位：元

资产	期末数	负债及所有者权益	期末数
流动资产：		流动负债：	
货币资产	67 000.00	短期借款	20 000.00
交易性金融资产	22 000.00	应付票据及应付账款	70 000.00
应收票据及应收账款	105 000.00	预收款项	10 000.00
预付款项	-30 000.00	应付职工薪酬	-4 000.00
存货	215 000.00	应交税费	3 000.00
流动资产合计	379 000.00	一年内到期的非流动负债	80 000.00
固定资产	500 000.00	流动负债合计	179 000.00
在建工程	70 000.00	非流动负债：	
无形资产	130 000.00	长期借款	100 000.00
非流动资产合计	700 000.00	非流动负债合计	100 000.00

续表

资产	期末数	负债及所有者权益	期末数
		负债合计	279 000.00
		所有者权益：	
		实收资本	400 000.00
		资本公积	100 000.00
		盈余公积	100 000.00
		未分配利润	200 000.00
		所有者权益合计	800 000.00
合计	1 079 000.00	合计	1 079 000.00

训练二：会计报表审计

甲皮革厂 2019 年年末的会计报表已编制完毕，为了证实会计报表的真实性和正确性，内部审计人员抽查了资产负债表中的"存货"项目，发现其金额同账面余额一致为 40 万元，而存货实际盘存数为 60 万元，相差 20 万元。经查盘盈数额是由于日常收发计量和计算上的差错所形成的。

【要求】根据以上资料指出资产负债表、利润表相关项目应调整的数额（假定所得税率为 25%，法定盈余公积、任意盈余公积、应付利润分别按税后利润的 10%、10%、5%提取）。

训练三：资产负债表审计

内部审计人员于萍对丙有限责任公司 2019 年度的财务状况进行审查，该公司提供了 2019 年 12 月 31 日的资产负债表，如下表所示。

资产负债表（部分项目）　　　　　　　　　　　　　　会企 01 表

编制单位：丙有限责任公司　　　　　　　2019 年 12 月 31 日　　　　　　　　　　单位：万元

资产	期末余额	年初余额	负债和所有者权益（或股东权益）	期末余额	年初余额
流动资产：			流动负债：		
货币资金	1 200.00		应付票据及应付账款	3 400.00	
交易性金融资产	1 680.00		流动负债合计	3 400.00	
应收票据及应收账款	1 000.00		非流动负债：		
存货	3 450.00		长期借款	1 350.00	
流动资产合计	7 330.00		非流动负债合计	1 350.00	
			负债合计	4 750.00	
非流动资产：			所有者权益（或股东权益）		
固定资产	1 680.00		实收资本	3 900.00	
无形资产	230.00		未分配利润	590.00	
非流动资产合计	1 910.00		所有者权益合计	4 490.00	
资产总计	9 240.00		负债和所有者权益（或股东权益）总计	9 240.00	

【要求】根据上述资料计算 2019 年度该公司的流动比率、速动比率、现金比率、资产负债率、产权比率等五项指标，并据此对该公司偿债能力做出评价，分析该公司的偿债能力和资金来源结构的变动趋势。

项目十三　纳税申报核算岗位审计

任务目标

了解纳税申报岗位的工作任务；了解内部控制及审查；掌握纳税申报岗位流转税、所得税的审计；掌握纳税申报岗位其他税费的审计。

能力目标

能够掌握并运用核对、分析性复核、复算法等审计方法判断纳税申报岗位管理中的漏洞，发现并纠正会计处理错弊；熟练编写审计工作底稿；具有一定的案例分析能力。

任务内容

纳税申报岗位核算基本知识；相关内部控制管理制度；增值税、消费税、企业所得税和其他税费审计的主要程序和方法。

岗位任务

纳税申报岗位的主要工作任务有以下几项。
（1）办理税务登记。
（2）申请减免税和办理出口退税。
（3）核实税费的缴纳。
（4）编制有关税务报表和相关的分析报告。

任务一　应交增值税审计

（一）任务基础

增值税是以商品销售额和应税劳务增值额为计税依据计算征收的一种流转税。自2016年5月1日全面营改增以后，我国现行增值税是以销售货物、提供应税劳务、发生应税行为的增值额和货物进口金额为计税依据而课征的一种流转税。增值税是我国现行最主要的税种之一，是我国现阶段税收收入规模最大的税种，由国家税务局负责征收，进口环节的增值税由海关负责征收。

增值税纳税申报时间与主管国税机关核定的纳税期限是相联系的。以1个月或者1个季度为一个纳税期的企业，自期满之日起15日内申报纳税；以1日、3日、5日、10日或15日为一个纳税期的企业，自期满之日起5日内预缴税款，次月1至15日申报并结清上月应纳税款。增值税固定业户向机构所在地税务机关申报纳税，增值税非固定业户向销售地税务机关申报纳税，进口货物应当由进口人或其代理人向报关地海关申报纳税。

应交增值税发生错弊主要是指企业采取伪造、变造、隐匿、擅自销毁账簿、记账凭证等手段，少计增值税计税销售额、错用税率、虚增进项税额，不按规定抵扣进项税额或者进行虚假纳税申报，造成不缴或少缴应纳增值税款的行为。

（二）任务实施

1. 应交增值税审计目标

（1）确定企业是否发生缴纳增值税的业务。

（2）确定计税销售额是否正确核算。

（3）确定适用税率是否正确使用。

（4）确定发生的进项税额是否按规定进行认证抵扣。

（5）确定企业是否按规定享受减免税。

（6）确定企业是否按规定及时申报缴纳增值税。

2. 应交增值税的内部控制

应交增值税的部分内部控制内容如下表所示。

应交增值税内部控制调查表

被审计单位名称	××部门		日期		索引号	
审计项目名称	应交增值税内部控制调查		编制人		×××	
会计期间或截止日	20××年度		复核人	×××	页次	
问题			是	否	不适用	备注
（1）是否取得增值税一般纳税人资格						
（2）是否使用增值税防伪税控系统						
（3）是否采用网上报税方式申报纳税						
（4）销售货物或应税劳务是否收取价外费用						
（5）是否将自产、委托加工或购买的货物对外投资、分配给投资者、无偿赠送他人						
（6）是否因销售货物而出租、出借包装物收取押金						
（7）是否兼营高税率与低税率增值税项目						
（8）购进的货物是否改变原来用途						
（9）申请抵扣的增值税进项税额抵扣凭证，是否在规定时间内到税务机关认证						
（10）是否享受增值税优惠政策						
审计结论：						

【想一想】审计人员在对企业应交增值税内部控制进行调查时还应注意哪些问题？

3. 应交增值税审计

（1）计税销售额的审查

① 对外销售产品的审查。

a. 审查企业"销项税额"的确认是否正确。

将《利润表》中"营业收入"累计数中的主营业务收入与增值税税率之积，与《增值税纳税申报表》中的"销项税额"累计数进行对比。

b. 审查纳税义务发生时间同销售实现时间是否一致。

c. 审查从购货方取得的价外收入是否全部并入销售额计算了增值税。

d. 审查随同产品销售的单独计价包装物是否按规定并入了销售额。

e. 审查销售商品应计入"主营业务收入"或"其他业务收入"的收入是否错记账户。

f. 审查销售废品、下脚料的收入金额是否全额并入应税销售额，有无直接冲减"制造费用"或记入"营业外收入"的情况。

② 视同销售产品的审查。

a. 将"库存商品"的贷方发生额与"主营业务成本"的借方发生额核对。

b. 审查"在建工程""交易性金融资产""长期股权投资""利润分配""应付职工薪酬""其他应收款""其他应付款""销售费用""管理费用""营业外支出""应收账款""应付账款"等科目，根据摘要看是否有产品视同销售的情况。

c. 审查"原材料""自制半成品""周转材料"等科目的贷方发生额。

③ 特殊销售方式的审查。审查"应收账款""应付账款"等科目，看是否存在特殊方式销售产品的情况，企业有无外购或抵账收回的材料不入库，直接用于抵账、串换材料或赠送他人等，不计销售额、不提销项税额的现象。

④ 受托加工货物的审查。

对由受托方提供原材料的委托加工货物进行审查时，应注意由受托方提供原材料生产的货物，或者受托方先将原材料卖给委托方，然后再接受加工的产品，以及受托方以委托方名义购进原材料的货物，这些货物无论企业在财务上如何处理，都不能作为受托加工货物，而应视同销售自制货物并入应税销售额。

⑤ 账外经营问题的审查。

比较本年度与上年度的原材料领用、水电气费用支出、业绩考核和工资定额、运输费用等业务，核对出库单，必要的时候进行函证以核实往来客户存在的真实性。

【工作实例13-1】审计人员小安在审阅山东省MN酒厂业务时，发现2019年12月20日17号记账凭证存在问题，如下所示。

记 账 凭 证

2019 年 12 月 20 日 　　　　　　　　　　　　　　第 17 号

摘要	会计科目	明细科目	借方	贷方
白酒优质费	银行存款		678 000.00	
	营业外收入	白酒优质费		678 000.00
合　计			678 000.00	678 000.00

附单据　2张

会计主管：李小明　　　　　　会计：张大力　　　　　　制证：何吾其

收 据

2019 年 12 月 20 日

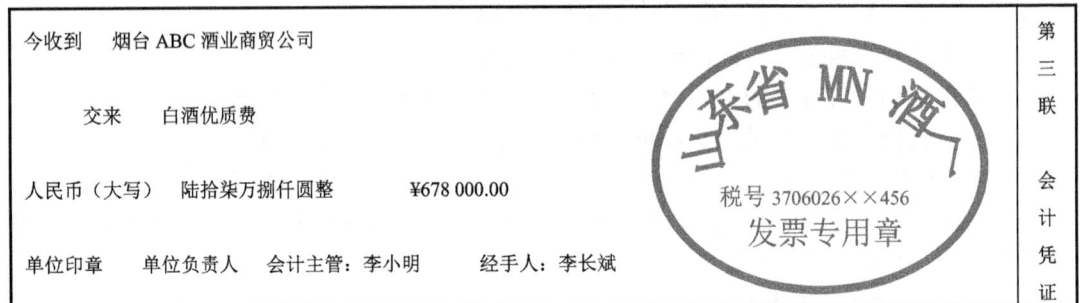

今收到 烟台 ABC 酒业商贸公司	
交来 白酒优质费	
人民币（大写） 陆拾柒万捌仟圆整 ¥678 000.00	税号 3706026××456 发票专用章
单位印章 单位负责人 会计主管：李小明 经手人：李长斌	

第三联 会计凭证

中国工商银行进账单（回单或收账通知）

付款人	全称	烟台 ABC 酒业商贸公司	收款人	全称	山东省 MN 酒厂								
	账号	16063685752××××××××		账号	16067601865××××××××								
	开户银行	工行迎春支行		开户银行	工行								
人民币（大写）		陆拾柒万捌仟圆整		千	百	十	万	千	百	十	元	角	分
					¥	6	7	8	0	0	0	0	0
票据种类		转账支票	收款人开户行盖章										
票据张数		1 张											
单位主管 会计 复核 记账													

【要求】 根据以上资料，企业在缴纳增值税方面存在什么问题，应如何处理？

解析： 白酒优质费属于产品的价外费用，该企业销售产品取得的全部价款和价外费用都应计入主营业务收入账户，并按照向购买方收取的全部价款和价外费用为依据计算缴纳增值税。该企业将应计入主营业务收入的优质费错计入营业外收入，未计算销项税，属于不开发票，错计收入，少计算缴纳增值税行为。应予调整账务处理并办理补缴增值税税金手续，调整分录如下。

借：营业外收入　　　　　　　　　　678 000.00
　　贷：主营业务收入　　　　　　　　　　600 000.00
　　　　应交税费——应交增值税（销项税额）　　78 000.00

编制应交增值税审计工作底稿，如下表所示。

应交增值税审计工作底稿

索引号：ZNS-00XX

被审计单位	山东省 MN 酒厂	
审计事项	应交增值税审计	
审计期间或截止日期	2019 年 12 月 31 日	
审计人员	小安	编制日期　2020 年 4 月 30 日
审计结论或基本事实	白酒优质费属于产品的价外费用，该企业销售产品取得的全部价款和价外费用都应计入主营业务收入账户，并按照向购买方收取的全部价款和价外费用为依据计算缴纳增值税。该企业将应计入主营业务收入的优质费错计入营业外收入，未计算销项税，属于不开发票，错计收入，少计算缴纳增值税行为	

续表

审计依据	《中华人民共和国增值税暂行条例》《中华人民共和国增值税暂行条例实施细则》		
复核意见	应予调整账务处理并办理补缴增值税税金手续，调整分录如下。 借：营业外收入　　　　　678 000.00 　贷：主营业务收入　　　　　600 000.00 　　　应交税费——应交增值税（销项税额）　78 000.00		
复核人员	杨扬	复核日期	2020 年 4 月 30 日

（2）进项税额的审查

① 审查购货支出是否真实。

② 审查扣税凭证是否合法。

③ 审查可抵扣进项税额计算基数是否正确。

④ 审查进项税额转出是否符合规定。

⑤ 审查企业进货退回或者索取折让是否未冲减进项税额。

⑥ 审查当月申报抵扣的进项税额是否属于当月通过认证。

【工作实例 13-2】审计人员小安在审阅山东省 MN 酒厂业务时，发现 2019 年 12 月 2 日 5 号记账凭证存在问题，如下所示。

记 账 凭 证

2019 年 12 月 2 日　　　　　　　　　　　　　　　　　　第 5 号

摘要	会计科目	明细科目	借方	贷方
收购高粱	原材料	高粱	91 743.00	
	应交税费	应交增值税（进项税额）	8 257.00	
	银行存款			100 000.00
合　计			100 000.00	100 000.00
附单据　4 张				

会计主管：李小明　　　　　　　会计：张大力　　　　　　　制证：何吾其

入 库 单

2019 年 12 月 2 日

发票号码	物资名称	规格型号	单位	数　量		金　额	
				应收	实收	单价	金额
0036329××	高粱		吨	100	100	917.43	91 743.00
供应单位		吕亮		备注			
采购员		郭达					

负责人：　　　　记账员：　　　　保管员：龚丽　　　　交货：

山东省农产品收购专用凭证

2019 年 12 月 2 日 　　　　　　　　　　　　　　供货人：吕亮

货号	品名及规格	单位	数量	单价	金 额								备注	
					十	万	千	百	十	元	角	分		第二联 发票
	高粱	吨	100	1 000.00	1	0	0	0	0	0	0	0		
					1	0	0	0	0	0	0	0		

合计金额（大写）人民币壹拾万圆整

复核： 　　　　　　　收款：王丽明 　　　　　　　开票：刘明月

中国工商银行转账支票存根

Ⅵ11022456××

附加信息＿＿＿＿＿＿＿

出票日期 2019 年 12 月 2 日

收款人：吕亮
金 额：¥100 000.00
用 途：购料款
备 注：

单位主管　李小明　会计

【要求】 根据以上资料判断企业在缴纳增值税方面存在什么问题，应如何处理？

解析： 向农业生产者收购农产品，由收购企业凭农产品收购凭证，按照收购价款的 9% 计算抵扣进项税额，即 100 000×9%=9 000.00（元）。该企业按 9% 的税率推算进项税额 100 000÷(1+9%)×9%=8 257.00（元），属于计算进项税额错用依据和抵扣率，少计算了可抵扣的进项税额 9 000.00-8 257.00=743.00（元）。应予调整账务处理并办理补缴增值税税金手续，调整分录如下。

借：应交税费—应交增值税（进项税额） 　　　　743.00

贷：原材料—高粱 　　　　743.00

改正入库单，如下表所示。

入 库 单

2019 年 12 月 2 日

发票号码	物资名称	规格型号	单位	数 量		金 额	
				应收	实收	单价	金额
0036329××	高粱		吨	100	100	910.00	91 000.00

供应单位	吕亮	备注
采购员	郭达	

负责人： 　　　　记账员： 　　　　保管员：龚丽 　　　　交货：

（3）增值税适用税率的审查

① 审查企业是否按不同税率的产品销售进行分别核算，未分别核算的，是否按高税率统一计算销项税额。

② 将各产品适用的税率与《增值税纳税申报表》进行核对，看是否高税率产品按低税率计税。

（4）增值税减免税的审查

① 审查法定减免税产品是否与应税产品混淆界限。

② 审查审批类减免税项目是否按批准文书执行。

③ 审查企业是否自行扩大减免税范围。

（5）出口货物应退增值税税额计算正确性的审查

（6）虚假增值税专用发票的审查

企业在取得虚假的增值税专用发票时，首先，做材料增加的处理，借记"材料采购""应交税费——应交增值税（进项税额）"，贷记"应付账款"，同时，根据仓库填制的虚假收料单，做借记"原材料"、贷记"材料采购"的处理。其次，对虚增的原材料一般有如下处理方法：开出虚列的领料单，将虚增的原材料价值转嫁到产品成本中去；采用实地盘存制，将虚增的原材料价值倒挤入产品成本；利用会计期末的财产清查，将虚增的原材料列为存货盘亏，其价值分别计入当期管理费用、营业外支出等。而对虚增的应付账款的处理：先长期挂账，过一段时间后视为无法支付的应付款转为营业外收入；通过关联企业或其他企业的银行账户，将款项转出后再转回本企业小金库；将该项资金转出成为账外资金，甚至为企业少数不法分子侵吞、据为己有。对此类问题的审查应首先与同类企业相比，看增值税税负是否明显偏低，然后注意审查以下内容。

① 审查企业是否存在有原材料购进而无相关的采购费用发生，如运输费、包装费等；原材料领用异常或报废异常。

② 审查企业是否存在产品成本过高或构成项目异常的情况。

③ 审查企业是否存在规模较大，却对原材料实行实地盘存制，而没有采用永续盘存制的情况。

④ 审查企业是否存在部分应付账款长期挂账，每年年末都有部分应付账款转为营业外收入的情况。

⑤ 审查企业是否存在将若干个应付账款账户进行并户核算；应付账款付款时，收款单位与原账面挂账单位名称不一致。

任务二　应交消费税审计

（一）任务基础

消费税是对特定的某些消费品和消费行为征收的一种间接税。在我国，消费税是对在我国境内从事生产、委托加工和进口应税消费品的单位和个人征收的一种税，属于中央税，由国税局负责征管。我国现行消费税征收范围具有选择性、征收环节单一、实行价内税、税率差异较大等特点。

消费税实行从价定率、从量定额或从量定额与从价定率相结合的办法计算应纳税额。单一实行从量定额征税办法的应税消费品有黄酒、啤酒、成品油。粮食白酒、薯类白酒、卷烟（含批发环节）实行复合计税办法。

1. 销售应税消费品的计税公式

$$从价计征的应纳税额=应税消费品销售额×适用税率$$
$$从量计征的应纳税额=应税消费品销售数量×适用税额标准$$

2. 委托加工应税消费品的计税公式

$$从价计征的应纳税额=同类消费品的销售价格或组成计税价格×适用税率$$
$$从量计征的应纳税额=收回的应税消费品数量×适用税额标准$$

3. 进口应税消费品的计税公式

$$从价计征的应纳税额=进口应税消费品的组成计税价格×适用税率$$
$$从量计征的应纳税额=进口应税消费品的数量×适用税额标准$$

4. 白酒、卷烟采取从量定额与从价定率相结合的计税方法

$$应纳税额=销售数量×定额税率+销售额×比例税率$$

应交消费税发生的错弊主要是指企业采取伪造、变造、隐匿、擅自销毁账簿、记账凭证等手段，不计、少计消费税应税收入，错用适用税率，或者进行虚假纳税申报，造成不缴或少缴应纳消费税款的行为。

（二）任务实施

1. 应交消费税审计目标

（1）确定企业是否发生缴纳消费税业务。
（2）确定计税销售额是否正确核算。
（3）确定适用税率是否正确使用。
（4）确定企业是否按规定及时申报缴纳消费税。

2. 应交消费税的内部控制

应交消费税的部分内部控制内容如下表所示。

应交消费税内部控制调查表

被审计单位名称	××部门		日期		索引号	
审计项目名称	应交消费税内部控制调查		编制人		×××	
会计期间或截止日	20××年度		复核人	××	页次	

问题	是	否	不适用	备注
（1）是否生产应税消费品				
（2）是否委托加工应税消费品				
（3）是否进口应税消费品				
（4）销售应税消费品是否开具增值税专用发票				
（5）客户是否均为增值税一般纳税人企业				
（6）销售应税消费品是否收取价外费用				
（7）是否将自产的应税消费品用于生产应税消费品				
（8）是否有因销售货物而出租、出借包装物收取押金的情况，是否押金因逾期而不再退还				
（9）是否兼营不同税目、税率的应税消费品				
（10）是否委托个体工商户或个人加工应税消费品				
审计结论：				

【想一想】如果你作为审计人员，那么在对企业应交消费税内部控制调查时还能提出哪些问题？

3. 应交消费税的审计

（1）自产应税消费品计税依据的审查

① 价外费用的审查。审查企业收取的价外费用是否一票两开，将价外费用冲减"生产成本""制造费用""销售费用""管理费用"等，或将价外费用记入"其他业务收入""营业外收入"及各种往来账户，不缴增值税或消费税。

② 残次品销售的审查。审查企业是否有将残次品销售收入不计入"主营业务收入"，漏缴消费税的情况。

③ 销售不入账的审查。审阅分析企业的"资产负债表"，根据"预收账款""应付账款"明细科目发现问题，并对照购销合同判断有无应计而未计销售的情况。

④ 红字冲销销售收入的审查。审查"主营业务收入"账户，注意红字冲销额，或借方发生额，是否属于将支付给购货方的回扣直接在收入中坐扣而少计本期消费税的情况。

⑤ 自产自用业务的审查。审查"库存商品""生产成本""自制半成品"账户贷方发生额，注意审查账户对应关系是否正常，通过进一步查阅记账凭证，看有无同时按照该种应税消费品的同期同类售价计算消费税。

⑥ 以物易物、以货抵债、投资入股业务的审查。审查"库存商品"明细账的贷方发生额，如出现对应科目是"长期股权投资""原材料""应付账款"等，应进一步查核是否按企业同类消费品的最高销售价格计算消费税。

⑦ 包装物的审查。将"应交税费——应交消费税"账户和纳税申报表相对照，审查企业应并入应税消费品销售额征收消费税的包装物出售收入及收取的包装物押金，是否及时足额缴纳了消费税。

【工作实例13-3】审计人员王建安在审阅山东省ABC酒厂业务时，发现2019年12月30日记账凭证存在问题，如下所示。

记 账 凭 证

2019 年 12 月 30 日   第 13 号

摘要	会计科目	明细科目	借方	贷方
促销活动用酒	销售费用	广告费	15 000.00	
	库存商品	自酿醇酒		15 000.00
合　计			15 000.00	15 000.00

附单据　2 张

会计主管：李小明   会计：张大力   制证：何吾其

出 库 单

购货单位：销售部门   2019 年 12 月 30 日   编号：

产品编号	产品名称	规格型号	计量单位	数量	成本（元）	备注
	自酿醇酒		箱	50	15 000.00	促销活动
						使用

销售部门负责人：李玉明   发货人：   提货人：赵卫琴   制单：李爱丽

【要求】山东省 ABC 酒厂在消费税的计算缴纳方面存在什么问题？你如何编写内部审计工作底稿？（注：经查该厂自酿醇酒每箱 5 千克，不含税平均售价为 1 000 元/箱，白酒属于从价定率、从量定额复合征税的应税消费品，适用税率分别为 20%、1 元/千克）

解析：按照《中华人民共和国消费税暂行条例》的规定，企业用应交消费税的自产产品搞促销，应按照同类产品的售价计算缴纳消费税。该企业按照产品的成本价直接结转，未计算消费税额，属于少计算缴纳消费税行为，建议在落实了同类产品售价后进行补税。应补缴消费税：

$$1\,000.00 \times 50 \times 20\% + 50 \times 5 \times 1 = 10\,000.00 + 250.00 = 10\,250.00（元）$$

应予补计消费税并办理补缴消费税税金手续，调整分录如下。

借：税金及附加   10 250.00

     贷：应交税费——应交消费税   10 250.00

该酒厂应交消费税审计工作底稿如下表所示。

应交消费税审计工作底稿

索引号：ZNS-00XX

被审计单位	山东省 ABC 酒厂		
审计事项	应交消费税审计		
审计期间或截止日期	2019 年 12 月 31 日		
审计人员	王建安	编制日期	2020 年 4 月 30 日
审计结论或基本事实	按照消费税暂行条例的规定，企业用应交消费税的自产产品搞促销，应按照同类产品的售价计算交纳消费税，该企业按照产品的成本价直接结转，未计算消费税额，属于少计算缴纳消费税行为。应补缴消费税：1 000.00×50×20%+50×5×1=1 000.00+250.00=10 250.00（元）		
审计依据	《中华人民共和国消费税暂行条例》及《中华人民共和国消费税暂行条例实施细则》		
复核意见	应予补计消费税并办理补缴消费税税金手续，调整分录如下。 借：税金及附加 10 250.00 贷：应交税费——应交消费税 10 250.00		
复核人员	杨扬	复核日期	2020 年 4 月 30 日

（2）委托加工应税消费品的审查

① 审查"委托加工物资""应交税费——应交消费税"等明细账，对照委托加工合同等原始凭证，看委托加工的应税消费品是否按照受托方的同类消费品的销售价格计算纳税；没有同类消费品销售价格的，是否按照组成计税价格计算纳税，受托方代收代缴的消费税税额计算是否正确。

② 审查"委托加工物资""生产成本""应交税费——应交消费税"等明细账，看企业外购或委托加工收回的已税消费品用于连续生产应税消费品，在计税时准予扣除的消费税额计算是否准确，是否按当期实际生产领用数量计算。

③ 审查"委托加工物资""应交税费——应交消费税"等明细账，看委托加工应税消费品直接出售的，有无重复征收消费税的问题。

（3）适用税目、税率的审查

① 审查有无扩大低税率的适用范围。按产品的分类，逐项审查"主营业务收入"明细账，再分别对应各产品适用的税率与《消费税纳税申报表》进行核对，看是否存在高税率产品按低税率计税的现象。

② 审查成套销售应税消费品是否统一核算，并未从高适用税率申报缴纳消费税。通过对仓库、柜台进行实地审查，发现是否有成套消费品销售的情况，再进一步审查"主营业务收入"和"库存商品"明细账，并与销售发票及纳税申报表核对，看是否存在将成套消费品分开记账、分别计算申报缴纳消费税。

任务三　企业所得税审计

（一）任务基础

所得税又称所得课税、收益税，指国家对法人、自然人和其他经济组织在一定时期内的各种所得征收的一种税。我国现行的企业所得税是对中国境内的企业和其他取得收入的组织（不包括个人独资企业、合伙企业），就其来源于中国境内外的生产经营所得和其他所得征收的一种税。

企业所得税以企业每一纳税年度的收入总额，减除不征税收入、免税收入、各项扣除以及允许弥补以前年度亏损后的余额，为应纳税所得额。企业所得税的基本税率为25%。

企业所得税按纳税年度计算，纳税年度自公历1月1日起至12月31日止。企业所得税实行按月或按季预缴、年终汇算清缴、多退少补的征收办法。即企业应当自月份或者季度终了之日起15日内，向税务机关报送预缴企业所得税纳税申报表，预缴税款。企业应当自年度终了之日起5个月内，向税务机关报送年度企业所得税纳税申报表，并汇算清缴，结清应缴应退税款。

企业所得税发生的错弊主要是指企业采取伪造、变造、隐匿、擅自销毁账簿，虚假申报等手段，不计或少计收入、虚增成本费用、税前纳税调整不实、税前弥补亏损不实、错误适用税率、错误享受减免税政策，不缴或少缴应纳企业所得税税款的行为。

（二）任务实施

1. 企业所得税审计目标

（1）确定企业所得税的申报缴纳方式是否符合规定。

（2）确定企业是否符合汇总纳税条件。

（3）确定企业的利润总额是否正确。

（4）确定企业是否按规定进行纳税调整。

（5）确定企业是否按规定享受税收优惠。

（6）确定企业是否按规定及时申报缴纳企业所得税并进行汇算清缴。

2. 企业所得税的内部控制

企业所得税的部分内部控制内容如下表所示。

企业所得税内部控制调查表

被审计单位名称	××部门	日期		索引号	
审计项目名称	企业所得税内部控制调查	编制人		×××	
会计期间或截止日	20××年度	复核人	×××	页次	
问题		是	否	不适用	备注
（1）是否为企业所得税居民企业					
（2）是否存在非法人外地分支机构					
（3）会计核算是否被认定为健全					
（4）是否按月预缴企业所得税					
（5）是否按企业实际应纳税所得额预缴企业所得税					
（6）是否已完成年终汇算清缴企业所得税申报					
（7）是否正确核算会计利润					
（8）是否按照税法规定进行纳税调整					
（9）是否有以前年度发生的亏损在本年度进行弥补					
（10）是否有来源于境外的应税所得					
（11）是否为符合条件的高新技术企业或为符合条件的小型微利企业					
（12）是否在规定的时间办理了减免税审批、备案手续					
（13）是否汇总纳税企业，分支机构是否按规定分配比例就地预缴企业所得税					
审计结论：					

【**想一想**】如果你作为审计人员，在对企业所得税内部控制进行调查时还能提出哪些问题？

3. 企业所得税审计

企业所得税的审查，主要是指对企业所得税年终汇算清缴税款的审查，通常是对企业所得税年度纳税申报表结合财务报表和有关项目进行必要的分析性复核、实质性测试。

（1）利润总额的审查

审查利润表中一定期间各项收入、费用交易是否确已发生，确定无遗漏；审查企业收入和费用等要素确定已按适当的方法进行计价，列入利润表的利润总额；审查企业确定按法定程序结转分配利润。

（2）纳税调整项目的审查

纳税调整项目的审查是在对利润总额审查的基础上，对企业按照税法的有关规定进行纳税调整事项的审查。

① 审查应税收益项目。根据税法及有关政策规定审查应计入应纳税所得额的收益，以及由于其他原因少提或未计入应纳税所得额而应补报的收益。

② 审查超过规定标准项目。审查超过税法规定标准扣除的各种成本、费用和损失，是否调增应纳税所得额。包括税法中单独做出明确规定的扣除标准，也包括税法虽未单独明确规定标准，但企业会计准则已做出规定的部分。

a. 工资薪金和职工福利等三项经费审查。

将工资总额与各项成本费用项目中的工资费用进行核对，审查工薪费用分配是否准确合理，工资薪金的内容是否正确。审查企业本年度发生的职工福利费、工会经费、职工教育经费是否按税法规定进行纳税调整。审查提取工会经费的企业是否成立工会组织，是否按规定拨缴并取得工会经费收入专用收据，否则不得税前扣除。

b. 利息支出的审查。

确认利息项目是否可以税前扣除，通过查阅借款合同协议，确认是否属于股东个人借款。对重大的利息支出项目，审查利息计算表，支付凭证及会计记录，确认利息支出的真实性、准确性。审查利息的会计处理是否正确。将本企业计算利息支出的利率与一般商业贷款利率进行比较分析，确认利息支出是否可税前扣除。

c. 业务招待费的审查。

审查发生的业务招待费是否提供了合法有效的凭证。结合其他费用类账户审查是否将业务招待费性质的项目，列入其他费用账户以逃避列支限额限制。结合收入项目审查，验证业务招待费列支限额计算的准确性。

d. 公益性捐赠支出的审查。

审查营业外支出账户的捐赠支出，审查各捐赠项目的捐赠书或捐赠协议，核对支出凭证、确认支出已经发生。审查捐赠支出是否属于公益性捐赠，审查公益性捐赠支出是否取得公益性捐赠票据，未取得合法有效凭证不允许在税前扣除。审查企业的会计利润，核实企业公益性捐赠是否在规定的限额内扣除，对超过部分是否进行税前调整。审查对外捐赠的货物是否是自产的货物，是否存在未视同销售的情况。

e. 资产折旧、摊销的审查。

将资产折旧、摊销明细表与固定资产明细账、无形资产明细账等进行核对，审查企业固定资产的折旧方法、折旧年限及无形资产摊销方法、摊销年限是否符合合同、协议和税法有关规定的年限。审查企业各类资产开始计提折旧或摊销的时间是否符合规定，复核摊销金额计算是否正确，是否与上年度一致。审查固定资产采取加速折旧方法是否按规定取得了备案资料。

f. 广告费、业务宣传费支出的审查。

审查当年发生的广告费支出是否在销售（营业）收入的规定比例内据实扣除，超过比例部分广告支出可无限期向以后纳税年度结转。

g. 销售佣金、手续费的审查。

审查企业发生的佣金是否符合下列条件：有支付手续费、佣金的合法凭证；支付对象必须是独立的有权从事中介服务的企业或个人（支付对象不含本企业雇员）；超过服务金额的部分是否进行了纳税调整；符合上述条件的佣金可作为销售费用税前扣除，否则需要进行税前调整。

h. 坏账损失审查。

审查作为资产损失在税前扣除的坏账损失是否取得税务机关的批复。结合应收账款项目的审计，审查坏账损失的原因及有关证明资料，确认坏账发生的真实性；审查收回的坏账损失是否按规定冲转有关成本费用，并相应增加应纳税所得额。

i. 资产损失审查。

审查确认发生的资产损失是按规定需审批扣除的资产损失还是企业可以自行扣除的资产损失。审查对于自然灾害或者意外事故损失的赔偿部分，是否在税前扣除。审查发生的需审批扣除的资产损失有无批准文书，审查发生的可自行扣除的资产损失有无合法的证明损失发生的证据。

j. 租金支出的审查。

审查各成本费用科目的租金费用。核实租赁资产的存在、所有权和用途，审查是否错将融资租赁项目列入租金支出范围。

③ 审查不允许扣除项目。审查企业已作为扣除项目而予以扣除的各项成本、费用和损失，按税法规定不允许扣除的项目，应调增应纳税所得额。

（3）应纳税所得额的审查

应纳税所得额的审查主要是弥补亏损的审查。审查时注意企业是否按照规定建立弥补亏损台账，详细记录以前年度亏损数额、已弥补亏损数额、待弥补亏损数额及主管税务机关审查企业弥补亏损等情况；企业以前年度亏损弥补期限及结转的计算是否正确，有无少转或多转亏损的问题；根据企业所得税纳税调整项目表（所得税申报表附表一）上的弥补亏损金额，对照以前年度税务机关调整后的亏损额，核实本年度可弥补亏损金额，对不符合规定的应加以调整，按调整后的金额弥补亏损；审查企业发生的生产、经营亏损，是否报经主管税务机构审查，未经主管税务机关认定的亏损，不得税前弥补，凡企业未按规定自行弥补亏损的，一律做纳税调整。

（4）适用税率的审查

审查企业是否取得高新技术企业或小型微利企业的认定资格；审查被审查年度企业是否符合税法规定的享受低税率税收优惠的条件；以企业所得税申报表为依据，看其确定的适用税率是否正确。

（5）税收优惠的审查

通过询问，对照税收优惠政策，确定企业应享受哪些政策；审查所得税申报表，看看企业已享受了哪些优惠政策，有无符合享受减免税条件的企业而未充分运用优惠政策的情况；审查企业已享受的优惠政策是否有税务机关的批文，属于备案类的减免审查备案资料是否齐全；审查企业享受减免的金额计算是否正确，对所得税申报表上的不符合规定的减免税应予以剔除。

（6）应纳所得税额的审查

审查"应交税费——应交所得税"明细账借方发生额，与已缴税款原始凭证和纳税申报表相核对确定实缴税款，再将全年应缴入库的所得税额与已纳税额核对，确定企业年终应补退所得税额。

【工作实例13-4】审计人员张洪在审阅烟台市ABC修配厂业务时，审查了该企业的2019年所得税费用计算明细表，如下表所示。

所得税费用计算明细表（部分项目）

项 目	行次	金额（元）
一、营业收入	1	25 000 000.00
减：营业成本	2	19 000 000.00
税金及附加	3	935 000.00
销售费用	4	1 550 000.00
其中：广告费用	5	600 000.00
经营性租赁费用	6	50 000.00
销售费用	7	900 000.00
管理费用	8	2 657 000.00
其中：业务招待费	9	145 000.00
其他管理费用	10	2 512 000.00
财务费用	11	580 000.00
资产减值损失	12	24 000.00
加：投资收益	13	180 000.00
其中：国债利息收入	14	120 000.00
股利（甲股份公司）	15	20 000.00
股利（乙股份公司）	16	40 000.00
二、营业利润	17	434 000.00
加：营业外收入	18	15 000.00
减：营业外支出	19	200 000.00
其中：非正常财产损失	20	140 000.00
赞助支出	21	60 000.00
四、利润总额	22	249 000.00
减：所得税	23	62 250.00
五、净利润	24	186 750.00

经审计人员向相关财务人员询问，以下问题得以核实

（1）2019年8月1日发生经营性租入固定资产业务，租赁期10个月，租赁费50 000元

（2）资产减值损失为提取的存货跌价准备

（3）甲、乙股份公司的投资收益为股息所得，两企业所得税税率均为15%。连续持股时间18个月

（4）非正常财产损失未经税务机关审批

【要求】根据企业所得税法有关规定，分析指出该企业所得税费用计算明细表中，企业在计算企业所得税方面存在的问题，应如何解决？

解析：按企业所得税法的规定，企业应将利润总额调整成为应纳税所得额后计算企业所得税，该企业所得税费用计算明细表中所显示的需要纳税调整的项目存在未调整或调整错误的问题。其中存在的错误有以下几点。

（1）租赁费用扣除错误。按税法规定，经营性租入固定资产的费用应按受益时间均匀扣除，应调增应纳税所得额=50 000.00-50 000.00÷10×5=25 000.00（元）。

（2）业务招待费用扣除错误，25 000 000.00×5‰=125 000.00（元），145 000.00×60%=87 000.00（元），应调增应纳税所得额=145 000.00-87 000.00=58 000.00（元）。

（3）资产减值损失不能在计算所得税前扣除，应调增应纳税所得额24 000.00元。

（4）国债利息收入免缴企业所得税，应调减应纳税所得额120 000.00元。

（5）按税法规定，连续持股时间超过12个月，从被投资方取得的股息免税，应调减应纳税所得额60 000.00元。

（6）非正常财产损失和赞助支出不能扣除，应调增应纳税所得额200 000.00元。

2017年度应补税额=(25 000.00+58 000.00+24 000.00+200 000.00-120 000.00-60 000.00)×25%=31 750.00（元）

调整分录如下。

借：所得税费用　　　　　　　　　　　　　31 750.00
　　贷：应交税费——应交企业所得税　　　　　31 750.00

任务四　其他应交税费审计

（一）任务基础

其他应交税费是指除增值税、消费税、企业所得税以外的应交税费，主要包括在"应交税费"科目核算的房产税、车船税、城镇土地使用税、土地增值税、资源税、矿产资源补偿费、城市维护建设税、教育费附加等。实际工作中，企业普遍存在未按规定申报缴纳土地使用税、房产税等"小税种"，造成税款严重流失的问题。因此，审计人员也要重视"小税种"的审计。

（二）任务实施

1. 其他应交税费审计目标

（1）确定企业是否发生应交资源税、土地增值税、房产税、车船税等其他税费业务。

（2）确定企业发生的其他应交税费业务是否进行了正确会计核算并进行恰当的披露。

（3）确定企业其他应交税费各税的计税依据是否正确。

（4）确定企业其他应交税费各税的适用税率是否正确。

（5）确定企业其他应交税费各税减免税适用是否正确。

（6）确定企业是否按规定申报缴纳了其他应交税费各税税款。

2. 其他应交税费的内部控制

其他应交税费的内部控制部分内容如下表所示。

其他应交税费内部控制调查表

被审计单位名称		日期		索引号	
审计项目名称	其他应交税费内部控制调查	编制人		页次	
会计期间或截止日	20××年度	复核人		页次	
问题		是	否	不适用	备注
（1）企业是否开采应税矿产品或生产盐					
（2）企业是否自产自用应税矿产品或者盐					
（3）企业是否是独立矿山企业或联合企业					
（4）是否为房地产开发企业					
（5）是否存在转让房地产并取得收入的行为，所转让的土地使用权是否为国家所拥有					
（6）是否拥有房屋产权					
（7）拥有产权的房产是否均已在固定资产账户核算					
（8）是否出租房产					
（9）是否拥有车辆、船舶产权					
（10）拥有车辆、船舶是否均已在固定资产账户核算，有无账外车辆或船舶					
（11）是否拥有城镇土地使用权					
（12）是否使用免税土地					
（13）是否缴纳增值税、消费税					
（14）是否为按实际缴纳的三税税额计提城建税税金					
（15）是否代扣代缴工资薪金个人所得税					
（16）企业发放的工资薪金是否全部通过"应付职工薪酬"核算					
审计结论：					

【想一想】作为审计人员，在对企业其他税费内部控制进行调查时还能提出哪些问题？

3. 其他应交税费的审计

（1）应交资源税的审查

① 应税产品课税数量的审查。审查"税金及附加""应交税费——应交资源税"等账户，对照销售发票存根联等原始凭证，确认课税数量是否正确；审查"生产成本""制造费用""应交税费——应交资源税"等账户，对照领料单等原始凭证，确认自产自用数量是否正确；审查"材料采购""原材料""应交税费——应交资源税"等账户，对照购货发票，确认收购数量及资源税的缴纳是否正确，独立矿山、联合企业及其他收购未税矿产品的单位，是否按本单位适用的资源税单位税额，依据收购数量在收购地代扣代缴资源税。

② 适用税目、税率的审查。根据《资源税税目税额幅度表》《资源税税目税额明细表》《几个主要品种的矿山资源等级表》及地方政府有关的资源税的具体规定，对照审查企业的

"生产成本""库存商品""主营业务收入""应交税费"明细账，以及"资源税税费计算表"，一看企业有无混淆等级，故意将高等级的产品记入低等级的明细账中，使单位税额降低的情况；二看企业在计算税费时有无错用单位税额的情况。

③ 减免税项目的审查。注意企业如有减免税项目，是否单独核算课税数量，未单独核算或不能准确核算课税数量的，按规定不能享受减税免税优惠。

④ 税款申报缴纳的审查。审查企业"应交税费——应交资源税"账户的贷方发生额与纳税申报表上的应纳税额是否一致。

（2）应交土地增值税的审查

① 对转让收入的审查。审查收入明细账，并与房地产转让合同、记账凭证、原始凭证相核对，看企业有无分解房地产收入或隐瞒房地产收入的情况；审查往来账户，如"应付账款""预付账款""发出商品""其他应付款"等账户，并与有关转让房地产合同、会计凭证相核对，看有无将房地产收入长期挂账、不及时申报纳税的情况；审查房地产的成交价格，看其是否正常合理，对于转让房地产的成交价格明显偏低的，应由评估部门进行评估，按房地产评估价格计算应交纳的土地增值税；采取按揭售房方式销售房产的，一是审查首付款是否及时结转收入，二是审查余款在银行按揭贷款办理转账后是否结转收入。

② 扣除项目的审查。对取得土地使用权所支付的金额、房地产开发成本、房地产开发费用进行审查，主要注意是否真实发生，有无虚列的情形，将实际发生数与有关合同、协议比对，找出差异，还要看列支的费用有无不合法票据。

③ 应纳税额的审查。对应纳税额的审查主要是通过复算，将计算结果与纳税申报表上的申报数对比，看是否正确申报缴纳了土地增值税。

（3）应交房产税的审查

① 房产税计税依据的审查。审查自用房产的原值是否真实，有无少报、瞒报的现象。审查"其他业务收入"等账户和房屋租赁合同及租赁费用结算凭证，核实房产租金收入，有无出租房屋不申报纳税的问题。

② 应纳税额的审查。

a. 审查其申报的房产使用情况与其实际用途是否相符。各免税单位的自用房产与生产、经营用房产以及出租房产的划分，免税单位房产与下属单位房产的划分是否明确，以及免税房产在改变用途转为应税房产后是否按规定申报纳税。

b. 审查房产税计算纳税的期限。对于新建、改造、翻建的房屋，已办理验收手续或未办理验收手续已经使用的，是否按规定期限申报纳税，有无拖延纳税期限而少计税额的问题。

c. 审查房产税是否正确缴纳。

（4）应交车船税的审查

① 车船税计税依据的审查。审查企业的"固定资产"账户，关注拥有的车船的数量和计税吨位，注意区别不同车船的性质，如车辆是否为货车、船舶是否为机动船等，看是否存在错用计税依据的情况。

② 车船税减免税的审查。按照政策，区别不同车船拥有人的性质以及车船的具体用途，审查其拥有的车船是否属于税法规定的免税车船。

③ 车船税应纳税额的审查。将"应交税费——应交车船税"账户中记载的已纳税额与"固定资产"账户核对，并深入实际了解企业是否拥有车船，审查是否存在拥有车船但不申报纳税的情况。

（5）应交城镇土地使用税的审查

应交城镇土地使用税应重点审查企业实际占用土地的面积、减免税土地面积、适用单位税额以及税款计算缴纳等问题。

① 对纳税义务的审查。审查拥有土地使用权的单位和个人不在土地所在地，或者土地使用权未确定的以及权属纠纷未解决的企业是否为土地实际使用人或代管人，实际使用人或代管人是否按规定申报纳税。审查企业使用免税单位的土地，是否按照规定履行纳税义务。

② 应税土地面积审查。将"土地使用税纳税申报表"中填报的应税土地面积与实际测定的土地面积、土地使用证书确认的土地面积、"固定资产"明细账中记载的土地面积相核对，看其是否相符。

③ 减免税土地面积审查。审查享受减免税的土地是否有土地管理机关批准征地的文件。审查是否将免税土地用于出租，或存在多报免税土地面积的问题。

④ 应纳税额审查。根据土地位置和用途及当地人民政府对本地区土地划分的等级及单位税额，复核土地使用税纳税申报表和有关完税凭证，审查企业应纳税款的计算正确与否，税款是否及时申报缴纳入库。

（6）应交城市维护建设税的审查

城市维护建设税申报缴纳税款的过程中容易出现的问题主要有延期申报、计税依据适用错误、税率运用错误等。因此，在对城建税的审查中应针对其特点，重点注意比较应缴税金与实际已缴税金是否计算准确，缴纳是否及时，税率适用是否正确。

① 对计税依据的审查。审查有无少计、漏计或不计已缴"两税"金额的现象；审查有无补缴增值税、消费税的同时未补缴城建税的现象。

② 对适用税率的审查。审查纳税申报表或完税凭证，注意城建税适用税率是否是企业所在地适用税率；对由受托方代征、代扣"两税"的单位，应按缴纳"两税"的所在地的税率计算缴纳城建税，审查是否错用。

③ 对税款申报的审查。审查"应交税费——应交增值税"和"应交税费——应交消费税"等明细账户的发生额，再核对城建税的申报纳税资料，看企业是否及时申报缴纳了城市维护建设税。

应注意的是教育费附加的审查和城市维护建设税的审查一样。

（7）应交个人所得税的审查

① 工资薪金问题的审查。审查税金结算账户，看是否已代扣代缴了个人所得税；审查"应付职工薪酬"相关账户，根据每月会计记账凭证号码，核对各种补贴、津贴、奖金等，审查发给每人每月应付工资的总额，看是否按规定计算税款；审查"盈余公积""利润分配"账户，看企业是否从该账户中提取奖金，直接支付给对生产、经营有突出贡献的员工，而不通过"应付职工薪酬"账户核算；审查"管理费用""销售费用"账户，看企业有无不按会计制度核算，将管理部门和销售人员的某些实物奖金直接通过该科目核算，而不通过

"应付职工薪酬"账户核算的现象；审查往来账户，看企业有无私设"小金库"为职工"谋福利"。

此外，还须根据企业"工资结算单"对照个人所得税计算表，逐项核实税前扣除项目（如有无以误餐费的名义向职工发放补贴不计入工资收入而作为税前扣除项目等问题），然后计算应纳税工资薪金收入总额。如果当月应税收入超过法定免征额，则应将其金额记录下来，按规定的适用税率计算出应缴的个人所得税税款。

② 承包、承租经营所得问题的审查。审查承包经营合同，区分承包性质，进一步核实代扣代缴个人所得税企业报表；审查建筑单位为没有营业执照的个人挂靠施工，是否未代扣代缴个人所得税；审查企业项目经理内部承包施工取得的个人所得，单位是否未代扣代缴个人所得税。

③ 利息、股息、红利所得问题的审查。审查企业向职工或其他个人集资，有否对支付的利息未按规定代扣代缴个人所得税，有否对企业将应支付未支付的利息直接增加借款本金而未按规定代扣代缴个人所得税；审查有无对企业向参股的职工或者其他个人支付的股息、红利收入未全额扣缴个人所得税；对单位为个人负担的个人所得税，计算应纳税额时，审查有无未将支付额换算成含税收入后计算扣缴个人所得税。

任务训练

一、简答题

1. 对企业外销产品增值税计税销售额的审查应注意哪些内容？
2. 对企业消费税的审查应注意哪些内容？
3. 应交企业所得税的审计目标包括哪些内容？
4. 应交资源税审查的内容包括哪些？

二、单项选择题

1. 我国现行消费税单一实行从量定额征税办法的应税消费品有（　　）。
   A. 白酒　　　　　　　　　　　B. 卷烟
   C. 黄酒　　　　　　　　　　　D. 化妆品
2. 我国自（　　）进行全面营改增。
   A. 2015 年 5 月 9 日　　　　　B. 2014 年 5 月 1 日
   C. 2013 年 3 月 8 日　　　　　D. 2016 年 5 月 1 日
3. 企业开采或者生产应税产品的，以（　　）为计税依据缴纳资源税。
   A. 开采数量　　　　　　　　　B. 移送数量
   C. 销售收入　　　　　　　　　D. 销售数量
4. 房地产开发企业在核实企业取得土地使用权所支付的金额和房地产开发成本的基础上，可按规定的扣除比例（　　）申报加计扣除计算缴纳土地增值税。
   A. 5%　　　　　　B. 10%　　　　　　C. 20%　　　　　　D. 30%

三、多项选择题

1. 企业销售商品应计入"主营业务收入"或"其他业务收入"的收入，错将售价与成本的差额计入（　　　），达到缩小增值税计税销售额的目的。

  A. 投资收益   B. 盈余公积

  C. 资本公积   D. 本年利润

2. 企业将自产的应税消费品用以（　　　）是按企业同类消费品的最高销售价格计算消费税。

  A. 以物易物   B. 以货抵债

  C. 投资入股   D. 发放福利

3. 企业转让房地产时缴纳的，在"税金及附加"账户核算的，允许在计算土地增值税时申报抵扣的税金有（　　　）。

  A. 消费税   B. 城市维护建设税

  C. 教育费附加   D. 印花税

4. 资源税应计入的科目有（　　　）。

  A. 生产成本   B. 制造费用

  C. 税金及附加   D. 管理费用

5. 企业发生的（　　　），审查企业所得税时应注意全额调增应纳税所得额。

  A. 资本性支出

  B. 与收入无关的支出

  C. 税收滞纳金、罚金、罚款

  D. 非公益性捐赠

四、判断题（正确的打"√"，错误的打"×"）

1. 企业销售残次品、下脚料或提供应税劳务以及收取的价外费用等未计"其他业务收入"，而是直接冲减费用，属于漏计销项税额的现象。 （　　　）

2. 卷烟采取从价定率方式征收消费税。 （　　　）

3. 坏账损失作为一种资产损失要经过税务机关批准后才可以在税前扣除。 （　　　）

4. 企业为建办公楼房等而获得的土地使用权所支付的土地出让金，在"开发成本"科目中核算。 （　　　）

5. 对实行从租计征的房产，不得再实行从价计征。在按房产原值计征房产税时，应将出租房产的原值从企业房产原值总额中剔除。 （　　　）

6. 车船税实行从量定额征税，不同性质的车船适用不同的计税依据，载货车、机动船以净吨位为计税依据。 （　　　）

7. 个人所得税必须通过"应交税费——代扣代缴个人所得税"科目核算。 （　　　）

8. 城建税应与增值税、消费税同期申报。 （　　　）

9. 企业使用免税单位的土地，应按照规定履行纳税义务。 （　　　）

10. 印花税应通过"管理费用"账户核算。 （　　　）

技能训练

训练一：练习企业税金申报缴纳审计

资料：审计山东省 ABC 酒厂业务时，发现 2019 年 7 月 14 日第 78 号记账凭证存在问题，如下所示。

记 账 凭 证

2019 年 7 月 14 日　　　　　　　　　　　　　　　　　　　第 78 号

摘要	会计科目	明细科目	借方	贷方
以产品抵债	应付账款	路通运输公司	866 926.10	
	库存商品	58°齐鲁春		119 200.00
	资本公积	其他资本公积		447 726.10
	实收资本	路通运输公司		300 000.00
合　计			866 926.10	866 926.10
附单据　2 张				

会计主管：何爱丽　　　　　　　会计：李小明　　　　　　　制证：王维维

债务重组协议

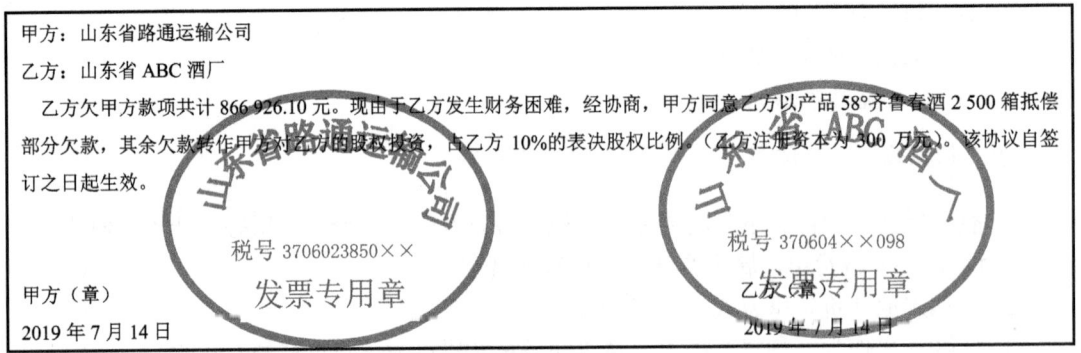

甲方：山东省路通运输公司

乙方：山东省 ABC 酒厂

　　乙方欠甲方款项共计 866 926.10 元。现由于乙方发生财务困难，经协商，甲方同意乙方以产品 58°齐鲁春酒 2 500 箱抵偿部分欠款，其余欠款转作甲方对乙方的股权投资，占乙方 10% 的表决股权比例。（乙方注册资本为 300 万元）。该协议自签订之日起生效。

税号 3706023850××　　　　　　　　　　税号 370604××098

甲方（章）　　　　　　　　　　　　　　　乙方（章）

2019 年 7 月 14 日　　　　　　　　　　　2019 年 7 月 14 日

出 库 单

用途：销售　　　　　　　　　2019 年 7 月 14 日　　　　　　　　产成品库 005

产品编号	产品名称	计量单位	数量	产品成本
01	58°齐鲁春	箱	2 500	119 200.00

记账：王洪　　　　　　　　保管：李利　　　　　　　　经办：王萨

【要求】 山东省 ABC 酒厂在计算缴纳增值税、消费税方面存在什么问题？如何编写内部审计工作底稿？（注：经查 58°齐鲁春为芝麻香型粮食白酒，当期平均不含增值税售价每箱 128 元，其中，每箱 4 瓶，每瓶 500 克，最高不含增值税售价每箱 150 元。）

训练二：练习企业所得税审计

审查 ABC 食品生产企业，2019 年企业有关生产、经营情况资料如下：

（1）取得产品销售收入 2 300 万元、购买国债利息收入 230 万元。

（2）发生产品销售成本 1 100 万元；发生销售费用 380 万元，其中广告费 50 万元、业务宣传费 30 万元；发生产品销售税金及附加 50 万元。

（3）发生财务费用 220 万元，其中，1 月 1 日以集资方式筹集生产经营性资金 300 万元，期限 1 年，支付利息费用 30 万元（同期银行贷款年利率 6%）。

（4）发生管理费用 260 万元，其中含业务招待费 190 万元。

（5）"营业外支出"账户记载金额 53.52 万元。其中，合同违约金 4 万元；通过民政局对灾区捐赠现金 49.52 万元。

其他相关资料：该企业 2017 年预缴所得税 18.43 万元。

【要求】根据上述资料，按下列序号计算回答问题，每小题需计算出合计数（以万元为单位）。

（1）计算 2019 年企业所得税前准予扣除的财务费用。

（2）计算 2019 年企业所得税前准予扣除的管理费用和销售费用。

（3）计算 2019 年企业所得税前准予扣除的营业外支出。

（4）计算 2019 年应纳税所得额。

（5）计算 2019 年度企业应纳所得税总额。

（6）计算 2019 年度企业应补缴纳企业所得税。

模块三

综合能力拓展审计

本模块是在前面两个模块的基础上编写的，具有综合知识的部分内容。既适用于内部审计，也适用于外部审计，即政府审计和社会审计所开展的审计工作。该模块主要介绍经济效益审计和经济责任审计的产生、发展、种类、内容，以及审计评价标准体系。通过学习案例格式掌握其相关知识，可以了解审计监督体系的全貌，同时也为同学们将来从事各方面的审计工作奠定了基础。

项目十四　经济效益审计

任务目标

了解经济效益审计产生的原因；了解经济效益审计的内容；掌握经济效益审计的评价标准；掌握经济效益审计的综合评价。

能力目标

能够运用审计的基本知识和相关知识进行经济效益审计工作的展开；掌握经济效益审计的程序；并会编写经济效益审计报告。

任务内容

经济效益审计的含义、种类、作用；经济效益审计内容、评价体系、程序；通过经济效益审计的案例，掌握经济效益审计报告基本格式。

任务一　经济效益审计概述

（一）任务背景

审计是一项具有独立性的经济监督活动。"经济效益审计是审计机构对被审计单位有关经济效益方面的情况所实施的一种审计"，经济效益审计，不仅是国家审计的一项重要目标，还是内部审计的主要目标和日常工作的内容。根据我国国情的需要，实施经济效益审计，有利于促进国民经济各部门、各企事业单位以及各级政府机关和科研单位围绕提高经济效益和工作效益改进自己的工作，加强内部控制，实现最佳管理；有利于改善社会主义经济各方面的关系，维护正常的经济秩序；同时也利于提高财务审计的质量和巩固财经法纪审计的成果。

我国的经济效益审计，类同于国外的绩效审计或"三E"审计，包括了经营审计和管理审计部分内容。"三E"审计，是指经济性审计、效率性审计和效果性审计。对财务支出是否节约或浪费所进行的审计，为经济性审计。

经济性审计，是指以最低的支出和耗费开展经营活动，尽量节约，避免浪费。通过经济性审计，可以揭示被审计单位财政财务活动的恰当程度及其遵纪守法情况。

效率性审计，主要是指对投入与产出之间的关系所进行的审计。通过该种审计，借以评价成本与盈利的情况，判明被审计单位的经济活动是否经济有效。其审计的主要内容：判明被审计单位在管理和利用资源上是否经济有效；查明不经济、效率低的原因；检查是否遵守有关提高效率的法规等。效率审计最终要揭示被审计单位管理结构的合理性和管理职能发挥的有效性，进一步寻求有利于提高效率的办法和措施。由于该种审计主要采用货币计量单位，以价值的形式计算比较，所以也称为价值审计。

效果性审计，是指对计划目标的完成情况所进行的审计，即审查产出是否达到了预期的效果，是否获得了理想的效益。效果性审计也称经营审计或经济效果审计。经营审计一般称为业务经营审计，是对企业供、产、销等业务经营活动进行的审核检查，以进一步挖掘潜力、提高经济效益的一种审计。

管理审计则是审核检查管理能力和水平，评价管理素质的一种经济效益审计。虽然经营审计和管理审计其根本目的是一致的，甚至不少人认为它们是一回事，实践中无法分别，其实它们有不同的侧重点。经营审计，主要是审查业务经营活动和生产力各要素的利用情况，也是对企业的物质条件和技术条件的审查，具有直接性；管理审计，主要审查管理组织机构的合理性、管理机能的有效性，以促进生产力各要素的有效配合，具有间接性。经营审计一般是由内部审计发展来的，它是业务审计的扩大化形式；管理审计产生于20世纪30年代，应用于60年代至70年代，它是从财务审计和内部审计发展而来的，其范围和技术更趋于综合性、绩效性与管理性。"三E"审计后来又被拓展成为"五E"审计，即增加了"环保性审计"和"公平性审计"。环保性审计主要关注的是自然资源的有效利用和生态环境的维护，要求特定主体的行为活动必须以保护环境为前提；公平性审计主要强调特定主体对社会的贡献程度，包括所产生的利润分配和再分配的公平性和对维护社会稳定、促进社会发展的影响程度。但经济性审计，效率性审计和效果性审计这"三E"特性仍然是现代经济效益审计的核心内涵。国外常常提到的"三E"审计就是我国的经济效益审计。

（二）任务基础

1. 经济效益审计的含义

经济效益审计，是以审查评价实现经济效益的程度和途径为内容，以促进经济效益提高为目的所实施的审计，是政府审计的一种形式。经济效益审计的主要对象是生产经营活动和财政经济活动取得的经济效果或效率，它通过对企业生产经营成果、基本建设效果和行政事业单位资金使用效果的审查，评价经济效益的高低、经营情况的好坏，并进一步发掘提高经济效益的潜力和途径。

经济效益审计是建立在财务收支审计基础上的延伸审计，以企业经营管理活动的合法性和合规性、数据的真实性和公允性为前提，从经济性、效率性、效果性诸方面展开纵向与横向并纵横结合的公正、客观、全方位的审计。

提高经济效益是一切经济工作的重心，企业要达到最大程度的经济效益，最可靠的是建立完善而且行之有效、人性化的管理制度和激励机制。而经济效益审计的目的是对企业的业务经营管理全过程活动进行审查，评价其资源配置的经济性、效率性和效果性，并针对性地提出改进措施和建议，促使被审计单位在改善管理、提高经济效益的过程中发挥很大的作用。因此，开展经济效益审计，对于完善企业的管理体制、提高经营管理水平、提高企业经济效益有着客观的必要性和紧迫性。

　　审计作为经济监督的一种工具，不应局限于财务范围的审计，而应扩展到企业计划、生产、决策诸多方面；不应只注重事后审计，而应扩展到事中、事前审计。因此，开展经济效益审计，不仅要延伸审计范围，拓宽审计领域，而且要在财务审计合法性和合规性的基础上，审查其合理性和有效性，确保审计内容的连续性和完整性，完善审计监督体系。

　　现代经济效益审计是市场经济发展的产物。市场经济发展的程度也决定了经济效益审计发展的阶段性形式和特点。我国社会主义市场经济体制已经基本建立，推行效益审计的经济基础条件已经初步具备；同时，现阶段市场经济体制还不完善，财政财务收支的真实性、合法性还不能得到充分保证，问题还很突出，社会诚信机制仍很脆弱。为了适应组织人事、纪检监察、公安司法、舆论媒体、人民群众对审计机关在反腐败中充分发挥作用的强烈需求，查处违法违规问题仍然是审计机关在开展经济效益审计的同时，不得不首先关注的问题。真实性、合法性审计仍然具有很强的客观必要性。因此，我国现阶段不仅应当保持相当比例的财政财务收支审计，而且在推行经济效益审计的时候，也应当坚持与财政财务审计相结合，把合规性与经济性、效率性、效果性统一作为效益审计的目标。目前我国国家审计正处于从财政财务收支审计向经济效益审计发展的过渡阶段。

　　我国经济效益审计的法律依据就是《中华人民共和国宪法》和《中华人民共和国审计法》对审计机关职责任务的规定：审计机关"对国务院各部门和地方各级政府的财政收支，对国家的财政金融机构和企事业组织的财务收支，进行审计监督"。现阶段经济效益审计的立法建设，主要是在坚持财政财务收支审计的同时，向全面实现真实、合法、效益的目标转变，特别要向效益性检查和经济效益审计方面倾斜，大胆创新效益审计的形式，包括过渡性的经济效益审计形式，务求取得成果和经验，从建立和完善经济效益审计规范入手，积极创造条件，加快我国经济效益审计的立法建设步伐。

　　在我国，虽然不同审计主体在经济效益审计方面的侧重点有所不同，但政府审计、内部审计、民间审计开展经济效益审计的总目标应该是一致的。经济效益审计的总目标可以概括为审查、评价被审计单位受托经济责任的有效履行情况。将总目标进一步地具体化，可以包括一般审计目标和项目审计目标两部分。前者是进行所有的经济效益项目审计必须达到的目标，即审查、评价被审计单位（审计项目）经济活动的经济性、效率性和效果性。后者是按每个项目或每类业务分别确定的目标，是一般审计目标在具体实施某项经济效益审计时的体现。

2. 经济效益审计的种类

经济效益审计应该主要从以下方面入手。

（1）内部控制制度审计。为了保证企业经营目标的实现，要对经营过程实施控制，以便及时发现不良苗头并进行纠正和调适。因此，对管理控制的健全性、符合性和有效性进行评价就构成了对内部控制的经济效益审计，通过审计促进企业不断完善并有效执行内部控制制度，改善经营管理，提高经济效益。

（2）经营决策审计。审计人员一般在做出决策时，需对有关决策的信息、计算或预测数据进行核实，同时在核实的基础上对各种决策方案的可行性进行验证并客观地做出评价。

在实际工作中，经营决策审计主要包括重大经济合同、投资方案、资产重组、结构调整、市场开拓、资源利用、盈利结构、经营承包方案等内容的审计事项。

（3）经营预算审计。经营预算制定的合理性、可靠性以及实现程度对企业经济效益有直接影响。该项审计的重点为预算编制是否合理和可行，预算执行情况和结果如何。在实际工作中，该项内容可以进行专项审计，也可以包括在其他经济效益审计项目中进行。

（4）资金使用效益审计。由于资金使用效益受到经营过程各环节的影响，因此，该项审计的重点为资本结构的合理性，资产配置的合理性，流动资金、固定资产等占用的合理性与效益性。

（5）市场营销审计。市场营销审计对企业营销环境、目标、战略和活动进行全面、系统、独立和定期检查，找出市场营销中存在的问题，提出正确的短期和长期行动计划，以提高总体营销效益。具体包括营销环境审计、营销战略审计、营销组织审计、营销制度审计、营销生产率审计、营销功能审计等。

（6）管理效能审计。管理效能审计就是对被审计单位的各项管理效能进行审计，其内容涉及计划、领导、组织、控制等过程的有效性，以及影响管理成效的外在因素，找出管理中的薄弱环节，提高被审计单位的管理素质、管理水平和管理效率，促进企业提高经济效益。

（7）成本收益审计。成本收益审计通过对产品生产耗费、价值回收等的评价，证实企业经济效益的优劣，促进企业改进生产技术，实现增产节约。

3. 经济效益审计的作用

提高现代企业经济效益的途径有许多，开展经济效益审计便是其中之一。企业经济效益审计不仅关注企业财务收支真实合规等，还评价企业各项管理制度是否健全、有效，同时评价企业资源配置的经济性、效率性和效果性。因此，开展经济效益审计工作，对于企业提高资源使用效益、完善制度建设，以及提高管理水平具有十分重要的作用。

（1）审计监督、反馈与促进作用。经济效益审计是企业谋求自我生存和良好发展的需要，通过对企业的管理和经济效益做出评价，可规范企业的经营行为，从而实现自我约束，为企业有效经营、健康发展服务，维护企业的合法权益。另外，经济效益审计的监督职能，主要是以法规和制度规定为评价依据，对企业经济活动及经营管理全过程进行监察控制，促进企业内部各管理层次行为的合法性、合规性，促进企业各项规章制度的完善并有效执行，对执行中存在的问题进行提示和查处，并将发现的问题及时进行反馈，从而督促企业遵守法规，改进经营管理，提高经济效益。

（2）审计评价与鉴证作用。经济效益审计通过审核检查，评价与鉴证企业的计划、预算、决策、实施方案等是否可行，经济活动是否按照既定的决策和目标进行，经济效益的好坏以及内部控制制度是否健全、有效等，从而提出意见和建议，为领导决策提供依据，由此促进企业改善经营管理，提高经济效益。

（3）审计控制与风险警示作用。对于一些较大规模的企业来说，其投资主体多元化，经营方式多样化，管理层次多级化，跨行业、跨地区、跨国界经营，企业最高管理层不可能对经营管理状况进行经常性的直接检查监督。经济效益审计作为企业完善内部控制制度的一种手段，可及时关注企业经营风险发生的可能性，包括企业经营现状带来的风险和计划规划、发展战略所带来的潜在的风险。经济效益审计同时将承担起风险管理的作用，为企业规避风险服务，通过对企业内部生产经营活动各环节控制系统的审查和评价，发现企业内部控制制度的缺陷和漏洞，分析经营管理过程中的偏差和失误，解剖问题产生的各种主、客观原因。因此，经济效益审计一方面可对潜在的风险提出警示，另一方面更可促进企业实现有效控制管理，最终达到提高经济效益的目标。

（4）审计咨询的作用。通过经济效益审计，审计人员可以对企业经营管理的程序、风险及发展战略有较全面的了解。因此，通过审计工作发现问题，可以对企业各项经营活动的控制、制度、管理等方面的情况有针对性地提供咨询服务，包括建议、协调、过程或流程设计等工作，作为企业领导在经营管理方面做决策的依据，防止出现较大的管理漏洞，促进企业资产增值并提高经济效益。

（5）审计参谋与沟通的作用。开展经济效益审计可以为企业的经营决策及发展战略提出意见和建议，为决策提供有价值的信息支持。同时，亦可发挥承上启下的作用，及时把有关部门和下属单位的困难、问题和意见公正地反映给企业领导，发挥上下之间信息沟通的作用。因此，经济效益审计人员是企业管理层可靠的情报提供者，是参谋，也是助手。

（6）教育的作用。从经济效益审计结论中吸取经验，在适当的范围内进行推广和通报，为各层次、各方面的经济活动提供借鉴。

4. 经济效益审计的特征

经济效益审计是审计发展迄今为止的最高层次，它是帮助企业改善管理、提高效益的有效方式和重要途径。在我国实行市场经济体制的今天，经济效益审计在帮助企业加强科学管理，挖掘内部潜力，提高工作效率，增强企业竞争能力方面将起到越来越重要的作用。从发达国家经验来看，市场经济越发达，经济效益审计越重要。

（1）经济效益审计是以提高经济效益为直接目的的审计

审计人员通过审计，促进被审计单位正确处理宏观经济效益与微观经济效益、长远经济效益与眼前经济效益、直接经济效益与间接经济效益、经济效益与社会效益之间的关系，把握好工作与经营的方向，从而获得有利于整个社会发展的真正经济效益。

（2）经济效益审计是挖掘潜力的建设性审计

经济效益审计是通过对经济资源利用情况和经济效益开发途径的审计，提出提高经济效益的建议并督促被审计单位执行，经济效益的提高只有依靠被审计单位自己的努力才能取得。

（3）经济效益审计是面向未来的审计

经济效益审计可以通过事前的预测、决策、计划，防患于未然。即使进行事前、事中、事后审计，也是为了对被审计单位的经济效益水平进行评价，提出挖掘潜力，提高经济效益的措施和建议，提高企业未来的经济效益。

（4）经济效益审计是综合性的审计

经济效益审计需要充分考虑企业人力、物力、财力、技术、市场、管理等诸多方面因素的影响，努力从多方面挖掘提高经济效益的潜力，在审计过程中要通过多项指标来说明企业综合经济效益的实现程度和水平。因此，也就要求审计人员具备全面的知识，从金融、财政、技术、管理等方面入手，找到切实可行的提高经济效益的方法。

（5）经济效益审计是具有广泛适用性的审计

经济效益审计的范围是非常广泛的，涉及经济活动的各个方面和全过程，既要审查整个经营活动，还要审查产生结果诸多因素。因此，要求审计人员在选择重点时，具有广阔视野、缜密思维和准确的判断能力。

（6）经济效益审计是方法灵活的审计

经济效益审计的方式方法灵活多样，既可以全面审计也可以局部审计，既可以详细审计也可以抽样审计，既可以事中审计也可以事后审计，可由国家机关人员组织审计，也可以由内部审计人员或社会审计人员组织实施。经济效益审计的方式方法，应该根据审计任务的具体要求来定，总的原则是注重审计工作本身的成本，力求以最少的费用和最短的时间来取得最大的审计效益。

（7）经济效益审计是系统性审计

经济效益的实现是个系统工程，经济效益实现的系统性决定了经济效益审计必须用系统的观点和方法。经济效益审计对经济效益各系统和环节进行综合分析和研究，考察评价经济效益实现途径的全过程，找出影响经济效益实现的薄弱环节。

（8）经济效益审计是一种动态审计

经济效益审计所运用的评价标准是动态的，即审计标准具有确定性和不确定性。不同地区、不同时期、不同行业、不同项目、不同经济实体，判断其经济效益优劣高低的标准是有差异的，所以审计的标准就具有不确定性。而就其财务收支和遵守财经法纪审计而言，所遵循的法律法规又是确定的，因此，经济效益审计不能一成不变。

任务二　企业经济效益综合评价

企业经济效益综合评价是指运用多个指标，多方面地对一个参评单位进行评价的方法。其基本思想是通过多方面地选择多个指标，并根据各个指标的不同权重，进行综合评价。通常，企业经济效益综合评价要遵循科学性、导向性、综合性、可比性、可操作性等原则，选择不同的指标，指定不同的标准。企业经济效益综合评价主要用于经济指数评价、经济效益评价、单位个人效益评价。

为规范企业绩效评价行为，推动绩效审计工作的开展，财政部等五部委于2002年发布了《企业绩效评价操作细则（修订）》，再次对评价指标体系进行修订和改善，通过财务效益状况，资产营运状况，偿债能力状况和发展能力状况四个方面的基本指标，利用修正指标来评价企业的经济效益，并利用评议指标对企业绩效评价进行补充（见下表）。

企业绩效评价指标体系

序号	项目	基本指标	修正指标	评议指标
1	财务效益状况	净资产收益率 总资产报酬率	资本保值增值率 主营业务利润率 盈余现金保障倍数 成本费用利润率	经营者基本素质 产品市场占有能力 基础管理水平 发展创新能力 经营发展战略 在岗员工素质 技术装备更新水平 综合社会贡献
2	资产营运状况	总资产周转率 流动资产周转率	存货周转率 应收账款周转率 不良资产比率	
3	偿债能力状况	资产负债率 已获利息倍数	流动比率 现金流动负债比率	
4	发展能力状况	销售（营业）增长率 资本积累率	三年资本平均增长率 三年销售平均增长率 技术投入比率	

企业经济效益评价是经济效益审计中一项十分重要的内容。而评价的指标体系主要包括以下几个方面：

（一）财务效益评价指标

净资产收益率=净利润/平均净资产。该指标反映了企业资本运营的综合效益。指标越高企业自有资本获利能力越强，运营效益越好，对企业投资人、债权人的利益保证程度越高。

总资产报酬率=（利润总额+利息支出）/平均资产总额。该指标反映全部资产运营带来的收益或报酬。如果该指标大于资本利润率，则表明企业可以充分利用财务杠杆，进行负债经营。该指标越高，表明企业投入产出的水平越高，企业的总体运营效益越好。

资本保值增值率=扣除客观因素的年末所有者权益/年初所有者权益。该指标是根据"资本保全"原则设计的指标，更谨慎、稳健地反映了企业资本保全和增值状况，也充分体现经营者的主观努力程度和利润分配积累情况。

销售利润率=销售（营业）利润/销售（营业）收入净额。该指标从企业主营业务的赢利能力和获利水平方面对净资产收益率指标进行补充，体现了企业主营业务利润对利润总额的贡献，以及对企业全部收益的影响程度，是衡量企业经营效益的主要指标。

（二）资产营运效率评价指标

总资产周转率=销售（营业）收入净额/平均资产总额。该指标反映了企业经营期间全部资产从投入到产出周而复始的流转速度，是衡量企业全部资产管理质量、利用效率及营运效率的一项重要指标。

流动资产周转率=销售（营业）收入净额/平均流动资产总额。该指标从企业全部资产中流动性最强的流动资产角度考核企业资产利用效率，以分析企业资产质量水平。

资产营运效率评价的修正指标有存货周转率、应收账款周转率及反映企业资产经营质量的指标，包括企业的不良资产比率和资产损失比率。

（三）偿债能力评价指标

资产负债率=负债总额/资产总额。该指标表示企业总资产中有多少是通过负债筹集的，是衡量企业负债水平、风险程度、筹资能力及偿债能力的重要指标，是企业投资人、潜在投资人和债权人投资决策的重要依据。

已获利息保障倍数=息前利润/利息支出。该指标反映当期企业经营收益所需支付的债务利息的多少，是从偿债资金来源的角度衡量企业债务利息的偿还能力。

偿债能力评价修正指标有流动比率、速动比率、现金流动负债比率、长期资产适合率以及经营亏损挂账率。

（四）企业发展能力的指标

（1）发展能力指标。资本积累率=本年所有者权益增长额/年初所有者权益。该指标反映了企业所有者当年的变动水平，反映了企业资本积累的增长情况，是衡量企业发展潜力的重要指标。

总资产增长率=本年总资产增长额/年初资产总额。该指标从企业资产总量扩张方面反映企业的发展能力，表明企业规模增长水平对企业发展潜力的影响。

（2）企业技术创新指标。该指标包括企业技术创新的费用投入占销售收入的比重、企业从事科研和技术活动的人员占全部技术人员的比重、技术消化吸收费用与技术引进费用总额之比、产品更新率。

（3）生产要素素质状况指标。企业生产要素素质主要指企业从业人员素质及企业装备的技术水平，包括职工平均文化程度、每千人职工拥有技术人员数。

（五）企业经营安全程度的指标

保本作业率=保本销售额/实际销售额。该比率越高，说明经营风险越大。

安全边际率=安全边际/实际销售额，安全边际是指正常销售额与保本销售额的差额。该比率越大，说明企业发生亏损的可能性越小，企业的生产经营越安全。

经营杠杆率=企业利润变动率/销售变动率。该比率越大，利润的变动越剧烈，企业的经营风险越大。

（六）企业市场竞争能力的指标

（1）企业销售增长率=本年销售增长额/上年销售收入，它是衡量企业经营状况和市场占有能力，预测企业经营业务拓展趋势的重要指标。该指标若大于零，表示企业本年的销售收入有所增长，指标值越高，表明增长速度越快，企业市场前景越好。

（2）企业订货合同履约率。按质、按量、按时完成订货合同，向顾客提供商品和劳务，是企业赢得市场信任，提高企业市场竞争能力的重要保证。

（3）主要产品订货量与生产能力比率。企业的订货量增长，说明企业产品市场的扩大，将订货量与生产能力相比较，说明生产能力是否满足市场的需求，以及生产能力利用率的变动趋势。

（七）企业经营管理水平指标

企业的经营管理水平指标对综合经济效益有很大的影响，但是很难用定量的指标进行衡量，属于定性指标的范围。定性指标的资料一般只能通过审计调查的方法取得。企业的经营管理包括的内容十分广泛，只能选择若干带有全局性的指标作为评价内容：① 领导人的决策水平，包括决策前的调研是否充分，决策程序的科学性和民主化，决策实施的效果等；② 内部协调和控制能力；③ 是否以人为本，提高职工的积极性和凝聚力；④ 企业的激励机制和约束机制。

由于各企业的具体情况不同，所以，在考核企业经济效益时，所运用的考核指标也不同，就某一项具体的指标而言，其运用过程和要求也是有区别的。在考核企业经济效益时，应注意将上述指标作为一个完整的指标体系来运用，防止片面地、僵化地运用这些指标。否则，便不能得出正确的结论。

任务三 经济效益审计评价标准

（一）经济效益审计评价标准的含义

随着审计业务的不断拓宽，经济效益审计作为一种监督手段，其内容不断丰富，已成为现代审计的一个重要标志。经济效益审计是以促进被审计单位提高经济效益为目的的管理型审计，其目的决定了审计标准的内涵是衡量经济活动的有效性。审计人员要对被审计单位经济效益做出评价、提出审计建议、做出审计决定，必须要有审计标准和审计证据。

1. 经济效益审计范围

按照审计对象的性质分类，经济效益审计主要可以分为国家效益审计（政府审计）和企业效益审计（内部审计）。在当前我国经济发展状况下，开展经济效益审计，应重点考虑以下几个方面。

（1）在投资领域探索开展经济效益审计。投资领域的经济效益审计，要注意抓住投资决策、投资管理、资金使用、投资效果等环节。通过审计监督，揭示有关部门因决策不科学、不合理造成无效投资，或违规动用建设资金搞"政绩工程""形象工程"；揭示建设领域和政府部门监管不力或监管滞后造成的损失浪费，通过对一些经济指标的科学测算，评价工程工期长短、成本高低、回报早晚、质量和综合效益的好坏。

（2）在专项资金的使用中开展经济效益审计。随着市场经济体制的发展，公共部门、公共资金的分配使用成为财政资金运行的主要渠道，在财政支出中安排了大量的专项资金。一些专项资金具有数额大、逐层下放流动的特点，应抓住资金的主要脉络，对项目立项、配套资金、项目管理、预期效益等进行深入追踪，从中揭示立项不当、假项目、空项目、资金拨付迟缓或不落实、违规挪用挤占等一系列影响资金使用效益的问题，评价专项资金管理使用的效益性。

（3）在企业审计中开展经济效益审计。企业效益审计应从资产的完整性、经营活动的合法性、会计资料的真实性以及利润情况等方面入手，维护国家财经纪律，评价企业管理水平，保证资产保值增值，促进企业改进生产技术，变革经营方式和调整管理机能，提高经营决策的科学性，建立健全内部控制制度，从而增强企业竞争能力。

经济效益审计的对象千差万变，衡量审计对象经济性、效率性和效果性的标准也难以统一，甚至同一项目也会有多种不同的衡量标准，得出的结论也会有天壤之别。审计类型不同，审计目的和重点就不同。国家审计主要是对基础建设项目进行审计，目的在于判断国家投资的有效性，是否存在资金挪用等违规违纪行为等；内部审计主要是对企业完成既定目标情况、是否存在因决策失误导致的损失等进行审计。前者是社会效益，后者是企业效益，不同的审计目的，就要建立不同的经济效益审计评价标准。

2. 评价标准和评价指标体系

评价标准与评价指标不同，经济效益审计评价标准与方法应与财务分析相区别，前者注重结果，并判断结果的真实性和有效性；后者注重过程，分析影响企业财务状况的因素及程度。换句话说，评价指标是个应用工具，而评价标准是对运用指标体系分析出来的结果进行界定的一个规范、合理的指标值。财务审计的评价依据是现行的会计准则，财务审计的行为依据是相关审计准则；财经法纪审计的标准主要是相关法律、法规和财经纪律，评价标准须明确、规范。

经济效益审计评价标准不是对财务指标的罗列，而是通过比较实际达到指标的状况与列报指标之间的差异度，以判断现实状况的真实性、效率性等。所以经济效益审计标准应是核实指标与计划指标差异程度的判断，以确定被审计单位（或项目）的经济性、效率性和效果性。

3. 经济效益审计评价标准的确定

经济效益审计评价标准是进行效益评价的前提条件和准绳。按其性质可以把标准分为定性标准和定量标准。

定性标准一般包括国家的各项方针和政策、法律法规和地方性法规。经济效益审计必须以国家的法律、法规、方针政策作为前提，并以此来衡量被审计单位的经济效益是否符合国家宏观调控的要求，是否有利于国民经济的持续稳定发展，只有在遵循国家的法律、法规、方针政策下，才能形成真正的效益。此外，单位进行各项经济活动，也必须遵循地方性法规，并以遵循国家法规为前提，且在发生矛盾时，要坚决按照国家的标准办事。

定量标准在评价控制系统中，一般使用三种类型。一是预先确定好的标准或预算标准，这是评价实际效益的基本标准。在开展经济效益审计时，将被审计单位的各种实际指标值与计划、预算相比较，并进行分析、评价，以此来寻找提高经济效益的途径。这类标准是针对被审计单位的实际情况制定的，具有较强的可比性和实际操作性。一般包括国家下达的指标、计划，主管部门制定的计划、指标、预算，以及本单位制定的各种详细的计划、指标、定额等。二是历史标准。这类指标以以前的实际表现为基础，是对计划、预算、定额等标准的补充，从而使经济效益审计的标准体系更加完整、全面。如某单位虽然完成了预定的计划和定额，但却大大偏离国内先进水平，则说明企业的经济效益不是很高，尚有潜力可以挖掘。这类标准的时间跨度较大，在运用时应考虑不同时期的各种客观因素的变化，如物价变动等。三是外部标准，以其他组织单位业绩为评价依据，但应找到一个较为相似的横向比较对象。另外，对于新产品新工艺，由于没有相应的历史资料可以比较，同期同行业又无同类的指标可以参考，要评审它们的经济效益，就得借助科学技术来测定。

4. 运用经济效益审计评价标准的具体方法

（1）运用调查分析进行跟踪审计。由于专项资金具有专款专用的性质，从资金的筹集、发放到资金的使用需要经过一定的程序和阶段。因此，要从资金来源入手，逐步审查项目申报立项的真实性，看是否存在虚假概算、虚假立项、申报不当的问题；审查安排的专项资金是否按规定及时拨付到用款单位或项目，有无影响到项目工程进度；审查有关部门是否按批准的项目和规定用途使用专项资金，有无擅自改变投向、虚列支出、违规转移资金、挤占挪用以及贪污私分等问题，评价专项资金使用的有效性。

（2）考虑成本效益，并兼顾社会效应。对于政府公共项目，要审计投资立项是否有效，招标手续是否规范，项目的财务收支和经济效益是否匹配，项目的进展是否符合计划，项目的工程量和工期是否合理，项目的社会效益如何等。

（3）对企业的经济效益进行指标分析。国家统计局、国家计委、国家经贸委对工业经济效益评价考核规定了 7 个指标，给各项指标赋予一个权重值，并对每个指标给出一个标准值，如下表所示。通过财务分析，可以运用财务数据计算出上述 7 个指标的实际数值，与上述标准值进行比较，从而判断企业的经济效益。

工业经济效益评价考核规定的 7 个指标

指标	总资产贡献率	资产保值增值率	资产负债率	流动资产周转率	成本费用率	全员劳动生产率	产品销售率
权重	20%	16%	12	15%	14%	10%	13%
标准值	10.70%	120%	≤60%	1.52 次	3.71%	16 500 元/人	96%

（4）对事业单位的经济效益评价不能完全像对企业那样用价值增量作为主要标准，而应在完成指标的基础上，计算人、财、物的价值节约量，可用工作效率、设备和人员利用率、经费节约率、服务质量等指标作为定量评价的主要指标进行经济效益审计。

（二）经济效益审计评价标准的确定原则

目前，在对企业开展的经济效益审计中，存在着一些问题，影响和制约着经济效益审计广泛、深入地开展。这些问题包括审计范围狭窄，大多局限在财务收支范围内，较少涉及其他领域；审计时间滞后，多为事后审计，很少开展事前审计；审计方法单一，大多仍采用传统的审计方法，以查账为主；评价标准单一，多重视定量评价，而忽视定性评价。这样，使得经济效益审计结果不全面，准确性差。

要使企业经济效益审计工作有章可循，促使审计结果客观、全面和准确，就要建立经济效益审计评价指标体系。在构建中，应该遵循如下原则：

第一，全面性原则。指标的设计既要能反映企业财务成果和经营状况，又要能反映企业管理水平和经营能力。因而，既要有财务指标，也应有非财务指标。这样，可避免审计评价工作出现遗漏，并从不同角度对企业进行全面、综合的考核和评价。

第二，科学性原则。指标的设置既要考虑指标自身的科学合理性，又要结合企业实际，遵循客观规律；既要有动态指标，又要有静态指标；既要有定性指标，又要有定量指标。

第三，可操作性。评价指标的设置应该简略、清晰，便于操作和考核。无论是指标所包含的内容，还是指标的计算，均应力求简单，易于使用。

除上述主要原则外，还应遵循普遍适用性原则、定性与定量相结合的原则等。根据上述原则，企业经济效益审计评价标准体系应由以下内容构成。

（1）反映管理水平和能力的指标。评价企业管理水平和能力的高低，可从管理人员的技术构成水平（如职称比例、学历比例等），管理机构是否健全、有效，决策程序是否科学、合理等方面考虑。也可以将其分为各种要素，并采用评分法加以量化，通过横向和纵向比较来评价企业管理水平和能力的高低。

（2）反映偿债能力的指标。负债是企业筹资的重要手段，而偿债能力则是反映企业经济效益和整体实力的重要指标。根据负债期限的长短，分别设置短期和长期偿债能力评价指标。这一点，可参照国家有关部门颁布的偿债能力指标，结合企业现金流动情况进行。具体设置包括流动比率及速动比率、资产负债率和现金比率。其中，现金比率是指企业净现金流量与流动负债的比率，该比率反映企业实际偿付短期债务的能力，比率越高，实际偿付短期负债的能力就越强。较之流动比率和速动比率而言，现金比率在评价企业短期偿债能力方面更为直接、真实。

（3）反映获利能力的指标。获利能力是企业获取利润的能力，它是企业经营业绩的直接体现。该类指标主要包括销售利润率、总资产报酬率和成本费用利润率。其中成本费用利润率是指企业利润与成本费用总额的比率。这一比率越高，说明企业为获取收益而付出的代价越小，企业的获利能力越强。相反，付出的代价越大，企业获利能力越差。因此，通过该指标，不仅可以评价企业获利能力的高低，也可以评价企业对成本费用的控制能力。

（4）评价企业经营安全程度的指标。降低或减少经营风险是企业应重视的方面，因而对企业经营安全程度加以评价也是经济效益审计的重要内容之一。主要评价指标如下。

① 保本作业率，指保本销售额（或量）与实际销售额（或量）的比率。该比率越高，说明经营风险越大；相反，说明经营较为安全。

② 安全边际率，指安全边际与实际销售额（或量）的比率。安全边际指正常销售额与保本销售额的差额。该比率越大，说明企业发生亏损的可能性越小，企业的生产经营越安全；反之，越不安全，越容易出现亏损。

③ 经营杠杆率，指企业利润变动率与销售变动率的比率。该比率越大，利润的变动越剧烈，企业的经营风险越大，生产经营越不安全；反之，经营越安全。

（5）营运能力评价指标。对企业而言，自身营运能力的高低，必将对其经济效益能否持续增长发挥根本性影响。因而，通过建立营运能力评价指标体系，同样可以评价企业经济效益。营运能力的评价着重从资源利用角度进行，主要设置如下指标。

① 人力资源营运能力评价指标。首先，要评价人力资源的技术构成，可通过专业技术职称结构、学历结构等指标进行，也可用定性方法进行。其次，要评价人力资源的工作效率，可通过劳动效率指标，即企业销售净额与平均职工人数的比率进行。很显然，该比率越大，说明工作效率越高；反之，效率越低。

② 经济资源营运能力评价指标。企业拥有或控制经济资源的营运能力的大小，集中体

现于各项资产，特别是流动资产和固定资产对企业经济效益实现与不断增长的贡献程度。因而，主要应设置如下具体指标。

a. 固定资产有效利用率，即实际使用固定资产与全部固定资产的比率。在实际操作中，必须先对固定资产的技术性能进行测定，对目前正常运转的固定资产进行考核。对固定资产营运能力的评价还可以通过固定资产产值率等指标进行。

b. 流动资产周转率，指企业销售净额与流动资产平均投资额的比率。该指标反映企业流动资产的周转速度，也是企业流动资产营运能力大小的具体体现。在具体分析时，可以结合流动资产构成要素的周转状况（如应收账款周转率和存货周转率等指标）进行。

（6）其他指标。上述评价标准基本上是从企业微观经济效益的角度设置的。除此之外，还应设置一些评价企业社会贡献能力大小的指标。这一点主要应从税收角度进行考核，也可将企业提高职工生活待遇及福利保障的能力以及有关社会费用负担能力等纳入其中。

除上述评价体系所包含的内容外，审计人员应结合被审计企业的实际情况及审计的不同范围，灵活运用和选择评价标准，比如净现值、内含报酬率等定量指标，还要适当采用定性分析，使经济效益审计结论更加科学、合理和准确。

任务四　经济效益审计程序

经济效益审计程序又称经济效益审计过程，它是审计人员实施经济效益审计过程中所采取的系统性工作步骤。恰当、有效的审计程序，可以使审计人员看准目标、抓住重点、合理布置审计力量，使工作有条不紊的进行，从而有效地提高经济效益审计工作的效率和效果。

无论何种审计机构，也不论开展何种类型的审计项目，其审计程序一般都包括准备阶段、实施阶段、报告阶段。但是实施经济效益审计应当特别强调后续审计，将后续审计作为一项必要的审计程序。因此，经济效益审计程序应由准备阶段、实施阶段、报告阶段和后续审计阶段构成。另外，经济效益审计程序的其他三个阶段的名称虽然与其他审计程序相同，但是构成每个阶段的具体内容有一定的差异。

（一）经济效益审计准备阶段

经济效益审计的准备阶段，是指从确立审计项目至审计人员进驻被审计单位止的这段时间。准备阶段既是审计程序的起点，也是经济效益审计工作的始点。准备阶段主要是根据经济效益审计目标以及经济效益审计一般原则的要求，做好确立审计项目以及实施实地审计之前的各项准备工作。

1. 选点立项

内部审计开展经济效益审计一般不采取定期审计的方式，而是根据企业不同时期的不同情况来选定审计项目。在开展经济效益审计之前，确定具体的审计项目是首要任务，它既是经济效益审计工作的起点，也是经济效益审计程序的基础。确立审计项目就是要确定是对某一单位进行全面性的综合经济效益审计，还是对其管理中的某个环节、某个特殊领域或某个具体工程项目进行专题性经济效益审计。在确定审计项目时需要明确审计的目标和范围。由于经济效益审计的范围广、内容复杂，故大多选择专题性项目，而较少进行综合性经济效益审计。选点立项的恰当与否事关经济效益审计目标的实现和审计工作的成败。实践证明，经济效益审计项目的确定立项应遵循以下基本原则。

（1）立足本企业、本单位实际，针对在业务经营和管理活动过程中影响经济效益的因素进行专项审计，以提高微观经济效益，促进经济效益的增长。

（2）依照重要性要求，处理好重点与一般的关系，以及考虑事情的轻重缓急，并考虑审计人员的素质和能力，以保证经济效益审计项目的顺利实施。

（3）选择的项目符合典型性、敏感性的要求。确定的经济效益审计项目要具有目标上的客观性，对象上的代表性，时间上的及时性，以通过经济效益审计项目的开展，起到举一反三的作用。

经济效益审计立项的主要依据：① 本单位领导交办的任务；② 上级审计机构委托办理的经济效益审计事项；③ 本单位生产经营过程中存在的经济效益低下的环节和利用率低的生产要素；④ 本单位生产经营过程中的无效和浪费行为；⑤ 经济效益比较好的典型事项或部门。

2. 经济效益审计的准备工作

经济效益审计的准备工作为进点准备。经济效益审计的进点准备工作包括如下几点。

① 组织审计力量。审计项目确定后，应根据审计项目的具体要求，配备适当的审计人员组成审计组，并由具有一定组织能力、实践经验比较丰富和政策水平比较高的人员担任项目经理（主审）。由于经济效益审计项目涉及经济活动的各个方面，深入到企业管理等领域，要求既要考虑审计人员的知识结构，又要考虑审计组的知识结构。经济效益审计组成员一般应由审计人员、财会人员、经济管理人员和工程技术人员等人员组成，以确保审计组的整体业务素质。

② 围绕专题，开展调查，确定审计重点。一般说来，经济效益审计准备阶段需调查了解的内容，应围绕影响经济效益优劣的各重大方面，广泛搜集被审计单位的相关资料，主要包括被审计单位历史沿革、隶属关系、企业类型、内部组织结构、经济活动的主要内容，有关被审项目的方针、政策和规定以及相关财务状况、经营成果及管理水平的情况等。调查的方法主要是审阅资料，必要时可向有关人员面询，并以此确定经济效益审计的重点方向，为下一环节工作打下基础。

③ 选定审计评价标准。经济效益是通过若干经济指标反映出来的。要衡量经济指标完成的好与坏都应有相应的标准，且这些标准应是多层次、全方位的。一般可选用国家标准、同行业标准、本单位历史最高水平为标准，也可参照国外同类企业的情况等，以便进行纵向、横向及综合性的分析，做出客观评价结论。

④ 编制审计方案。在审计立项和对被审计单位进行初步调查了解的基础上，就要着手编制经济效益审计方案，也称编制经济效益审计工作计划。这项工作是实施经济效益审计的总体安排，是保证经济效益审计目标实现的重要事件，也是据以检查和控制经济效益审计工作质量的重要依据。

（二）经济效益审计实施阶段

经济效益审计实施阶段是指从审计人员对审计项目实施具体审计开始至基本完成审计方案提出的各项审计任务的要求为止的过程，它是经济效益审计的中心环节。经济效益审计是财务审计的拓展与延伸这一特征，决定了实施阶段的核心工作内容是搜集被审计单位经济效益现状以及被审计单位在挖掘潜力、实现经济效益方面存在问题的证据，经济效益审计要分析原因并提出相应的改进措施。实施阶段的工作，应按如下步骤进行。

1. 确定审计依据

经济效益的优劣是相对一定的标准或评价依据而言的，即对被审计单位的经济效益做出评估必须依据标准。经济效益审计对客观评估被审计单位的经济效益有着十分重要的意义。因此，在实施阶段具体搜集被审计单位经济效益状况的证据之前，明确经济效益审计的依据是完全必要的。选定的经济效益审计证据应具有适用性、相关性、先进性和科学性等特点，其主要内容应包括评价指标和标准水平，审计人员可与被审计单位专业人员共同协商选定。

2. 搜集审计证据

搜集经济效益审计证据是经济效益审计实施阶段的核心内容。审计人员运用审计专业方法搜集各种与被审计单位经济效益有关的资料，并进行全面、综合的比较和分析，以确定其经济效益的状况并找出在经济效益方面存在的问题或低效的环节，为提出改进建议奠定基础。搜集审计证据工作主要包括以下两部分：

（1）内部控制制度测试。进入经济效益审计的实施阶段后，审计人员要根据所制定的审计方案的要求，对被审计单位的内控制度和资料进行包括符合性测试和实质性测试在内的现场测试，主要是对被审计单位的内部管理、控制制度（财务、会计及主要业务活动的管理控制制度）等进行检查，观察其是否得到认真贯彻执行，是否行之有效，还要注意制度有无不够完善和不够合理的地方。内部控制制度的现场测试是经济效益审计的一项重要作业，它能够直接反映被审计单位内部管理制度的执行情况和结果，直接反映被审计单位经济活动的经济性、效率性和效果性。

为了保证测试结果的客观性和代表性，测试时应注意以下几点：被测人应处于没有事先准备的状态；选择正常的生产、经营活动；选择固定的工作岗位和工作地点；选择重要的、关键的或疑问较大的业务控制环节。

在现场测试过程中做好完整的测试记录是非常重要的，由此形成的审计工作底稿是评价经济效益状况和发现存在的问题的证据。

（2）审查资料、取证分析。被审计单位有关的经济资料是经济活动的载体，它反映企业经济活动的过程和结果，也反映其在经济效益方面存在的问题。因此，对行政管理资料、工程技术资料、会计资料、统计资料、业务资料和其他有关资料的审查是经济效益审计的主要内容。资料的审查一般可分为以下四个步骤。

① 确定资料审查的重点和范围。审计人员应在内部控制制度审查测试的基础上，根据经济效益审计项目的目的和要求，确定资料审查的重点和范围。

② 搜集资料。确定了资料审查的重点和范围之后，就要按计划搜集资料，但搜集的资料必须能够对审计项目的效益状况予以证实或能够反映经济效益方面存在的问题。

③ 审核资料。审计人员通过审查有关资料取得审计证据，并对这些证据资料进行验证，辨别其真实可靠程度，确定被审计单位的效益状况并发现存在的问题。

④ 分析原因，提出改进措施。在取得真实可靠资料的基础上，对照标准，找出差异。针对存在的问题，运用各种经济效益审计方法，分析问题产生的原因，找出影响经济效益的主要原因。这些原因应由哪些部门、人员负责，有关部门和当事人员对差异的产生如何解释，有什么意见、建议。

⑤ 审计组会同被审计单位的有关人员共同协商研究，提出改进措施。

3. 专题评价，编写审计工作底稿

各专题的审计人员对所审计的部分做出专题评价并提出建议，明确责任，阐明问题存在的主客观因素。由主观因素造成的影响还应具体到有关部门、个人。针对存在的问题，会同直接当事人和有关专业人员共同研究，拟定切实可行的改进措施。在此过程中，也可按不同的问题编制适当的表格，将有关内容详细登记，并由当事人签字确认。该步骤是经济效益审计的关键环节，其工作状况将会直接影响审计的质量和效果。

审计工作底稿是审计人员在经济效益审计的实施阶段中编制的重要文件，是经济效益审计过程和结果的详细记录，也较详细地记录了被审计单位的有关信息。审计人员在实施阶段编制的审计工作底稿，是编写审计报告的强有力的依据，也是后续审计的参考资料，还是对审计人员工作水平与工作质量进行评价的标准之一。

在实施阶段，审计人员还应就经济效益审计过程中发现的重大问题写出专题报告，说明审计的情况，同其他相关人员讨论修改后，报项目主审（项目经理）审阅汇总。

（三）经济效益审计的报告阶段

该阶段是指从审计人员实地查证结束起至提交审计报告，直到案卷归档的整个期间。经济效益审计检查评价审计对象的效果性、效率性和节约性，与财务收支审计检查评价审计对象的真实性、合法性在审计目的上的差别，决定了经济效益审计报告必须具备"特定的审计内容，准确的审计评价，深入的审计分析，详尽的审计建议"的特点。报告阶段的主要工作，要求按照经济效益审计的这一特征，整理、鉴证和评价实施阶段搜集的审计证据和编写审计报告，本阶段工作要按以下步骤进行。

（1）整理、评价审计证据。审计人员在实施阶段搜集的审计证据是大量的、分散的、个别的，为了确保审计意见和建议的客观、合理，除了要对搜集的审计证据进行充分性和适当性评价，还需要对其进行综合整理和评价，以形成充分有力的审计证据。在整理和评价审计证据过程中，审计人员需凭借自身的政策水平、专业知识和个人经验对审计证据进行分析研究，发现证据不足的情况要重新予以审查取证，对于相关性较差的审计证据要坚决予以舍弃。通过整理和评价，选最适宜、最具说服力的证据作为编写审计报告的依据。

（2）归纳问题，讨论评价，草拟报告。审计人员根据审计证据所反映问题以及各专题

报告，按照主次、大小、轻重进行归类分析，确定影响经济效益的主要因素，并找出各因素之间的内在联系，对照选定的标准进行综合分析和评价。主审人员（项目经理）根据分析材料，汇总起草审计报告的初稿。

（3）与被审计单位沟通，形成正式审计报告。审计组对报告初稿进行讨论修改后，要将修改后的初稿送被审计单位征求意见。对被审计单位就经济效益状况的评价提出的意见，双方需协商，若双方分歧较大不能达成一致，应将被审计单位的意见与经济效益审计报告一并上报主管机构裁定。

（4）审定审计报告，发出审计决定、结论或意见书。审计组将征求意见后的审计报告和被审计单位的意见送审计组派出机构审定，审计组派出机构就"情况是否查清，问题是否找准，审计结论是否得到充分证据的支持，改进措施是否可行"等方面进行审查核定后，一方面，根据审定后的审计报告和被审计单位的意见，制发审计结论和意见书，提出审计建议和意见；另一方面，对于经济效益审计过程中发现的不真实、不合法、不合规的财务问题，做出具有强制执行性质的审计决定。

（5）及时交流，总结经验。在经济效益审计项目结束之前，审计组应及时召开业务工作会议，交流各自的工作，总结成功的经验以及存在的不足，以利于今后经济效益审计工作的开展。

（6）审计案卷归档。这是经济效益审计的收尾工作。归档资料的内容包括审计方案、审计通知书、审计工作底稿、审计证据、审计报告、审计征求意见书等。应将归档资料按"综合类、业务类、备查类"分类装订成册，立卷归档保管。

（四）经济效益后续审计阶段

经济效益审计的后续审计阶段是指在发出审计决定和审计意见书一段时间后，对其执行情况和结果进行的回访性审计。经济效益审计是在揭示经济活动真实、合法的基础上，剖析经济效益实现的程度与途径，提出建设性审计建议，促进被审计单位改善经营管理，提高经营管理水平。经济效益审计的这一建设性特征，决定了后续审计阶段是经济效益审计必须特别强调的阶段，也是经济效益审计的一个特点。及时开展经济效益审计的后续审计，有利于总结经验，积累知识，提高质量。

后续审计的工作内容主要包括选定审计的时间、派出审计人员、调查了解、撰写审计报告、补充决定或意见等。在经济效益审计报告中提出的提高经济效益的措施或建议等应该产生效果的时候，派出审计人员检查被审计单位的采纳和执行情况，以及改进过程中存在的问题。对尚未执行的，要查明原因。若确有必要，可发出通知，督促被审计单位执行原决定或采纳建议；若原决定、建议欠妥，可在通知中修订完善；若有重大变故，应组织力量进行复审，做出补充决定和意见。

以上是实施经济效益审计项目应包括的四个阶段。在整个经济效益审计过程中应注意以下要点：确定审计项目要慎重，搜集资料要广泛，编制计划要细致，审计方法要灵活，管理建议要可行，后续审计不可少。在具体实务中，要从经济效益审计项目的实际出发，遵循重要性和成本效益原则，制定更详细的程序，以保证经济效益审计工作高质量、高效率地完成。

任务五　经济效益审计实例

经济效益审计是区别于传统的财务审计的另一类审计。近20多年来，经济效益审计在西方企业中的应用范围逐渐扩大。目前，西方企业经济效益审计涉足的领域有投资决策、经营管理、人事管理、市场状况分析、产品推销、产品生产及质量控制、研究与开发活动、劳资关系、信息系统运行、后勤服务系统效率等。不少企业甚至对环境污染、社区关系、政府管制等非经济性的外部因素对企业经营效益的影响也进行审查评价。

我国企业经济效益审计最早可追溯到20世纪80年代实施的厂长（经理）经济责任审计。发展经济效益审计，是确保企业受托经济责任得到全面有效履行的重要保证。然而，我国企业经济效益审计在相当长一段时间里，处于停滞不前的状态，发展前景不容乐观。以下是一个具体的企业经济效益审计案例的介绍和分析。

（一）案例基本情况介绍

1. 项目名称与概况

（1）项目名称：某股份有限公司（以下简称甲公司）承包类加油站经济效益审计。

（2）项目概况：甲公司与A企业和B企业联合经营11个加油站（为行文方便，以下对案例中出现的11个加油站进行编号，分别为1＃至11＃），双方各持股50%。其中与A企业联合经营2个加油站（1＃和2＃加油站），原始投资为520万元，2013年起由A企业承包经营；与B企业联合经营9个加油站（3＃至11＃加油站），原始投资为3 076万元，2012年起由B企业承包经营。

2. 审计主要内容

（1）各项内部控制制度的建立和执行情况。

（2）承包协议的执行情况：① 是否按承包协议规定全额上交每年的税后利润；② 是否合理使用联营加油站原有固定资产，保证固定资产的安全和完整；③ 是否遵守承包协议的其他条款。

（3）经营管理和财务收支合规性：① 是否按照有关企业会计制度进行会计核算和财务管理；② 是否存在违法违规的经营行为。

3. 主要审计过程及工作情况

审计前期，审计组根据该审计项目的具体情况进行了准备，制定了审计方案，对审计中可能出现的问题进行了认真的研究和准备，对所有重大问题进行了追溯。同时针对该项目审计跨度长（分别达七、八年之久），涉及账户多（有10套财务账），由联营方承包经营多年的特点，配备了较多的审计资源，投入了大量的人力、物力。审计组根据各加油站提供的联营及承包协议、会计报表、账簿及凭证和统计台账等资料，主要审查了各加油站在审计期间的经济效益、承包协议的执行等情况，核实了各加油站各项资产的使用及增减变动情况，核实了各加油站在审计期间的经济效益、承包协议的执行等情况，核实盘点了各加油站的货币资金、固定资产和存货。

该项目的审计重点是承包协议的合理性及承包协议的执行情况等，特别是承包利润的上交、合理使用加油站原有资产、保证资产的安全和完整情况。对此，审计人员进行了详尽的查实。由于这些加油站由联营方承包经营，承包方对审计组有抵触情绪，这给审计工作带来了很大难度。审计人员"动之以情，晓之以理"，与承包方进行了多方沟通，终于取得了被审计单位的理解和配合，保证了审计任务的圆满完成。

4. 审计查出的主要问题

（1）在投资双方签订的 11 个加油站的承包协议中，对固定资产的购置、处理等重大经济活动未明确审批及实施程序。

（2）2#加油站的经营管理及安全等存在较为严重的问题和隐患。

（3）2011 年至 2018 年 10 月，4#、5#、6#、9#、10#5 个联营加油站以冲减累计折旧的方式增加固定资产 242 万元，造成固定资产原值不实，同时也不利于固定资产的管理。

（4）11 个加油站历年共计少提折旧 52.71 万元。

（5）审计人员在盘点 11 个加油站的固定资产时，发现各加油站均存在不少的破损或闲置资产。

（6）审计人员在检查各加油站的土地使用证和房产证时，发现有的加油站没有土地使用证，且房产证上的房屋所有权人及土地使用证上的土地使用者名称与营业执照上的企业名称不一致。

（7）截至 2018 年 10 月，5#、6#、9#、10#、11#加油站减少的实收资本分别为注册资金的 46%、34%、45.3%、29.8%和 30.5%。

5. 审计处理、建议和成果

（1）建议联营双方进一步完善承包协议，增加对固定资产的购置及处理等经济活动的约束性条款，确保其资产的完整及处置资产的合理性。

（2）建议应对 2#加油站进行整治，堵塞管理中存在的漏洞，消除安全隐患，确保加油站财产安全。对该加油站的前景，建议投资双方进行客观论证，做出正确的投资决策。

（3）建议 4#、5#、6#、9#、10#5 个联营加油站应将冲减"累计折旧"而形成的固定资产 242 万元，调入"固定资产"科目，并按规定计提折旧。

（4）建议相关加油站应根据会计制度规定按一贯性原则计提折旧。

（5）建议对 11 个加油站的固定资产做一次全面清理。

（6）建议变更和补办相关加油站的土地使用证和房产证。

（7）建议对实收资本减少超过注册资金 20%的 5 个加油站的营业执照进行变更。

通过审计，共查处违规违纪金额 304 万元，提出各项整改措施 26 条，进一步完善了承包协议，促进了承包加油站的规范经营。

（二）案例分析

从该审计项目来看，甲公司分别与 A 企业及 B 企业共同投资联合经营 11 个加油站，该批加油站由 A 企业和 B 企业进行经营管理，并定期按承包协议向甲企业缴纳承包利润（税后）。实施该审计项目，则是甲公司按照承包协议的规定，履行对 A 企业和 B 企业的经营管理进行监督和检查的权利。

1. 对审计项目确定为经济效益审计的评价

经济效益审计主要侧重对项目的经济性、效率性、效果性实施审查。而传统的财务审计则偏重于审查财务报表有无违反会计制度的行为。

从该项目的审计内容来看，该审计项目主要有三项内容，即内部控制制度的建立和执行情况、承包协议的执行情况、经营管理和财务收支的合规性。它似乎更倾向于专项审计，或者是包括财务审计在内的综合审计。至少在审计内容里面，没有突出经济效益审计的特点和要求。

从该项目的审查过程来看，围绕财务报表，求证资产、负债及所有者权益等各项数据的合理性，是该项目的审查重点。特别是审查中所采用的方法，基本上都是传统财务审计的方法，如检查、审阅、分析性程序等。

从项目审查出的问题来看，主要共有七项，其中，第一项是关于承包协议的，第二项是关于内部控制制度的，另外五项是关于财务报表的账务处理结果。此外，从审计结果和建议来看，更是偏重于财务审计的。

事实上，该项目是围绕承包协议而实施的一项专项审计。至于对财务报表的审查，则主要是服务和服从于对承包协议的检查。对加油站经济效益的关注，即承包方或者代管方是否有侵害甲公司的利益，是实施该项目的重要原因。

2. 对该审计项目的综合评价

确切地说，本案实际上是检查代管协议是否真正履行的一项专项审计，离经济效益审计还有一段距离。

由于投资双方实施一方经营，另一方监督审查的方式，决定了经营方式利于一方而不利于另一方，因此，审计监督的力度是令人怀疑的。改变双方的经营方式是解决问题的根本，除非甲企业能够很好地签订协议，正确确定所分配的利润额，从而维护自身的利益，而实际上，由于任何契约都是不完备的，甲企业无法做到这一点。同时，A 企业或 B 企业也是要考虑自身经济利益的，一旦察觉到自身利益无法实现，会选择放弃，这样，代管协议也就不能履行。在审计方式上，本项目审计跨度长达几年，失去了监督的意义。另外，应当加强事前和事中审查，如选取某个加油站，选取某一天对其业务进行突击检查，并通过这种抽样的办法来推断整体经营业务的合理性。在人员配备上，应当安排具有丰富的加油站经营经验的人员参加，以弥补审计力量的局限性。

任务训练

一、简答题

1. 什么是经济效益审计？经济效益审计的作用有哪些？

2. 经济效益审计的种类有哪些？

3. 经济效益审计的特征有哪些？

4. 企业经济效益审计的内容有哪些？

5. 企业经济效益评价的指标体系主要包括什么？

6. 经济效益审计标准是如何选择和确定的？

7. 经济效益审计程序通常包括哪些？

8. 经济效益审计评价的原则有哪些？

二、单项选择题

1. 下列不包括在"三 E"审计中的是（　　）。

  A. 经济性审计　　　B. 效率性审计　　　C. 效果性审计　　　D. 财政财务审计

2. 下列不属于经济效益审计的内容的是（　　）。

  A. 经济性审计　　　B. 效果性审计　　　C. 效率性审计　　　D. 公平性审计

3. 下列（　　）方法是内部审计机构和人员在进行效率性审计时不常运用的审计方法。

  A. 数量分析法　　　B. 因素分析法　　　C. 比较分析法　　　D. 量本利分析法

4. 下列不属于财务效益评价指标的是（　　）。

  A. 净资产收益率　　　　　　　　　B. 总资产报酬率

  C. 资本保值增值率　　　　　　　　D. 总资产周转率

5. 下列属于企业发展能力的指标是（　　）。

  A. 保本作业率　　　　　　　　　　B. 企业技术创新指标

  C. 安全边际率　　　　　　　　　　D. 经营杠杆率

三、多项选择题

1. "三 E"审计，是指（　　）

  A. 经济性审计　　　B. 效率性审计　　　C. 效果性审计　　　D. 财政财务审计

2. 经济效益审计主要内容有（　　）。

  A. 经济性审计　　　B. 效果性审计　　　C. 效率性审计　　　D. 公平性审计

3. 内部审计机构和人员在选择经济性审计方法时，应当与审计对象、审计目标及经济性审计评价标准相适应。除了运用常规的审计方法，还可以运用（　　）等。

  A. 数量分析法　　　B. 比较分析法　　　C. 标杆法　　　D. 因素分析法

4. 内部审计机构及人员在选择效果性审计方法时，应当与审计对象、审计目标及效果性审计评价标准相适应。除了运用常规的审计方法，还可以运用（　　）等方法。

  A. 调查法　　　　　B. 问题解析法　　　C. 专题讨论会　　　D. 观察法

5. 企业经济效益评价是经济效益审计中一项十分重要的内容。而评价的指标体系主要包括（　　）。

  A. 财务效益评价指标　　　　　　　B. 资产营运效率评价指标

  C. 偿债能力评价指标　　　　　　　D. 企业发展能力的指标

  E. 企业经营安全程度的指标　　　　F. 企业市场竞争能力的指标

  G. 企业经营管理水平指标

四、判断题（正确的打"√"，错误的打"×"）

1. 经济效益审计，不仅是国家审计的一项重要目标，还是内部审计的主要目标和日常工作的内容。（　　）

2. 经济效益审计是建立在财务收支审计基础上的延伸审计，以企业经营管理活动的合法性、合规性，数据的真实性和公允性为前提，从经济性、效率性、效果性诸多方面展开纵向与横向并纵横结合的公正、客观、全方位审计。（　　）

3. 现代经济效益审计是市场经济发展的产物。市场经济发展的程度也决定了经济效益审计发展的阶段性形式和特点。（　　）

4. 我国经济效益审计的法律依据就是《中华人民共和国审计法》对审计机关职责任务的规定。（　　）

5. 对管理控制的健全性、符合性和有效性进行评价就构成了对内部控制的效益审计，通过审计促进企业不断完善并有效执行内部控制制度，改善经营管理，提高经济效益。（　　）

6. 成本收益审计就是通过对产品生产耗费、价值回收等评价，证实企业经济效益的优劣，促进企业改进生产技术，实现增产节约。（　　）

7. 效果性审计的主要目的是通过审查和评价组织经营活动的投入、产出关系，优化业务流程，提高经营活动效率。效率性审计既可以针对整个组织的经营活动，也可以针对特定项目、特定业务。（　　）

8. 效益性审计标准指财政资金的使用能够实现财政预算中规定的效益目标。（　　）

9. 经济效益审计人员是企业管理层可靠的情报提供者，是参谋，也是助手。（　　）

10. 经济性审计的目的是通过审查与评价组织经营活动中资源的取得、使用及管理是否节约及合理，协助管理层改善管理，节约资源，增加组织价值。（　　）

技能训练

【案例资料】2014年9～12月，审计署驻A特派办对长江干堤A段审计后发现，B市长江修防处（以下简称"修防处"）虚报隐蔽工程抛石方量，套取国债资金，给长江大堤安全带来隐患。12月20日，A特派办将线索移送当地地方纪检检察机关，并与B市纪检、监察、公安部门组成联合办案组。

一、基本情况及审计经过

长江流经湖南省165千米的河段均在B市境内，这里也是长江最危险的河段——荆江的南岸。这是国债资金的重点项目，关系上千万人民群众的生命财产安全。2014年A办审计组对长江干堤A段2010—2013年建设资金进行审计时，重点对隐蔽工程进行了审计。这项工程由B市修防处负责，主要是对22千米江堤险段实施水下抛石，即按设计要求把块石平顺均匀地铺在堤脚，以起到护岸固基的重要作用。工程概算与实际完成投资均为3.46亿元，全部使用国债资金。

审计组决定从工程管理、供货商背景、工程现场记录、财务资料、资金流向等方面，全方位开展绩效审计。

审计人员对修防处块石采购及招标情况进行调查后发现，2011年以前的块石采购没有进行招标，全部直接由该处下属二级法人单位护岸所和开发公司供应。2012—2013年修防处通过自己编标、自己投标、自己评标等违规手段，进行虚假招投标，确定了4个供货单位——B市长江堤防开发公司（简称"开发公司"）、华容水利采石场、君山麻石公司、中辉矿产公司。华容水利采石场、君山麻石公司、中辉矿产公司3个单位的投标代理人均为修防处在编职工，3个单位"中标"后，修防处立刻"借壳"在其名下成立自己的块石经营部，经营部经理由修防处办公室主任周某及副主任胡××担任；还有一个"中标"单位干脆就是下属开发公司。这样，修防处直接操纵控制了块石的采购和供应。在工程的施工上，有三分之一的工程量均由刘××任法定代表人的B市建安公司独揽。

工程的监理和测量状况则更加混乱。修防处下属的永安监理公司通过"配合"长江委监理中心和湖南水利监理公司工作的方式，派出副总监和大量现场监理人员，直接参与所有河段的施工监理，涉及块石量方、抛投设计量等。最典型的是，2012年的50名现场监理人员中就有41人为永安监理公司的人，他们实际控制了工程块石量方和工程施工计量，并从中获取收入227万元。2010年至2014年7月，修防处下属的测绘队承担了块石抛投前后的全部施工测量及竣工测量等任务，实际控制了全部施工测量及竣工测量，并获得收入185万元。

审计结果有一个惊人的发现：开发公司、华容水利采石场、君山麻石公司、中辉矿产公司等4个供货单位（以下简称"4个供货单位"），2010—2013年向修防处供应的块石总量，居然比4个供货单位同期购进的块石总量多出60万方。

审计取证的施工日志显示虚方量达70%，但监理要求施工员按设计抛石量填写施工日志，并在竣工图上签名。审计组专门把当时一位施工员（现退休）请来核实了情况，由此查实了虚方的作弊手法。

在"一条龙"格局的运作下，国债护岸工程资金被以各种名义、形式流出。审计查明，2010—2013年，仅被4个供货单位以块石经营利润形式套取的国债资金就达670万元。此外，还有采石、运输、抬码、抛投、监理、测量等工程各环节层层套取的国债资金。

审计人员接着查清了巨额虚方的资金去向。审计人员根据施工日志的日期、施工合同号顺藤摸瓜，追查到了与之对应的一笔8.2万方块石购销业务，销货方系修防处二级法人单位——华容护岸所，购货方是修防处直接控制的华容块石经营部，华容护岸所未将这笔销售做账，292.5万元货款中有98万元存入个人储蓄账户中，还有177万元转入华容护岸所对公银行账户，由所长和会计全部提现。在98万元个人储蓄账户中居然还出现"江护岸""华水船"等奇怪的名字。审计人员紧盯住资金流不放，资金流到哪里，他们的足迹就延伸到哪里。终于在对华容块石经营部审计中发现了胡××贪污公款20余万元的案件线索，同时在华容储蓄所抓住了刘××贪污公款5万元的证据。

后据检察机关进一步查明，2012年4月至2013年下半年，胡××、刘××受修防处的委托，在分别担任修防处下属的华容块石经营部经理和出纳员期间，利用经手长江堤防维护工程块石购销、运输及结算的职务之便，先后采取虚增船运费、块石采购量以及隐瞒收入等手段，共同贪污国家长江堤防工程专项资金共计54.9万元。此外，在2013年1月期间，胡××、刘××利用职务之便，收受华容水利船队、华容县水利采石场贿赂，每人

3 万元。

据检察机关指控，刘××利用主管修防处及下属公司全面工作的职务便利，通过虚列工程款支出的手段贪污人民币 14.98 万元；利用管理单位公款及工程业务发包、结算和工程款审批支付等职务之便，收受贿赂共计人民币 22.8 万元，美元 1 200 元。

就这样，长江干堤湖南段隐蔽工程资金，被以各种形式的好处直接或间接地流进小团体和个人的腰包，而这些小团体和个人的好处是以数倍的工程质量损失和国债资金损失为代价的。

二、审计处理结果

B 市长江修防处处长刘××被 B 市 B 区法院终审判处有期徒刑 12 年，没收财产人民币 10 万元。该处办公室副主任胡××、职工刘××、下属公司会计卢×分别被判处 7 年 6 个月、6 年和 1 年（缓刑 2 年）的有期徒刑。据了解，本案相关责任人员除以上已判刑的 4 人外，另有逮捕在押、取保候审、被提起公诉 5 人，受党纪政纪处分 16 人。

【案例分析要求】请根据以上资料进行经济效益审计的案情分析。

项目十五　经济责任审计

任务目标

了解经济责任审计产生的原因；了解经济责任审计的目的；了解经济责任审计的内容；掌握经济责任审计的标准；掌握经济责任审计的程序。

能力目标

能够运用审计的基本知识和相关知识进行经济责任审计工作；掌握经济责任审计的程序；并会编写经济责任审计报告。

任务内容

经济责任审计的含义、种类、作用；经济责任审计内容、标准、程序；经济责任审计的审计报告基本格式。

任务一　经济责任审计概述

（一）任务背景

审计产生的客观条件之一就是财产所有权与经营管理权的分离，其主要目的就是为了保护财产的安全和完整，保证会计资料的真实和可靠，明确财产经营管理者的经营管理责任。因此，从根本上看，任何一种审计都是经济责任审计，也就是说，广义的经济责任审计包括一切审计。狭义的经济责任审计，则是特指我国在近些年来出现的旨在明确国家机关和企事业单位领导人经营管理责任而进行的一种审计活动，这也就是我们通常所说的任期经济责任审计或者离任审计。下面主要是从狭义的角度对经济责任审计加以介绍。

审计活动的功能在于维护和促进被审计人的责任。维护和促进被审计人的责任，实际上就是对被审计人进行责任监督。责任监督是审计活动所固有的功能，是任何审计活动都具有的功能。

根据传统的国家审计理论观，现代国家审计的理论基础是人民主权论和受托责任论。人民主权，亦称主权在民，是指国家权力来源于人民，归属于人民，置于人民的控制之下。人民是一切国家权力的所有者，但人民一般不直接行使国家权力，而是把国家权力委托给专门的国家机关及其工作人员具体行使，以发挥国家机关的各种职能。国家机器的运转必然消耗一定的社会资源，为此，人民让渡一部分私人财产权利，从而形成了国家的财政权力和国家财产所有权。国家的财政权力和国家财产所有权来自人民私人财产权利的委托和转化，是人民的同意和授权。根据受托责任论，人民是国家财政权力和国家财产所有权的委托人，行使国家财政权力和国家财产所有权的国家机关及其工作人员是人民的代理人，代理人必须对委托人承担行使国家财政权力和国家财产所有权的责任。对国家机关及其工作人员行使国家财政权力和国家财产所有权的活动即对财政财务收支活动的责任进行检查和评价，就产生了现代国家审计。经济责任审计丰富和发展了传统的国家审计理论。

目前，经济责任审计在我国国家审计的工作格局中已经占有十分重要的地位。2003年7月印发的《审计署2003至2007年审计工作发展规划》，按照财政、金融、企业三大审计外加经济责任审计的审计工作格局（即"3+1"格局），分别提出了各项审计工作的具体目标和重点，从此确立了经济责任审计在国家审计工作中的特殊地位。在基层审计机关，经济责任审计现已成为县区审计机关的中心工作。在很多市、县审计机关，经济责任审计工作量已经占整个审计业务量的60%～70%。经济责任审计不仅已经成为我国国家审计的一个重要组成部分，而且还直接与国家审计体制的核心要素有关，决定着国家审计体制的本质属性。

从机构设置方面看，目前，全国各地普遍建立了由纪检、组织、监察、人事、审计、国有资产管理部门组成的经济责任审计联席会议制度，成立了由党委、政府领导同志任组长的经济责任审计工作领导小组，建立了专门工作机构，配备了专职审计人员。经济责任审计的产生和发展，无论在机构设置还是权力配置方面，都为我国的审计体制增添了新的内容。1999年关于经济责任审计的暂行规定颁布后，经济责任审计得到了迅速发展。2006年新修订的《中华人民共和国审计法》确立了经济责任审计的法律地位，使得我国的审计体制由此具有政党型审计体制的特征。

与传统审计监督相比，经济责任审计通过对被审计人履行经济责任的检查和评价，对被审计人行使所有种类的国家经济权力进行监督，扩展了国家审计在国民经济管理中的职能。

2005年1月，中共中央印发的《建立健全教育、制度、监督并重的惩治和预防腐败体系实施纲要》提出，强化审计监督，逐步推行效益审计，突出对重点领域、重点部门、重点资金和领导干部经济责任的审计。国家审计在制约监督权力和党风廉政建设方面发挥了重要作用。经济责任审计是对被审计人行使的所有种类的经济权力进行监督，监督的范围除财政财务收支活动外，还包括其他经济活动。经济责任审计的另一个突出特点是"对人"的审计，特别是对"一把手"的监督。对权力运行的制约和监督关键在于对领导干部特别是主要领导干部的监督，这是我国党风廉政建设的一条基本经验。而且，经济责任审计由多个监督主体分工合作，能够形成合力，监督力度大。实践证明，经济责任审计作为一种特殊的审计监督形式，在加强领导干部监督、完善权力运行制约和监督机制方面，将发挥越来越重要的作用。

（二）任务基础

1. 经济责任审计依据

经济责任审计的依据是《中华人民共和国审计法》及其实施条例、《县级以下党政领导干部任期经济责任审计暂行规定》和《国有企业及国有控股企业领导人员任期经济责任审计暂行规定》，以及国家干部管理的有关规定。

2. 经济责任审计目的

经济责任审计的目的不同于常规审计。常规审计的主要目的是维护财经法纪，改善经营管理，提高经济效益，其出发点是被审计单位和国家的经济秩序。而经济责任审计的主要目的则是分清经济责任人任职期间在本部门、本单位经济活动中应当负有的责任，为组织人事部门和纪检监察机关和其他有关部门考核使用干部或者兑现承包合同等提供参考依据。

3. 经济责任审计作用

经济责任审计一经产生就显示了其他审计无法替代的作用，无论是在保护国家财产的安全、完整、保值、增值方面，还是在健全领导干部的监督管理、促进廉政建设方面，都取得了显著的成效，发挥了重要的作用。

（1）有利于加强干部监督管理，正确评价和使用干部

社会主义市场经济体制的逐步建立为领导干部施展才干提供了广阔的舞台，但同时也向我们的干部考察工作提出了挑战。实施领导干部经济责任审计，倡导定性与定量相结合，联系领导干部任期目标，通过对相关的经济指标等情况进行分析考核，对其任期工作业绩做出评价，能够达到客观、公正地确认其经济业绩，全面评价考核领导干部任期业绩的目的，为正确评价和使用干部提供了依据，同时有利于干部更好地履行职责。

（2）揭露和惩治腐败分子，规范干部行为，促进廉政建设

经济责任审计立足于财政、财务收支审计，落脚点在于查明个人经济责任，既对事又对人，而且审计涉及领导干部任职期限一般较长，往往能够发现年度财政、财务收支审计不易发现的问题，有利于揭露和惩治腐败分子。另外，经济责任审计着眼于防范，健全了监督制约机制，有利于发现财务管理漏洞，健全财务管理制度，提高财务管理水平，促使领导干部自我约束、自我完善，增强了纪律观念，促进了廉政建设。

（3）核实了家底，客观公正地鉴定了前后任的经营业绩和经济责任

经济责任审计立足领导干部所在部门、单位的财政、财务收支的真实、合法、效益情况，一方面能够摸清家底，有利于继任者了解接任单位的真实情况，明确工作思路，缩短适应期，尽快进入角色；另一方面由于明确了离任者的经济责任，事实上也就划清了前后任的责任，改变了"新官不理旧账，旧官一走了之"的不良状况，有利于工作的交接，保持工作的连续性。

4. 经济责任审计种类

对经济责任审计进行适当的分类，有助于从各种经济责任审计的不同特点出发，加强经济责任审计的针对性，以便突出重点，抓住主要矛盾，客观公正地做出审计评价，分清被审计人的经济责任。

按照审计的内容、审计的时间、被审计单位的性质，可以将经济责任审计分成如下几类。

（1）目标经济责任审计和破产经济责任审计

按照审计的内容，可以将经济责任审计分为目标经济责任审计和破产经济责任审计。

目标经济责任审计，就是对经济责任人完成其承担的承包目标、租赁目标、任期目标等目标责任情况进行的审计。这类审计主要根据经济责任人与上级主管部门、发包（或出租）单位或者本级政府部门所签订的承包、租赁合同或目标责任进行审计。审计内容在合同中有明确规定，审计目标、范围明确，重点突出。

（2）事前经济责任审计、事中经济责任审计和事后经济责任审计

按照审计时间的不同，可以将经济责任审计分为事前经济责任审计、事中经济责任审计和事后经济责任审计。

事前经济责任审计，是指在经济责任关系确立之前，对经济责任关系主体的资产、负债、损益的真实、合法、效益情况进行审计，以保证经济责任关系各方合法、合理、正确地确定有关方案和合同，以保证经济责任的合理性、有效性，维护有关经济责任关系各方的合法权益。

事中经济责任审计，一般指在经济责任人任职期间对其进行的审计。在经济责任的履行过程中，审计机构可以根据需要对领导干部或经济责任人经济责任的履行情况进行审查和评价，以检查机关的财务收支、企业的生产经营活动是否存在差错或舞弊行为，督促责任人正确履行经济责任，以便及时发现问题，防患于未然，保障国有资产的安全、完整和保值、增值。事中经济责任审计包括例行的年度审计和不定期的临时性审计。

事后经济责任审计，是指在终止经济责任关系或者领导干部调离所在部门、单位后，对其履行经济责任情况进行的审计。如承包、租赁经营合同期满时，对经济责任关系主体的经济活动和经营成果的合法性、真实性、有效性进行审查和评价，确认经济责任履行情况，以解脱责任人所负的经济责任。

（3）党政领导干部任期经济责任审计和国有企业领导人员任期经济责任审计

按照被审计单位性质的不同，可以将经济责任审计分为党政领导干部任期经济责任审计和国有企业领导人员任期经济责任审计。

党政领导干部任期经济责任审计，主要是指对党政机关、审判机关、检察机关、群众团体和事业单位的党政正职领导干部的任期经济责任审计。

国有企业领导人员任期经济责任审计，主要是指对国有独资企业、国有资产占控股地位或者主导地位的股份制企业的法定代表人（董事长或总经理）的任期经济责任审计。

将经济责任审计分为党政领导干部任期经济责任审计和国有企业领导人员任期经济责任审计，主要是从政企分开的改革思路出发，充分考虑到党政机关与国有企业在工作性质、工作内容、管理体制和运行机制等方面的不同特点，以便审计机关能够分层次、有重点地对党政机关和国有企业实施审计。

任务二 经济责任审计内容

（一）企业经济责任审计的一般内容

我国的经济责任审计工作是从地方开展起来的，每个地方的经济责任审计工作又大都立足于本地的实际情况，以致种类较多，做法不一。在目前尚未形成统一规范的情况下，

只能以经济责任人应当承担的经济责任为依据，从与经济责任人有关的经济行为、与经济责任人有关的经济结果、与经济责任人有关的各种内部管理制度三个方面出发，进行简单地归并。

1. 党政领导干部任期经济责任审计的主要内容

党政领导干部任期经济责任，是指领导干部任职期间对其所在部门或单位的财政、财务收支的真实性、合法性和效益性，以及有关经济活动应当负有的责任，包括主管责任和直接责任。因此，党政领导干部任期经济责任审计，应当主要围绕领导干部所在部门、单位的财政、财务收支，重点查明以下内容：

（1）财政、财务收支的内部控制制度及其执行情况。

（2）预算的执行情况和决算或者财务计划的执行情况和决算。其中主要查明：财政、财务收支会计核算数据的真实性和合规性；有无挤占、挪用、挥霍浪费国家资财的行为。

（3）预算外资金收入、支出和管理情况。其中主要查明：管理和使用预算外资金和财政有偿使用资金情况的真实性和合规性；有无违反规定设置账外账、小金库，将预算内资金列入预算外管理、使用的行为；有无违反国家规定乱摊派、乱罚款、乱集资、乱收费等问题。

（4）国有资产的管理、使用及保值增值情况。其中主要查明：账实是否相符，有无白条抵库、坐支、侵占、挪用货币资金的行为；公共财产有无因被侵占、损毁造成的浪费或者流失现象；有无党政机关经商办企业，导致国有资产被无偿占用和流失的现象；有无党政机关侵占企业经营性资金、财产，损害企业合法权益的现象；是否按照规定管理和使用党政机关固定资产，有无擅自购置、报废、转让、变卖公有资产，给国家造成损失的现象；有无违反规定挪用公共财产或者私自借贷资金，对外投资经商，牟取私利的行为；所在部门、单位的债权、债务情况。

（5）领导干部个人借用公款、使用公共财产的情况。

（6）遵守国家财经法律、法规和规章制度的情况。

（7）其他需要审计的事项。

在审计的基础上，查清领导干部任职期间财政、财务收支工作目标完成情况，以及遵守国家财经法规情况，分清领导干部对本部门、本单位财政、财务收支中不真实、资金使用效益差以及违反国家财经法规问题应当负有的责任；查清领导干部个人在财政与财务收支活动中有无侵占国家资产、违反领导干部廉政规定和其他违法违纪问题。

2. 企业领导人员任期经济责任审计的主要内容

企业领导人员任期经济责任，是指国有企业领导人员任职期间对其所在企业资产、负债、损益的真实性、合法性和效益性，以及有关经济活动应当负有的责任，包括主管责任和直接责任。因此，对企业领导人员任期经济责任审计，应当主要围绕领导人员所在企业资产、负债、损益，重点查明以下内容。

（1）国有资产的管理、使用及保值增值情况。其中主要包括账实是否相符，有无白条抵库、搞两本账和私设小金库行为，有无侵占、挪用货币资金的行为，存货是否定期清查盘点，有无因被侵占、损毁造成的资产盘亏现象；流动资产管理是否恰当，特别是应收账款是否真实存在，有无国有资产流失现象；有无经营性固定资产闲置、被侵占的现象，企业净资产增值部分是否按规定入账；投资资金来源是否合法，投资效益是否达到预期目标，有无因投资决策不当造成国有资产流失的现象；外汇收支是否符合国家规定；有无虚盈实亏、虚亏实盈或者潜亏挂账问题。

（2）企业负债情况。其中主要包括工资总额的计提是否超过主管部门下达的工资计划，有无超提工资问题，新增效益工资的计算是否正确；企业领导人员个人收益、分配状况和借用、使用企业财产的情况；有无将已实现的销售、劳务收入、收取其他单位的回扣等隐匿在应付款或者预收款账户的情况；负债项目是否予以真实、完整地反映和揭示；企业是否及时申报纳税，是否按照国家规定及时、足额上缴各种税收及附加，有无少交、长期拖欠等现象，有无偷逃各种国家税款的行为；各项长期和本期应付款的计提、支付是否正确，有无侵占国有资产的行为。

（3）企业损益情况。其中主要包括有无乱提、乱摊成本费用，随意调节利润行为；盘盈、盘亏、毁损、报废及在建工程的净损益的核算是否正确，有无随意调节成本和利润的行为；出口退税是否真实、合法，退税计算是否正确，会计核算是否合规；各种投资收益的核算是否正确，是否按规定计入利润总额；是否按规定程序和比例分配利润，有无隐瞒和转移各种收入，利润解缴的账务处理是否合规，有无截留利润的行为；有无因领导责任造成企业虚盈实亏、虚亏实盈或者潜亏挂账的问题；有无因领导违反规定擅自决定担保，造成企业亏损的问题。

（4）在企业产权变动过程中，有无因企业领导人员的责任造成国有资产流失的问题。

（5）与财政、财务收支相关的经济指标实现情况。

（6）遵守国家财经法律、法规和规章制度的情况。

（7）与上述经济活动有关的内部控制制度及其执行情况。

（8）其他需要审计的事项。

在审计的基础上，查清企业领导人员在任职期间与企业资产、负债、损益目标责任制有关的各项经济指标的完成情况，以及遵守国家财经法纪情况，分清企业领导人员对本企业资产、负债、损益不真实、投资效益差，以及违反国家财经法规问题应当负有的责任；查清企业领导人员个人有无侵占国家资产，违反与财务收支有关的廉政纪律和其他违法违纪问题。

（二）经济责任审计的原则

对领导干部进行经济责任审计遵循的原则一般有两方面：公认原则和特殊性原则。

1. 公认原则

（1）审计执法主体的独立性原则，包括机构独立、行为独立和经济独立三个方面。国外有审计专家学者将其概括为精神独立和实质性独立之说。

（2）审计执法主体的权威性原则。所谓权威性原则，就是确立审计主体依法行使审计监督、检查的地位和权力。简言之，即按其赋予审计的职责，授予相应的权力和地位，做到有职、有责、有权且权责相宜。

（3）审计报告及其结论的信用性原则。所谓信用性原则，就是通过立法、立规确认审计机关开展审计所出具的审计报告及其结论的有效性。

（4）实事求是、客观公正的原则。实事求是、客观公正原则要求审计查出的问题必须有充分可靠的审计证据作为依据，结论公允，处理处罚引用法规准确无误，建议科学合理。

2. 特殊性原则

党政领导干部经济责任审计虽然属于公证审计的范畴，但由于被审计者是一个部门、一个地区或一个单位的领导者，因而它与一般公证审计和厂长（经理）经济责任审计相比较，有其显著特点。因此，组织实施该种审计应抓住其特点，遵循其特殊的原则：

（1）科学界定审计职责范围及其内容的原则。党政领导干部任期经济责任审计，只能限定于经济责任的范围，而不是对被审计领导干部全部业务的检查和评价。只能是该领导干部应负经济责任相关的经济活动，而且只能以上任时有关文件所确定的责任或招聘时招聘、应聘双方协议确认的经济责任为限来确认相关的审计内容。

（2）责任有限的原则。经济责任审计仅就经济责任及其履行程度进行监督和评价，不能将领导干部经济责任审计等同于对干部全部业绩的考核评定。主要评价经济责任的履行程度和直接效果，同时考虑经济责任履行过程中客观环境和条件的变化，要分清直接责任和间接责任、个人责任和集体责任等。领导干部的经济责任包括广义的经济责任和狭义的经济责任。审计不能囿于被审者任期内单位财政、财务收支的真实性、合法性、效益性这一狭义的经济责任进行评价，要注意考核与宏观经济和长远利益相关的经济责任。绝不能受财务会计资料的束缚，只是进行账目审计，当然更不能以此为其开脱应尽的责任。

（3）坚持先审计后离任的原则。经济责任审计最终是为组织人事部门正确使用干部提供有价值的依据，这就决定了审计工作与领导干部的任免紧密相关，先审后离的原则是保证审计成果切实转换为管理、培养和使用干部的正确导向和依据的前提，它指明未经审计不能解除离任者的经济责任。

（4）审计公开的原则。国家审计是一种代表人民群众最根本利益的行政执法活动，其结果应该让广大群众所知晓，同时，也使审计工作接受群众监督，从而提高审计质量，加大审计执法力度，降低审计风险，真正使经济责任审计起到"还干部一个清白，给群众一个明白"的作用。

（5）评价谨慎的原则。实施中，应注意以下几个方面的问题。

① 对不属审计范畴、审计人员无法取证的事项不做评价。

② 对审计证据不充分、证明力不足而又不可能进一步获取有力证据予以证实的审计事项不做评价。

③ 对审计过程中因种种原因无法审查和核实的事项不做评价。

④ 使用专业规范、措辞适当的用语，切忌夸张形容或华而不实的描述。

（三）经济责任审计的评价指标

1. 经济责任审计评价指标体系的建立

根据经济责任审计的目标和基本内容，设计与企业领导干部承担的经济政策执行、经营决策、经营管理、经济监督职责相关的评价指标，来客观反映被审计领导干部履行经济责任的情况和结果。由此建立的企业领导干部经济责任审计评价指标体系，如下表所示。

企业领导干部经济责任审计评价指标体系

一级指标	二级指标	三级指标	指标属性
经济政策执行责任	贯彻执行的基本情况	—	定性
	政策执行效果	经营收入增长率	定量
		利润总额增长率	定量
		上缴税费增长率	定量
	违规违法问题	—	定性
经营决策责任	决策制度的完整性	—	定性
	决策程序的规范性	违规和错误决策数量的比率	定量
		决策事项落实率	定量
	决策执行的有效性	—	定性
经营管理责任	会计信息的真实完整性	收入不实金额比率	定量
		支出不实金额比率	定量
		资产不实金额比率	定量
		负债不实金额比率	定量
		损益不实金额比率	定量
	财务活动的合法、合规和效益性	收入违法违规金额比率	定量
		支出违法违规金额比率	定量
	资产的效率和效益性	应收账款周转率	定量
		存货周转率	定量
		总资产周转率	定量
		净资产收益率	定量
		总资产报酬率	定量
		销售利润率	定量
		成本费用利润率	定量
		人员人均利润	定量
经济监督责任	履行监管职责情况	—	定性
	内控制度的健全性	—	定性
	内部监管的有效性	—	定性
	资产质量、企业安全和可持续发展	资产负债率	定量
		不良资产比率	定量
		国有资产保值增值率	定量
		主营业务利润率	定量
		自主创新投入比率	定量
	实际监管效果	—	定性
廉洁自律情况	遵守廉政规定情况	—	定性

2. 评价指标的计算

（1）经济政策执行责任指标

经济政策执行责任的履行情况可以从贯彻执行的基本情况、政策执行效果、违法违规问题三个方面做出评价。其中，政策执行效果方面经营收入增长率、利润总额增长率、上缴税费增长率可以通过定量指标的计算做出评价。

① 经营收入增长率。

经营收入增长率=任职期间经营收入增长额/任职初经营收入×100%

② 利润总额增长率。

利润总额增长率=任职期间利润总额增长额/任职初利润总额×100%

③ 上缴税费增长率。

上缴税费增长率=任职期间上缴税费增长额/任职初上缴税费×100%

（2）经营决策责任指标

经营决策责任的履行情况可以从决策制度的完整性、决策程序的规范性、决策执行的有效性三方面做出评价。其中决策制度的完整性和决策执行的有效性需要定性分析，决策程序的规范性可通过定量指标进行评价，具体包括违规和错误决策数量的比率和决策事项落实率，计算公式如下。

① 违规和错误决策数量的比率=任职期间违规和错误决策数量/任职期间决策数量×100%。

② 决策事项落实率=任职期间决策事项落实数量/任职期间决策数量×100%。

（3）经营管理责任指标

经营管理责任的履行情况可以从会计信息的真实完整性，财务活动的合法、合规和效益性以及资产的效率和效益性三方面做出评价。由于企业的经营管理活动可通过会计语言转化为财务数据，对于经营管理责任的评价均可采用具体指标进行。

① 会计信息的真实完整性。

a. 收入不实金额比率。

收入不实金额比率=任职期间收入不实金额/任职期间总收入×100%

b. 支出不实金额比率。

支出不实金额比率=任职期间支出不实金额/任职期间总支出×100%

c. 资产不实金额比率。

资产不实金额比率=任职期间资产不实金额/任职期间总资产×100%

d. 负债不实金额比率。

负债不实金额比率=任职期间负债不实金额/任职期间总负债×100%

e. 损益不实金额比率。

损益不实金额比率=任职期间损益不实金额/任职期间总损益×100%

② 财务活动的合法、合规和效益性。

a. 收入违法违规金额比率。

收入违法违规金额比率=任职期间收入违法违规金额/任职期间总收入×100%

b. 支出违法违规金额比率。

支出违法违规金额比率=任职期间支出违法违规金额/任职期间总支出×100%

③ 资产的效率和效益性。

a. 应收账款周转率。

$$应收账款周转率（次）=销售收入净额/平均应收账款×100\%$$

b. 存货周转率。

$$存货周转率（次）=主营业务成本/存货平均余额×100\%$$

c. 总资产周转率。

$$总资产周转率=销售收入净额/平均资产总额×100\%$$

d. 净资产收益率。

$$净资产收益率=净利润/平均净资产×100\%$$

e. 总资产报酬率。

$$总资产报酬率=(利润总额+利息支出)/平均资产总额×100\%$$

f. 销售利润率。

$$销售利润率=利润总额/销售收入净额×100\%$$

g. 成本费用利润率。

$$成本费用利润率=利润总额/成本费用总额×100\%$$

h. 人员人均利润。

$$人员人均利润=利润总额/员工总数×100\%$$

（4）经济监督责任指标

经济监督责任的履行情况可以从履行监管职责情况，内控制度的健全性，内部监管的有效性，资产质量、企业安全和可持续发展，实际监管效果五方面做出评价。其中，资产质量、企业安全和可持续发展可以通过资产负债率、不良资产比率、国有资产保值增值率、主营业务利润率、自主创新投入比率做出定量评价，计算公式如下。

$$资产负债率=审计截止日负债总额/审计截止日资产总额×100\%$$

$$不良资产率比率=已确认不良资产/企业全部资产×100\%$$

$$国有资本保值增值率=审计截止日国有资本所有者权益/任职初国有资本所有者权益×100\%$$

$$主营业务利润率=主营业务利润/总利润×100\%$$

$$自主创新投入比率=任职期间自主创新投入/任职期间总投入×100\%$$

（四）经济责任审计的评价指标计算综合得分及运用

1. 计算综合得分

审计人员通过建立经济责任审计评价指标体系，计算出各维度的指标值后，需要计算综合得分，以做出总结性的评价结论。具体过程如下。以百分制为基础编制考核打分表，确定各三级指标的标准分值及一级指标的权重，然后根据三级指标的计算结果和评分标准进行打分，最后汇总得到一级指标分值，对各一级指标分值总和与指标权重的乘积求和，得到综合得分。

$$综合得分=\sum 一级指标分值总和×指标权重$$

审计人员在为考核指标打分的过程中，要根据责任界定结果，在审计评分时依据责任轻重扣减相应分值，所扣分值按照直接责任、主管责任和领导责任相应递减。对应承担责任的问题，如能采取措施积极整改，且未造成损失或者挽回影响的，可酌情少扣分或不扣分。

按照各个评价指标计算得到的综合得分，可将经济责任审计评价结果确定为 A、B、C、D 四个等级，即优、良、中、差，可参照下表所示样例编制履行经济责任评价等级与综合评分对照表。

履行经济责任评价等级与综合评分对照表

履行经济责任评价等级	综 合 评 分
A—优	90 分以上（含 90 分）
B—良	75 分（含 75 分）以上 90 分以下
C—中	60 分（含 60 分）以上，75 分以下
D—差	60 分以下

2. 审计结果的运用

审计实施阶段确定的经济责任审计评价结果可作为相关部门管理考核领导干部的重要依据。以履行经济责任评价等级与综合评分对照表的评级为例，履行经济责任评价等级为 A 级的，可作为提拔人员的重要备选之一；履行经济责任评价等级为 B 级的，可正常任用；履行经济责任评价等级为 C 级的，建议组织、纪检部门给予批评教育；履行经济责任评价等级为 D 级的，建议组织、人事部门给予调整职务、免职、降职等处理。发现涉嫌违法违规线索时，应将线索移送纪检、监察部门或司法机关查处并协助其落实，查处与审计项目相关的问题和事项。

此外，内部审计机构应当充分运用经济责任审计结果，推进被审计单位健全经济责任审计情况的通报、责任追究、整改落实、结果公告等制度，从而确保经济责任审计的开展有所成效。

任务三　经济责任审计程序

我国任期经济责任审计程序通常包括制订审计项目计划、审计准备、审计实施和审计终结四个阶段。在此主要介绍审计准备、审计实施和审计终结阶段。

（一）审计准备

（1）组织部委托审计：由组织部根据干部任免的程序和管理要求提请审计处进行经济责任审计，并出具审计委托书。

（2）下发审计通知书：审计处在实施审计 3 日前下发审计通知书，审计通知书应注明审计人述职报告主要内容、要求及其提交书面述职报告的时间，审计通知书主送被审计单位、被审计人，抄送组织部，必要时同时抄送学校相关部门，随签"审计文书送达回证"，并要求被审计单位限期做好资产、负债等自查，着重做好存货盘点、债权债务的清理。

（3）了解被审计单位和被审计人的有关情况，编写审计方案。调查了解并掌握与审计目标任务有关的情况，并对被审计单位的内部控制制度的建立健全情况进行初步评价，为编制审计工作方案，确定审计重点提供依据。在熟悉被审计单位情况的基础上，由审计项目组长或主审制定审计项目的工作方案，要求分工具体明确、内容全面、重点突出。审计方案经主管处长批准后由审计组负责实施。审计工作中发现审计方案不适应实际需要时，应重新调整原方案，并经原审批人同意后实施。

（4）召开被审计人述职座谈会，程序如下。

① 组织部牵头组织座谈会，并宣读委托审计通知书。

② 审计处处长阐明经济责任审计的意义和作用等。

③ 被审计人介绍本单位基本情况及本人任期经济责任的履行情况。

④ 主审说明审计程序、时间，要求被审计单位配合审计工作的具体事宜。

⑤ 其他与会人员做情况介绍或补充说明。

（5）交接审计资料。

（6）要求被审计人和被审计单位财务人员就将要提供的会计报表、账簿、凭证及其他有关资料的真实性、完整性做出书面承诺，明确被审计单位应承担的责任。

（二）审计实施

1. 进行审计取证

（1）按照审计工作方案确定项目审计内容和审计方法，做好充分的取证准备工作，研究、拟定重点取证内容，准备相应的取证提纲。

（2）逐事逐项进行取证，做到审计证据一事一稿，审计人员获取的审计证据，如有必要，应当由证据提供者签名或盖章。审计人员应将获取审计证据的名称、来源、内容、时间等完整地记录在审计工作底稿中。对存有异议的审计证据，审计人员应做进一步核实。对审计中发现的重大问题，应及时提交领导研究。

（3）审计人员可采用审核、观察、盘点、询问、函证、计算、分析性复核等方法获取审计证据。

（4）审计人员应对搜集的审计证据进行分类、筛选和汇总，保证已获取的审计证据的充分性、相关性和可靠性。

（5）审计人员在评价审计证据时，应当考虑证据之间的相互印证及证据来源的可靠程度。

2. 审计取证内容

审计实施过程中如遇困难或重大问题，应及时请示领导并会同组织部等有关部门研究决定，有必要时审计组出具中期报告。

3. 整理、编写审计工作底稿

审计工作底稿主要包括以下记录。

（1）审计程序执行过程和结果的记录。

（2）获取的各种类型审计证据的记录。

（3）其他与审计事项有关的记录。

4. 复核审计工作底稿

（1）在审计作业中，审计项目负责人应加强对工作底稿的现场复核。

（2）审计处应建立审计工作底稿的分级复核制度，明确各级复核人员的要求和责任。

（3）如果发现审计工作底稿存在问题，复核人员应在复核意见中加以说明，并要求相关人员补充或重编工作底稿。

（三）审计报告

1. 审计组讨论研究有关审计情况

（1）是否已就审计方案所涉及的审计范围进行了全面审计。

（2）审计报告将要反映的情况是否真实可靠，有无充分的审计证据作为基础，证据是否有充分的证明力。

（3）初步讨论审计报告的提纲及其内容，以保证审计结论定性准确、处理恰当、评价客观。

2. 组长或主审撰写审计报告

组长或主审应于审计实施终了后10日内提交审计报告。审计报告正文应包括以下主要内容。

（1）审计依据。

（2）审计基本情况：审计范围、审计内容、审计方法等。

（3）被审计人和被审计单位的基本情况：被审计人所任职务、任职时间、主要职责等，以及被审计单位的内部机构设置、人员情况、财务管理和会计核算方式等。

（4）审计结果：财务收支情况、被审计人履行经济责任情况等。

（5）取得的主要成绩。

（6）存在的主要问题。

（7）审计评价及责任界定。

① 单位各项经费和收入的筹集、管理和使用的真实性、合法性和效益性。

② 经济责任人任职期间经济责任的履行情况（包括经费的筹集）。

③ 有关法规和学校制定的规章制度的执行情况，经济管理制度和内控制度的建立和执行情况。

④ 重大经营、管理决策的民主性、科学性和效益性。

⑤ 经济责任人廉洁自律的情况。

（8）审计意见和建议。

3. 审计报告由审计处处长初审后，征求被审计单位意见

4. 审计组修改审计报告

审计组应对被审计单位（人）提出的有关问题，逐条进行研究，必要时进行重新核实，并应将研究结果形成书面记录，连同审计报告一并提交审计处处长审核。

5. 审计处处长审核审计报告

一般事项的审计报告由审计处处长审核；重大审计事项的审计报告应由审计处业务会议审核。

6. 审计处处长审定审计报告

7. 将审定的审计报告报主管校领导审批签发

8. 送达有关部门

经主管校领导审批签发后的审计报告，主送组织部、被审计人、被审计单位，呈送主管校领导，抄送至有关单位。

9. 审计意见和建议的督促整改和跟踪检查

10. 审计项目终结后，由主审填写项目审计情况统计表

领导干部经济责任审计流程图，如下图所示。

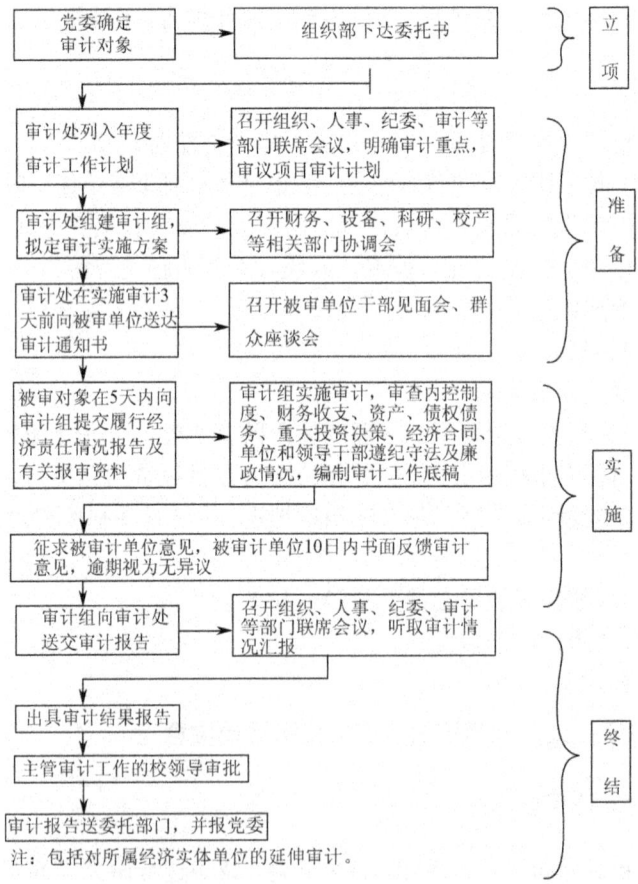

领导干部经济责任审计流程图

任务四 经济责任审计实例

审计结果报告是指审计机关对审计组的审计报告进行审定后，为了对企业领导人所在企业存在的问题分清责任、对经营业绩做出客观评价而向委托部门提交的报告。其特点是向审计机关之外的单位报送，具有鉴证作用。具体来讲，就是从经营业绩、个人廉政方面，为组织部考察干部提供参考的依据。如何写好审计结果报告，包括以下内容。

（一）编写步骤

（1）对审计报告进行调整。审计组根据被审计单位对审计报告（征求意见稿）的反馈意见，做必要的修改（提出修改的理由），并且在报告内容修改的基础上，对审计报表数字进行了相应的调整。

（2）审核、提炼审计报告。审计机关根据审计结果报告的要求，对审计报告在文字内容上进行取舍，对前言和基本情况进行简单的概述；对审计查出的反映资产负债损益不实的问题，用数字进行归并，以此作为确认后的审计调整数，用以与被审计单位财务数据进行比较，以反映会计信息真实程度，同时计算相应的指标比率，为审计分析、评价做准备。

（3）对审计报告中的审计查出的问题进行归类，研究用于评价的措辞，在提供素材上做准备。应把涉及企业领导人的经济责任和反映企业财务状况的问题分开，用以分别反映企业领导人做出的重大决策、应负责任及个人的廉洁自律情况，披露企业的资产质量、经营效益情况、内部控制设置及执行、审计查出的主要问题。

（4）依据归并整理的素材，撰写审计结果报告。根据审计结果报告的模式，列示审计前言、基本情况、评价、审计查出的问题。

（二）报告格式和内容

1. 格式

报告标题：统一为《审计署关于×××（单位）×××（被审计人员姓名）同志任期经济责任审计结果的报告》

报告主送：中共中央组织部

报告抄报：×××领导

报告抄送：中央企业工委、所在企业监事会主席

主题词：审计　经济责任　报告

2. 报告内容

通常分为几部分，包括前言、基本情况、审计评价、审计发现的主要问题、附件。

前言部分简要概括为：

依据——根据中共中央办公厅、国务院办公厅《国有企业及国有控股企业领导人员任期经济责任审计暂行规定》，受中共中央组织部委托；

范围——审计时间、被审计单位任职期限；

其他——审计方式、审计承诺、完成情况等。

（三）撰写审计结果报告应注意的一些问题

1. 评与审的关系

经济责任审计内容和作用具有鲜明的特点，内容上经济责任审计报告的核心在于企业法人在任职期间履行经济责任的综合评价，报告作用在于为组织部门考察、任用干部提供量化的依据。这就要求审计人员审到哪、查到哪，就评价到哪。因此要特别注意：第一，审计不仅是查错找问题，而是全面评价，好的要肯定、错的要指出，但前提必须是审计确认的结果，而不是照抄被审计单位提供的资料；第二，审计的覆盖面为70%就评价70%，而不能仅凭道听途说，就妄加评论。

2. 报告的重点

经济责任审计结果报告重在评价，即审计单位要对企业领导人的经济行为做出评价。如果总是停留在"收入、成本"这些别人都知道的问题上，报告也就失去了存在的价值，也就不能体现审计的高层次。因此，审计结果报告的核心在于评价，审计的内容要与企业领导人有密切的联系。

3. "信息失真"要有针对性

对审计查出的一般违纪问题，通过审计报表进行汇总，用被审计单位上报的财务数据与经审计确认的财务数据进行对比，以评价企业会计信息的真实程度。对比会计信息失真程度，确定资产负债表和损益表的不真实，对于其本质上的不同，应区别情况加以分析、评价。损益表的失真会直接影响资产负债表的真实程度。资产、负债和损益中同样的差错率，反映问题的性质是不同的。

4. 评价不能是中性的

审计评价要提出自己的观点，是"肯定"还是"否定"，找出产生的原因，是"主观的"还是"客观的"，如果是主观的，提出应负哪些责任。

【经济责任审计报告】参考格式如下。

国务院国有资产监督管理委员会

经济责任审计报告

2017年第×号

（总第××号）

被审计企业：某（集团）公司

被审计企业 原董事长×××离任审计 审计项目：

根据《中央企业经济责任审计管理暂行办法》（国资委令第7号）和中央企业负责人管理的有关要求，20××年×月至×月，国资委组织对某（集团）公司（以下简称"某集团"）原董事长（总经理）某某同志任职期间履行经济责任情况进行了离任审计，审计期间为

20××年1月至20××年12月。某集团对其所提供的与审计相关资料的真实性和合法性做出了书面承诺。审计工作得到了某集团及某某同志的积极配合。现出具如下审计报告。

一、基本情况

（一）企业基本情况。某集团成立于19××年（前身为某公司）注册资本为××××万元。某集团主要从事×××的开发、生产和销售等业务。20××年年末，某集团拥有职工××××人，其中：在岗职工××××人，离退休职工××××人。

（二）企业财务状况。某集团20××年年末共拥有××家全资子公司、××家控股公司、××家参股公司。其中：××家上市公司，三级以上子公司为×××家，据某集团财务决算反映，20××年年末某集团资产总额达×××亿元，负债总额×××亿元，净资产×××亿元（所有者权×××亿元，少数股东权益×××亿元），20××年度完成销售收入×××亿元，实现利润×××亿元，净利润×××亿元。

（三）某某同志简介。某某，男，出生于19××年×月，×××文化，自19××年×月起，先后任×××公司总经理、党委书记，某集团总经理、党委书记，某集团董事长兼党委书记，于20××年×月离职。某某同志任职期间，曾兼任某某公司的法定代表人。

（四）审计工作组织情况。本次经济责任审计工作由财务基础审计和绩效评价两部分组成。财务基础审计工作由国资委以招标方式聘请的××会计师事务所承担，××会计师事务所对××集团20××—20××年度企业财务收支、资产质量、经营成果、重大经营活动和依法经营等方面进行了财务审计。本次审计期间为20××年1月1日至20××年12月31日。审计范围包括××集团本部及××家子公司，占企业总户数的××%，审计的资产量（汇总口径）为××××亿元，占集团汇总资产量的××%。审计组重点审计了某某同志年初至20××年年末×个会计年度任期履行职责情况，同时也关注了某某同志以前任期的重大问题和事项。绩效评价工作主要是利用财务审计结果，依据统一制定的企业绩效评价指标体系和标准，聘请相关部门及行业专家，对××2014—2016年度财务及管理状况进行了定量和定性评议，并出具了专家评议咨询报告。

二、企业财务绩效分析

（一）审计后主要财务指标调整情况。经审计，20××年年末某集团资产总额达×××亿元，调整增加×××亿元；负债总额×××亿元，调整增加×××亿元；所有者权益×××亿元，调整增加×××亿元；主营业务收入×××亿元，调整增加×××亿元；利润总额×××亿元，调整增加×××亿元；利润总额×××亿元，调整减少×××亿元，以上调整的主要原因是……

（二）任职期间主要财务指标变动分析。经审计，某集团20××年年末资产总额比20××年年末增长××%，年均递增××%，年末增长××%；负债总额比20××年年末增长××%，年均递增××%，所有者权益比20××年下降××%；年均递减××%；主营业务收入比20××年增长××%，年均递增××%；实现利润20××年下降××%，年均递减××%。某某同志在近×个任职期间（19××—20××年），某集团资产总额增长××%，年均递增××%；所有者权益增长××%，年均递增××%；主营业务收入增长××%，年均递增××%；利润总额下降××%，年均递减××%。

审计表明，某某同志在近×个任职期间，企业生产与经营规模逐年扩大，但经济效益有所下滑。

2014—2017 年企业主要财务指标表

单位：亿元

项目	2014 年	2015 年	2016 年	2017 年	审计期间增减额	审计期间增幅（%）
资产总额	1 000	1 764	2 910	…	…	…
负债总额	400	1058	1 746	…	…	…
少数股东权益	600	705	1 164	…	…	…
所有者权益	600	705	1 164	…	…	…
主营业务收入	1 000	1 411	1 455	…	…	…
利润总额	266	281	154	…	…	…
净利润	200	211	116	…	…	…

注：以上数据（部分数据省略）按规定对户数变动、清产核资损失等因素做了相应调整。

（三）任职期间企业不良资产情况。经审计，截至 20×× 年 12 月 31 日，某集团不良资产为 ××× 万元，占总资产比率为××%。主要部分是 20×× 年前产生的，且主要集中在某某公司，金额为 ××× 万元，占集团全部不良资产的××%。某某集团 20×× 年—20×× 年共消化 20×× 年以前不良资产××× 万元，20×× 年某集团按照国资委的统一要求组织开展了清产核资工作，经批准核销的不良资产为 ××× 万元，但清产核资后仍存在的不良资产为××× 万元，主要原因是……

此外，某集团尚有以下潜在的不良资产（或部分资产存在减值损失风险）：一是集团内部往来形成的不良资产××× 万元；二是存在或有担保损失；三是某集团存在大量的诉讼事项。作为原告诉讼金额为人民币××× 万元，外币×××万美元；据不完全统计，作为被告诉讼案件的金额为人民币××× 万元，外币××× 万美元。

（四）任职期间企业财务绩效分析。2014—2016 年，某某公司与国资委签订了《中央企业负责人年度经营业绩责任书》和《中央企业负责人任期经营业绩责任书》，2014 年度考核结果为 C 类，2015 年度和 2016 年度均为 B 类。2014—2016 年任期考核结果为 C 级。利用审计结果，依据企业绩效评价体系，采用××× 行业评价标准，对某某公司 2014—2016 年度的经营绩效进行了评价。评价结果显示：某某公司 2014—2016 年综合绩效评价得分分别为××× 分、××× 分、××× 分。其中，管理绩效定性评价得分为××× 分，处于×××× 行业良好水平，其综合绩效呈现以下特点：

1. 经济效益呈回升/降低趋势。某集团 20×× 年至 20×× 年的净资产收益率分别为××%、××%、××%，总资产报酬率分别为××%、××%、××%，资产收益率分别为××%、××%、××%，总资产报酬率分别为××%、××%、××%。净资产收益率、总资产报酬率连续三年呈回升/降低趋势，但仍低于行业平均水平。20×× 年至 20×× 年某集团主营业务利润率回升/降低趋势，但仍低于行业平均水平。20×× 年至 20×× 年某集团主营业务利润率和成本费用利润率均呈现增长/降低趋势，其中主营业务利润率分别为××%、××%、××%，成本费用利润率分别为××%、××%、××%。

2. 资产运营效率逐年提高/降低。某集团 20×× 年至 20×× 年的总资产周转率（次）为××、××、××，流动资产周转率（次）为××、××、××，存货周转率（次）

为××、××、××，应收账款周转率（次）为××、××、××，其中总资产周转率、流动资产周转率、存货周转率均好于同行业平均水平,应收账款周转率处于行业平均水平。

3. 存在较大财务风险。某集团20××年至20××年资产负债率呈逐年上升/下降趋势，存在较大财务风险。分别为××%、××%、××%，处于行业良好水平。但已获利息倍数××年均高/低于行业平均水平，且速动比率呈上升/下降趋势。特别是所属某某公司连年亏损近××亿元，某集团为其提供的××亿元巨额担保已形成或有负债，从而使某集团存在着较大财务风险。

（批注：概括企业的财务效益状况，并用数据加以支持）

4. 主营业务增长/减少较快。某集团 20××年至 20××年的销售（营业）增长率分别为 ××%、××%、××%，三年销售平均增长率分别为××%、××%、××%，三年销售平均增长率呈上升/降低趋势，增长/降低速度处于行业良好水平。

5. 未完成国有资本保值增值任务。某集团 20××年至 20××年国有权益分别为××亿元、××亿元、××亿元，按照《国有资本保值增值结果与确认办法》规定剔除相关客观因素后，××年国有资本保值增值率分别为××%、××%、××%，处于行业较低/高水平。

三、集团领导人主要业绩

某集团成立于我国经济体制改革初期，历经某行业快速发展和变动时期，某某同志任职期间，为我国某某产业从无到有、从小到大进行了大胆和有益的探索，在激烈的市场竞争中，某集团逐步发展壮大，初步发展成了一家具有一定国际竞争力和影响力的大型企业集团。

（批注：业绩部分来源于绩效评价报告，但需要对相关方面加以详细分析。一要高度概括，二要详细说明）

（一）创建了某集团。某集团从 19××年成立至今，不断壮大，截止到20××年年末资产规模发展到 ×××亿元，××家控股公司（其中包括×家境内上市公司，×家境外上市公司）、×家参股公司的大型企业集团。目前业务领域已经由×××发展到×××，成为目前国内×××制造厂商，拥有×××制造基地，是国内×××集团型企业。

（二）创立了×××的民族品牌。某集团率先开发的"×××"系列，实现了国产化、规模化生产，为中国×××产业探索了一条发展道路，推动了我国×××产业的发展。

（三）实现了某集团主体的整体上市。某集团创建以来，成功实现了主体业务境内外上市，共募集资金×××亿元人民币，通过上市，初步建立了现代企业制度，转换了企业经营机制，提高了企业管理水平，壮大了企业资产规模。

（四）推动了企业的技术进步。某集团通过与×××等国际知名公司合作，参与国际竞争，积极引进、吸收、消化国际先进技术。据不完全统计，20××—20××年某集团共取得科技成果×××余项，据不完全统计，系统集成项目×××项、技术鉴定×××项、设计/生产定型×××项、注册专利×××项、通过多年的技术积累，某集团部分技术与国际水平保持一致，在某些生产制造方面已处于国际领先地位。

（五）增强了企业的核心竞争力。某集团高度重视企业核心竞争力的培育，通过国际合作和引进人才，竞争力的培育，在×××产业领域取得了显著成效。

（六）形成了积极向上的企业文化。多年来，某集团在致力于加强国内×××人才培养的同时，还吸引了大量国际专业人才，其中相当一部分外籍管理人员进入公司的核心管理层。目前，已拥有一支来自多个不同国家、具有不同文化背景的企业管理团队，初步实现了企业管理人员的国际化，在企业内部形成了……的企业文化，推动了企业管理的国际化、专业化，为某集团的业务快速拓展和持续发展壮大，奠定了基础。

（七）创造了国际合作的典范。××××年，某集团勇于创新，在与国际知名公司×××合作的过程中成立了某某公司，在引进大量国际最新技术和产品的同时，取得了显著的经济效益。在合作的十年中，以最初×××美元的投资，累计获得投资收益超过×××亿元，成为中外合资合作的成功案例。

（批注：与财务审计报告有所不同：① 陈述客观事实，言简意赅；② 需要归纳总结，高度概括，而非简单罗列，需具备较强的归纳概括能力；③ 按问题重要程度逐条陈述）。

四、审计发现的主要问题

（一）对外投资管理不善。×××公司由于缺乏有效的投资管理制度，立项前未进行充分调研，投资后监管不到位，存在投资管理失控、长期投资回报率低、非主业投资亏损严重等问题。

截止到 2016 年年末，×××公司长期投资项目共 17 个，投资成本 2.9 亿元，累计收到投资收益 1 390.5 万元，占投资成本的 5%。一是亏损经营 3 家公司，非主业投资项目×××公司、×××公司、×××公司 3 家累计投资成本 4 391.8 万元，但长期经营亏损，截至 2016 年年末已累计亏损达 3 300.8 万元，其中：2010 年投资 1 600 万元设立的科技企业×××公司（占股权 80%），截至 2015 年年末累计亏损 1 031 万元，2016 年增资后失去控股权。二是转让处置 3 家公司，共形成处置损失 1 219.8 万元，分别为×××公司、×××公司、×××公司。其中，2008 年以 1 800 万元受让的×××项目因长期亏损，于 2015 年 12 月转让，形成处置损失 1 313.8 万元；2014 年为投资×××项目而设立的××公司，由于不符合主业发展方向，正在办理股权转让。此外，还有处于清理状态的 3 家公司（投资成本为 911 万元），已停业的 3 家公司（投资成本 623.9 万元），委托承包经营的 2 家公司，处于筹建阶段的 3 家公司。

（二）对外捐赠和赞助管理不规范。××公司对外捐赠和赞助未履行规范的决策程序，无决策记录，且捐赠和赞助金额巨大。其中 2014 年对外捐赠 15 笔、赞助 2 笔，金额高达 5 771.6 万元。

（三）违规对外拆借资金。2012—2016 年×××公司违规对外拆借资金 1.27 亿元人民币和 700 万美元，其中，500 万元借款难以收回，存在潜在的损失风险。

1. 2016 年 12 月×××公司所属 A 公司以 B 公司股权作为抵押，向该公司借出资金 9 000 万元，根据融资协议约定，B 公司应于 2017 年 6 月 30 日偿还本金及收益 600 万元，但截至 2017 年 10 月 A 公司仅收到 B 公司还款 300 万元。2017 年 12 月 A 公司与 B 公司和 C 公司签订《股权转让合同书》，将 B 公司股份以人民币 11 000 万元转让，截至 2017 年 12 月 31 日收到转让款 6 000 万港元，双方约定余款待办完股权转让手续后支付。

2. 2012 年 10 月×××公司对×××公司借款 500 万元，用于建立某系统，借款期限为 3 个月，月息千分之二点五，到期不还按日万分之五付滞纳金，但截至 2017 年年末该笔借款尚未收回。

3. 违规拆借资金。2014年5月12日某公司向某被审计企业借款700万美元，借款年利率为10%。同年10月14日收到归还本金700万美元，但未收到约定利息。经测算，此笔借款的利息折合人民币为232.1万元。

（四）部分资产产权管理不规范。×××公司多处房产实物与产权脱节。由于历史原因，部分房产、车辆产权办至个人名下，目前还有部分车辆由外单位长期无偿使用，导致账实不符。

① ×××公司王府花园房产产权问题。

② 投资建设××培训中心，产权不清。

③ 部分房产、车辆产权人非本公司人员。

（五）企业基础管理薄弱。×××公司内部控制不健全，制度执行不力，突出表现在员工管理不规范、无职拿薪的现象较多、个人借款长期挂账、账务处理不规范等。如2009年×××有限公司170万美元被内部职工占用，2014年才收回全部占用资金；股票投资未按规定设立股票登记簿，详细记录每只股票的名称、数量、取得日期、购入成本及收到的股息等，仅在年末根据资金管理部提供的证券资金、股票对账单，以及股票市值计算综合收益，并据此记账，导致股票投资成本、出售损益及收到股利确认不及时、不准确，费用支出控制不严，管理费用过高等问题。

（六）费用支出控制不严，管理费用过高。×××公司未建立有效的成本费用预算控制制度，费用支出控制不严，管理费用过高。2014—2016年×××公司本部管理费用分别为5 291.2万元、5 297.9万元、57 03万元，占主营业务利润的比例分别为44%、50%、69%。公司在成本费用的控制方面存在缺陷，未建立有效的成本费用预算控制制度，费用支出存在未严格按规定审批的现象，如2016年1月报销的出国礼品为16.1万元、12月报销的为10.1万元，均未履行公司总经理签字审批手续。10月报销餐费12.2万元，均未履行公司总经理签字审批手续。

（批注：概括总结主要业绩）

五、审计结论

审计认为，某某同志在某集团的建立与发展过程中，起到了积极的、决定性的作用。在某集团成立至今的××年里，某某同志带领企业勇于开拓，积极进取，探索了产业化发展的道路，推进了技术进步，为民族品牌的创立做出了突出贡献，形成了"包容、开放"的企业文化。某集团已在国内产业领域具有举足轻重的地位，在国际市场上也占有一席之地。

本次审计中发现的某集团在企业内部控制机制、企业基础管理财务管理以及重大经营决策等方面存在的问题，某某同志作为集团的主要领导人，应负有领导责任。如某某同志作为某项目投资的主要决策者和法定代表人，某公司的法定代表人，对投资、经营造成的损失负有主管责任。

（批注：进行责任划分）

此外，本次审计未发现某某同志个人经济方面的问题。

六、审计整改意见

（一）针对某集团对子公司的监管不力，部分公司缺乏有效的内部控制机制，个别公司管理存在较大漏洞等问题，某集团应加强对所属子公司的监督管理力度，强化企业基础管理工作，逐步完善内部控制机制，规范公司财务管理和会计核算工作。

（二）针对某集团仍存在的大量不良资产及担保和诉讼，某集团应组织专门力量，对不良资产进行清理，特别是对企业的高风险投资业务以及担保、诉讼等事项进行清理，最大限度地减少资产损失，降低风险。

（三）针对某项目管理混乱、账实不符、资金极度短缺、投资损失严重的状况，某集团应认真研究某项目的处置问题，并积极采取转让、重组或引入新的战略投资者等各种有效措施，盘活资产、摆脱困境，避免造成更大的损失。

（四）针对某集团存在大量的账外企业和账外资产的问题，某集团应组织专门力量对账外企业和账外资产进行专项清理，尽快纳入账内管理，建立规范的产权关系，并认真总结教训，加强财务基础管理，防止此类事情再次发生。

（五）针对某公司已严重资不抵债，形成较大的资产损失的问题，某集团应采取有效措施，加大对某公司的清理力度，尽量减少资产损失。

（批注：区别于财务审计报告）

审计建议：1. 从国资委角度提出意见；2. 意见应该具有可操作性。

（批注：进行责任划分）

（六）某集团应进一步强化市场竞争意识，加强资源整合，努力扩大主业规模，提高主业的盈利能力。

国务院国资委
二〇××年×月×日

任务训练

一、简答题

1. 什么是经济责任审计？经济责任审计的作用有哪些？
2. 经济责任审计的目的有哪些？
3. 企业领导人员任期，经济责任审计的范围有哪些？
4. 企业经济责任审计的一般内容有哪些？
5. 经济责任审计应遵循的基本原则有哪些？
6. 如何进行经济责任审计标准的选择和确定？
7. 我国任期经济责任审计程序通常包括哪些？
8. 经济责任审计评价的原则有哪些？
9. 如何撰写企业领导人经济责任审计结果报告？

二、单项选择题

1. （　　），中国共产党第十七次全国代表大会在北京人民大会堂开幕，大会把健全经济责任审计制度写入了报告，显示了党中央对经济责任审计工作的充分肯定和高度重视。

　　A. 2004 年 9 月 1 日　　　　　　　B. 2005 年 1 月 15 日

　　C. 2006 年 6 月 1 日　　　　　　　D. 2007 年 10 月 15 日

2. 经济责任审计的主要目的是分清（　　）任职期间在本部门、本单位经济活动中应当负有的责任，为组织人事部门和纪检监察机关和其他有关部门考核使用干部或者兑现承包合同等提供参考依据。

　　A. 经济责任人　　　B. 法人　　　C. 总经理　　　　　D. 董事长

3. （　　）一经产生就显示了其他审计无法替代的作用，无论是在保护国家财产的安全、完整、保值、增值方面，还是在健全领导干部监督管理、促进廉政建设方面，都取得了显著的成效，发挥了重要的作用。

　　A. 经济效益审计　　　　　　　　B. 经济责任审计

　　C. 财政财务审计　　　　　　　　D. 财经法纪审计

4. 下列不属于定性标准的选择是（　　）。

　　A. 真实性审计标准　　　　　　　B. 合法性审计标准

　　C. 效益性审计标准　　　　　　　D. 经济性审计标准

5. 我国任期经济责任审计程序通常包括（　　）、审计准备、审计实施和审计终结四个阶段。

　　A. 搜集审计证据　　　　　　　　B. 制订审计项目计划

　　C. 审计工作目标　　　　　　　　D. 审计内容重点

三、多项选择题

1. 国家审计、内部审计和社会审计的职能也各不相同，一般认为（　　）。

　　A. 国家审计职能以监督为主　　　B. 内部审计职能以监督和评价为主

　　C. 民间审计职能以鉴证为主　　　D. 经济责任审计属于民间审计

　　E. 审计实施的及时性　　　　　　F. 对内部控制进行审计

2. 按照审计的内容可以将经济责任审计分为（　　）。

　　A. 目标经济责任审计

　　B. 党政领导干部任期经济责任审计

　　C. 破产经济责任审计

　　D. 国有企业领导人员任期经济责任审计

3. 目前国有企业领导人员任期经济责任审计的范围主要是（　　）国有资产占控股地位或者主导地位的股份制企业的法定代表人（董事长或总经理）。

　　A. 国有独资企业的董事长

　　B. 国有资产占控股地位或者总经理

　　C. 主导地位的股份制企业的法定代表人

　　D. 企事业单位的法定代表人

4. 企业领导人的直接责任指企业领导人对其任职期间的（　　　）行为应当负有的责任。

    A. 直接违反国家财经法规的行为

    B. 授意、指使、强令、纵容、包庇下属人员违反国家财经法规的行为

    C. 失职、渎职的行为

    D. 其他违反国家财经纪律的行为。

5. 经济责任审计应遵循的基本原则是（　　　）。

    A. 客观原则　　　　　B. 公认原则　　　　　C. 可靠原则　　　　　D. 特殊性原则

四、判断题（正确的打"√"，错误的打"×"）

1. 经济责任审计包括一切审计。　　　　　　　　　　　　　　　　　　　　（　　　）

2. 经济责任审计的范围是被审计单位的法定代表人或负责人。　　　　　　（　　　）

3. 审计人员对不属于审计范畴、无法取证的事项也可作评价。　　　　　　（　　　）

4. 真实性审计标准，即被审计者任职单位的财务会计资料必须真实反映经济业务活动。

    　　　　　　　　　　　　　　　　　　　　　　　　　　　　　　　　　（　　　）

5. 财政财务收支有严重违反财经法规的行为，具体指财政财务收支方面有违规事实，且情节严重。　　　　　　　　　　　　　　　　　　　　　　　　　　　　　（　　　）

6. 效益性审计标准，指财政资金的使用能够实现财政预算中规定的效益目标。

    　　　　　　　　　　　　　　　　　　　　　　　　　　　　　　　　　（　　　）

7. 对领导干部经济责任评价总的原则是客观公正、实事求是，定性和定量相结合。

    　　　　　　　　　　　　　　　　　　　　　　　　　　　　　　　　　（　　　）

8. 审计结果报告是指审计机关审定审计组的审计报告后，对企业领导人所在企业存在的问题分清责任，对经营业绩做出客观评价，并向委托部门提交的报告。　　　（　　　）

技能训练

【案例资料】

一、案例背景

本案例是受县经济委员会委托，由县审计局和某业务局联合组成的审计组，于 2016 年 3 月 1 日至 30 日，对某县××纱麻纺织有限公司总经理汪某离任经济责任进行的审计。

××纱麻纺织有限公司是 2000 年成立的，主要生产麻纺织品及麻袋等产品。公司现有职工 350 人，内设 3 个车间，拥有固定资产 82.5 万元，全部流动资产 146 万元，年生产麻纺织品 60 万米、麻袋 100 万条左右，2015 年以前年盈利约 12.5 万元。该公司由于投资少、见效快，解决了一批待业人员的就业问题，曾荣获嘉奖。2013 年 12 月，原总经理退休，镇党委任命本公司年轻的财务处长汪某同志担任新总经理，负责公司的经营管理工作。

2015 年 6 月，××纱麻纺织有限公司由镇管理划归为县某业务局管理。在移交过程中，发现该公司问题很多，仅从会计账面反映，自 2014 年以来，一年多时间里就亏损了 20 多万元，而且还有不少潜在亏损。县经济委员会和纺织工业局认为，汪某不宜再担任总经理

职务，决定暂时将其调离。经审计查明，汪某担任总经理的一年多时间里，管理失控、损失浪费严重、经济效益不好。

二、审计任务实施

审计人员于 2016 年 3 月 3 日进入该县××纱麻纺织有限公司进行审计。

1. 内部控制制度检查评价

审计组进入公司后，在说明审计目的和任务的同时，召开了有关科室、车间、班组以上负责人会议，由总经理汪某做任期内工作情况汇报。然后，根据需要，又召开了其他班子成员座谈会、科室、车间负责人座谈会、职工代表座谈会，听取他们对总经理任期内工作情况的评价。此外，审计人员还与有关方面人员进行谈话，听取了他们对总经理的意见，接着深入车间、科室、仓库进行现场调查，掌握第一手材料，审阅总经理任期内的工作总结、计划、财务决算、内部控制制度等有关资料。通过上述工作，审计人员初步掌握了公司的概貌，进一步揭示了审计的重点，为进行常规性审计提供了目标。

2. 审计实施步骤

（1）审查任期内公司的盈亏情况。经查 2015 年 3 月份的资产负债表、产品成本表、利润表等财务报表反映，该总经理任期内实际生产麻袋 110.55 万条，麻布 40.76 万米，完成总产值 89.85 万元，销售成本 128 万元，账面亏损 21.36 万元。通过账表、账账、账实核对，发现盘亏黄麻 8.3 万公斤，损失 9.54 万元，少摊生产费用 3.25 万元，少提产品税金 9.88 万元，少计提贷款利息 6.5 万元，结算资金损失 5.8 万元，审计调整后，实际亏损总额达 56.33 万元。

（2）审查任期内公司管理情况。在进行内部制度检查评价时，广大干部群众反映在任期内，之所以公司经济效益不好，最大的问题是各项管理制度不健全、已有的各项规章制度流于形式、经营管理混乱、损失浪费严重。因此，审计组就这个问题，进行了重点审查，发现的主要问题有：

① 成本管理无计划、消耗大、成本高。公司不仅没有计划管理制度，就连原材料出入库记录也没有保存，致使原材料消耗无法控制，单位成本升高。据统计，任期内每条麻袋平均耗用黄麻 1.28 千克，比同行业每条多耗用 0.23 千克，比任期前每条多耗用 0.20 千克，按实际产量计算，任期内多耗用黄麻 22.11 万千克。仅此一项，就提高成本、减少利润 25.42 万元。

② 进货验收管理制度不严，造成大量原材料盘亏。该公司购进的主要原材料——黄麻，一不验质，二不精确验量。过去为验收黄麻，曾专门购进一套价值近 5 000 元的设备，但长期放在仓库里不用。进货数量采用抽磅点数的办法，即购进黄麻每件大约 50 千克，每卡车只抽查几件过磅，然后就入库。这就给黄麻销售单位提供了作弊方便，以次充好、以少充多。月末仓库缺乏点验制度，会计以估计数结转产品成本，直至这次审计才发现黄麻盘亏 8.3 万千克，损失 9.54 万元。

③ 岗位责任制不落实，致使公司结算资金损失。2014 年 12 月，该公司汇给芜湖县石寨乡农工商公司预购黄麻货款 9.36 万元，因黄麻水分大，未能履行合同，合同终止后，对

方曾通知该公司派人协商退款，但由于责任制不落实，互相推诿，没有如期赴约，错过了收回货款的机会。2015 年 2 月份，石寨乡农工商公司撤销，致使此款无法收回。后经芜湖县法院判决，石寨乡农工商公司用一座厂房抵债，最终只变卖 6 万元，损失 3.36 万元。由于岗位责任不清，赏罚不明，损失也无从追究。

④ 官僚主义造成损失浪费。经巡视仓库现场，审计人员发现库房年久失修，多处漏雨，使一部分产成品霉烂变质，失去了使用价值，估计损失约 2 万元。对此，保管员曾多次向总经理反映，要求解决库房漏雨问题，可是总经理总是推托，未能有效解决问题，这笔损失完全是因为总经理不负责任造成的。

（3）审计考察任期内经营决策的效果情况。该总经理上任初期，该公司客观条件很好，人员结构、资金结构都处于良性循环中，原材料供应充足、产品销路好、价格稳定。总经理在主观上也想把工作做好，一上任，就着手抓设备改造，使生产能力提高了 30%，为改善生产条件，扩大再生产，打下了一定的基础，但由于缺乏经济头脑和公司管理才能，再加上管理经验不足，对市场信息重视不够，因而有时决策失误，使公司蒙受损失。如 2014 年 10 月，黄麻市场供过于求，在主要产地河南，每千克黄麻在 0.9 元上下波动。因总经理平时不注重市场调查，不了解市场变化，做了错误决策，以每千克 1.14 元的高价大量购进，待了解行情后，已是仓库爆满。按当时市场偏高的进价计算，仅此一项业务就提高原材料成本 6.8 万元。

【案例分析要求】：根据所提供的资料进行案例分析，然后编写一份经济责任审计报告。